Karl Jaspers
Was ist der Mensch?

Karl Jaspers

Was ist der Mensch?

Philosophisches Denken für alle

Ausgewählt und mit
einleitenden Kommentaren versehen
von Hans Saner

Piper
München Zürich

Wir danken dem Springer-Verlag für die freundliche Genehmigung zum Abdruck von Texten aus: Karl Jaspers, Philosophie, 3 Bände, Berlin, Heidelberg 1932, 1948, 1956, 1973.
(© Springer Verlag, Heidelberg)
Diese Texte sind am Ende jeweils mit dem Sigel P gekennzeichnet (vgl. auch den Anhang dieses Buches).

ISBN 3-492-04166-3
© Piper Verlag GmbH, München 2000
Satz: Verlagsservice G. Pfeifer/EDV-Fotosatz Huber, Germering
Druck und Bindung: Ebner, Ulm
Printed in Germany

INHALT

Vorwort 11

I Selbstbildnis 13
Karl Jaspers – Ein Selbstporträt 15
Von Heidelberg nach Basel 45
Nekrolog, von Karl Jaspers selbst verfaßt 65
Mein Weg zur Philosophie 67

II Was ist Philosophie? 79
Was ist Philosophie? 81
Philosophie und Wissenschaft 89
  Wie verhalten sich Philosophie und Wissenschaft
    zueinander? 90
  Grundzüge der modernen Wissenschaften 93
  Der Drang zum philosophischen Totalwissen 95
  Der eigentlich philosophische Wissenschaftsgedanke .. 96
  Die drei Aufgaben angesichts der Verwirrung 96
  Die Reinheit der Wissenschaft und der Philosophie 97
Ursprünge der Philosophie 101
Das Grundwissen 107
Die Polarität von Vernunft und Existenz 116
Philosophische Lebensführung 119

III Was ist der Mensch? –
    Grenzen und Möglichkeiten 129
Die Grenzsituationen als conditio humana 131
Situation 131
Situation und Grenzsituation 133

Grenzsituation und Existenz 134
Stufen des Sprunges der in den Grenzsituationen
  werdenden Existenz 135
Systematik der Grenzsituationen 138
*Die Grenzsituation der geschichtlichen Bestimmtheit
  der Existenz* 140
Bestimmtheit als Enge 140
Bestimmtheit als Anfang und Herkunft 140
Bestimmtheit als Zufall 141
Einzelne Grenzsituationen 142
Tod 142
  Der Tod als Faktum 143
  Tod des Nächsten 143
  Mein Tod 144
  Die zwiefache Angst 148
  Der zwiefache Tod 149
Leiden 150
  Das faktische Leiden 150
  Erweckung der Existenz durch Leiden 151
  Aneignen des Leidens 152
Kampf 153
  Der Kampf um Dasein 153
  Die Gewalt im Kampf um Dasein 155
  Der Kampf um Existenz 157
  Liebe und Solidarität im Kampf um Existenz ... 158
Schuld 160
Die antinomische Struktur des Daseins 164
Die antinomische Struktur 165
Verhalten zur antinomischen Struktur 166
Das Scheitern 169
Der vielfache Sinn des Scheiterns 170
Existenz muß fragmentarisch werden 171

MÖGLICHKEITEN DES MENSCHSEINS 173
Was ist Existenz? 173

Inhalt 7

Einsamkeit und Kommunikation 178
Daseinskommunikation 179
Existentielle Kommunikation 179
Einsamkeit und Kommunikation 180
Kommunikation als Prozeß 182
Kommunikation und Liebe 184

Freiheit und Notwendigkeit 188
Freiheit wird nicht erkannt 188
Ursprung des Freiheitsbewußtseins 189
Das Phantom der absoluten Freiheit 190
Einheit von Freiheit und Notwendigkeit 191

Bedingtes und unbedingtes Handeln 192
Unterscheidungen zwischen bedingtem und
  unbedingtem Handeln 193
Dasein und Unbedingtheit 194
Unbedingtes Handeln als Durchbrechen des Daseins .. 196
Der Selbstmord als unbedingte Handlung 198
  »Suicid«, »Freitod«, »Selbstmord« 199
  Die Frage nach dem Unbedingten 199
  Warum bleiben wir am Leben? 200
  Die Unerträglichkeit des Lebens 202

Ist philosophische Ethik möglich? 203
Vernünftiges Handeln 204
Objektives und existentielles Sollen 205
Ein Beispiel: »Du sollst nicht lügen!« 207
Ethische Sätze und Rechtssätze 211
Sollen und Transzendenz 213
Der Sinn des Forderns 213
Möglichkeit einer philosophischen Ethik 214

Das absolute Bewußtsein als Liebe und Phantasie,
  als Spiel und als Gelassenheit 215
Liebe 216
Phantasie 219
Spiel 221
Gelassenheit 222

Der Mensch als Aufgabe seiner selbst 223
Die Frage nach dem Menschen 224
Die Situation der Freiheit ist bewußt geworden 225
Der Mensch auf dem Wege zur Wahrheit 226
Der Mensch, ständig auf das Ganzwerden gerichtet,
　wird kein Ganzes 227
Im Wissen vom Menschen erfahren wir unlösbare
　Unstimmigkeiten 228
Die Bestimmung des Menschen 230
Die Frage nach dem Ende 231

IV Die Frage nach der Transzendenz 233

Mythisches Denken 235
Die Namen der Transzendenz 241
Philosophische Glaubensgehalte 243
Chiffre und Leibhaftigkeit 248
Von der Interpretation der Chiffren 251
Die Grundchiffren der Gottheit 255
Der eine Gott 255
Der persönliche Gott 260
Gott ist Mensch geworden 264
Gegen Menschenvergötterung 266
Die Frage, was Christentum sei 270
Offenbarung und Offenbarungsglaube 273
Offenbarung und Wirklichkeit 274
Zwei Bekenntnisse 275
Ursprünge der Offenbarung 276
Der Gattungsbegriff der Offenbarung 276
Der Begriff des Glaubens überhaupt 277
Der christliche Offenbarungsglaube 278
Die Wahrheitsfrage an die Offenbarung 279
Gegen den Ausschließlichkeitsanspruch 281
Der philosophische Glaube 286

Inhalt 9

Der philosophische Glaube – negativ charakterisiert ... 287
Zur Dialektik des philosophischen Glaubens 287
Die beiden Arten des Glaubens sprechen
  unterschiedlich von Gott 289
Ist die Unvereinbarkeit zwischen Offenbarungs-
  glauben und philosophischem Glauben endgültig? .. 290
Gegen den Nihilismus 292

V Was vermag die Philosophie in der Welt? 297
Die Welt als Kosmos und als Leben 299
Die Welt als Geschichte 307
Achsenzeit 308
Charakteristik der Achsenzeit 309
Ist der Tatbestand gegeben? 310
Die Frage nach dem Sinn der Achsenzeit 313
Schema der Weltgeschichte 316
Zur gegenwärtigen Situation der Welt 318
Wissenschaftsaberglaube 318
Verkennung der Grenzen der Technik 321
Die Massen werden zu einem entscheidenden Faktor
  des Geschehens 322
Das Denken in Ideologien 325
Die Simplifikation 327
Das Leben aus der Negation 327
Die Erdeinheit ist da 328
Die Welt der Politik 329
Das Werden des Menschen in der Politik 330
Die Schuldfrage 335
Die Anklage gegen Deutschland 336
Vier Schuldbegriffe 337
Folgen der Schuld 341
Wer urteilt und wer oder was wird beurteilt? 342
Der Weg der Reinigung 347
*Die Aufgabe des Denkens vor dem doppelten Tat-
  bestand der Bombe und der totalitären Herrschaft* .. 352

Die Idee der Demokratie 356
Vernunft und Demokratie 357
Die Idee der Demokratie 358
Der Knoten in der Demokratie 360
Idee und Ideal 363
Prinzipien eines Weltfriedenszustandes 364
Formulierung der Prinzipien 366
Die faktische Verwerfung der Prinzipien
  eines Weltfriedenszustandes heute 372
Im Versagen der Politik die überpolitische Macht
  der sittlichen Idee 374
Die späten Kämpfe um die Bundesrepublik 381
Eine grundsätzlich neue Art des Verbrechens 382
Wider die Verjährung der Verbrechen gegen die
  Menschheit: »Mein Telegramm« 384
Gegen die Notstandsgesetzgebung 387
Über die Wirkung der eigenen politischen Schriften ... 390

Anhang

Siglen und zitierte Ausgaben 394

Register 395

VORWORT

Auf die Frage »Was ist der Mensch?« antworten bei Jaspers nicht einzelne Sätze, sondern es antwortet seine ganze Philosophie. Deshalb enthält dieses Buch Texte aus allen wichtigen Bereichen seines systematischen Denkens. Sie umkreisen einerseits die Grenzen des Menschseins und öffnen andrerseits den breiten Fächer seiner Möglichkeiten. Das Grenzbewußtsein führt in die Bescheidung angesichts des unumgänglichen Scheiterns, und der Entwurf der Möglichkeiten appelliert an die Freiheit. Was der Mensch sein oder werden kann, entscheidet sich erst noch im Ergreifen der Freiheit. Die Philosophie ist ein Weg zu ihr hin. Das Ergreifen der Freiheit aber geschieht im Handeln, das die Philosophie nicht verläßt, sondern sich von ihr geführt weiß und deshalb ihr praktischer Flügel ist.

Eine Philosophie, die an die Freiheit des Einzelnen appelliert, muß der Möglichkeit nach alle Menschen erreichen können. Zu ihr gehört wesentlich eine Sprache, die nicht ausgrenzt oder gar ausschließt, sondern Kommunikation will und sie fördert. Je älter Jaspers wurde, um so dringlicher war ihm dies Anliegen: verstehbar und klar zu sein, ohne die Tiefe des Denkens und die Feinheit des Unterscheidens zu opfern. Seine Sprache ist nahe beim Alltag, aber ungewöhnlich reich in den Nuancierungen und in der Schärfe der Ziselierung. Sie hebt alle Eindeutigkeiten in der Komplexität der Zusammenhänge wiederum auf.

Ein Grundzug seines Denkens macht dieses doch wiederum schwierig: Jaspers' Philosophie ist wesentlich ein Transzendieren auf verschiedenen Ebenen: vom einzelnen Seienden zum umgreifenden Sein, vom Dasein zur Existenz, vom politischen Handeln zum überpolitischen Ethos. Dabei werden das Umgreifende, die Existenz und das Überpolitische zwar Gegenstand des Philosophierens, aber ihnen entsprechen nicht Objekte, deren Eigenschaften oder Prädikate man geradezu nennen könnte, sondern Ursprünge, in denen das Subjekt und seine Objekte gründen. Diese Ursprünge haben indes keine eigene Phänomenologie. Wo sie zur Erscheinung kommen, spiegelt sich das Umgreifende im Seienden, hat sich Existenz in ein Dasein eingesenkt und zeigt sich das Ethos im einzelnen Handeln. Deshalb entspricht dem Transzendieren des Seienden – dem Überstieg – ein Re-Inszendieren – ein Wiedereinstieg in das Dasein und in die Welt. In ihm fallen das Abstrakteste, transzendierend Erdachte, und das Konkreteste, der Existenz-Vollzug, ineinander. Wo eine Ebene wegfällt, wird das Denken entweder verblasen oder banal. Beides in ihm zu wahren: das ganz und gar Konkrete und das Bewußtsein seiner Ursprünge, macht sich Jaspers zur Aufgabe.

Im Zusammenfall der beiden Ebenen ist der Mensch zugleich Dasein und Sein-Können. Als Dasein kann man ihn gleichsam vermessen im Erkennen seiner Grenzen. Aber der Spielraum seiner Freiheit, also die Vielfalt des Sein-Könnens, ist nicht ausmeßbar. Ihr Horizont führt zur Erkenntnis, daß der Mensch mehr ist, als er von sich weiß. Also wissen wir auch nicht, was aus ihm werden kann. Am Horizont halten sich die Hoffnung und das Entsetzen die Waage. Deshalb fällt die Wahl des Einzelnen so stark ins Gewicht, als ob sich in ihr entschiede, was aus der Menschheit wird.

Die Texte sind um die Fragen geordnet: Wer war Jaspers als Mensch und als Philosoph? Was ist Philosophie? Was ist der Mensch in seinen Grenzen und Möglichkeiten? Was bedeutet ihm die Transzendenz? Was vermag die Philosophie in der Welt? In die einzelnen Texte oder in Text-Gruppen führen kurze Kommentare ein, die auf die Momente aufmerksam machen, die für Jaspers' Philosophieren charakteristisch sind.

Die Siglen jeweils am Ende der Texte verweisen auf das Verzeichnis der zitierten Ausgaben im Anhang (S. 394). Die Texte selbst wurden orthographisch unverändert aus den genannten Ausgaben übernommen. Die Titel sind, in Anlehnung an Jaspers, vom Herausgeber gesetzt.

Basel, im März 2000　　　　　　　　　　　　　　　*Hans Saner*

I
Selbstbildnis

Karl Jaspers – Ein Selbstporträt

In einem frei gesprochenen Film-Text, den Jaspers anschliessend für den Druck redigiert hat, erzählt der 83jährige Philosoph sein Leben von den frühen Kindheitserinnerungen an bis zur Zeit des Nationalsozialismus. Der Werdegang an der Universität, die Menschen, die ihn geprägt haben, und das politische Desaster Deutschlands werden wieder lebendig. Der Rückblick mündet in die bedrängenden Fragen nach der deutschen Schuld und nach dem spezifischen Geist der intellektuellen Elite, der zwar betrachtet, analysiert und urteilt, aber das Leben nicht einsetzt und deshalb zur Ohnmacht verurteilt ist. – Der Text ist den autobiographischen Schriften »Schicksal und Wille« (1967) entnommen.

Sie fragen mich nach meinem Leben. Ich erzähle. Geboren bin ich in der Stadt Oldenburg. Mein Vater stammt aus dem Jeverland, meine Mutter aus Butjadingen, beide nahe der Nordseeküste.

In meiner Kindheit waren wir alle Jahre auf den friesischen Inseln. Ich bin mit dem Meer aufgewachsen. Zuerst sah ich es in Norderney. An einem Abend ging mein Vater, mit dem kleinen Jungen an der Hand, den weiten Strand hinunter. Es war tiefe Ebbe, der Weg über den frischen reinen Sand war sehr lang bis an das Wasser. Da lagen die Quallen, die Seesterne, Zeichen des Geheimnisses der Meerestiefe. Ich war wie verzaubert, habe nicht darüber nachgedacht. Die Unendlichkeit habe ich damals unreflektiert erfahren. Seitdem ist mir das Meer wie der selbstverständliche Hintergrund des Lebens überhaupt. Das Meer ist die anschauliche Gegenwart des Unendlichen. Unendlich die Wellen. Immer ist alles in Bewegung, nirgends das Feste und das Ganze in der doch fühlbaren unendlichen Ordnung. Das Meer zu sehen, wurde für mich das Herrlichste, das es in der Natur gibt. Das Wohnen, das Geborgensein ist uns unentbehrlich und wohltuend. Aber es genügt uns nicht. Es gibt dieses andere. Das Meer ist seine leibhaftige Gegenwart. Es befreit im Hinausgehen über die Geborgenheit, bringt dorthin, wo zwar alle Festigkeit aufhört, wir aber nicht ins Bodenlose versinken. Wir Vertrauen uns dem unendlichen Geheimnis an, dem Unabsehbaren, Chaos und Ordnung.

Ich weiß nicht, wieviel Zeit meines Lebens ich im Anschauen des Meeres verbracht habe, ohne mich zu langweilen. Keine Welle ist der anderen gleich. Bewegung, Licht und Farben wandeln sich ständig. Herrlich, sich in den reinen Elementen zu bewegen, in Sturm und Regen an der Brandung entlang zu wandern, ohne Landschaft, ohne Menschen.

Im Umgang mit dem Meer liegt von vornherein die Stimmung des Philosophierens. So war es mir unbewußt von Kindheit an. Das Meer ist Gleichnis von Freiheit und Transzendenz. Es ist wie eine leibhaftige Offenbarung aus dem Grund der Dinge. Das Philosophieren wird ergriffen von der Forderung, es aushalten zu können, daß nirgends der feste Boden ist, aber gerade dadurch der Grund der Dinge spricht. Das Meer stellt diese Forderung. Dort ist keinerlei Fesselung. Das ist das unheimlich Einzige des Meeres.

Dann aber lebe ich nicht nur mit dem Meer, sondern dem Wasser überhaupt. Wo kein See, kein Bach, kein Wasser ist, fühle ich mich nicht wohl. Ein Park wird erst durch Springbrunnen schön und durch die Lebendigkeit der Wasserbewegung von Brunnenschale zu Brunnenschale. Daß die Philosophie bei Thales mit dem Wasser anfängt, scheint mir das natürlich Selbstverständliche.

Der Unendlichkeit des Meeres kommt am nächsten etwa die Landschaft meiner Heimat, die Marschen. Sie sind vollkommen eben. Wenn irgendwo ein oder ein paar Meter Erhöhung ist, meistens von Menschen zum Schutz gegen Wasserfluten angelegt, so ist das schon ein Berg. Nichts als

Himmel, Horizont und ein Ort, wo ich stehe. Der Himmel offen nach allen Seiten. Diese Weite ist schon Landschaft, ist schon nicht mehr das Meer, aber ihm noch nahe, mir aus der Kindheit her so vertraut, daß mir nächst dem Meere nichts lieber ist als die flache Landschaft mit völlig freiem Horizont.

Dann kamen später die Erfahrungen des Mittelgebirges. Ich habe den Harz schon mit sechs Jahren kennengelernt: liebenswürdig, ein wenig fremd, mit den mich nicht tiefer ergreifenden Geheimnissen der Wälder, Quellen, mit den unzähligen Vorstellungen von Zwergen und Waldgeistern.

Später, mit 19 Jahren, sah ich dann die hohen Berge, die Alpen. Wie ich zum erstenmal im Engadin war und die Großartigkeit dieser edlen Nietzsche-Landschaft erlebte, hatte ich trotz aller Ergriffenheit zugleich ein Gefühl: Diese Berge, sie lassen den freien Blick nicht zu, sie nehmen mir den Horizont.

Ich war geborgen bei meinen Eltern. Mein Vater, unbewußt für uns, unbeabsichtigt von ihm, war uns ein Vorbild. Ohne Kirche, ohne Bezugnahme auf eine objektive Autorität, galt als das Böseste die Unwahrhaftigkeit. Und als fast ebenso schlimm: blinder Gehorsam. Beides darf es nicht geben! Daher war unser Vater unendlich geduldig gegenüber meinem Widerstand. Wenn ich widersprach, kam nicht der Befehl, sondern die Begründung, warum das vernünftig sei.

Mein Vater lebte ein persönliches Leben, unabhängig von der Gesellschaft. Liberal und konservativ folgte er ihren Ordnungen. Er erfüllte die ihm im Leben gestellten Aufgaben mit großer Sorgfalt, ob als Soldat und Reserveoffizier, ob als Beamter (Amtshauptmann) oder als Bankdirektor. Aber er tat es in sehr verschiedener Gesinnung. Gegen das Militärische sträubte sich sein ganzes Wesen. Als er vom Oberst des Regiments bei einem »Liebesmahl« erfuhr, daß er zum Hauptmann eingegeben sei (eine ungewöhnliche Ehre damals), antwortete er: »Daraus wird nichts.« Auf das Drängen des Oberst (»ich befehle Ihnen, mir den Grund zu sagen«)

erwiderte er: »Ich werde keinen Augenblick länger dienen, als ich nach dem Gesetz muß.« Obgleich er als Amtshauptmann einen damals hochangesehenen Verwaltungsposten, für seinen Bereich fast herrscherlicher Art, innehatte, ergriff er sofort die Gelegenheit, Bankdirektor zu werden. Freunde und Verwandte wunderten sich, daß er seine Stellung für einen so gering geachteten Beruf aufgab. Seine Antwort: »Ich ertrage keine Vorgesetzten.« Als er Bankdirektor war, wurde er zufrieden. Aber auch jetzt wurde sein Leben nicht gefesselt durch die Erfüllung der Aufgabe. Sein eigentliches Leben verlief außerhalb. Er hatte, wie es damals war, viel freie Zeit. Dieses Leben war unter anderem das Leben als Jäger, das heißt, das Leben mit der Natur. Stets hatte er Jagden gepachtet, einmal auch die ganze Insel Spiekeroog. Dann aquarellierte er. Die ersten Morgenstunden sahen wir ihn an der Staffelei. Dort kopierte er Bilder, vor allem von Hillebrand, einem bedeutenden Aquarellisten, und holländische Ölbilder, die ein befreundeter Architekt ihm borgte. In der Natur zeichnete und malte er unmittelbar vor den Dingen.

Meine Mutter, im Gegensatz zu meinem ruhigen Vater ungemein temperamentvoll, war von einer anscheinend unverwüstlichen Kraft. Immer sah sie vertrauensvoll in die Zukunft. Ich, der ich doch meistens krank war, war für sie im Grunde gar nicht krank. Sie liebte grenzenlos, und ihrer Liebe erschien das Erwünschte selbstverständlich auf bestem Wege.

Bei diesen Eltern aufzuwachsen, schuf Geborgenheit und Sicherheit, die nie wieder ganz verloren werden können. Es war nicht nur der materielle Schutz. Die Liebe der Eltern gab die Gewißheit im Grunde des Lebens, die nicht aufhörte, als dann seit 1933 die schrecklichen Ereignisse in unser Dasein einbrachen.

Es kam der Augenblick, in dem ich merkte und mein Vater es mir sagte, wo die Grenzen seiner Macht waren, wo er mir nicht mehr helfen konnte. Das war ein großer Einschnitt, tiefgreifend für mich dadurch, daß mein Vater wahrhaftig war und ich sah: Ein Mensch kann nicht alles. Ich erzähle: Die Sache begann in der Schule. Ich habe einige vortreffliche Lehrer gehabt: Amann, Richter, an die ich mit großer Dankbarkeit denke. Aber ich hatte einen Schuldirektor, der mich nicht leiden konnte. Eines Tages kam ich in Konflikt mit einem Turnlehrer. Ich hatte ein ärztliches Attest, sollte gewisse Übungen nicht machen und sollte die Jacke nicht ausziehen. Der Turnlehrer erklärte, das sei Unsinn, und verlangte Gehorsam. Ich war ungehorsam und tat nicht, was er von mir verlangte. Am nächsten Tag begann die Katastrophe: Ich hatte die Disziplin verletzt. Der Direktor trieb es so weit, daß er sagte: »Entweder gehen Sie« – ich war in der Sekunda – »zu Herrn N. N. und entschuldigen sich, oder Sie werden von der Schule entlassen!«

Das bedeutete, daß ich von den Eltern fort in eine andere Stadt (Jever oder Vechta) gehen müßte, um dort das Gymnasium zu besuchen. Das war ein für mich undenkbarer Gedanke. Bei meinen Eltern wollte ich bleiben. Wie war das zu erreichen? Der Direktor war unerbittlich. Mein Vater sagte mir: »Du mußt es selbst entscheiden. Ich kann dir nur versprechen, ich werde bis zum Ministerium gehen, falls der Direktor dich entlassen will, um es durchzusetzen, daß du bleibst. Aber ich vermute, daß das Ministerium niemals rückgängig machen wird, was ein Direktor anordnet. Du mußt also selbst entscheiden, was du riskieren willst.«

In dieser Lage rief mich mein trefflicher Klassenlehrer, den ich schon nannte, Richter, und sagte zu mir: »Hören Sie, Jaspers, ich muß einmal mit Ihnen reden. Natürlich haben Sie recht und der Direktor nicht. Aber denken Sie mal, wenn Sie mit Ihrem Recht jetzt durchkämen, das wäre eine Erschütterung der Disziplin der ganzen Schule. Wollen Sie, um mit Ihrem Recht durchzukommen, die Disziplin in der Schule in Gefahr bringen? Vielleicht können Sie darüber nachdenken, ob es sich nicht lohnt nachzugeben, weil es für Sie doch nicht so wichtig ist wie die Autorität für die Schule. Aber ich rate Ihnen nicht, ich wollte es Ihnen nur zu bedenken geben.«

Das war für mich eine große Erleichterung insofern, als ich nun ja auch noch etwas Vernünftiges tat, wenn ich nachgab. Aber das Nachgeben war mir entsetzlich. Ich mußte einen Trick finden und fand ihn auf folgende Weise: Ich sagte zum Direktor: »Ich werde zu dem Herrn gehen und mich auf Ihren Befehl entschuldigen.« »Machen Sie, was Sie wollen. Es kommt nur darauf an, daß Sie sich entschuldigen.« In der Schule war damals größte Spannung. Dem Turnlehrer war nicht wohl in seiner Verfassung, er hatte Angst. Meine Überlegung führte zu dem Plan: Ich werde ihm Folgendes sagen: »Auf Befehl des Herrn Direktor komme ich zu Ihnen und melde Ihnen, daß ich mich entschuldige!« Ich erscheine bei dem Turnlehrer. Er empfängt mich mit größter Höflichkeit, und ich sage: »Herr N. N., auf Befehl des Herrn Direktor komme ich zu Ihnen …« »Ich danke Ihnen sehr, bitte nehmen Sie Platz, ich freue mich, daß Sie …« »Danke«, sage ich, mache eine Verbeugung und gehe weg. Ich komme zum Direktor, erzähle es ihm, und er sagt: »Es ist mir ganz egal, Sie haben sich entschuldigt, das ist erledigt!«

In den zwei Primanerjahren gab es ein neues Problem, die Schülerverbindungen. Es waren drei. Sie hießen ›Obscura‹, ›Prima‹ und ›Saxonia‹. Es waren in der Tat Verbindungen in sozialer Abstufung: Die vornehmste war die ›Obscura‹, darin waren die Söhne der Finanz und der hohen Beamten; zweiten Ranges war die ›Prima‹ mit den Söhnen der mehr geistigen Leute, wie Lehrer, Pfarrer, und dritten die ›Saxonia‹ mit Bauern- und Handwerkerkindern. Das sagte niemand. Es war aber faktisch so, und jeder fühlte es: ›Obscura‹ war das Nobelste. Mein Entschluß war: »Ich trete keiner Verbindung bei, ich will nicht dazugehören.« Daß ich das sagte, war für den Direktor eine Beleidigung, denn er hatte die Verbindungen nicht nur erlaubt, er wünschte sie. Nun war ich allein. Auf dem Schulplatz standen in den Unterrichtspausen die Verbindungen an verschiedenen Orten. Ich, nirgends hingehörend, mußte für mich einen anderen Platz suchen. Zu mir gesellten sich nur zwei Mitschüler, aus Gründen, die ich jetzt nicht erklären möchte, das würde zu weit führen. Der Effekt war, daß wir nun auf dem Schulplatz in getrennten Gruppen standen: die drei Verbindungen je für sich und wir, die vierte Gruppe, an einem anderen Platz. Eines Tages sagte der Direktor: »Das geht nicht so!« Er verordnete, alle Schüler sollten auf dem gleichen Platz stehen, und zwar auf dem der ›Obscura‹. Ich erklärte: »Ausgangspunkt sind soziale Rangordnungen, an denen ich keinen Teil habe. Ich bin neutral und parteilos, darum ist der jetzt gewählte Ort, an dem alle zusammenstehen müssen, nicht mein Ort. Sie müssen an meinen Platz kommen, nicht ich an den ihren.« Meine Genossen gingen alle hinüber zur ›Obscura‹, ich stand allein auf dem Schulplatz, und an einem anderen Ort standen die drei Verbindungen. Sie bauten mir eine Brücke und sagten mir, da ich doch allein und überstimmt sei, bäten sie mich, daß ich, um nicht etwas Unmögliches aufrechtzuerhalten, nun auch zu ihnen herüberkäme, welcher freundlichen Aufforderung ich dann auch gern nachkam.

Aber der Direktor war außer sich und haßte mich. Ich habe kaum einen anderen Menschen so verachtet wie ihn, obgleich ich ihm für die Art seines Unterrichts noch immer dankbar bin, denn er war ein kenntnisreicher und didaktisch begabter Mann. Ich habe viel bei ihm gelernt.

Es handelte sich um den großen Unterschied von militärischer Disziplin und Schuldisziplin. Von meinem Vater unterrichtet, versuchte ich dem Direktor klarzumachen, daß er militärische Disziplin verlange, und daß wir uns das nicht gefallen lassen. Worauf er nur zornig erklärte: »Das ist der Geist Ihrer Familie, der Geist der Opposition; wir müssen ein wachsames Auge auf Sie haben, und ich werde alle Lehrer veranlassen, daß sie das mit mir haben werden!«

Ich habe nun allerdings den Direktor von meiner Seite aus bis aufs Blut gepeinigt. Als er zum Schluß nach dem Abitur – ich hatte ein gutes Examen gemacht – mir die große Ehre zudachte, bei der Abschiedsfeier, an der der Großherzog teilnahm, die Rede in lateinischer Sprache zu halten, erklärte ich: »Nein, Herr Direktor, die halte ich nicht!« und er: »Nanu, was heißt das, warum nicht?« Worauf ich: »Das wäre eine Täuschung des Publikums. Wir haben nicht so viel Latein gelernt, daß wir eine Rede halten können!«

Es war also ein gegenseitiger Kampf. Er erreichte seinen Gipfel bei meinem Abschiedsbesuch. Es war damals üblich, nach dem Abitur beim Direktor und bei den Lehrern Abschiedsbesuche zu machen. Als ich bei meinem Direktor erschien, sagte er mir: »Aus Ihnen kann ja nichts werden, Sie sind organisch krank!« Das war richtig. Ich war aber nicht weiter betroffen, denn ich hatte so viel Mut durch mein inneres Leben, daß ich, wie auch dies Leben sein würde, mit Hoffnung in meine Zukunft blickte, trotz Krankheit.

Während dieser Zeit haben mich auch meine Schulkameraden im Stich gelassen. Sie hielten es mit dem Direktor. Immer wenn Differenzen waren, war ich der Störenfried, der eigensinnige Mensch, der außerhalb stand. In dieser Situation, es waren die letzten zwei Schuljahre, hat mir dann mein Vater geholfen, indem er mir sagte: »Nun bleibt nichts anderes übrig, nun mußt du sehen, wie du dir allein hilfst.« Er machte mich zum Mitpächter – mit zwei Juristen und ihm – einer großen Jagd südlich Oldenburgs, etwa 5 Kilometer im Quadrat. Dort hatte ich das Recht, jedes Stück Boden zu betreten, jeden Garten, konnte also mit der Landschaft leben, innig mit ihr vertraut werden, mit den Bauern sprechen, so daß mir dieses Leben außerhalb der Schule eine große Hilfe war.

Damals gab es am Rande des kultivierten Landes noch das Moor. Es reichte für den Blick, wie ein Meer, immer weiter, scheinbar ins Unendliche. Dann gab es dort die Hunte-Landschaft, ein mannigfaltiges Flußgebiet, dann Buchenwälder, Tannenwälder. Aber die Jagd? Ich war schon krank, ohne es zu wissen. Das Gewehr sicher festzuhalten beim Zielen, das ging über meine Kräfte, es wackelte immer. Eines Tages fand ich mich in einem Wald allein und weinte und fühlte: Ich kann nicht. Aber ich wußte nicht eigentlich wie und warum. Das Bewußtsein, körperlich den Anforderungen des Lebens nicht gewachsen zu sein, stieg in mir auf.

Als ich 18 Jahre alt war – bis dahin hatte der Hausarzt meine Krankheit nie ernst genommen, sondern hielt die vielen Fieberanfälle für Influenza (so nannte man damals die Grippe) –, stellte Dr. Fraenkel (später Entdecker der Strophantintherapie und Professor in Heidelberg) in Badenweiler, den ich als Freund unserer Familie besuchte, fest, daß ich Bronchiektasen hätte. Er setzte mir auseinander: »Sie sind nicht tuberkulös, Sie sind nicht ansteckend, Sie brauchen deswegen keine Sorge zu haben. Aber Sie haben Bronchiektasen, die sind unheilbar. Mit denen müssen Sie leben, mit denen können Sie auch leben, wenn Sie es richtig einrichten. Und Sie werden ein ausgezeichnetes Leben vor sich haben, wenn Sie wollen. Es kommt nur auf eines an: Sie müssen dafür sorgen, daß Ihre Bronchien stets leer sind von Sekret. Daher müssen Sie ständig expektorieren. Dann hören die Fieberanfälle auf. Ihre Krankheit schreitet an sich nicht fort.« Das alles hat sich bestätigt, wie er es gesagt hat. Mein Arzt und Freund, bis zu seinem Tode im Jahre 1938, nahm sich meiner an wie ein Arzt, der auf seinen Patienten stolz ist. Er half mir nicht bloß körperlich, sondern wollte nun auch, aus mir müsse etwas werden! Ich erzähle zwei Beispiele:

Am Ende meiner Studentenjahre stellte er eine Beziehung zwischen dem Oberarzt der Psychiatrischen Klinik in Heidelberg, Wilmanns, und mir her. Er veranlaßte, daß ein damals zum erstenmal von Recklinghausen konstruierter Blutdruckapparat, der noch nicht im Handel war, von mir benutzt würde, um Untersuchungen über den Blutdruck bei Geisteskranken zu machen. So setzte er mich in die Klinik, damit ich sozusagen an der Forschung teilnähme. Ich war hingerissen. – Im Jahr 1922 bekam ich einen Ruf nach Greifswald; ihn anzunehmen war für mich unmöglich; das Klima dort verhinderte es. Ich hatte Fraenkel abends informiert. Am nächsten Morgen, schon um 8 Uhr, meine Frau und ich lagen noch im Bett, kam Fraenkel: »Hören Sie mal, Jaspers, es ist doch klar: Das Klima in Greifswald ist für Sie ausgezeichnet!« In der Fakultätssitzung wurde die Sache besprochen: Jaspers geht doch nicht nach Greifswald, das ist für seine Krankheit unmöglich. Er bleibt hier, da brauchen wir nichts zu tun. Fraenkel aber ging mit dem Dekan, Bartholomae, einem vortrefflichen Mann, so gemütlich, wie es damals war, Arm in Arm auf der Straße. Beiläufig hat er dann auch von mir gesprochen: Ich könne gut nach Greifswald gehen, das Klima schade mir nicht. Worauf Bartholomae in der Fakultätssitzung erklärte: »Ich habe von seinem Arzt gehört, Jaspers kann nach Greifswald gehen.« Darauf entschloß sich die Fakultät, für mich einen Ruf zum persönlichen Ordinarius in Heidelberg zu beantragen. So hat Fraenkel als Arzt in mein Leben eingegriffen.

Mein Verhältnis zur Universität hat einen ursprünglichen Charakter. Als ich mit 18 Jahren ihre Hallen betrat, schienen sie mir gleichsam heilige Räume. Nichts war für mich großartiger als sie. Ich hatte das Glück, hervorragende Professoren zu sehen und zu hören, und gleichzeitig das Glück, noch völlig unreflektiert, ganz gewiß zu meinen: Die Universität, das ist eine große abendländische, übernationale Sache wie die Kirchen. Da gehöre ich einer Gemeinschaft an, die mich nicht an den Staat bindet, einer Gemeinschaft, die nichts will als bedingungslos und uneingeschränkt Wahrheit.
Im Herbst 1901 ging ich nach Heidelberg, dann 1902 nach München, von dort nach Berlin, schließlich nach Göttingen. In Göttingen blieb ich jahrelang. Göttingen, das ist die Luft, in der man nüchtern einfach tätig ist und lernen will, während in München etwa meine Teilnahme an der Schwabinger Welt weit stärker war als die an der Universität. Aber nur ein Sommersemester lang.
Als ich fünf Semester in Göttingen studiert hatte (ich war inzwischen Mediziner geworden, anfänglich war ich Jurist) und überlegte, was werden sollte, da erinnerte ich mich an

Heidelberg. Ich meinte nun die deutschen Universitäten zu kennen. Die einzige, die einen Adel hat, ist Heidelberg, das hatte mir das erste Semester gezeigt. Dort kamen alle Völker zusammen. Da war eine europäische Luft. Da gab es Persönlichkeiten, die wie Max Weber zwar nicht lehrten, aber wirksam anwesend waren, Professoren, deren geistige Dimension über die bloße Wissenschaft weit hinausging. Dort waren die seltsamsten Leute aus aller Welt (es war die Zeit vor 1914): die Russen, Revolutionäre, die dort eine Gemeinschaft bildeten, eine Bibliothek hatten, eine große Rolle wegen ihres überlegenen Geistes spielten. Man fühlte sich in Deutschland und doch weit über Deutschland hinaus, als ob man über dem Boden lebte, gleichsam in der Luft schwebte. Das hat mit der Bevölkerung kaum einen Zusammenhang. Es ist etwas in der Landschaft – das Hölderlin'sche Heidelberg-Gedicht spricht es aus. Es war in Heidelberg, als ob es sich um die Menschheit handle. Quer durch die Fakultäten hindurch trafen sich die Professoren, nicht zu bloßer Geselligkeit, sondern zu geistigem Leben. Trotz aller Spezialisierung waren sie auf ein Ganzes gerichtet, mit ausgeweiteten Interessen, mit Beteiligung einer, wenn auch kleinen Anzahl von Frauen, zunächst der Gattinnen von Professoren. Heute gibt es dies Heidelberg, das vor 1914 blühte, nicht mehr.

In Göttingen also dachte ich: Die überragende Universität ist Heidelberg; ich gehe nach Heidelberg zurück (1906). Dort blieb ich, erst als Student, dann als Professor bis 1948, als ich einem Ruf nach Basel folgte.

Das Bewußtsein des Wesens der Universität bildete sich aus, das mich schon als Student und dann als Professor so ganz durchdrang, als ob dies eine Welt sei, zwar vom Staat eingerichtet und vom Staat gewollt, aber etwas Staatsunabhängiges, in dem man bescheiden, aber wahrhaft frei leben kann. Es läßt sich in der Welt materiell viel mehr erreichen. An der Universität aber ist man so frei wie nirgends sonst. Niemand erteilt einem Weisungen. Die Verantwortung liegt allein im Professor selbst. Es ist eine Freiheit und Weite ohnegleichen – ein Märchen in unserer Zeit. Diese Idee war bei mir ernst gemeint. Bei sehr vielen Kollegen war sie wohl nicht ernstlich vorhanden. Die überwältigende Mehrheit dachte primär national. Ich will zwei Beispiele erzählen:

Im Jahr 1919 war ich nach dieser sogenannten Revolution (Max Weber nannte sie damals »blutigen Karneval«, sie war, wie alle unsere Revolutionen bisher, keine echte) Vertreter der Nichtordinarien im Senat. Da kam aus Berlin, ich glaube vom Rektor Meinecke unterzeichnet, die Aufforderung, gegen die Bedingungen des Friedens von Versailles, die vor den Verhandlungen öffentlich bekannt geworden waren, zu protestieren. Ich erklärte in der Senatssitzung als Privatdozent, mir scheine, wir hätten hier gar keine Stellung zu nehmen, denn wir seien eine überstaatliche Korporation, die sich um staatliche Dinge nicht zu kümmern habe. Ich fügte hinzu: Die Sache sei außerordentlich ernst. Wenn diese Bedingungen kommen sollten, dann stehe es jedem von uns als Staatsbürger, nicht als Professor, frei, sich zu überlegen, was er tun wolle. Max Weber schlägt Ablehnung der Bedingungen vor, ruft zum passiven Widerstand auf und zum Guerillakrieg, das Leben einzusetzen für die Nation. Ich persönlich bin dazu nicht bereit, weil ich physisch dazu nicht imstande bin; ob ich's im anderen Fall wäre, wage ich nicht zu behaupten. Aber jeder, der jetzt hier protestieren will, was schriftlich sehr billig sei, würde im Ernst seinen rechten Weg finden durch Handlung. Als Universität einen Protest zu unterschreiben, halte ich für einen Mißbrauch der Universität und zudem für unwirksam. Ich wurde überstimmt.

Ein zweites Beispiel ist der »Fall Gumbel« im Jahre 1924. Gumbel, Privatdozent für Statistik, hatte in einer öffentlichen Versammlung vor etwa tausend Kriegsteilnehmern gesagt: »Diese armen Menschen, die im Krieg, ich will nicht sagen, auf dem Felde der Unehre gefallen sind, aber auf schreckliche Weise ums Leben kamen!« Dieser Satz erregte große Empörung, nicht bei jenen Kriegsteilnehmern, sondern bei der Professorenschaft in Heidelberg. Die Professoren waren

»national«. Einer schlug sich während der Fakultätssitzung an die Brust: »Ich bin nicht in den Krieg gegangen, um mir so etwas sagen zu lassen.« Die Fakultät setzte eine Kommission zur Einleitung eines Disziplinarverfahrens ein. Ihr gehörten ein Jurist, ein Historiker und ich an. Wir verhörten viele Kriegsteilnehmer. Alle erklärten, daß sie sich durch Gumbels Worte nicht beleidigt fühlten. Offenbar war Professorenmeinung nicht Volksmeinung. Meine Kollegen, zwei vortreffliche Männer, waren mit mir einig. Wir kamen zu dem Ergebnis – hier die Details zu erörtern würde zu weit führen –, daß kein Anlaß bestünde, Herrn Gumbel die Venia legendi zu entziehen. Gumbel habe keine Verfehlung gegen den Geist der Universität vollzogen, und er habe das Recht zu seiner Meinung. Dieses Gutachten, von uns gemeinsam verfaßt, wurde an die Fakultät weitergegeben. Die Kollegen an der Universität und in der Fakultät waren in der überwältigenden Mehrheit empört über diesen Beschluß. Und meine, ich muß wiederholen, von mir sehr verehrten und sachlichen Kollegen, die beiden Kommissionsmitglieder, fügten sich dieser Stimmung. Wie es leider so oft ist: Man will doch sein wie die anderen, man will doch in der Korporation gemeinschaftlich bleiben. Das Gewicht dessen, was die Kollegen in der Mehrzahl sagen, wird so groß, daß es zum Anstand gehört, sich dem zu fügen. So taten es auch meine beiden Kollegen. Sie telefonierten mich am nächsten Tage an und fragten, ob ich damit einverstanden sei, daß sie ihre Unterschrift von diesem Gutachten zurückzögen. Worauf ich: »Selbstverständlich! Aber mein Gutachten bleibt, das heißt, unser gemeinsames Gutachten ist jetzt mein Gutachten, und Sie machen ein zweites.« So geschah es. In der Fakultätssitzung wurde stundenlang geredet, mit dem Ergebnis, daß die gesamte Fakultät gegen mich stimmte und ich als einziger für mein Gutachten. Das war mir sehr bedrückend. Aber ich verhielt mich nach einem anderen Prinzip. Wahrheit geht bedingungslos allem anderen vor, wenigstens an der Universität, auch den vermeintlichen oder wirklichen Interessen, welcher Art auch immer.

Ich hatte schon als Schüler gelernt, alleinstehen zu können. Ich bin nicht mutig, ich bin kein Held, ich habe niemals mein Leben riskiert, ich würde mich sehr hüten, es zu riskieren. Es müßte ein Äußerstes auf dem Spiel stehen, wenn ich es vielleicht täte. Aber etwas anderes habe ich von früh an verwirklicht: Prestige und Ansehen imponieren mir nicht. Ich nehme keine Rücksicht auf das, was man von mir denken mag. Was mir als das Rechte einleuchtet, sage ich und handle danach, sofern ich eine Aufgabe für mich darin sehe.

Im Fall Gumbel haben mir viele Menschen später gesagt, ich hätte ja recht gehabt. Aber da war es zu spät, und solche Meinung war dann nichts mehr wert.

Diese Geschichte habe ich als zweites Beispiel dafür erzählt, daß ich die Universitätsidee über alles andere stellte, denn es handelte sich im Falle Gumbel um die Freiheit der Meinung und des Wortes. Wenn wir dazu kommen, daß wir einen Professor wegen seiner Meinung oder der Form seiner Äußerung disziplinarisch verfolgen können, dann sind wir alle verloren. Dann kommt etwa am nächsten Tag die Anklage wegen Gotteslästerung, weil irgendeine Kirche sich beleidigt fühlt, oder eine Anklage anderswoher. Die Freiheit der Universität, sagte ich damals, sei bedingungslos. Nur wenn sich ein Professor gegen das Strafgesetz vergehe und gerichtlich verurteilt sei, dann müsse er auch disziplinarisch entfernt werden. Wenn aber das Strafgesetzbuch nicht berührt ist, dann ist der Professor frei in seiner Meinung.

Was mir die Universitätsidee bedeutete, das war nicht der Eigensinn einer Meinung, nicht etwa ein Machtwille, durchzusetzen, daß Gumbel bleibe. Was Gumbel passierte, das war sein Schicksal. Als daher der Dekan, nachdem ich überstimmt war, mich fragte, ob ich bei der Regierung in Karlsruhe ein Separatvotum gegen die Fakultät machen wolle, antwortete ich: »Nein, denn ich weiß, daß der dortige Minister Remmele, SPD, aus parteipolitischen Gründen für Gumbel ist, aus Gründen, die unserem Freiheitsgedanken geradezu ins Gesicht schlagen; denn die SPD hat sich in jedem Fall uns

gegenüber als Partei erwiesen und nicht als Verwalterin der geistigen Freiheit an der Universität. Darum will ich mich nicht durch einen Akt einer solchen Regierung mit ihr gemein machen. Ich verzichte auf mein Separatvotum.«
Manchmal dachte ich: Ich sitze hier nun als Vertreter der Universität unter meinen Kollegen, die sie ebenfalls vertreten. Bei solchen Differenzen war die Frage: Was ist die Universitätsidee? Wer verletzt sie, die anderen oder ich? Nach meiner Vorstellung verrieten die anderen unsere Freiheit. Ich war wie ein Fremdkörper in der konventionellen akademischen Korporation, entweder als Vertreter der Sache selbst, der übernationalen und überstaatlichen Idee gegen die Verabsolutierung eines Standes als einer Gesellschaft, die ich als solche wohl respektierte, aber nicht als das Unbedingte an ihre Stelle setzte, oder als Störenfried durch Eigensinn.

Meine Laufbahn an der Universität ist so abnorm, daß man sagen muß, ein freundlicher Engel war zu meinen Gunsten im Spiel. Oder umgekehrt: Ein betrügender Engel hat die späteren Kollegen nicht sehen lassen, was sie geschehen ließen und taten, als sie mich zu dem ihren machten. Ich schildere die merkwürdige Laufbahn vom Mediziner, Psychiater zum Philosophen, den Übergang von der Medizinischen zur Philosophischen Fakultät.

1913 herrschte in der Philosophischen Fakultät in Heidelberg die Meinung, die Psychologie müsse vertreten sein, sie gehöre zur Zeit, man könne sie nicht länger entbehren. Aber damals galt in Heidelberg die sogenannte südwestdeutsche Philosophie von Windelband und Rickert. Sie meinten, Philosophie und Psychologie hätten nichts miteinander zu tun. Man könne also einen Psychologen nicht auf einen philosophischen Lehrstuhl berufen. Einen Lehrstuhl für Psychologie hatte man nicht. Wie kann man es anstellen, die Psychologie zu lehren? Wie man überlegte, da stellte sich heraus: Es gibt hier einen Psychiater, der eine ›Allgemeine Psychopathologie‹ geschrieben hat. Er hat durch sie Ansehen. Das ist echte, realistische, empirische Psychologie. Er scheint Neigung zu haben, sich als Psychologe an der Philosophischen Fakultät zu habilitieren. Als ich erschien, waren alle (Max Weber war der Vermittler) höchst zufrieden, aus ihrer Notlage heraus zu sein und mit einem einfachen Privatdozenten ihr Bedürfnis nach Vertretung der Psychologie zu befriedigen. So wurde ich 1913 in Heidelberg in der Philosophischen Fakultät für Psychologie habilitiert. In der Habilitationsurkunde stand »Philosophie« statt »Psychologie«. Sie wurde sofort zurückgegeben und korrigiert.

1916 wurde Rickert als Philosoph und als Nachfolger von Windelband berufen. Er war wohlwollend und freundschaftlich zu mir, sagte aber gleich: »Was soll aus Ihnen werden? Sie sind für Psychologie habilitiert, haben mit Philosophie nichts zu tun, haben die Medizinische Fakultät verlassen und haben in unserer Fakultät gar keine Aussicht!« »Ach«, sagte ich, »Herr Geheimrat, ich werde Professor für Philosophie!« Da lachte er sehr in dem Gefühl: Was für ein netter junger Mann, wenn er auch Unsinn redet.

Nun, die Sache entwickelte sich so, daß ich Psychologie dozierte, anfänglich die rein empirisch-physiologische mit vielen Karten, Kurven und Tabellen, die mich übrigens sehr interessierten. Dann griff ich weiter aus bis zur Psychologie der Weltanschauungen. Das war schon eine als Psychologie fragliche Sache. 1921 wurde Driesch, der ein Extraordinariat für Philosophie in Heidelberg innehatte, nach Köln berufen. Ich ging mit meinem 1919 erschienenen Buch ›Psychologie der Weltanschauungen‹ zu dem Kollegen von Rickert, Geheimrat Heinrich Maier, damals ein bekannter Philosoph, der die Trennung von Psychologie und Philosophie nicht anerkannte: »Herr Geheimrat, hier bringe ich Ihnen mein Buch und bitte Sie zu prüfen, ob es nicht möglich ist, meine Habilitation auf Philosophie zu erweitern.« »Ach, Herr Kollege, das ist gar nicht nötig, Sie werden doch der Nachfolger von Driesch!« So hatte ich meinen Zweck erreicht, und Rickert, zwar unwillig, gab nach. Ich wurde also etatmäßiger Extraordinarius für Philosophie. Das war 1921. 1922 bekam ich zwei Rufe, zuerst nach Greifswald und dann nach Kiel. Worauf in Heidelberg die Überlegungen angingen, was man mit mir machen solle, denn Rickert war gegen mich: Jaspers ist nicht Philosoph! Er hat sich zwischen alle Stühle gesetzt, nun soll er gar Ordinarius für Philosophie werden? Die Unterhaltungen, die damals stattfanden, erzähle ich hier nicht. Das Ergebnis war: Ich wurde persönlicher Ordinarius für Philosophie in Heidelberg, und die ganze Theorie der südwestdeutschen Schulphilosophie war erledigt.

Das war schon merkwürdig: Ein Mann, der Dr. med. ist, wird Ordinarius in der Philosophischen Fakultät! Zunächst erzähle ich, wie das mit dem Dr. med. war. Der Dekan, Karl Neumann, ein damals bekannter Kunsthistoriker, sagte, als ich mich meldete, freundschaftlich zu mir: »Dr. med.? bei uns habilitieren? das wird sehr schwierig sein!« Ich zog die Habilitationsbestimmungen aus der Tasche und sagte: »Herr Dekan, hier wird verlangt, daß man einen Doktor hat, aber nicht den Dr. phil.!« »Das ist seltsam.« Er rief den Pedell, unseren alten Herrn Schwarz, der die Kontinuität der amtlichen Sachkunde besaß: »Herr Schwarz, wie ist das?« »Den Fall haben wir noch nicht erlebt«, war die Antwort. Und zu mir: »Ich muß es prüfen, ob Sie recht haben, Sie bekommen Bescheid.« Nach einigen Tagen beschließt die Fakultät, ich könne mich auf Grund der Habilitationsbestimmungen habilitieren.

Es war das letzte Mal, daß ein Dr. med. in der Philosophischen Fakultät sich habilitieren konnte. Die Nazis machten es unmöglich, indem sie die Bestimmungen änderten. Man brauchte jetzt in jeder Fakultät den Doktor dieser Fakultät. Die alte überlieferte Gesinnung, daß Doktor Doktor der Universität ist und allgemeine Gültigkeit hat, war vergessen. Bei mir war sie zum letztenmal wirksam geworden.

Als die Nazis erledigt waren, beschloß die Heidelberger Philosophische Fakultät, an dieser Bestimmung festzuhalten; man brauche für die Habilitation den Doktor der eigenen Fakultät. Ich war dabei, ich protestierte, ich begründete, warum das eine falsche Änderung sei; die Universitätsidee verlange nur den Doktor überhaupt. Ich fand keine Zustimmung. Heute wäre meine Habilitation von 1913 ausgeschlossen. Als ich vor einigen Jahren den Ehrendoktor von der Sorbonne bekam, dachte ich an diese Geschehnisse. Diesen Ehrendoktor bekam ich nämlich als Doktor schlechthin, während alle anderen Ehrendoktoren, die ich erhalten habe, immer die Ehrendoktoren einer bestimmten Fakultät waren.

Meine Berufung zum Ordinarius für Philosophie hat noch eine sonderbare Seite. Ich war in der Philosophischen Fakultät meiner geistigen Herkunft nach eigentlich unbekannt. Denn ich war in ihr durch keine Schule geprägt. Gar nicht aus ihr, anderswoher kam ich. Mein Prestige kam ausschließlich daher, daß ich bei Psychiatern und Medizinern Ansehen hatte und wohlgelitten war. Nur der Zufall, daß man einen Psychologen wollte, führte dazu, daß die Philosophische Fakultät gar nicht nachdachte, was für einen Mann sie eigentlich bei sich aufnahm. Anfänglich merkte man nichts. Ich wurde mit Sympathie empfangen. Die damals größtenteils älteren bedeutenden Forscher behandelten mich als ihnen gleich und standen mir von vornherein kollegial gegenüber. Sie waren sehr befriedigt, mich unter sich zu haben.

Später hat sich das langsam geändert. Ich war ein Fremdkörper, nicht als Mediziner, sondern durch meine Gesinnung aus der Universitätsidee. Woran lag es, daß ich ein Störenfried wurde? Ich rede jetzt sehr anspruchsvoll, aber ich glaube bis heute, daß es so war. Ein Mann, der die Idee der Universität vom ersten Semester an ernst genommen hatte, war in den deutschen Universitätsbetrieb gelangt, in dem diese Universitätsidee kaum noch galt. Ich sage: Betrieb, das heißt: diese Universität ist in der Hauptsache nur noch ein Apparat, verkleidet mit unwirksam gewordenen alten Traditionen. Immer mehr wurden die Abhängigkeitsverhältnisse betont. Das al pari in der Gesinnung der geistigen Menschen vom Studenten bis zum Ordinarius ging verloren. Die Ordinarien wurden ungemein stolz, dieses höchste Amt zu bekleiden. Diesen Stolz gaben sie bei jeder Gelegenheit kund. Die Differenzierungen der verschiedenen Stufen, bis hinab zum Privatdozenten, Assistenten und Studenten, führten dazu, daß jede Stufe die niedere wiederum als die mindere betrachtete. Der Geist des Ganzen war verdorben. Es herrschte der Geist der Hierarchie. Man beanspruchte Autorität kraft des Amtes. Der Gedanke, daß in der geistigen Welt Autorität nie beansprucht werden, sondern allein durch Leistung und unabsichtliche Persönlichkeit bestehen kann, war verloren. Es war nicht selten, daß der durch außerordentliche Anstrengung zum Ordinariat gelangte Professor sich ausruhen und die Position genießen wollte. Statt sich nun erst recht zu bewähren, arbeitete und veröffentlichte er nichts mehr, rechtfertigte sich mit den vielen Amtsgeschäften. In der Haltung der Forscher und in der Weise der Führung der Amtsgeschäfte war die Universitätsidee verloren. Mehr noch: Man schmähte sie als einer vergangenen Zeit angehörig und begehrte trotzig die moderne Universität, die noch den Namen trug, aber ohne Idee.

Seit dem Fall Gumbel war ich immer wieder in Konflikt. Bei jeder Gelegenheit begriff ich von neuem, was akademische Freiheit sei und daß man sie nicht mehr verstand. Die Veränderung seit der Zeit vor 1914 machte mich traurig und ließ mich in der Einsamkeit, die ich mit ein paar Freunden, Ludwig Curtius und wenigen anderen, teilte. Doch war das Leben an der Universität immer noch nicht nur erträglich, sondern herrlich. Man hatte, wenn man wollte, die vollkommene Freiheit für sich selbst.

Denke ich weiter an den Gang meines Lebens, so bin ich erstaunt. Wie war es möglich, daß ein kranker Mann, der ausgeschlossen war von der normalen Geselligkeit und der normalen Öffentlichkeit, überhaupt diesen Weg gehen konnte? – Wie war es möglich, daß ein rebellischer Kopf in einer so hierarchisch-strengen Ordnung doch seinen Platz fand? –

Wie war es möglich, daß ein durchschnittlich begabter Mensch, der in der Frühe seiner Arbeiten nicht eine Spur von glänzender Jugendgenialität entfaltet hatte, Schritt für Schritt vorankam und erst in höherem Alter zu seinen Hauptwerken gelangte?

Meine erste Antwort: Ich war hartnäckig, nutzte jede frische Stunde, die mir vergönnt war. Ich hatte immer Pläne, aber nie einen Plan im ganzen. Oft war ich pessimistisch, aber nie ohne Hoffnung. Immer wieder wurden wie durch Glücksfälle meine Arbeitsleistungen besser, als ich erwartet hatte. Kaum Enttäuschungen, aber Überraschungen fand ich auf diesem Wege.

Die Antwort durch den Hinweis auf das eigene Verhalten ist unzureichend. Was die Alten Tyche nannten, die Tyche des Augenblicks mit der Voraussetzung des eigenen Bemühens und die Tyche des Geschickes im ganzen, ist doch entscheidend. Rätselhaft sind solche Zusammenhänge. Ich kann keine Antwort geben. Ich bin dankbar, weiß aber nicht welchem Grund der Dinge. Dankbar bin ich konkret den Menschen, die ich liebe in ihrem Adel. Viele waren mir wohlgesinnt von Jugend an, haben mir viel Hilfe geleistet bis heute. Aber darüber hinaus ist das Dunkel, in dem wir nichts wissen.

Goethe hat im Alter gesagt: »Mach's einer nach und breche nicht den Hals.« Mit Goethe kann man sich nicht vergleichen, aber eines ist vergleichbar: Wenn ich auf mein Leben (wie gewiß viele andere auf das ihrige) zurückblicke, so ist mir bewußt: Ich könnte es selbst nicht wiederholen. Die Umstände, die Glücksfälle, die hilfreichen Menschen waren zufällig. Im Rückblick, im ganzen gesehen, erscheint in der Reihe der Zufälle ein Sinn.

Trotz der Geborgenheit bei den geliebten Eltern fühlte ich mich in der Jugend einsam. Eine unbestimmte Sehnsucht ergriff mich. Die Geborgenheit konnte nicht das geben, was das eigene Leben ist.

Ich hatte einen guten Freund, Fritz zur Loye. Wir studierten zusammen in München, in Berlin, in Göttingen. Wir lebten in den Ferien in unserer gemeinsamen Heimat Oldenburg. Die große Landwirtschaft, die sein Vater verwaltete, gab uns den Bereich unseres Umgangs mit den Wirklichkeiten der Natur. Wir studierten beide, er als künftiger Lehrer, ich als künftiger Mediziner, Naturwissenschaften. Es war durchaus das Leben in der gemeinsamen Sache, wohl enthusiastisch, aber es war nicht das Leben von Menschen, die in ihrer Tiefe, in dem, was sie selbst sein können, in Gegenseitigkeit zu sich kommen. Der Freund starb früh. Ich weiß nicht, was zwischen uns noch hätte werden können. Damals war mir nicht bewußt, weswegen meine Sehnsucht trotz der Freundschaft nicht aufhörte. Sehnsucht wohin? – Was wollte ich eigentlich?

Menschen, deren Wesen mir die Erfüllung des menschlich Möglichen zeigte als Garantie, daß im Grund der Dinge jedenfalls auch etwas liegt, um das zu leben sich lohnt und durch das das Leben selber eine herrliche Wirklichkeit werden kann. Ich suchte den Menschen, mit dem diese rückhaltlose Freundschaft gelingt; den Menschen, den ich liebe, als ob wir von Ewigkeit zueinander gehörten; den Menschen, den ich mit ergreifendem Schrecken sehe als das alle Schranken durchbrechende Schicksal eines erfüllten Scheiterns. Diese drei sind mir begegnet: Ernst Mayer, mein im ständigen Kampf mit mir solidarischer Freund; Gertrud, meine geliebte Frau; Max Weber, der in undurchbrechbarer Distanz verharrende, die Welt in Verzweiflung erfahrende, im Wissen umfassende, in sich gespaltene und zerrissene, nirgends ins Eine und Reine gelangende Mensch.

Mein Freund Ernst Mayer, Jude, studierte wie ich Medizin. Bei einem Operationskurs an der Leiche begann er Gespräche mit mir. Ich, ganz bei der Sache, war zunächst zurückhaltend, unterbrach wohl manchmal: »Einen Augenblick, Herr Mayer ...« Dann besuchten wir uns in unseren Studentenbuden. Wenn wir nicht im Praktikum operierten, konnten wir philosophieren. Ich war begeistert, er war es auch. Es fing gleich so an, wie es später wurde, nämlich nicht etwa, daß sich der eine dem anderen unterordnete, sondern daß man gemeinsam ging. Als ich ihn einmal bei der Lektüre von Rickerts ›Gegenstand der Erkenntnis‹ antraf, sagte ich: »Wie können Sie solchen rationalen Unfug lesen, bei dem doch gar nichts herauskommt! Ausgedachtes Zeug!« Seine Antwort: »Wie können Sie etwas, was ich für wichtig halte, so ohne weiteres grundlos verurteilen!« Der Streit, in solchen groben Äußerungen oberflächlich angedeutet, ging durch unser ganzes Leben. Der Boden eines gemeinschaftlichen Philosophierens wurde immer deutlicher. Diese Gemeinschaft des Philosophierens ging so weit, daß mein Hauptwerk (›Philosophie‹) ohne Ernst Mayer für mich nicht denkbar ist. Er hat mitgearbeitet. Manche Einfälle stammen von ihm. Die Formung, die Lust, es besser zu schreiben, es präziser zu fassen, literarisch einwandfreier zu machen, ist ihm zu verdanken. In diesem Buch – später konnte sich das so nicht fortsetzen – waren wir von einer Identität, die mir unvergeßlich ist. Mit Ernst Mayer ist dieses für mich unendliche Glück verbunden, nicht nur einen Partner im Philosophieren zu haben in bezug auf Sachen, sondern einen Freund in der Substanz der Philosophie selber.

Durch Ernst Mayer lernte ich seine Schwester Gertrud kennen. Sie lebte damals (1907) in Heidelberg. Ihr Bruder hatte ihr gesagt: »Jetzt habe ich einen Studenten kennengelernt, der ist ganz anders, den mußt du kennenlernen!« Er berichtete ihr auch, daß ich krank sei. Gertrud, die sehr Schweres erlebt hatte (ihre Schwester war geisteskrank geworden, ein Freund hatte sich das Leben genommen und anderes schlimmes Unheil dazu), war durch das Schicksal ihrer Jugend aus dem Leben gleichsam herausgerissen. In ihrem Wesen war sie verwandelt, die Wertschätzung der Dinge war nicht mehr die unbefangen natürliche. Aber sie wollte leben. Ihrem Leid wich sie nicht aus. Der einzige neue Weg schien ihr, im Verzicht auf das leidvolle Leben, in der sachlichen

Arbeit zu liegen. Sie wollte das Abiturium nachholen und dann studieren. Damals lernte sie Griechisch und Lateinisch. Sie wollte keine Ablenkung. Daß ihr Bruder einen Freund gefunden hatte, freute sie, aber sie wollte ihn, zumal er krank war, nicht kennenlernen. Erst Ende des Semesters und nur ihrem Bruder zuliebe war sie mit meinem Besuch einverstanden.

Bei dem Besuch schlug etwas ein wie ein Blitz. Schon im ersten Augenblick, als Gertrud, mir noch den Rücken zukehrend, aufstand und sich mir zuwandte. Es war, als ob im Augenblick zwei Menschen sich trafen, die von jeher verbunden waren. Wie es eigentlich war, kann ich nicht wissen und daher nicht berichten.

Ich habe wiederholt über Liebe geschrieben. Es gilt manchen als konstruiert und utopisch und ist für mich doch unzureichender Spiegel einer Wirklichkeit.

Berichten aber kann ich das relativ äußerliche Geschehen. Seitdem Gertrud da ist, seit 1907, ist in mir ein Wandel vorgegangen. Bis dahin war ich – trotz Ungenügen und Sehnsucht – ein Mann, der wissen will, um Wahrheit bemüht, kühl. Jetzt wurde ich ein Mensch, der täglich daran erinnert wird, daß er ein Mensch ist. Nicht durch Worte, sondern durch die Wirklichkeit des Lebensgefährten, der stillschweigend fordert: Du darfst nicht meinen, daß du mit geistigen Leistungen schon genug getan hast! Gertrud sorgt dafür, daß ich nicht allzuviel versäume, sie erinnert mich, was ich in menschlichen Dingen zu tun habe, in denen ich so vergeßlich bin. Sie liest und prüft alles, was ich schreibe. Ihre Anwesenheit erweckt bei mir die Impulse, nicht in die geistige Welt und das bloße Denken zu versinken. Viel mehr noch: Ich bin überzeugt, sofern meine Philosophie eine Tiefe hat, hätte ich diese nie erreicht ohne Gertrud.

In Max Weber begegnete mir nicht ein Freund. Denn zum Freund gehört das al pari. Er verhielt sich der Form nach von sich aus zwar völlig al pari, hätte nichts anderes anerkannt, aber mein Respekt vor der Größe dieses Mannes war derart, daß ich ihm gegenüber schüchtern war. Ausgenommen sind nur wenige Gespräche, die sich auf persönliche Ereignisse bezogen, über die er oder ich urteilten und, wenn es sich um Realitäten handelte, eingriffen. Hier hörte meine Schüchternheit auf. Es kam vor, daß wir auf gleicher Ebene im Gespräch miteinander kämpften. Es handelte sich um sehr ernste Fragen. In solchen Gesprächen war vielleicht ein leiser Ansatz von Freundschaft. Auch heute noch wäre es zu indiskret, davon zu berichten.

Ich glaube mich nicht zu irren, in Max Weber den geistig größten Mann unseres Zeitalters gesehen zu haben, groß zwar nur in einem Bereich, aber mit einem universalen Charakter. Den Begriff von Größe habe ich von seiner Wirklichkeit her gewonnen. Wenn ich von ihm als dem größten Mann des Zeitalters spreche, denke ich nicht an Dichter und Künstler und nicht an Staatsmänner. Es hat keinen Sinn, Max Weber und sie aneinander zu messen. In Max Weber ist philosophische Wirklichkeit.

Schon seine Forschungsleistung macht großen Eindruck. Dazu kommt seine Schöpfung einer Kategorienwelt der Soziologie, dann die Erhellung der Methoden, die er im einzelnen durch besondere Abhandlungen durchführte. Vor allem aber kam erst durch ihn die bekannte, scheinbar einfache Unterscheidung von Werturteil und Tatsachenfeststellung in die Spannung, die die Leidenschaft der Historiker und Soziologen weckte. Denn es zeigte sich jedem, der begriff, daß hier ein rational nicht lösbares Problem vorlag. Denn rationale Erörterung wurde zwar wichtig, aber übergriffen in den heftigsten Kämpfen aus der Grundgesinnung der Forscher.

Ich sehe in Max Weber den Galilei der Geisteswissenschaften, mit dem Willen, maximal zu verwirklichen, was hier als Wissenschaft möglich ist, und zugleich die Prinzipien und Methoden dieser Wissenschaft zu entwickeln.

Aber dies wäre nicht genug. Dahinter steht ein Mann, dem dieser ganze Wissenschaftsbetrieb ein Vordergrund ist und ihm gar nicht genügt. Er hat den Sinn für alles Große, er liebt es, aber er ist vermöge seiner Wahrhaftigkeit so gesinnt, daß er nie vergessen kann, wie es immer zuging und wie es heute zugeht und wie es wirklich ist.

In seinem Leben meine ich eine vollständige unheilbare Zerrissenheit zu sehen. Er hat es nie zur Einheit gebracht. Die Tragödie eines modernen Menschen, und zwar die Tragödie wie bei Kierkegaard und wie bei Nietzsche, die beide ihm schöpferisch vielleicht überlegen sind, aber beide die ewigen Jünglinge bleiben, die stürmischen, die intuitiv zugreifen und Außerordentliches erfassen, während Max Weber der Mann ist, der die Zerrissenheit wirklich erträgt. Denn Kierkegaard hatte den Ausweg des christlichen Glaubens, und Nietzsche machte sich etwas zurecht mit ewiger Wiederkehr und Willen zur Macht. Solche Auswege waren bei Max Weber nicht möglich wegen seiner Wahrhaftigkeit. Seine Zerrissenheit war unaufhebbar: ein Mann, den man auf keinen Nenner bringen kann, bei dem es mir ganz unheimlich zumute wird, der immer wieder in seinem Leben den Drang zum Selbstmord hat, der krank ist, dann wieder gesund, bei dem man sagen muß: kein Vorbild. Nirgends so, daß ich sagen möchte, ich mache es auch so. Aber in einem ein Vorbild und in einem absolut zuverlässig, in dem, was sein letztes Wort im Delirium vor seinem Tode war: »Das Wahre ist die Wahrheit.«

Macht man mit diesem Wort ernst, wie Max Weber es tat, muß man in eine zur Verzweiflung treibende, sie aber nicht erzwingende Verfassung geraten. Wenn ich an Max Weber denke, so ist mir zwar dieser Wahrheitswille Vorbild, und es ist mir unbegreiflich, warum ich mir trotzdem vorkomme, als ob in mir eine Einheit wirke, die Tyche mich leite in dem Sinne, wie ich vorhin sagte, und ich ohne Verdienst beschenkt wurde mit etwas, das vor dem Wahrheitsdenken nicht als rational gültig standhält. Das Geschick bringt es jedem als das ihm eigene. Max Webers Geschick war so furchtbar, daß ich es zwar mit Ehrfurcht sehe und den Anspruch von dort höre, aber selber ganz anders lebe.

Damals hatte ich das Glück, jahrelang in der Heidelberger Psychiatrischen Klinik (nicht als Assistent, wozu ich körperlich nicht fähig war, wohl aber als Volontärassistent ohne praktische Pflichten) zu leben. In dieser Klinik gab es unter Nissl eine Gemeinschaft, ganz anders als an der Universität. Ein »Geist des Hauses« verband alle vom Chef bis zum letzten Assistenten. Jeder hat für sich gearbeitet, nicht in einem Team für ein jeweils gesetztes Forschungsziel, sondern in einer Atmosphäre der Diskussion, in der jeder seine Sache aus eigener Verantwortung machte. Es war eine Gemeinschaft, von der heute in der psychiatrischen Welt als von der »Heidelberger Schule« die Rede ist. Das sind wir alle zusammen, ein halbes Dutzend Leute. Solch geistiges Zusammenwirken habe ich nie wieder erlebt.

Wohl aber fand ich gute Freunde: Ludwig Curtius, Heinrich Zimmer, Alfred Weber und andere. Sie sind verstorben. In Kürze kann ich von ihnen nicht berichten. Von den lebenden Freunden zu sprechen, wäre zu früh.

Welche Rolle spielt die Politik in meinem Leben? Erstens eine philosophische, weiter eine praktische.

Wer philosophiert, kann, wenn er es ernst meint, gar nicht anders, als sich um alle Wirklichkeiten zu kümmern, sie ursprünglich kennenzulernen. Sonst kennt er vielleicht die schönen Blüten des Geistes, die die Philosophen in ihren Werken aus eigener persönlicher Erfahrung hervorgebracht haben. Wenn es zu solchen kommen soll, muß die Erfahrung vorhergehen. In meiner Jugend dachte ich nicht daran, Philosophieprofessor zu werden. Ich fand kein Interesse an philosophischen Vorlesungen. Ich wollte Wirklichkeiten kennenlernen. Erst waren es Naturwissenschaften und Medizin, dann Geschichte, schließlich Politik und Theologie. Es gibt nichts, was das Philosophieren nicht angeht. Wir gelten wohl als törichte Alleswisser, die nichts wissen, als oberflächliche Leute. Den Vorwurf halte ich nicht ohne weiteres immer für falsch; aber im Prinzip ist er falsch. Denn es kommt nicht darauf an, viel oder alles zu wissen, sondern die Grundsätze des Wissens, die Grundsätze der Wirklichkeit sich in jedem Gebiet zur Klarheit zu bringen und sie sich zugleich in einem konkreten Detail zu vergegenwärtigen.

Das zweite, praktische Motiv war: Die Politik ist eine Wirklichkeit, die uns auf den Nägeln brennt! Sie bestimmt unser Dasein. Wir sind von ihr abhängig. Das wurde mir erst deutlich mit dem Nationalsozialismus. Wohl habe ich schon in den zwanziger Jahren angefangen, mich mit Politik zu beschäftigen: in meiner ›Geistigen Situation der Zeit‹ (1931). Aber entscheidend war doch die Nazizeit. Wie das 1933 begann, hatte ich wohl einen großen Schrecken, aber ich ahnte sowenig wie die meisten Menschen damals, was kommen würde. Nur mein Freund Ernst Mayer (er ist die einzige Ausnahme, die ich kenne) sagte im Sommer 1933 zu mir: »Man wird uns Juden eines Tages in Baracken bringen und die Baracken anzünden!« Ich antwortete: »Aber Ernst, das ist wieder deine großartige Phantasie bis in die äußersten Konsequenzen. Das ist ja ganz unmöglich.«

Was dann geschah, Schritt für Schritt, brauche ich nicht zu schildern. Für uns wurde die Sache plötzlich anders, 1938 mit der »Kristallnacht«. Seitdem wuchs die Angst, wurde im Krieg sehr groß. Unsere ständige Lebensgefahr war unzweifelbar. Wie haben wir in dieser Welt gelebt? Prinzip: Die einzige Möglichkeit zu überleben ist, nicht aufzufallen! Den Nazi-Behörden gegenüber sich natürlich jede Lüge erlauben, wenn es nötig ist; aber sich so benehmen, daß es ohne Auftrumpfen doch immer so wirkt, daß es verborgene Würde hat. Von den Vernehmungen durch die Gestapo erinnere ich mich etwa, wie der junge Bursche vor seinen Akten saß. Er war offenbar von Berlin veranlaßt, mir zu sagen, das Einfachste wäre doch und alle Probleme wären gelöst, wenn ich mich scheiden ließe. Worauf ich gar nicht empört war, sondern sagte: »Ja, das ist ein großes Problem!« Als ob ich es ernst nähme. Worauf er: »Ich will Ihnen auch gar nicht raten« und seinen Kopf senkte. Er hatte nur einen Auftrag erfüllt. Dann ging er hinaus, und ich fragte: »Darf ich die Akte ansehen?« und meinte zu hören: »Ja.« Es war ein Mißverständnis. Wie er wieder hereinkam, hatte ich die Akte in der Hand. Ich hatte sie schnell durchgeblättert. Da stand aus Berlin, daß man auf mich als Staatsfeind besondere Aufmerksamkeit richten müsse. Er war zwar zunächst empört, dann aber schnell wieder beruhigt. Ich sagte: »Da steht, ich sei ein Staatsfeind. Wollen Sie das doch bitte in Berlin berichtigen. Ich bin ein loyaler Staatsbürger. Natürlich kann ich Ihre Auffassung von den Juden nicht billigen, denn meine Frau ist Jüdin, das werden Sie verstehen, aber ich bin ein loyaler Staatsbürger.« Dann fügte ich hinzu, und dieser Satz war richtig: »Sie können sich darauf verlassen, daß ich gegen diesen Staat nichts unternehmen werde.«

Je nach der Situation, in der man sich befand, mußte man eine Haltung einnehmen, die glaubwürdig war. Meine Frau und ich haben in diesen letzten Jahren Angst ausgestanden, aber wir lebten still. Später habe ich diese Zeit wohl so aufgefaßt: Ich habe von Hitler 8 Jahre Urlaub bekommen; ohne diesen Urlaub hätte ich meine spätere Philosophie nie ausarbeiten und nicht die Kenntnisse für meine Geschichte der großen Philosophen erwerben können.

Aber es war die Zeit der Judenermordungen. Das für uns persönlich Niederschlagendste war der Tod von Frau Goldschmidt, der Witwe eines weltberühmten Mineralogen, Stifterin großer Gebäude, vieler Sammlungen und Geldmittel an die Universität. Sie sollte, 80jährig, abtransportiert werden. Man wußte, was das bedeutete. Sie nahm sich das Leben. Vorher hatten sich alle, die ihr nahestanden, bemüht, sie zu retten, »eine Ausnahme zu erwirken«, wie man das nannte, selbst Nazis waren daran beteiligt. Aber aus Berlin kam die Nachricht: Keine Ausnahme! Der Gestapomann, der die Leiche sah, trat an das Fenster: »Das haben wir doch nicht gewollt.«

Um dem Entsetzlichen nun eine Lächerlichkeit beizufügen, erzähle ich etwas anderes. Der Kreisleiter, ein alter Volksschullehrer, den ich einmal aufsuchte, weil ich meinte, in der Höhle des Löwen etwas zu erreichen, was auch gelang, empfing mich mit den Worten: »Aber Herr Professor, wie freue ich mich, daß ich Sie sehe, ich bin Ihnen doch als alter Hörer so dankbar.« Derselbe Kreisleiter sagte zu einer früheren Schülerin von mir, die, ohne mich zu fragen, zu ihm gegangen war, um sich zu erkundigen, ob sie bei uns wohnen und Manuskripte von mir lesen dürfe: »Selbstverständlich dürfen Sie das. Wir verehren ja den Professor Jaspers, das ist ein echter Germane, darum ist er auch seiner Frau so treu.« Das gehörte zu jener Zeit, in der man, wenn man nicht gerade in der äußersten Angst war, auch von Zeit zu Zeit lachen mußte.

Es kam die große Wende: die Beseitigung der Nazis und die Rettung der Deutschen durch die Alliierten, die den Nazistaat zerstörten.

Es ist kaum zu schildern, wie uns in Heidelberg zumute war. Es war wie im Märchen. Über Nacht waren wir plötzlich in eine andere Welt versetzt. Wir waren befreit.

Nun aber stellten wir uns sogleich die Frage: Haben wir nicht in schuldvoller Passivität in den dunklen Jahren versagt? In meiner ersten öffentlichen Rede betonte ich zwei Punkte, die ich heute noch für richtig halte:

1. Wir sind, als unsere jüdischen Mitbürger abtransportiert wurden, nicht auf die Straße gegangen, haben nicht geschrien, bis man auch uns vernichtete, aus dem richtigen, aber keineswegs befriedigenden Grunde: Das hätte ja doch nichts geholfen, das hätte keinen Eindruck gemacht und wäre sinnlos gewesen. Daß wir noch leben, ist unsere Schuld!

2. Wir haben in einem Staat gelebt, der diese Verbrechen begangen hat. Wir haben zwar persönlich keine Schuld in einem moralischen oder kriminellen Sinne. Aber da wir in diesem Staate als dessen Bürger gelebt haben, können wir uns nicht von ihm trennen. Das heißt: Wir haften mit dem neuen Staat für das, was der vorhergehende Verbrecherstaat getan hat. Wir müssen die Folgen tragen. Das bedeutet politische Haftung.

Dieser Begriff der Haftung, den ich damals in einer Schrift über die Schuldfrage, die bis heute unbeachtet geblieben ist, ausführte, ist nicht angenommen worden. Daß er nicht angenommen worden ist, ist einer der Gründe unserer heutigen verfehlten Außenpolitik!

Was ist nun weiter erfolgt? 1945 lebte ich in der Hoffnung, als politischer Schriftsteller mit vielen anderen die Sprache zu finden für die Deutschen, die jetzt die Dinge in die Hand nehmen und irgendwann mit Hilfe der Alliierten, wer weiß wie, einen neuen Staat bilden würden. Diese Hoffnung war so groß, daß sie fast an Gewißheit grenzte.

Dann folgte Enttäuschung auf Enttäuschung – bis heute, wo wir wieder sagen: Die herrlichen Deutschen, Hunderttausende, vielleicht ein paar Millionen, werden wieder hinweggespült, überspült von der Menge der Gedankenlosen, der Eigensüchtigen, der Opportunisten, der Gemeinen, der »Gebildeten«. Es ist schon geschehen!

Wir leben in dem Bewußtsein: Diese anderen Deutschen sind da, wir hören sie, aber sie haben keine Macht. Ich, der ich mich zu ihnen rechne, muß dasselbe wie von den anderen auch von mir sagen, nämlich: Daß wir nicht zur Macht gelangen, beruht auf dem Geist selber, denn dieser Geist ist ein betrachtender, ein analysierender, ein urteilender Geist, ein Geist der Gesinnung, aber nicht ein Geist, der sein Leben einsetzt. Liest man historische Schriften aus der antiken Welt und hört dort überall von der Würde, die bei dem Schrecklichen jener Zeiten die Menschen trug, dann können wir wohl klagen: Wir haben diese Würde nicht! Es liegt am Geist selber, daß er nicht die Macht erringt, weil er nur Geist ist.

Dann aber denke ich: Es ist anzuerkennen, daß wir doch wenigstens diesen ohnmächtigen Geist in Deutschland haben. Man riskiert zwar sein Leben nicht, es kostet kein Blut, aber man kann sagen, was man will, und das Sagen-können, was ist, das ist schon eine gute Sache, zwar kein realer Faktor, aber das Alibi im öffentlichen Urteil.

SW, 15–38

Von Heidelberg nach Basel

Der Rechenschaftsbericht »Von Heidelberg nach Basel« wurde 1967 geschrieben. Jaspers stand damals am Ende einer langen Reihe von politischen Publikationen, in denen er mit der Bundesrepublik und ihren Politikern hart ins Gericht gegangen war. Seine Kritiker warfen ihm immer wieder vor, daß er 1948 Deutschland in einer heiklen Lage verlassen, ja im Stich gelassen habe und deshalb zu einer Kritik nicht berechtigt sei. Da er sich über seinen Wegzug öffentlich nie detailliert geäußert hatte, verfaßte er diesen Bericht, teils um die Vorwürfe zurückzuweisen, teils um selber Klarheit über seine damaligen Motive zu bekommen. Er räumte ein, daß eine letzte Gewißheit über den Entschluß nicht erreichbar sei und daß in ihm insofern ein Moment von Schicksal liege, nannte aber doch einige Motive unzweideutig: Die Kränkungen, die er und vor allem seine Frau, die Jüdin war, im Nazistaat erlitten hatten, waren an beiden nicht spurlos vorübergegangen. Nach der anfänglichen Hoffnung auf eine Erneuerung glaubte er schon bald zu sehen, daß in Deutschland keine radikalen Konsequenzen aus dem Massenmord an den Juden gezogen wurden, daß vom Verbrecherstaat der Nationalsozialisten nicht bedingungslos Abstand genommen wurde und daß eine wirkliche Umkehr auch an der Universität ausblieb. Er bekam eine zunehmende Isolierung in seinen universitären Bemühungen zu spüren und eine wachsende Feindlichkeit von Seiten der Regierung in Karlsruhe. Zudem war er in einer permanenten Überbeanspruchung durch Hilfsgesuche aller Art, durch Entnazifizierungsgutachten und durch universitäre Sitzungen. All das führte zu einer Schwächung seiner philosophischen Arbeitskraft, so daß er sich entschloß, eine Berufung nach Basel anzunehmen. Deutschland hat es ihm nie verziehen. – Der Text stammt aus den autobiographischen Schriften »Schicksal und Wille« (1967).

Die Frage, warum wir 1948 nach Basel gingen, kann ich mit Gründen nicht zureichend beantworten. Aber ich kann erzählen, was uns bewegte, wie es herging und wie es entschieden wurde.

1. Niemand hatte einen Anspruch, daß wir bleiben sollten. Ein Staat und ein Volk, das den Juden angetan hatte, was nie hätte geschehen dürfen, und dies nach der Katastrophe nicht begriff und nicht die Folgerungen zog, hatte jeden Anspruch verloren. Den vielen guten Menschen (die aber doch mithafteten) wollte ich damals, in der Lage allgemeiner Not, nichts Aggressives sagen. Bei unserem Weggang beschränkte ich mich daher auf eine öffentliche Erklärung, in der ich nur von Alter, Krankheit und Ruhebedürfnis sprach.

2. Gertrud und ich waren und sind unserer unentrinnbaren Herkunft nach Deutsche. Wir gründeten unsere Schicksalsgemeinschaft in einer Gesinnung, die Juden und Deutsche nicht trennte. Sie zahlte ihre Synagogensteuer, ich die protestantische Kirchensteuer. Wir wollten unseren Beitrag leisten, damit eine große Überlieferung nicht aufhöre. Aber wir lebten aus dem, was uns beiden, lange bevor wir uns trafen, in der Philosophie hell wurde.

Meine Philosophie ist wohl im Begrifflichen von mir ausgearbeitet. Aber in der Substanz ist sie uns gemeinsam. An die entscheidenden Punkte wäre ich ohne Gertrud nie gelangt. Gertrud brachte mich vor das Äußerste, wenn ich aus konservativen Neigungen an den Grenzen zum Harmonischen neigte. Sie wehrte ab, wenn ich bequem werden wollte. Ihre Liebe erhob zugleich die unerfüllbaren, nie Ruhe lassenden Ansprüche.

Über Juden und Deutsche nachzudenken, hatten wir in den Zeiten unserer frühen Ehejahre keinen Anlaß. Damals waren jüdische Deutsche und deutsche Juden selbstverständlich dasselbe. Durch mich ist das Deutschsein meiner Frau nicht vermehrt worden. Politisch war sie eher »deutscher« als ich. Denn ich war antipreußisch und haßte Bismarck, sie nicht. Das war aber mehr ein Spiel im Gespräch, nichts Ernstliches. Ich lernte durch sie die biblische Religion erst recht kennen. Wenn man Deutsch und Jüdisch hätte trennen wollen, hätte ich in jedem Konfliktsfall bei den Juden gestanden als den Schwächeren, den Benachteiligten unter den Deutschen, wie es denn auch später geschah. In unserer Situation mußte die jüdische auch meine Sache werden (aber nicht jüdischer Nationalismus, nicht der mir verderblich scheinende Zionismus, den auch mein geliebter und verehrter Schwiegervater verwarf). Aber ich war kein Philosemit. Daß einer Jude war, das war kein Grund, ihm Vorrang zu geben oder besondere Vorteile einzuräumen. Ich habe mich Antisemit schimpfen lassen, wenn ich die Bevorzugung eines Juden als solchen nicht mitmachte oder wenn ich – mehr lachend als empört – jüdische Cliquenbildung sah. Mit dem Deutschen, dem Gertrud und ich gemeinsam entstammen, ist Antisemitismus nicht verträglich. Er ist schon als Stimmung und Redeweise unanständig, als Handlung niederträchtig. Wotan und Rasse und Militärdienst (d.h. der Staat, in dem nicht das Militär dem Staat, sondern der Staat dem Militär dient) haben mit dem Deutschen, das Wesen und Dauer hat und Bestand haben wird vor der Geschichte, nichts zu tun. Sie sind Fremdkörper.

3. 1946 erhielt ich eine Einladung zu Gastvorlesungen nach Basel. Salin überbrachte sie. Freies Reisen und Post gab es noch nicht. Ich hatte gleichzeitig eine Einladung zu den Rencontres Internationales in Genf. Diese nahm ich an. Die Basler Einladung war verlockend: 3000 Fr. zu einem Erholungsaufenthalt in den Bergen. Aber ich wußte, worum es sich handelte. Man wollte mich sehen und hören, um mich zu berufen. Ich zögerte, lehnte die Einladung ab, hatte den bei meiner Gesundheit guten Grund: nicht zwei Einladungen in einem halben Jahr. 1947 kam Salin, die Einladung zu wiederholen. Wieder wollte ich ablehnen unter Hinweis auf meine Arbeit und meine Verpflichtungen in Heidelberg. Aber Salin sagte: »Überlegen Sie es sich, die Basler werden kaum ein drittes Mal die Einladung wiederholen.« Mir war klar: das Zögern kann ich nicht fortsetzen. Die Entscheidung muß fallen. Wenn die Basler mich beru-

fen, kann ich ja immer noch Nein sagen. Die Erfahrung in Basel aber und die reale Entscheidungssituation möchte ich nicht versäumen.

So hielt ich Anfang Juli 1947 am Schluß des Semesters in Basel fünf Gastvorlesungen. Dr. Adolf Vischer sagte mir am Ende als Kuratel-Mitglied, er sei ermächtigt, mich zu fragen, ob ich eine Berufung nach Basel annehmen würde. Ich antwortete, ich könne mich nicht binden, aber es sei wahrscheinlich, daß ich dem Ruf folgen würde.

Der Ruf kam im Dezember 1947. Nun war die Situation da. Für meine Frau und mich war die Freude groß. Dieser Ruf war nach 12 Jahren die Bestätigung, daß ich in der Welt nicht nichts sei. Dazu stand etwas wie ein Paradies gesicherten Lebens in einer freien Welt uns vor Augen.

Und trotzdem war ursprünglich keineswegs in uns ein Drang entstanden: Fort von hier! Daher das lange Zögern. Als dann dieser Ruf kam, war uns sonderbar zumute. Über der Freude lagen Schatten. Das Schicksalszeichen, der Finger Gottes – in der Chiffer zu sprechen –, war zweideutig. Die Entscheidung schien – wunderlich genug – ernster als die meisten bisherigen. Die Einheit von Schicksal und Wille sollte entstehen, aber war noch nicht da. Erst Ende Februar 1948 faßten wir den endgültigen Entschluß.

4. Heidelberg war durch 40 Jahre uns Heimat, geistig die einzige Heimat, geworden. Unser Schicksal war mit dieser Stadt verbunden, in der fast jede Straße, jeder Winkel, der Schloßpark, die Landschaft zu uns sprachen, voll Erinnerungen aus herrlichen und schrecklichen Zeiten. Da waren die guten Menschen in der Bevölkerung, die uns in der Nazizeit getragen hatten, als die Kollegen (mit wenigen Ausnahmen) uns verließen; da waren die Freunde, das Haus, in dem wir gern wohnten. Rufe nach Greifswald, Kiel, Bonn hatte ich früher abgelehnt, am Ende immer, weil Heidelberg uns festhielt – unsere geliebte Stadt. Hier hatte einst Max Weber gelebt, hier hatten die bedeutenden Männer gelebt, die nun fast alle auf dem Bergfriedhof lagen, den wir als unseren Friedhof

ansahen, auf dem auch wir einmal liegen wollten. Wir fühlten uns zugehörig einem geschichtlichen Kreis. Jetzt, dazu im Alter, sollten wir uns trennen? Hart schien es, und dann wieder wie eine Befreiung.

Denn alles war anders geworden. Die Heidelberger Gegenwart gab es doch nur als Erinnerung für uns, die Heidelberger gegenwärtige Realität war voller Schmerz.

Ein Symbol: Während des Krieges, als Radbruchs Sohn in Rußland gefallen war, wurde dieser auf dem Bergfriedhof bestattet. Radbruchs kauften gleich zwei Grabstätten daneben für sich. Da sagte Freund Radbruch: »Kauft euch doch neben uns auch Grabstätten. Das wird genehmigt.« In der Tat instruierte uns der Friedhofswärter, daß es trotz der Bestimmung, erst beim Tode könnten Grabstätten erworben werden, üblich sei, Personen höheren Alters wie uns den Kauf der Grabstätten zu erlauben. Ich machte die Eingabe an die Stadt. Auf Radbruchs Rat schrieb ich dazu einen persönlichen Brief an den Oberbürgermeister Dr. Neinhaus, der ein typischer Mitläufer und unbedeutender Charakter, aber ein tüchtiger Bürgermeister war. Die kurze, kühle Antwort: Die Bestimmungen gestatteten nicht den vorzeitigen Kauf. Das war Ausweichen. Da meine Frau Jüdin ist, durfte sie nicht auf dem Friedhof, sondern nur an der Chaussee draußen, an der die Juden gemeinschaftlich bestattet wurden, ihren Platz haben. Dieses einfache Faktum war mir von unverhältnismäßig großer Bedeutung. Bis dahin hatte für uns das Grab, der Ort des Bergfriedhofs, eine geschichtliche Wirklichkeit, war Zeichen einer Zugehörigkeit, einer Kontinuität. Von nun an war uns das Grab gleichgültig. Wo wir bestattet werden, ist uns bis heute unwesentlich geblieben. Da ist etwas gerissen, was nicht wieder heil gemacht werden kann. Die Erfahrung des Ausgestoßenseins vom eigenen Volk durch einen Staat, der ein Verbrecherstaat war, ändert die Beziehung zu diesem Volk. Was die Deutschen, zu denen wir selber gehören, für uns sind, das hat mit Staat und Ort und Grab nichts mehr zu tun.

Das Daseinsbewußtsein war im Grunde verwandelt. Mit ihm war eine Trennung, nicht vom vergangenen, wohl aber vom gegenwärtigen Heidelberg, kaum bemerkt, vollzogen. Wir brauchen nicht in Heidelberg zu leben. Heidelberg ist, wie es jetzt geworden ist, nicht mehr Heimat, wohl aber die in Landschaft und Gebäuden, in Straßen und Gärten noch herrlich sprechende Erinnerung. In der Welt der Universität ist heute kaum noch ein Hauch des Heidelberger Geistes zu spüren, gibt es kaum noch repräsentative Persönlichkeiten, die ihn ausstrahlen oder auch nur kennen. Wo Gegenwart fehlt, vermag die Erinnerung nur mit geringer Kraft das Verlorene innerlich festzuhalten.

5. ...

6. Die Situation in Heidelberg 1945 brachte viele Unstimmigkeiten. Die Wiedereröffnung der Universität war fraglich. Die Mehrheit der Kollegen, die zunächst von der Mitwirkung ausgeschlossen war, verlangte die Solidarität aller zu gemeinsamem Schutz. Andere verlangten den Ausschluß der eigentlichen Nazis. Der Neubeginn lag in den Händen einer kleinen Minderheit, die sich selbst ausgewählt hatte. Die meisten der jetzt beiseite Gedrängten dachten nur an sich selber. Ausgezeichnete Gelehrte und Forscher wollten im Rahmen des Möglichen ihre eigene sachliche Facharbeit fortsetzen, hatten aber für die Universität kein Interesse. Es war unmöglich, die Gesamtheit der vorhandenen Dozenten zum Organ der Erneuerung zu machen. Zum Teil waren sie wegen der nazistischen Belastung für die Amerikaner untragbar, zum Teil war ihnen die Idee der Universität fremd.

Maßgebend war die amerikanische Politik. Diese wollte eine vom Nazismus freie Universität. Die erste Frage war, wer von den bisherigen Professoren wieder in sein Amt eingesetzt werden sollte, wer nicht. Aus dem Dreizehnerausschuß wurde ein Unterausschuß gewählt zur Ausarbeitung von Gutachten über die einzelnen Dozenten. Er behandelte nur die drei geisteswissenschaftlichen Fakultäten. Ich erinnere mich, daß Regenbogen und Fritz Ernst, Radbruch und

Dibelius dabei waren. Wir hatten folgendes Prinzip: Vorerst sollten über die einwandfreien Kollegen die positiven Gutachten erstellt werden; negative Gutachten wollten wir zunächst überhaupt nicht machen; die Fragwürdigen schoben wir daher hinaus. Diese Arbeit war im Grunde vergeblich. Ein kleiner Kreis von Dozenten wurde von den Amerikanern im Sommer 1945 bestimmt, zumeist auf Grund mündlicher Erkundigungen. Von diesem Kreis wurde der erste Rektor gewählt. Unsere Gutachten verloren sich in den Aktenmassen der Amerikaner.

Die Amerikaner waren wohlwollend. Wir bewunderten die Freiheit und Ehrlichkeit ihres Denkens. Man konnte ihnen Vertrauen schenken. Der Universitätsoffizier half uns gegen die CIC [Counter Intelligence Corps; Hrsg.], natürlich stillschweigend. Aber wir verhehlten uns nicht die Züge von Naivität, die wir antrafen, den manchmal schnellen Wechsel ihrer Anordnungen, das Vorwiegen ihrer Sorge, es könnten in der Bevölkerung Unruhen ausbrechen, vor allen anderen Fragen. Wir sahen die Menge ihrer Gesetze, die sie selber nicht mehr kannten und gegen die sie selber, wenn die Folgen unsinnig waren, sich mit Geschicklichkeit und gesundem Menschenverstand wehrten. Sie hatten keine Idee vom Aufbau der deutschen Universität. Es geschah hier im Kleinen, was später im Großen geschah. Erst kam die Entnazifizierung, bei der die höchsten Maßstäbe angelegt und wirklich harmlose Leute schwer belastet wurden, dann aber die Freilassung der großen, verderblichen Nazis zu öffentlicher Wirksamkeit.

Die antiamerikanische Stimmung, die sehr bald sich verbreitete, entsprang kaum diesem Vorwurf, daß die Folge des amerikanischen Verhaltens das politische Chaos förderte, sondern vielmehr dem Widerwillen gegen die Militärregierung. Die Stimmung ging bis in den Senat der Universität, als ein Mitglied erbittert sagte, auch der Ohnmächtige sei imstande und berechtigt, gegen den Stachel zu löcken.

Alles in allem herrschte eine geistige Verwirrung. ...

Als der bisherige Inhaber eines romanistischen Ordinariats noch keineswegs wegen seines Nazismus ausgeschieden, seine Stellung vielmehr in der Schwebe war, kam E. R. Curtius zu mir aus Bonn, um mir zu sagen, daß er gern nach Heidelberg zurückkehren würde. Ich erklärte ihm die Lage und zugleich, daß ich, wenn es soweit sei, selbstverständlich ihn allen anderen vorziehen würde. Als es, kurz vor meiner Übersiedlung nach Basel, so weit war und eine Berufungskommission tagte, wurde mein Vorschlag Ernst Robert Curtius sogleich bekämpft. Seine unvergleichliche, überragende Bedeutung wurde nicht anerkannt, vielmehr darauf hingewiesen, daß er ein sehr unbequemer Kollege sei.

Urteile wurden gefällt, die mir Schrecken einjagten; etwa von einem Senatsmitglied nach Erscheinen des damals sehr verdienstlichen, offenbarenden Buches von Mitscherlich über das Diktat der Menschenverachtung, in dem dokumentarisch die Vorgänge bei den Experimenten mit Menschen und die Tötungen von Menschen konkret und mit Namen der Beteiligten mitgeteilt wurden. Der Senator, ein Mediziner, sagte empört, das hätte Mitscherlich nicht veröffentlichen dürfen, es diskreditiere unseren Stand (dieser Senator war niemals Nazi gewesen). Die Universitätsreform blieb äußerlich, der Aufbau rein materiell. ...

Die vielen kleinen Unstimmigkeiten übersah ich zunächst. Der Ausschuß war, wie ich erst langsam mir eingestand, nur im Anfang und nur unbestimmt einmütig. Er war sich selbst darüber nicht klar. Es gab keine geistig fundierte, in jeder Diskussion standhaltende Solidarität, sondern schwankende Meinungen, die in keiner Idee fundiert waren.

Danach glaubte man an meine in der Tat guten Beziehungen zu den Amerikanern. (Ich hatte einen sauberen »Fragebogen«, war, da meine Frau Jüdin ist, nicht einmal Mitglied der NSV – Nationalsozialistische Volkswohlfahrt – gewesen, in die jeder eintrat, weil sie eine leise Tarnung bedeutete und harmlos erschien; ich wurde nicht aufgenommen, sonst wäre ich gewiß wie alle Kollegen dabei gewesen.) Man meinte, daß ich überall helfen könne. Ich spürte, daß ich eine öffentliche Puppe geworden war, in der ich mich gar nicht wiedererkannte. Ich hoffte, wenn wir diskutierten, man würde auf meine Gründe hören, weil man aus der alten Idee der Universität lebe. Aber ich hatte nur den äußerlich bedingten Respekt, spürte langsam die wachsende Abneigung. Von Anfang an war meine Situation schief gewesen, ohne daß in diesem Anfang die anderen und ich es gemerkt hatten.

7. Den deutschen Zustand überhaupt, wie er damals nicht nur in Heidelberg, sondern in ganz Deutschland aussah, schildere ich an Beispielen.

Im Jahre 1946 veröffentlichte ich meine »Schuldfrage«. Der amerikanische Universitätsoffizier sagte mir dankend, die Schrift sei nicht nur für die Deutschen geschrieben, sondern auch für das Gewissen der Alliierten. Bei uns erfuhr die Schrift – deren Absatz gering war – Ablehnung (auch bei meinen Heidelberger Kollegen), manchmal Schmähungen. Nur hier und da kam ein zustimmender Brief, der manchmal mit dem Satz endete, hier am Ort aber sei ich der einzige, der so denke. Die materielle Not war damals drückend. Ich begriff, daß in dieser Lage solche Erörterungen noch nicht interessieren konnten. Aber es blieb so auch später, und bis heute ist diese Schrift nur sehr wenig zur Kenntnis genommen worden.

So viele klagende, jammernde, nach Unterkommen suchende Akademiker kamen zu mir. Fast alles war persönliches, privates Leid, oft genug schreckliches. Das Suchen nach Hilfe war berechtigt. Wir hatten kaum Mittel zu helfen. Aber in dieser Zeit nach den zwölf Jahren der Verbrechen in der durch eigene Verantwortung herbeigeführten Katastrophe trat doch fast nur der egoistische Daseinswille in Erscheinung, ohne Teilnahme an irgendeinem Willen zur Umkehr. Von den Nazi-Massenmorden an Juden wollte man nichts wissen oder interessierte sich nicht dafür. Was da grundsätzlich mit uns Deutschen durch uns geschehen war, kam nicht zum Bewußtsein. Man nahm nicht Abstand von dem totalen Verbrecherstaat, zu dem wir geworden waren.

Es war, als ob Stimmung und Charakter der Menschen sich überhaupt nicht geändert hätten. Sie wollten leben, aber sich nicht besinnen, sich nicht ändern, sich nicht für den Gang der Dinge, und was wir darin tun könnten, interessieren. Alle Nazis schoben die Schuld auf Hitler: »Wir sind mißbraucht worden.« Es gab selten eine Würde, aber hier und da geheime Wut und Bosheit. Das wurde mit den Jahren schlimmer.

Ich konnte der Menge der Besucher nicht Herr werden. Einen Teil empfing meine Frau. Sie war hin- und hergerissen durch Mitleid mit dem konkreten menschlichen Schicksal der einzelnen und der Enttäuschung durch Ausbleiben der erwarteten Impulse. Entglitt ihr einmal ein zorniges Wort, wenn das ihr dargelegte Unheil nicht allzu groß war: »Sie sind ja doch nicht vergast worden«, so war sie erst recht mit sich unzufrieden und quälte sich.

Weitere Enttäuschungen folgten: Unsere Zeitschrift »Die Wandlung« wurde schnell zu einem literarischen und informierenden Blatt, das schätzenswert war, aber von der Kraft zur Wandlung so gut wie nichts ausstrahlte. Ich habe selber Mitschuld. Denn meine Arbeitskraft reichte nicht für diese Zeitschrift. Ich hatte mich übernommen. Was aber ohne mich geschah, das ging nicht auf dem von mir erhofften Weg.

Die »Wandlung« war zwar eine gute Zeitschrift geworden, aber sie brachte keinen politischen Willen zur Geltung, sondern eher eine Literarisierung auch der Politik.

Der gemeinsame Schwung, der vielleicht schon im Anfang sich über sich selber täuschte, blieb jedenfalls bald aus. Im Augenblick der Gründung der Bundesrepublik und der Währungsreform war die Zeit, in der die ursprüngliche Intention der »Wandlung« ihren Sinn hätte haben können, abgelaufen. Die Zeitschrift ging ein. Sie war gegenstandslos geworden.

8. Manche Vorgänge zeigten mir eine Feindseligkeit oder ein Mißtrauen der Regierung in Karlsruhe gegen mich. Am 10.11.1946 sprach ich über das Radio in Heidelberg über

»Volk und Universität«. Dieser Vortrag wurde der Regierung als Titel bekannt. Der damalige Referent Thoma wandte sich an unseren Rektor von Campenhausen mit dem Ersuchen, mein Manuskript der Regierung vorzulegen. Der Rektor antwortete sofort (ohne mit mir über diese Selbstverständlichkeit auch nur ein Wort zu sprechen, er hat es mir erst später erzählt), er habe keinerlei Rechte in bezug auf die Veröffentlichungen der Kollegen. An der Universität herrsche Freiheit. Daher sei er außerstande, ihm das Manuskript zu verschaffen. Er möge sich an mich selber wenden. Thoma aber folgte seinem Rat nicht. Vielmehr wandte er sich an die Sendestelle mit der Bitte um das Manuskript. Diese Sendestelle hatte natürlich keine Ahnung, was dahintersteckte, und schickte leider das Manuskript an die Regierung, ohne mich, wie es sich gehört hätte, vorher zu fragen. Die Regierung fand keinen Punkt zum Einhaken. Aber ihr war meine Gesinnung unwillkommen. Schon allein, daß ich mich an das Volk wandte, war ihr bedenklich, wie später solchen Regierungsleuten in der Bundesrepublik, die im Mißtrauen gegen das Volk lebten. ...

9. Von größtem Eindruck auf mich aber war eine Sitzung des Dreizehnerausschusses anfangs Januar 1948. In ihm waren meine Freunde versammelt. Der Ausschuß trat wegen eines Angriffs in der »New York Times« zusammen, in dem die Heidelberger Universität als faschistisch angeprangert wurde. Wir hatten die Aufgabe, für die Universität eine öffentliche Antwort vorzubereiten oder in unserem eigenen Namen zu geben.

Ich führte im Januar 1948 aus: Für die Situation sei ein bloßes Dementi zu wenig und unwirksam. Wir müßten uns zeigen in dem, was wir wollten, welche Grundsätze uns trügen, was unsere Ziele seien. Nicht nur die Universität, sondern die künftige deutsche Politik, besonders soweit sie auch auf wissenschaftlicher Erkenntnis der Geschichte beruhe, sollten wir eindringlich, nicht nur für die »New York Times«, sondern für die deutsche Öffentlichkeit mitteilen.

Ein Beispiel griff ich heraus: Obgleich bisher noch nicht davon die Rede gewesen sei, sei ich besorgt, daß man das kommende Jahr benutze, um die Paulskirche von 1848 zu feiern und uns auf den Liberalismus dieses Parlaments als das Fundament unserer künftigen Politik zu berufen. Das aber wäre ein Verhängnis. Denn damals sei die Politik begründet worden, die sagt: Erst die Einheit, dann die Freiheit. Dort sei der Ausgangspunkt für das, was Bismarck mit anderen Mitteln dann unter Zustimmung fast der gesamten liberalen Welt vollendete. Nicht hier liege der Ansatz für unsere Politik, sondern in der politischen Freiheit, die durch ein Jahrtausend Deutschlands immer wieder aufgetreten ist und immer wieder scheiterte, nur in Holland und in der Schweiz zur Dauer freier Staaten führte. Wenn wir jetzt eine falsche historische Erinnerungsgrundlage wählen, so verderben wir unsere Zukunft. Daß wir das wissen, muß heute die Welt von uns wissen. Der Historiker muß uns helfen, das richtig und überzeugend in knappen Linien darzustellen. Wir haben selber unseren Grund zu legen und dürfen diesen Akt nicht durch irreführende Grundlegung verhindern.

Mein alter Freund Alfred Weber antwortete in einer Rede, wie ich sie von ihm noch nie erlebt hatte, zornig, herabsetzend gegenüber meiner Person, über alle Maßen empört, als ob ich unsere deutsche Welt zerstören wollte. Ich mußte erkennen: hier geht es um ein Entweder-Oder in der Politik. Es trennte so tief, daß eine Diskussion nicht mehr möglich war, wenigstens nicht so lange diese Leidenschaft ihn verhinderte, auch nur zuzuhören. Alfred Weber zeigte sich als »nationaler Mann«, wie man das so harmlos nennt. Ich fühlte mich als freier Deutscher, dem es in dieser Situation der Katastrophe auf die Gründung eines innerlich freien politischen Lebens ankam. Mit ihm hatten wir unsere einzige Chance. Garnicht konnten wir uns auf Bismarckstaat, Nationalstaat, Macht, auf all das, was wir unwiederbringlich verloren hatten, gründen.

Auf den Zorn konnte ich nicht mit Zorn erwidern. Ich war niedergeschlagen und schwieg. Kein einziges Mitglied des Ausschusses fand ein Wort für das, was ich gesagt hatte. Ein Philologe, der 1945/46 sehr kleinlaut gewesen war und sich jetzt schon wieder obenauf fühlte, kam beiläufig mit Verachtung auf das von mir Gesagte zu sprechen. Ich stand allein unter meinen Freunden, die wir uns zum Neubau der Universität zusammengefunden hatten. Fritz Ernst, der politisch Klügste in dem ganzen Kreis, sagte nach der Sitzung zu mir: »Sie haben ja weitgehend recht, aber es wäre sinnlos gewesen, wenn ich in dieser Stimmung dazu hätte sprechen wollen.« »Wie?« antwortete ich, »wir sollten nicht kämpfen?«

Beim Weggehen sagte Alfred Weber zu mir: »Sie werden nun deswegen doch nicht nach Basel gehen?« Ich antwortete ausweichend. Aber in meiner Verlassenheit hatte ich doch die Gewißheit: Das Deutsche, in dem ich lebe, aus dem ich komme, durch das ich wirke, hat einen weiteren Raum als diese Enge, als diese politisch nunmehr absurd gewordenen nationalen Fesselungen, die von dem zum Gespenst gewordenen Bismarckstaat ausgehen. Basel steht mir offen.

Was den Anlaß dieser Sitzung betrifft, den Artikel der »New York Times«, noch eine Bemerkung: Ich schrieb mit Zustimmung des Ausschusses an den Korrespondenten der »New York Times« in Berlin, erklärte die Mitteilungen für unrichtig und fragte nach der Quelle. Die Antwort war höflich und entschieden. Er bedaure es sehr, mir Ungelegenheiten bereitet zu haben. Seine Quelle sei jedoch völlig zuverlässig. Sie berichte aus nächster eigener Erfahrung. Er könne sie mir nach den journalistischen Gebräuchen natürlich nicht nennen. In der Tat mußte der Mann aus naher Anschauung Heidelberger Dinge geschrieben haben, aber nicht aus der Anschauung der Vorgänge in unserem Ausschuß. Er hatte andere Vorgänge an der Universität beobachtet, die sich im Dunkeln abspielten. Seine Gesinnung war gewiß nur gegen jenen Nationalismus gerichtet, der auch in dem schwachen und nicht eindeutigen Versuch des Ausschusses zur Geltung kam. Aber er konnte doch nicht verkennen, daß dieser Ausschuß völlig einmütig war in der Verwerfung jedes Faschismus und Totalitarismus. Er war verzweifelt und griff ein, nun als Zerstörer auch unserer Versuche. Seine Verzweiflung kann ich verstehen, nicht aber diese rein negative Aktivität aus dem Hinterhalt. Mit mir hatte er kein Wort gesprochen. Ich weiß bis heute nicht, wer es war, kann es nur vermuten. Aber: in den eigenen Reihen auch noch diese Perfidie! Übrigens ist eine Antwort an die »New York Times« von unserer Seite nie erfolgt. Was ich geschrieben zu sehen wünschte, hatte nicht den Beifall meiner Kollegen gefunden.

10. Als der Ruf nach Basel bekannt wurde, traten die Aufforderungen, in Heidelberg zu bleiben, in mich erstaunender Dringlichkeit an mich heran. Als ich im Dezember von ihm zuerst an Fritz Ernst berichtete, dem Freunde, von dem ich ein nachdenkliches Verstehen und Prüfen erwartete, sah ich nur und einzig ein totales Erschrecken. »Ich muß sofort zum Rektor gehen!« rief er. »Aber was denken Sie denn! Ich habe Ihnen als persönlichem Freund berichtet. Bitte schweigen Sie vorläufig anderen gegenüber. Das Weitere ist zunächst meine Sache.« Im Auftrag des Stadtrats kam der Oberbürgermeister, mich zum Bleiben aufzufordern. Viele Kollegen und manche andere taten es. Noch zu meinem 66. Geburtstag am 23. Februar bekam ich vom Botanischen Garten die herrlichsten Kostbarkeiten geschenkt.

Der Rektor Kunkel forderte mit gutem Willen und pflichtgemäßer Dringlichkeit, aber ohne Kränkung und ohne jeden moralischen Druck, ich sei für Deutschland und Heidelberg unentbehrlich. Ich antwortete: Für Deutschland – wenn man einmal diesen anspruchsvollen Ausdruck wählte – würde ich besser wirken, es besser vertreten, den Deutschen bessere Werke und eine reinere Denkungsart zeigen, wenn ich nach Basel ginge. Von Emigration könne bei mir keine Rede sein. Ich bleibe im großen deutschen Raum, der kein politischer, sondern ein Sprach- und Kulturraum seit dem Mittelalter sei.

Merkwürdig ist mir noch heute die innere Kühle, mit der ich das alles hinnahm, immer höflich und dankend, aber mit dem Bewußtsein: Keiner denkt an meine Frau und an mich, und niemand spürt, was solche Entscheidungen bedeuten für ein Leben wie das meine; niemand denkt an die Philosophie, sondern alle nur an einen Namen, der eine öffentliche Puppe ist, die sie – auch darüber sich irrend – zu brauchen meinen. Meinerseits konnte ich in all diesem nur meine Verlassenheit sehen.

11. Auch die Fakultät wandte sich durch den Dekan offiziell an mich, zu bleiben. Ich erklärte mich bereit, der Fakultät Rede und Antwort zu stehen, mit der kleinen Hoffnung, hier doch vielleicht Verständnis und Billigung zu finden. Eine Fakultätssitzung fand statt. Ich bat um das Wohlwollen meiner Kollegen, wenn ich jetzt meine Lage darlege. Einst, in der ersten Zeit der Besatzung, habe Herr Ernst den fordernden Amerikanern in einer Sitzung gesagt: »Meine Herren, wenn Sie auf die Schiffe gehen, werden wir hier alle als Kollaborateure erhängt.« Das sei damals in der Realität nicht begründet gewesen, weil die Amerikaner blieben. Heute aber entstehe hier bei uns eine neue Wirklichkeit, der ich nach dem, was uns vom deutschen Volk und Staat angetan wurde, kein Vertrauen schenke. Die Gleichgültigkeit, mit der man dem Judenmassenmord und der Judenfrage überhaupt gegenüberstehe, bedrücke mich. Ich fühle mich mit meiner Frau hier auf die Dauer nicht sicher. Ich möchte Sicherheit, soweit dies möglich ist. Weiter möchte ich die Befreiung meiner Frau von dem ständigen Leid, das sie empfindet. Für eine Jüdin sei es sehr schwer, hier zu leben. Und schließlich möchte ich Ruhe und Freiheit für meine Arbeit, die doch meine einzige objektive Verpflichtung sei, die ich gemeinsam mit den Kollegen anerkenne: Im Dienste der Wahrheit an der abendländischen, übernationalen Idee der Universität deutscher Sprache zu wirken.

Zunächst eisiges Schweigen. Ein Kollege (der Althistoriker Schaefer) verließ im Protest ohne ein Wort sogleich die Sitzung. Kein einziger äußerte eine Solidarität, kein einziger ein Verständnis für meine Frau und meine Lage. Nach langer Pause sprach allein Hellpach, ohne Feindseligkeit. Er schien meinen Entschluß zu respektieren. Wie immer sprach er rational und mit gesundem Menschenverstand. Er suchte nach Gründen, die mich veranlassen könnten, in Heidelberg zu bleiben, z.B. das Klima. Er als Geopsychologe wisse, daß das Basler Klima für meine Krankheit schlechter sei als das Heidelberger. Meine Sorgen suchte er zu beschwichtigen. Die von mir gefürchtete Unsicherheit sei doch faktisch nach. menschlichem Ermessen nicht da. Daß er überhaupt sprach, war mir in der unerwarteten, mich beklemmenden Atmosphäre eine Wohltat. Die Erfahrung dieser Sitzung konnte meinen Entschluß nur bekräftigen.

Der Abstand in der Denkungsart zwischen meinen Kollegen und mir war so groß, daß eine Gemeinschaft nicht mehr möglich war. In welchem Sinn meine Kollegen, in welchem Sinn ich recht hatte, wird vielleicht entschieden werden, wenn in Zukunft sich überhaupt noch jemand für deutsche Geistesgeschichte interessiert. Mir war mein Recht gewiß. Einst war ich hier zu Hause, wie ich nie mehr irgendwo zu Hause sein werde. Heute aber leben auch die meisten Professoren aus anderen Voraussetzungen, anderen Stimmungen, anderer Denkungsart, sowohl geistig wie politisch. Was bisher nur in Augenblicken sich zeigte, wird sich bald steigern. Hier werde ich erst als Isolierter, dann als Ausgeschlossener leben müssen.

12. Dies alles war wohl schon eindeutig. Trotzdem war unser Entschluß nicht eindeutig. Denn es gab auch die anderen und das andere. Wir haben doch durch die ganze Nazizeit mit Deutschen gelebt, die keine Nazis waren, unter Menschen, die wir liebten und heute lieben. Es waren, wenn auch eine kleine Minderheit, doch nicht wenige. Wir kannten sie, die tapfer in der Not und mit Würde lebten. Politisch kamen sie sehr selten zur Radikalität des Urteils und blieben uns darum – angesichts der Taten des Verbrecherstaates – zu unserem Schmerz auch fremd. (Das entscheidende Kriteri-

um war: Hitlerdeutschland muß den Krieg verlieren.) Sie waren uns hilfreich, soweit sie es vermochten. Sogar vereinzelte Kollegen waren uns zugetan und menschlich nahe. Und vor allem die alten Freunde und Freundinnen aus einem Miteinander seit Jahrzehnten.

Dies, was wir verließen, fühlten wir sehr stark. Es kamen Augenblicke, in denen die Trennung unmöglich schien. Das war das Widerspruchsvolle unserer inneren Verfassung. Wir waren unruhig. Was uns forttrieb, war klar: Das Ausbleiben der Konsequenzen des Massenmords an Juden – der radikale Abstand vom totalen Verbrecherstaat – meine Isolierung in den Universitätsbestrebungen – die Feindseligkeit der Regierung – eine Überbeanspruchung durch vergebliche Bemühungen – eine Minderung der Kraft meines Philosophischen Arbeitens. Aber das andere hielt ein Gegengewicht.

13. Es gab ein weiteres Motiv, das für Basel sprach. Nach 1945 haben wir alle gehungert. Die schlimmste Zeit war Sommer und Herbst 1945. Dann wurde es besser, für uns zuerst durch Pakete, die Hannah Arendt auf dem Wege über einen amerikanischen Offizier schickte, später als die Post funktionierte und die großen privaten Hilfsaktionen aus Amerika einsetzten, durch Care-Pakete, und immer noch vor allem durch Hannah Arendt, die wöchentlich ein großes Paket schickte trotz ihrer damals bedrängten finanziellen Verhältnisse. Wir hatten genug und hatten sogar aus den Paketen eine Reserve für den Fall, daß diese Versorgung einmal aus Ursachen, die auch Hannah nicht überwinden könnte, aussetzen sollte. (Diese Reserve ging, als wir nach Basel übersiedelten, an meine Schwester.) Unser Leben war gesichert. Hunger gab es nicht mehr. Aber es war auch kaum zu verantworten, auf eine damals noch völlig ungewisse, lang dauernde Zukunft hin, uns von Hannah ernähren zu lassen. In Basel aber kamen meiner Frau Tränen in die Augen, als der Milchwagen vor der Tür stand. Denn frische Milch war immer die Grundlage meiner Ernährung gewesen und fehlte damals in Heidelberg.

Es gab ein Gerede von meinem Feilschen um das Gehalt. Von dieser Verleumdung berichtete mir ein trefflicher junger Redakteur der »Rhein-Neckar-Zeitung«. Er wollte sich informieren und informierte mich. Es war ein offenes Gespräch. Am Ende ließ er auch jeden Widerspruch für den Fall meiner Übersiedlung nach Basel fallen. Er erzählte mir, man sage, es handle sich im Grunde darum, welche Regierung mehr böte. Ich hatte ein außerordentlich hohes Angebot aus Karlsruhe erhalten. Das spiele ich nun gegen Basel aus und das gehe noch hin und her. So war es früher bei Berufungen innerhalb Deutschlands gegangen. Ich hatte es selber erlebt. Eine wesentliche Erhöhung des Einkommens konnte man nur erreichen durch einen Ruf nach auswärts. Die Angebote ließ man nach beiden Seiten kundwerden. Jetzt aber lag die Sache völlig anders. Von den Heidelberger Angeboten machte ich in Basel keinerlei Mitteilung. Aber ich ließ sie mir in Heidelberg schriftlich geben für den Fall, daß wir bleiben sollten. Es war für mich beschämend, wie dies Angebot ohne Initiative meinerseits von der Regierung bei jedem Besuch des Referenten erhöht wurde. Ich sollte das höchste Gehalt bekommen, dazu die Abmachung, daß, wenn in Zukunft in irgendeiner Fakultät ein Neuberufener ein höheres Gehalt (nebst Kollegsgarantie) erhalten sollte, ich sofort das gleiche bekommen würde. Ein Privatassistent und eine Sekretärin wurden mir angeboten, Urlaub alle drei Semester und Verkürzung der Vorlesungsverpflichtung. Das war für den Fall meines Bleibens festgelegt. Aber Basel wußte nichts davon. Das Basler Angebot war im Vergleich dazu mehr als bescheiden. Es war von vornherein festgelegt und nicht Gegenstand einer Verhandlung. Aus solchem Gerede entnahm ich, was manche der Leute, die mich so sehr begehrten, von mir hielten. Auch dies zu wissen, war nicht gleichgültig.

14. Die Frage: Warum gingen wir von Heidelberg nach Basel? ist trotz vieler Gründe am Ende nicht zu beantworten. Es war ein Augenblick, in dem man wohl sagte: Das

Schicksal entscheidet, der Wille fügt sich. Wir fühlten uns gerufen. Wir hatten Zutrauen.

Der Entschluß war endgültig Ende Februar 1948. Aber damit war noch nicht entschieden, ob die Sache gelingen würde. Denn diese ganze Übersiedlung war nach den amerikanischen Vorschriften nicht erlaubt. Die Schwierigkeiten schienen unüberwindlich. Das Erstaunliche war, daß die Amerikaner selber das Unmögliche möglich machten, weil sie mir aus menschlichen Gründen nicht verbieten wollten, was sie als meinen berechtigten Wunsch ansahen.

Es war für Deutsche damals verboten, Stellungen im Ausland anzunehmen. Von meinem Ruf nach Basel gab ich dem Universitätsoffizier Bericht. Er sprach mir sein Bedauern aus, daß ich Heidelberg verlassen wolle, da man mich hier sehr brauche. Aber er erklärte mir, helfen zu wollen. Er konnte die Ausreise nicht einfach bewilligen, er mußte überlegen, wie sie doch zu erreichen sei. Salin fuhr nach Stuttgart zu der vorgesetzten amerikanischen Behörde. Erst hat Hitler – sagte er – Jaspers die Ausreise verweigert, als er den Ruf nach Basel hatte, und jetzt wollen die Amerikaner dasselbe tun? Das Ergebnis war: Die Ausreise wurde mir für ein Jahr bewilligt. Man wußte von dem Ruf und ignorierte ihn; man wußte, daß ich die Professur annehmen, das heißt dauernd dort bleiben würde. Daß wir also nicht zurückkehren würden, war klar, aber darüber wurde nicht gesprochen. Ein amerikanischer Offizier aus Stuttgart stellte mir in seiner Freude, praktisch meinen Wunsch erfüllt zu haben, sein Auto für die Fahrt zur Verfügung. Aber wir wurden durch ein Schweizer Polizeiauto in Heidelberg abgeholt.

Unseren endgültigen Entschluß konnte ich durch Salin (Post gab es noch nicht) nach Basel, nicht aber in Heidelberg mitteilen, auch noch nicht als wir abfuhren und fünf Möbelwagen, in der Hauptsache die Bibliothek, mitgingen. Das Geheimnis mußte gewahrt werden, da außer amerikanischen auch französische Instanzen an der Zonengrenze Einspruch erheben konnten und da Zufälle, Denunziationen möglich waren. Wir konnten auf der Reise zur Umkehr gezwungen werden. Basel ließ ich wissen, daß ich den Ruf erst annehmen könne, wenn ich dort sei. Meine Briefe an die Universität in Heidelberg und an die Regierung in Karlsruhe blieben bei einem Freunde in Heidelberg, der sie erst absenden sollte, wenn ich aus Basel den Erfolg mitteilen konnte.

15. Aber die Ungewißheit darüber, was das Schicksal entscheide, blieb bis zuletzt. Alles war schon gepackt, als vom Heidelberger Rathaus in freundlicher Besorgnis um uns die Nachricht kam, nach den amerikanischen Bestimmungen dürfe kein Kulturgut, wie etwa meine große Bibliothek, über die Grenze gebracht werden. Wir waren keineswegs erschreckt. Meine Frau meinte fast zufrieden: »Nun, dann bleiben wir eben in Heidelberg.«

Ich ging, diese Verordnung in der Hand haltend, zum amerikanischen Universitätsoffizier. Dieser fand alsbald in dem großen Stapel seiner Akten die gleiche Bestimmung, schüttelte den Kopf: »Das werden wir schon schaffen.« Nach einigem Schweigen sagte er: »Die Sache scheint mir ganz einfach. Ihre Bibliothek ist doch das Handwerkszeug eines Professors, kein Kulturgut. Aber ich kann es nicht entscheiden. Das ist Sache des Vorgesetzten in Stuttgart. Bitte kommen Sie heute nachmittag wieder.« Strahlend, die Bewilligung in die Höhe schwingend, empfing er mich und gab sie mir. Meine Bibliothek durfte ich mitnehmen.

Nun aber vollzog sich die Fahrt reibungslos. Wir waren abends im Hotel. Am nächsten Tag teilte Salin, der wirklich für alles gesorgt hatte und ohne den die ganze Übersiedlung nicht möglich gewesen wäre, uns mit, eben sei er mit den fünf Möbelwagen vor unserem Hause in der Austraße angelangt.

16. Meine Vorstellung von Basel und meiner Aufgabe dort war, als ob ich in ein Traumland von hoher Wirklichkeit gelangte. Ruhe und Freiheit und nichts als Philosophieren. Ich hatte keine andere Verantwortung für die Universität als die durch Leistung. Nie hätte ich das, was mir in Basel noch

gelungen ist, in Heidelberg tun können. In der Universität war ich als einer schweizerischen wie zu Gast, als einer übernationalen ein vollwertiges Mitglied.

Ich wußte nichts von den Berufungsvorgängen in Basel, nichts von den Widerständen, die zu überwinden waren. Diese Widerstände richteten sich nicht gegen meine Person, sondern entsprangen der Sorge für Heinrich Barth, dem man das Ordinariat wünschte. Obgleich er schon persönlicher Ordinarius und Dekan gewesen war, war doch die Besetzung des gesetzlichen Lehrstuhls für ihn wünschenswert. Meine Berufung war von den Regierungsbehörden angeregt, von der Fakultät widerstrebend und verklausuliert, wie man mir später erzählte, beantragt worden. Mein Kollege, der Philosophieprofessor Schmalenbach, berichtete mir, daß er sich der Stimme enthalten habe. Ich weiß nicht, ob ich den Ruf angenommen hätte, wenn ich über all das informiert gewesen wäre.

Doch nie kam ein Augenblick des Bedauerns oder der Sehnsucht nach Heidelberg, nur nach dem vergangenen Heidelberg vor 1914. Heute bin ich glücklicher als je, hier zu sein.

SW, 164–167, 170 f., 171 f., 173ff., 175–183

Nekrolog, von Karl Jaspers selbst verfaßt

Es läßt sich nicht mit Sicherheit sagen, wann Jaspers seinen eigenen Nekrolog geschrieben hat. Aber man muß vermuten, daß es nach der Einbürgerung in Basel (1967) geschehen ist. In Basel ist es ein alter Brauch, daß Bürgerinnen und Bürger ihren Nachruf selber verfassen. Der Text wurde vom Herausgeber dieses Bandes an der Trauerfeier im Kreis der Verwandten und Freund/Innen von Karl und Gertrud Jaspers am 3. März 1969 verlesen. Er ist von Bedeutung, weil er bezeugt, daß Jaspers' späteres philosophisches Bemühen um die Idee einer kommenden Weltphilosophie kreiste.

Karl Jaspers wurde geboren in Oldenburg am 23. Februar 1883. Er dankt seinen Eltern die ernste Erziehung und die ihn für immer bergende Liebe, dem Gymnasium eine humanistische Bildung, der Universität den Eintritt in die Welt universaler Forschung. Es wurde ihm zu hohem Glück, daß er leben konnte in der Freiheit des Professors, der sich seine Aufgaben selbst stellt. Durch seine Lehrtätigkeit durfte er teilnehmen an der Fortsetzung der Überlieferung, im Vertrauen zu dem abendländischen Sinn der Universität. Das wundersame Heidelberg und das ehrwürdige Basel waren ihm die Stätten, an denen er die Aufgabe mit seinen schwachen Kräften zu erfüllen suchte.

Was er vermochte, das wurde ihm nur möglich durch seine Frau Gertrud Mayer. Von seiner Studentenzeit an begleitete sie ihn mit ihrer grenzenlosen Liebe, keine Unwahrhaftigkeit duldend, unerbittlich fordernd. Als ob sie sich träfen in dieser Welt, herkommend aus einer unbegreiflichen anderen, sich gleichsam erinnerten und doch nicht wußten, lebten sie den Alltag des unendlich dankbar hingenommenen Daseins in den Wandlungen der Jahre mehr als eines halben Jahrhunderts. In dieser Gemeinschaft erwuchs ihm das Philosophieren, das seit der Schulzeit keimhaft da war, jetzt aber erst erwachte und für beide zum Berufe wurde.

In innigster Verbundenheit hatten sie das Leid getragen, alle Zeit durch seine von Jugend her bestehende Krankheit, dann zwölf Jahre in der Bedrängnis durch den Nationalsozialismus. Wundersam behütet gingen sie durch die Bedrohungen.

Der Verlust des politischen Vaterlandes drängte ihn in eine Bodenlosigkeit, in der ihn mit seiner Frau nur auffing der Ursprung des Menschseins überhaupt, die Freundschaft mit einzelnen geliebten Menschen in Deutschland und zerstreut über den Erdball und der Traum eines kommenden Weltbürgertums.

In Basel, in europäischer Überlieferung, in der Freiheit als Gast die Ruhe eines Asyls zu finden, war ihm das letzte Geschenk. Alle Kraft dieser Jahre gab er der Fortsetzung seiner an sich unabschließbaren philosophischen Arbeit, mit der er mehr ahnend als schon wissend, versuchend, nicht besitzend, teilnehmen wollte an der Aufgabe des Zeitalters, den Weg zu finden aus dem Ende der europäischen Philosophie in eine kommende Weltphilosophie.

G, 3 f.

Mein Weg zur Philosophie

Der Radiovortrag »Mein Weg zur Philosophie« von 1951 erzählt, wie der junge Jaspers, der vorerst Jurisprudenz studierte, über die Medizin, die Psychiatrie und eine Professur für Psychologie allmählich seinen Weg zur Philosophie fand. Die Philosophie war seine heimliche Liebe von Jugend auf. Aber sie wurde erst als Beruf ergriffen (1921), als Jaspers bereits ein berühmter Psychologe und Psychopathologe war. Der eigentliche Erwecker zum methodisch bewußten Philosophieren als innerem Handeln war Kierkegaard (1913), der seit Beginn des Jahrhunderts in Deutschland einen wachsenden Einfluß ausübte. Jaspers gehört also zu den Philosophen, die von außen in das Fach eindrangen und es eben deshalb maßgeblich erneuerten.

Eine Philosophie wird sachlich nur durch das Werk klar. Ihre Stimmung aber und Antriebe werden vielleicht durch einen persönlichen Bericht fühlbar.

Als Schüler des Oldenburger humanistischen Gymnasiums in den neunziger Jahren des vorigen Jahrhunderts geriet ich in Konflikt mit der Schulleitung. Ich verweigerte gegenüber der unvernünftigen Anordnung eines Lehrers den blinden Gehorsam. Ich trat ferner in keine der drei Schülerverbindungen ein, weil sie ihre Mitglieder nach Standesunterschieden aufnahmen und sich gegeneinander abschlossen. Vernunft und menschliche Kommunikation begehrte ich – sie blieben ein Ziel meines Philosophierens bis heute. Der

Direktor aber sah fälschlich in beiden Handlungen den Geist einer politischen Opposition. Die Lehrer wurden angewiesen, ein wachsames Auge auf mich zu haben. Die Klassenkameraden – staats- und militärfromm – hielten nicht mit mir. In den zwei letzten Schuljahren stand ich allein.

Die Einsamkeit war nun das Problem. Mein Vater pachtete eine Jagd, um mir außer der Schule eine andere Welt zu verschaffen. So lebte ich in der Natur, mit den Büchern, im Anschauen von Kunstwerken. Wohl gab die Einsamkeit Kraft aus einem sich gründenden Selbstsein heraus, aber um so leidenschaftlicher drängte ich nach der entbehrten Kommunikation, und wenn ich mich über die Lage besann und in mein Inneres blickte, dann mußte mir klar werden die verborgene Angst, die mich, ausweichend vor entschlossener aktiver Opposition, im passiven Dulden bleiben ließ. Daß ich mich zwar redlich, aber nicht heldenhaft benahm, war die früheste Erschütterung. Das Bewußtsein der Grenze des Selbstseins verwehrte den Stolz einer trotzigen Isolierung. In mein Wesen drang die Bescheidung, die als Wissen um die Endlichkeit und um die Schuld des freien Menschen mein späteres Philosophieren durchdringt.

Damals war mein Verhalten das erste Mal so, wie es mir eigen blieb, nur zum Teil gerechtfertigt durch mangelnde Kraft des nie gesunden Körpers. Noch in der Zeit des Nationalsozialismus blieb das gleiche. Ich habe mich zwar innerlich frei gehalten, bin keinem Druck gewichen dadurch, daß ich eine schlechte Handlung begangen oder ein falsches öffentliches Wort gesagt hätte, habe aber nichts im Kampfe gegen das Verbrechen getan. Ich habe unterlassen, was zu tun das Herz eingab, aber die Vorsicht verwehrte. Daher mußte ich 1945 gegenüber falschen Erzählungen in Radio und Presse, die meine vermeintlichen Taten als Vorbild verherrlichten, eine Berichtigung veröffentlichen mit dem Schluß: ich bin kein Held und möchte nicht als solcher gelten.

In der Not der einsamen Schuljahre las ich Spinoza. Mir das Ganze der Welt durch ihn philosophisch bewußt zu machen und das Wort caute (vorsichtig) auf seinem Siegel als von ihm befolgte Lebensregel waren ein Trost jener Jahre.

Am Ende der Schulzeit besprach mein Vater mit mir das zu wählende Studium. Bei meiner Neigung für Kunst und Dichtung und Philosophie meinte er, ich möchte vielleicht Geisteswissenschaften studieren. Nein, sagte ich, ich will ins praktische Leben. Mit der Absicht, Rechtsanwalt zu werden, wählte ich die Jurisprudenz. Im dritten Semester, 1902, war ich in München, lernte das beschwingte Leben Schwabings kennen, hatte Graphologieunterricht beim jungen Ludwig Klages nach einem Lehrbuch von H. H. Busse, ging in Theater und Kunstausstellungen, spielte Schach, hörte unter allen Vorlesungen nur noch wenige Stunden Philosophie bei Theodor Lipps.

Die Welt schien damals in Glanz und Glück. Jedes Jahr las man die Statistiken des Fortschritts im Reichtum. Mir war dabei nicht wohl. Dichtung und Literatur jener Zeit öffneten uns die Augen für den verdorbenen Grundzustand, der nur durch Verschleierungen sich zu halten schien.

Unsere Gesellschaft lebte offenbar in Täuschungen. Der Tod schien ebenso fast vergessen zu sein wie die Realität der Geisteskranken. Viele Menschen lebten und arbeiteten in Armut und Unwissenheit. Die Dirnen waren ein Gegenstand gedankenloser Verachtung. Augenblicksweise kam die Möglichkeit einer Weltkatastrophe zum Bewußtsein. Kaiser Wilhelm II. hatte anläßlich des chinesischen Krieges durch Knackfuß ein kitschiges Bild zeichnen lassen mit der Unterschrift: Völker Europas, wahrt euere heiligsten Güter! Ich fand es zwar lächerlich, wie es aussah. Aber der Inhalt wies auf eine Möglichkeit, die stutzig machte. In der Phantasie sah ich den Erdball in den Händen der Mongolen, die zudem keineswegs schlechtere Menschen als wir schienen.

Durch die Fragwürdigkeit aller Dinge, die Unheimlichkeit des Glücks, dazu durch eine ständige Anfälligkeit meines körperlichen Daseins und durch die Ziellosigkeit meiner

Studien wurde ich immer unruhiger, obgleich ich die schönsten Freuden hatte im Genuß der Herrlichkeiten der Schöpfung und des menschlichen Geistes, zumal auf einer längeren Italienreise.

Es blieb nur ein Weg: die Philosophie mußte die Wahrheit, den Sinn und das Ziel unseres Lebens zeigen. Die Stimmung Spinozas hatte mir wohlgetan, aber ohne mich zu befriedigen. An der Universität brachten die philosophischen Vorlesungen Erkenntnistheorie und Psychologie; von der Geschichte der Philosophie berichteten sie als von den Meinungen, die einmal vorgekommen sind. Aber ich suchte in der Philosophie etwas ganz anderes.

Man kann, so sagte ich mir, offenbar nicht geradezu philosophieren, ohne in der Realität der Welt mitzuleben, ohne etwas zu tun. Der Weg zur Philosophie führt nicht über das abstrakte Denken. Was sollte ich tun?

In München sagte meine besorgte Schwester von mir: er kümmert sich um alles, nur nicht um die Juristerei (die doch mein Studium war). Dies Leben durfte ich nicht fortsetzen. Ich mußte mir klar werden, was ich eigentlich wolle. Im Herbst 1902, in Sils-Maria, verfaßte ich für meinen Vater eine Denkschrift zur Begründung, daß ich nach drei vergeblichen juristischen Semestern umsatteln wolle. Ich entwarf einen Lebensplan: Studium der Medizin; durch dieses Studium die größte Chance, Natur und Menschen kennenzulernen; vielleicht zuletzt Psychiatrie bei Kraepelin in Heidelberg, – und am Ende Rückkehr als Psychologe in die geistige Welt der philosophischen Fakultät. Wenn dies aber nicht gelingt, so habe ich doch einen Beruf gelernt, der nützlich ist und von dem ich leben kann.

Am folgenden Semesterbeginn in Berlin traf ich in einem Durchgang von der Karlstraße zur Anatomie einen Studenten der Technik, mit dem ich in München Schach gespielt und ins Blaue philosophiert hatte. Ich sagte ihm: ich studiere jetzt Medizin. Er: nun, für eine Weile ist auch das mal ganz interessant. Noch fühle ich, wie mich das Wort traf. Ich sagte zwar nichts, aber dachte: wie, alles nur für eine Weile, alles nur ein Spiel? Der Entschluß, nunmehr mit aller Kraft und ohne Unterbrechung Medizin zu studieren, wurde in diesem Augenblick erst ganz ernst.

Den Tag über war ich beim Studium in der Anatomie, in Vorlesungen über Chemie und Zoologie. Ich fühlte mich nach der Ungebundenheit der ersten Semester, in denen ich von allen Möglichkeiten des Geistes gekostet hatte, zunächst wie in der Fremde. Den Tag über ermunterte mich der Gedanke an den Abend. Da war ich frei, heimzukehren in den Kreis derer, die ich liebte, wenn ich Goethe las und Gottfried Keller, und wenn ich durch Reisebeschreibungen das Bewußtsein der weiten Welt bewahrte. Doch am Tage war ich ganz bei der Sache.

Der Weg zur Philosophie war es, der die Wahl meines Studiums bestimmt hatte. Ich wollte wissen, was Realität ist. Reisen und Umgang mit Menschen genügten nicht. Schöne Bücher lesen, Kunst sehen, das konnte sogar verführen. Man muß etwas lernen, etwas können, sonst lebt man im Schein. Was man in Laboratorien und Krankenhäusern erfährt, das bedeutete mir damals zugleich die Realität. Sachnähe begehrte ich, mich selbst zu überzeugen und nicht nur den Lehrbüchern zu glauben. Daher besuchte ich mehr die Kurse als die Vorlesungen, lebte in den Instituten und auf der Zoologischen Station in Helgoland.

Dabei wurde mir bald ein Ziel des Wissenwollens klar: sich bewußt zu machen, was man weiß, wodurch und wie man weiß, und was man nicht weiß. Im ersten Examen fragte mich der treffliche Anatom Merkel in Göttingen nach dem Bau des Rückenmarks. Statt diesen Bau zu schildern, referierte ich die Methoden der Untersuchung und was für Bilder sich auf den jeweiligen Wegen ergeben. Ich habe es in Erinnerung, weil Merkel über das Verfahren erstaunt war. Es war dasselbe Ordnungsprinzip, das ich später in meiner »Allgemeinen Psychopathologie« angewandt habe: nicht einen vermeintlich feststehenden Gegenstand darzustellen, sondern die Wege, auf denen man seiner in bestimmten Aspekten ansichtig wird.

Aber jeden Augenblick blieb mir bewußt, das alles war noch nicht die Philosophie, die ich suchte, sondern nur eine Voraussetzung des Philosophierens.

Nach langer Fesselung an die Medizin lernte ich 1909 durch Lektüre Husserl kennen. Seine Phänomenologie war als Methode ergiebig, weil ich sie für die Beschreibung der Erlebnisse von Geisteskranken anwenden konnte. Wesentlicher aber war es mir zu sehen, wie ungemein diszipliniert er dachte, dann daß er den Psychologismus, durch den sich alle Probleme auflösen in solche psychologischer Motivation, überwunden hatte, vor allem seine unablässige Forderung, unbemerkte Voraussetzungen zu klären. Was in mir schon wirkte, fand ich bestätigt: den Drang zu den Sachen selbst. Das war damals in einer Welt voller Vorurteile, Schematismen, Konventionen wie eine Befreiung.

Aber Husserl als Philosoph enttäuschte mich. Er vollzog die Gebärde des Sehens; was dann gesehen wurde, war meist gleichgültig. 1910 erschien sein Aufsatz über »Philosophie als strenge Wissenschaft« im »Logos«. Es war zwar ein Meisterwerk auch in seiner vor keiner Absurdität zurückschreckenden Konsequenz. Mir aber wurde durch ihn die Verkehrung der Philosophie in Wissenschaft klar, die mich empörte. Es folgte eine persönliche Begegnung 1913. Als Psychiater hatte ich einige phänomenologische Arbeiten über Sinnestäuschungen und Wahnerlebnisse veröffentlicht. Husserl erfuhr, daß ich in Göttingen sei, und ließ mich auffordern, ihn zu besuchen. Ich wurde freundlich empfangen, belobigt und – welch Befremden bei mir! – als sein Schüler behandelt. Ich fragte etwas trotzig: was eigentlich Phänomenologie sei, das sei mir unklar. Darauf Husserl: Sie treiben Phänomenologie in Ihren Schriften ausgezeichnet. Sie brauchen nicht zu wissen, was es ist, wenn Sie es richtig tun. Machen Sie nur weiter! Dann erzählte er von seinem Jahrbuch, wie ärgerlich und für ihn herabsetzend es sei, daß man ihn mit Schelling vergleiche; Schelling sei doch gar kein ernst zu nehmender Philosoph. Ich verstummte und sagte nachher: der wunderliche Mann weiß so wenig, was Philosophie ist, daß er es als Beleidigung empfindet, mit einem großen Philosophen verglichen zu werden.

Mir wurde damals deutlich, welch radikaler Unterschied sei zwischen eigentlichen Wissenschaften und Philosophie. In den Wissenschaften gelangen wir zu zwingendem, allgemeingültigem und faktisch anerkanntem Wissen, – aber um den Preis, immer im Partikularen, mit je besonderer Methode auf besondere Gegenstände unter bestimmten Voraussetzungen gerichtet zu sein. Die Philosophie erhellt den Lebensgrund, das was ich selbst bin und will, und was an den Grenzen fühlbar wird, – aber um den Preis, bei wesentlicher, ja allein wesentlicher Wahrheit in den Aussagen keine zwingende, allgemeingültige Erkenntnis zu bringen.

Die Phänomenologie für Philosophie zu nehmen, schien mir aus dem Ethos der Philosophie verwerflich. Im Philosophieren kommt man nicht voran durch ein Blicken auf Phänomene, als ob man als Zuschauer sich verhalte wie in den Wissenschaften, sondern nur durch ein Denken, das zugleich ein inneres Handeln ist. Es hat Folgen in meiner Lebenspraxis und zeigt darin, was seine Wahrheit ist.

Auf dem Wege der Wissenschaften wurde ich vorangetrieben durch große Forscher, denen ich begegnete. Nissl, mein Chef an der psychiatrischen Klinik in Heidelberg, zeigte uns Assistenten die Selbstkritik des produktiven Denkers und Arztes in der Freiheit der Diskussion. Ich nahm teil an der psychopathologischen Forschung.

Auf dem Wege der Philosophie war es keineswegs so klar. Zwar war die Philosophie nicht möglich, ohne mit ganzer Kraft bei den Wissenschaften zu sein. Aber wenn die wissenschaftlichen Realitätserfahrungen offenbar nie das Ziel erreichten, so war es, als ob die Wirklichkeit selbst sich zeigen müßte. Der Raum, den die Philosophie zu erleuchten hatte, lag frei. Wie aber war er zu betreten? Wo wird die Wirklichkeit selber mir zugänglich?

Wie einem Gefängnisinsassen am Strauch im Hofe eine einzige Pfirsichblüte den ganzen Frühling zur Gegenwart bringen kann, wie ein Minimum alles wird, so treten plötzlich Erfahrungen in unser Dasein, die ungeplant sich offenbaren dem, der sich ihnen nicht versagt. Aber dieses Minimum muß leibhaftig da sein, um in der Phantasie die Ergänzung zur Fülle zu finden. Diese plötzlichen Erfahrungen müssen begegnen, sie begegnen immer dem, der hört. Darin aber sind die Substanz die je einzigen Menschen, die lebenwährenden.

Wie bezaubert ich auch in früheren Jahren von den Mädchen war, manchmal war mir zumute, als wisse ich schon von meiner Frau, der ich bestimmt sei, und der ich treu sein müsse, auch wenn sie mich nie treffen sollte, – immer kam von da die Hemmung. Daseinsjubel in jenen vorzeitigen Ergriffenheiten war noch nicht der Aufschwung zur Wirklichkeit selbst. 24 Jahre war ich alt, als 1907 plötzlich alles anders wurde. Wir waren uns begegnet. Die Welt war verwandelt, die Arbeit gesteigert. Das Philosophieren, wie neu geboren aus der immer drohenden Skepsis, gewann seinen Ernst durch die Erfahrung des unbedingten und unbegründbaren Entschlusses, der lebenwährend die Kommunikation ermöglichte, ohne welche die bloßen Gedanken wie unwesentlich bleiben.

1909 sah ich Max Weber, den großen Soziologen. In seinem Forscherdasein von umfassender Weite war er mehr als Forscher. Seine universale Kenntnis der Realitäten war umgriffen von der Klarheit über die Grenzen unseres Wissens. Im Strome der Ereignisse sagte er von Augenblick zu Augenblick, was das Wesentliche war. Er kannte keine feierliche Zurückhaltung und kein Raunen: der Mann stand gleichsam auf der Straße, jeder Frage sich aussetzend. Er wurde für mich der leibhaftige Philosoph unserer Zeit. Er führte zur Orientierung in allem Wißbaren und war zugleich der wunderbar wirkende Anspruch zu tun, was man kann.

Erst 1913 lernte ich die Werke Kierkegaards kennen. Sie brachten mir die endgültige Erweckung zur Philosophie als bewußtem, methodischem Denken eigengegründeter Art. Jetzt stellte sich die Aufgabe, die frühere Philosophie durch die referierbaren Meinungen hindurch in ihrem wahren Gehalt zurückzugewinnen. Verkehrt durch Vermischung mit Wissenschaften, mußte sie wieder wirksam werden als eigener Ursprung, als das, woraus wir denken und leben und sogar erst den Sinn der Wissenschaften selber erfassen. Es war, als ob mit einem Mal Kant, Schelling, Plotin und die anderen Großen wieder sprechend würden.

Es kam der erste Weltkrieg, dann nach dem Kriege die Zeit des Taumelns bei vielem guten Willen und bei noch größerer Energie der bösen und blinden Kräfte, dann die Zeit des Nationalsozialismus. Seit 1914 traf jeden auch die persönliche Daseinserschütterung. Mein Philosophieren hat darin keinen Bruch erlitten. Das Äußerste, die Grenzsituationen waren ihm von Anfang an die Quelle.

Für mich hatte ich den Weg zur Philosophie gefunden. Aber meine Ehrfurcht vor der Philosophie von Jugend auf hatte mich nicht daran denken lassen, sie selber zum Beruf zu machen. 1913 habilitierte ich mich allein für Psychologie. Zur Philosophie als Lehrberuf kam ich erst, als ich zu sehen meinte, daß nicht getan wurde, was jederzeit getan werden muß: an das eigentliche Philosophieren zu erinnern. 1920 starb Max Weber. Der Mann, dessen Gegenwart mir das Bewußtsein der Geborgenheit des Geistes gab, war nicht mehr da.

Ich fühlte mich wie in einen leeren Raum hineingeraten. Wenn nun andere es nicht tun, darf ich es tun. Als ich in diesem Sinne 1921 eine Professur für Philosophie annahm, hatte ich das Bewußtsein, daß ich jetzt erst mit dem planmäßigen Philosophiestudium und mit der Arbeit an der Philosophie als Werk beginne.

Wenigstens darf ich, so sagte ich mir, es wagen, die Überlieferung bewahren zu helfen dessen, was Philosophie eigentlich sein kann, darf ich das Große spüren lehren und die Philosophie vor Verwechslungen schützen. Es war unausweichlich, daß ich damit in Spannung zur bewußt wissenschaftlichen Fachphilosophie der Zeit stand, daß ich in deren Kreisen als Outsider empfunden wurde und für manche bis heute geblieben bin. Aber ich selber habe die Idee des Hochschullehrers mit Bewußtsein, ja mit Leidenschaft ergriffen. Von ihm soll die Philosophie gezeigt werden in ihrer Reinheit, in methodischen Formen, im engen Zusammenhang mit den Wissenschaften, aus unbeirrbarer wissenschaftlicher Gesinnung, ohne die Illusion und Verkehrung einer vermeintlich wissenschaftlichen und als Wissenschaft allgemeingültigen Philosophie. Für die Idee der Universität, in der diese Philosophie zu Hause ist, habe ich nach meinen Kräften gelebt und sie trotz ihrer immer auch versagenden Wirklichkeit geliebt.

Die Frage nun, was die Philosophie lehre, zu der ich geführt bin, läßt sich in Kürze nicht beantworten. Aber die für die Lehre erwachsenen Aufgaben lassen sich kennzeichnen.

Wir gewinnen Kräfte aus den geschichtlichen Quellen. Wir möchten Widerhall werden des Tiefen, das einmal gedacht wurde, möchten dessen Aneignung fördern.

Wir möchten ursprünglich im ewig Wahren uns gründen, möchten jede Wirklichkeit hören, die eine Sprache spricht, die uns zum Aufschwung bringt.

Wir möchten teilnehmen am Übergang in die neue noch unbekannte, schnell sich nähernde Welt, – einzelne Vögel in der Menge der in das neue Zeitalter Fliegenden, der Spähenden, der Suchenden.

Wir sind auf dem Wege vom Abendrot der europäischen Philosophie durch die Dämmerung unserer Zeit zur Morgenröte der Weltphilosophie.

Aber so sehr wir uns des Zwischenseins bewußt sind, wir wissen, daß alles Zwischensein zugleich erfüllte Gegenwart sein kann, daß es für uns keine andere Wirklichkeit als die gegenwärtige gibt, daß Flucht in Vergangenheit oder Zukunft die Wirklichkeit versäumen läßt: das mögliche unendliche Glück des Daseins, welches erfüllt ist von einem Sein quer zur Zeit, die ewige Gegenwart im verschwindenden Fluß der Dinge.

Aber dessen werden wir nie sicher angesichts des offenbar gewordenen Bösen, das Menschen Menschen antun, vor dem keine Philosophie die Augen schließen, nicht erleichtern und trösten darf. In dieser Welt, von ihr betroffen und in ihr liebend den Weg der Vernunft zu finden, den Gedanken wirken zu lassen, das ist Kriterium der Wahrheit der Philosophie selber.

RA, 323–332

II
Was ist Philosophie?

Was ist Philosophie?

Der Radiovortrag »Was ist Philosophie?«, mit dem Jaspers 1949 seine »Einführung in die Philosophie« begann, verzichtet auf jede Definition von Philosophie. Diese hat in Geschichte und Gegenwart viele Gestalten, ist zu allen Zeiten, in allen Lebensaltern und in allen Mentalitäten anwesend, so daß objektiv nur die formale Aussage möglich bleibt: »Jede Philosophie definiert sich selbst durch ihre Verwirklichung.« Dennoch gibt Jaspers Hinweise auf Perspektiven ihres Sinns, die ihm wesentlich sind: das Ergreifen der Wirklichkeit, das Sich-Öffnen aus Vernunft für die Weite des Umgreifenden, die Kommunikation im liebenden Kampf um Existenz, das Denken als Konzentration und als inneres Handeln, »wodurch der Mensch er selbst wird«.

Was Philosophie sei und was sie wert sei, ist umstritten. Man erwartet von ihr außerordentliche Aufschlüsse oder läßt sie als gegenstandsloses Denken gleichgültig beiseite. Man sieht sie mit Scheu als das bedeutende Bemühen ungewöhnlicher Menschen oder verachtet sie als überflüssiges Grübeln von Träumern. Man hält sie für eine Sache, die jedermann angeht und daher im Grunde einfach und verstehbar sein müsse, oder man hält sie für so schwierig, daß es hoffnungslos sei, sich mit ihr zu beschäftigen. Was unter dem Namen der Philosophie auftritt, liefert in der Tat Beispiele für so entgegengesetzte Beurteilungen.

Für einen wissenschaftsgläubigen Menschen ist das Schlimmste, daß die Philosophie gar keine allgemeingültigen Ergebnisse hat, etwas, das man wissen und damit besitzen kann. Während die Wissenschaften auf ihren Gebieten zwingend gewisse und allgemein anerkannte Erkenntnisse gewonnen haben, hat die Philosophie dies trotz der Bemühungen der Jahrtausende nicht erreicht. Es ist nicht zu leugnen: in der Philosophie gibt es keine Einmütigkeit des endgültig Erkannten. Was aus zwingenden Gründen von jedermann anerkannt wird, das ist damit eine wissenschaftliche Erkenntnis geworden, ist nicht mehr Philosophie, sondern bezieht sich auf ein besonderes Gebiet des Erkennbaren.

Das philosophische Denken hat auch nicht, wie die Wissenschaften, den Charakter eines Fortschrittsprozesses. Wir sind gewiß viel weiter als Hippokrates, der griechische Arzt. Wir dürfen kaum sagen, daß wir weiter seien als Plato. Nur im Material wissenschaftlicher Erkenntnisse, die er benutzt, sind wir weiter. Im Philosophieren selbst sind wir vielleicht noch kaum wieder bei ihm angelangt.

Daß jede Gestalt der Philosophie, unterschieden von den Wissenschaften, der einmütigen Anerkennung aller entbehrt, das muß in der Natur ihrer Sache liegen. Die Art der in ihr zu gewinnenden Gewißheit ist nicht die wissenschaftliche, nämlich die gleiche für jeden Verstand, sondern ist eine Vergewisserung, bei deren Gelingen das ganze Wesen des Menschen mitspricht. Während wissenschaftliche Erkenntnisse auf je einzelne Gegenstände gehen, von denen zu wissen keineswegs für jedermann notwendig ist, handelt es sich in der Philosophie um das Ganze des Seins, das den Menschen als Menschen angeht, um Wahrheit, die, wo sie aufleuchtet, tiefer ergreift als jede wissenschaftliche Erkenntnis.

Ausgearbeitete Philosophie ist zwar an die Wissenschaften gebunden. Sie setzt die Wissenschaften in dem fortgeschrittenen Zustand voraus, den sie in dem jeweiligen Zeitalter erreicht haben. Aber der Sinn der Philosophie hat einen anderen Ursprung. Vor aller Wissenschaft tritt sie auf, wo Menschen wach werden.

Diese *Philosophie ohne Wissenschaft* vergegenwärtigen wir an einigen merkwürdigen Erscheinungen:

Erstens: In philosophischen Dingen hält sich fast jeder für urteilsfähig. Während man anerkennt, daß in den Wissenschaften Lernen, Schulung, Methode Bedingung des Verständnisses sei, erhebt man in bezug auf die Philosophie den Anspruch, ohne weiteres dabei zu sein und mitreden zu können. Das eigene Menschsein, das eigene Schicksal und die eigene Erfahrung gelten als genügende Voraussetzung.

Die Forderung der Zugänglichkeit der Philosophie für jedermann muß anerkannt werden. Die umständlichsten Wege der Philosophie, die die Fachleute der Philosophie gehen, haben doch ihren Sinn nur, wenn sie münden in das Menschsein, das dadurch bestimmt ist, wie es des Seins und seiner selbst darin gewiß wird.

Zweitens: Das philosophische Denken muß jederzeit ursprünglich sein. Jeder Mensch muß es selber vollziehen.

Ein wunderbares Zeichen dafür, daß der Mensch als solcher ursprünglich philosophiert, sind die Fragen der Kinder. Gar nicht selten hört man aus Kindermund, was dem Sinne nach unmittelbar in die Tiefe des Philosophierens geht. Ich erzähle Beispiele:

Ein Kind wundert sich: »Ich versuche immer zu denken, ich sei ein anderer und bin doch immer wieder ich.« Dieser Knabe rührt an einen Ursprung aller Gewißheit, das Seinsbewußtsein im Selbstbewußtsein. Er staunt vor dem Rätsel des Ichseins, diesem aus keinem anderen zu Begreifenden. Er steht fragend vor dieser Grenze.

Ein anderes Kind hört die Schöpfungsgeschichte: Am Anfang schuf Gott Himmel und Erde ..., und fragt alsbald: »Was war denn vor dem Anfang?« Dieser Knabe erfuhr die Endlosigkeit des Weiterfragens, das Nichthaltmachenkönnen des Verstandes, daß für ihn keine abschließende Antwort möglich ist.

Ein anderes Kind läßt sich bei einem Spaziergang angesichts einer Waldwiese Märchen erzählen von den Elfen, die dort nächtlich ihre Reigen aufführen ... »Aber die gibt es doch gar nicht ...« Man erzählt ihm nun von Realitäten, beobachtet die Bewegung der Sonne, erklärt die Frage, ob sich die Sonne bewege oder die Erde sich drehe, und bringt die Gründe, die für die Kugelgestalt der Erde und ihre Bewegung um sich selbst sprechen ... »Ach, das ist ja gar nicht wahr«, sagt das Mädchen und stampft mit dem Fuß auf den Boden, »die Erde steht doch fest. Ich glaube doch nur, was ich sehe.« – Darauf: »Dann glaubst du nicht an den lieben Gott, den kannst du doch auch nicht sehen.« – Das Mädchen stutzt und sagt dann sehr entschieden: »Wenn er nicht wäre, dann wären wir doch gar nicht da.« Dieses Kind wurde ergriffen von dem Erstaunen des Daseins: es ist nicht durch sich selbst. Und es begriff den Unterschied des Fragens: ob es auf einen Gegenstand in der Welt geht oder auf das Sein und unser Dasein im Ganzen.

Ein anderes Mädchen geht zum Besuch eine Treppe hinauf. Es wird ihm gegenwärtig, wie doch alles immer anders wird, dahinfließt, vorbei ist, als ob es nicht gewesen wäre. »Aber es muß doch etwas Festes geben können ... daß ich jetzt hier die Treppe zur Tante hinaufgehe, das will ich behalten.« Das Staunen und Erschrecken über die universale Vergänglichkeit im Hinschwinden sucht sich einen hilflosen Ausweg.

Wer sammeln würde, könnte eine reiche Kinderphilosophie berichten. Der Einwand, die Kinder hätten das vorher von Eltern oder anderen gehört, gilt offenbar gar nicht für die ernsthaften Gedanken. Der Einwand, daß diese Kinder doch nicht weiter philosophieren und daß also solche Äußerungen nur zufällig sein könnten, übersieht eine Tatsache: Kinder besitzen oft eine Genialität, die im Erwachsenwerden verlorengeht. Es ist, als ob wir mit den Jahren in das Gefängnis von Konventionen und Meinungen, der Verdeckungen und Unbefragtheiten eintreten, wobei wir die Unbefangenheit des Kindes verlieren. Das Kind ist noch offen im Zustand des sich hervorbringenden Lebens, es fühlt und sieht und fragt, was ihm dann bald entschwindet. Es läßt fallen, was einen Augenblick sich ihm offenbarte, und ist überrascht, wenn die aufzeichnenden Erwachsenen ihm später berichten, was es gesagt und gefragt habe.

Drittens: Ursprüngliches Philosophieren zeigt sich wie bei Kindern so bei Geisteskranken. Es ist zuweilen – selten –, als ob die Fesseln der allgemeinen Verschleierungen sich lösten und ergreifende Wahrheit spräche. Im Beginn mancher Geisteskrankheiten erfolgen metaphysische Offenbarungen erschütternder Art, die zwar durchweg in Form und Sprache nicht von dem Range sind, daß ihre Kundgabe eine objektive Bedeutung gewänne, außer in Fällen wie dem Dichter Hölderlin oder dem Maler van Gogh. Aber wer dabei ist, kann sich dem Eindruck nicht entziehen, daß hier eine Decke reißt, unter der wir gemeinhin unser Leben führen. Manchem Gesunden ist auch bekannt die Erfahrung unheimlich tiefer Bedeutungen im Erwachen aus dem Schlafe, die sich bei vollem Wachsein wieder verlieren und nur fühlbar machen, daß wir nun nicht mehr hindurchdringen. Es ist ein tiefer Sinn in dem Satz: Kinder und Narren sagen die Wahrheit. Aber die schaffende Ursprünglichkeit, der wir die großen philosophischen Gedanken schulden, liegt doch nicht hier, sondern bei Einzelnen, die in ihrer Unbefangenheit und Unabhängigkeit als wenige große Geister in den Jahrtausenden aufgetreten sind.

Viertens: Da die Philosophie für den Menschen unumgänglich ist, ist sie jederzeit da in einer Öffentlichkeit, in überlieferten Sprichwörtern, in geläufigen philosophischen Redewendungen, in herrschenden Überzeugungen, wie etwa in der Sprache der Aufgeklärtheit, der politischen Glaubensanschauungen, vor allem aber vom Beginn der Geschichte an in Mythen. Der Philosophie ist nicht zu entrinnen. Es fragt sich nur, ob sie bewußt wird oder nicht, ob sie gut oder schlecht, verworren oder klar wird. Wer die Philosophie ablehnt, vollzieht selber eine Philosophie, ohne sich dessen bewußt zu sein.

Was ist nun die Philosophie, die so universell und in so sonderbaren Gestalten sich kundgibt?

Das griechische Wort Philosoph (philosophos) ist gebildet im Gegensatz zum Sophos. Es heißt: der die Erkenntnis (das Wesen) Liebende im Unterschied von dem, der im Besitze der Erkenntnis sich einen Wissenden nannte. Dieser Sinn des Wortes besteht bis heute: das Suchen der Wahrheit, nicht der Besitz der Wahrheit ist das Wesen der Philosophie, mag sie es noch so oft verraten im Dogmatismus, das heißt in einem in Sätzen ausgesprochenen, endgültigen, vollständigen und lehrhaften Wissen. Philosophie heißt: auf dem Wege sein. Ihre Fragen sind wesentlicher als ihre Antworten, und jede Antwort wird zur neuen Frage.

Aber dieses Auf-dem-Wege-Sein – das Schicksal des Menschen in der Zeit – birgt in sich die Möglichkeit tiefer Befriedigung, ja in hohen Augenblicken einer Vollendung. Diese liegt nie in einem aussagbaren Gewußtsein, nicht in Sätzen und Bekenntnissen, sondern in der geschichtlichen Verwirklichung des Menschseins, dem das Sein selbst aufgeht. Diese Wirklichkeit in der Situation zu gewinnen, in der jeweils ein Mensch steht, ist der Sinn des Philosophierens.

Suchend auf dem Wege sein, oder: Ruhe und Vollendung des Augenblicks finden – das sind keine Definitionen der Philosophie. Philosophie hat nichts Übergeordnetes, nichts Nebengeordnetes. Sie ist nicht aus einem andern abzuleiten. Jede Philosophie definiert sich selbst durch ihre Verwirklichung. Was Philosophie sei, das muß man versuchen. Dann ist Philosophie in eins der Vollzug des lebendigen Gedankens und die Besinnung auf diese Gedanken (die Reflexion) oder das Tun und das Darüberreden. Aus dem eigenen Versuch heraus erst kann man wahrnehmen, was in der Welt als Philosophie uns begegnet.

Aber wir können weitere Formeln vom Sinn der Philosophie aussprechen: Keine Formel erschöpft diesen Sinn, und keine erweist sich als die einzige. Wir hören aus dem Altertum: Philosophie sei (je nach ihrem Gegenstand) Erkenntnis der göttlichen und menschlichen Dinge, Erkenntnis des Seienden als Seienden, sei weiter (ihrem Ziel nach) Sterbenlernen, sei das denkende Erstreben der Glückseligkeit, Anähnlichung an das Göttliche, sei schließlich (ihrem umgreifenden Sinne nach) das Wissen alles Wissens, die Kunst aller Künste, die Wissenschaft überhaupt, die nicht auf ein einzelnes Gebiet gerichtet sei.

Heute läßt sich von der Philosophie vielleicht in folgenden Formeln sprechen; ihr Sinn sei:

die Wirklichkeit im Ursprung erblicken –

die Wirklichkeit ergreifen durch die Weise, wie ich denkend mit mir selbst umgehe, im inneren Handeln –

uns aufschließen für die Weite des Umgreifenden –

Kommunikation von Mensch zu Mensch durch jeden Sinn von Wahrheit in liebendem Kampfe wagen –

Vernunft noch vor dem Fremdesten und vor dem Versagenden geduldig und unablässig wach erhalten.

Philosophie ist das Konzentrierende, wodurch der Mensch er selbst wird, indem er der Wirklichkeit teilhaftig wird.

Obgleich Philosophie jeden Menschen, ja das Kind in Gestalt einfacher und wirksamer Gedanken bewegen kann, ist ihre bewußte Ausarbeitung eine nie vollendete und jederzeit sich wiederholende, stets als ein gegenwärtiges Ganzes sich vollziehende Aufgabe – sie erscheint in den Werken der großen Philosophen und als Echo bei den kleineren. Das Bewußtsein dieser Aufgabe wird, in welcher Gestalt auch immer, wach sein, solange Menschen Menschen bleiben.

Nicht erst heute wird Philosophie radikal angegriffen und im Ganzen verneint als überflüssig und schädlich. Wozu sei sie da? Sie halte nicht stand in der Not.

Kirchlich autoritäre Denkart hat die selbständige Philosophie verworfen, weil sie von Gott entferne, zur Weltlichkeit verführe, mit Nichtigem die Seele verderbe. Die politisch-totalitäre Denkart erhob den Vorwurf: die Philosophen hätten die Welt nur verschieden interpretiert, es komme aber darauf an, sie zu verändern. Beiden Denkarten galt Philosophie als gefährlich, denn sie zersetze die Ordnung, sie fördere den Geist der Unabhängigkeit, damit der Empörung und Auflehnung, sie täusche und lenke den Menschen ab von seiner realen Aufgabe. Die Zugkraft eines uns vom offenbarten Gott erleuchteten Jenseits oder die alles für sich fordernde Macht eines gottlosen Diesseits, beide möchten die Philosophie zum Erlöschen bringen.

Dazu kommt vom Alltag des gesunden Menschenverstandes her der einfache Maßstab der Nützlichkeit, an dem die Philosophie versagt. Thales, der für den frühesten der griechischen Philosophen gilt, wurde schon von der Magd verlacht, die ihn bei Beobachtung des Sternenhimmels in den Brunnen fallen sah. Warum suchte er das Fernste, wenn er im Nächsten so ungeschickt ist!

Die Philosophie soll sich also rechtfertigen. Das ist unmöglich. Sie kann sich nicht rechtfertigen aus einem anderen, für das sie infolge ihrer Brauchbarkeit Berechtigung habe. Sie kann sich nur wenden an die Kräfte, die in jedem Menschen in der Tat zum Philosophieren drängen. Sie kann wissen, daß sie eine zweckfreie, jeder Frage nach Nutzen und Schaden in der Welt enthobene Sache des Menschen als solchen betreibt, und daß sie sich verwirklichen wird, solange Menschen leben. Noch die ihr feindlichen Mächte können nicht umhin, den ihnen selbst eigenen Sinn zu denken und dann zweckgebundene Denkgebilde hervorzubringen, die ein Ersatz der Philosophie sind, aber unter den Bedingungen einer gewollten Wirkung stehen – wie der Marxismus, der Fascismus. Auch diese Denkgebilde bezeigen noch die Unausweichlichkeit der Philosophie für den Menschen. Die Philosophie ist immer da.

Nicht kämpfen kann sie, nicht sich beweisen, aber sich mitteilen. Sie leistet keinen Widerstand, wo sie verworfen wird, sie triumphiert nicht, wo sie gehört wird. Sie lebt in der Einmütigkeit, die im Grunde der Menschheit alle mit allen verbinden kann.

Philosophie in großem Stil und im systematischen Zusammenhang gibt es seit zweieinhalb Jahrtausenden im Abendland, in China und Indien. Eine große Überlieferung spricht uns an. Die Vielfachheit des Philosophierens, die Widersprüche und die sich gegenseitig ausschließenden Wahrheitsansprüche können nicht verhindern, daß im Grunde ein Eines wirkt, das niemand besitzt und um das jederzeit alle ernsten Bemühungen kreisen: die ewige eine Philosophie, die philosophia perennis. Auf diesen geschichtlichen Grund unseres Denkens sind wir angewiesen, wenn wir mit hellstem Bewußtsein und wesentlich denken wollen.

EP, 9–17

Philosophie und Wissenschaft

Die Unterscheidung von Philosophie und Wissenschaft hatte für Jaspers eine zentrale Bedeutung. Er hatte als junger Psychiater wesentliche Verdienste daran, daß die klinische Psychiatrie aus einer experimentellen Forschungspraxis zu einer phänomenologisch orientierten Wissenschaft wurde. Auch als verstehender Psychologe hielt er sich an die Anforderungen einer vergleichsweise strengen Wissenschaftlichkeit. Um so deutlicher wurde ihm in der Folge der Unterschied zum philosophischen Denken. Zwei Fallen wollte er umgehen: entweder die Philosophie im Namen der Wissenschaft als angeblich antiquiertes oder die Wissenschaft im Namen der Philosophie als vermeintlich destruktives Denken preiszugeben. Vielmehr galt es, die je eigene Reinheit beider zu sehen: die überprüfbare, partiale, zwingende Erkenntnis der Wissenschaft und die transzendierende, am Umgreifenden orientierte Erhellung der Philosophie. Keine verlangt das Opfer der anderen, aber jede ein eigenes Grenzbewußtsein. – Alle Fragmente sind der Basler Antrittsvorlesung »Philosophie und Wissenschaft« von 1948 entnommen.

Wie verhalten sich Philosophie und Wissenschaft zueinander?

Philosophie ist von ihrem Anfang an als Wissenschaft aufgetreten, als *die* Wissenschaft schlechthin. Die höchste und die gewisseste Erkenntnis war das Ziel, von dem beflügelt war, wer ihr diente.

Daß es eine Frage werden konnte, ob sie überhaupt Wissenschaft sei, ist nur zu verstehen aus der Entwicklung der spezifisch modernen Wissenschaften. Diese haben im 19. Jahrhundert ihre Entfaltung zumeist ohne Philosophie vollzogen, oft in Opposition zur Philosophie, schließlich in Gleichgültigkeit gegen sie. Wenn jetzt von ihr verlangt wurde, Wissenschaft zu sein, so hieß das etwas anderes als früher, nämlich: sie solle Wissenschaft sein genau so wie diese modernen, durch ihre Leistungen so überzeugenden Wissenschaften. Könne sie das nicht, so sei sie gegenstandslos geworden und dürfe verschwinden.

Vor einigen Jahrzehnten war eine verbreitete Meinung: Die Philosophie habe ihre Zeit gehabt so lange, bis alle Wissenschaften aus ihr, der anfänglichen Universalwissenschaft, entlassen waren. Jetzt, da alles Erforschbare aufgeteilt sei, sei ihre Zeit abgelaufen. Nachdem bewußt geworden sei, wodurch Wissenschaft ihre zwingende Allgemeingültigkeit gewinne, habe sich gezeigt, daß unter diesen Kriterien Philosophie versage. Sie vollziehe leere Gedanken, weil sie unbeweisbare Behauptungen aufstelle, sie entbehre der Erfahrung, sie verführe durch Illusionen, sie raube die Kräfte zu echtem Forschen, um sie für ein nichtiges Tun zu verwenden, für dieses allgemeine Gerede über das Ganze.

Ein solches Bild von der Philosophie stand im Lichte der Wissenschaft als methodischen, zwingenden, allgemeingültigen Erkennens. Konnte sich da überhaupt noch eine Philosophie als Wissenschaft halten?

Zwei Reaktionen traten auf:

Erstens: Der Angriff wurde als richtig anerkannt. Die Vertreter der Philosophie zogen sich daher zurück auf beschränkte Aufgaben. Wenn die Philosophie zu Ende ist, weil sie alle ihre Gegenstände an die Wissenschaften abgegeben hat, so bleibt doch das Wissen von ihrer Geschichte, zunächst als eines Faktors der Geschichte der Wissenschaften selber, dann als eines geistesgeschichtlichen Phänomens, als die Geschichte der Irrtümer, der Vorwegnahmen, des Befreiungsprozesses, in dem die Philosophie sich selbst überflüssig gemacht hat. Die Philosophiehistorie hat schließlich die Kenntnis zu bewahren von den philosophischen Schriften, und sei es nur als ästhetisch interessanten Erscheinungen, die, obgleich ohne belangreichen wissenschaftlichen Wahrheitswert, doch wegen ihres Stils und ihrer Stimmung lesenswürdig sind.

Andere folgten der modernen Wissenschaftsgesinnung dadurch, daß sie die bisherige Philosophie verwarfen und nun endlich die Philosophie als strenge Wissenschaft begründen wollten. So ergriffen sie die Aufgabe, die der Philosophie vorbehalten bleibe, weil sie alle Wissenschaften gemeinsam betreffe, nämlich die Fragen der Logik und der Erkenntnistheorie, Phänomenologie. Die Philosophie, um ihre Reputation zurückzugewinnen, machte sich nunmehr durch Imitation und Dienstwilligkeit zur Magd der Wissenschaften. Als solche begründete sie erkenntnistheoretisch das Recht der wissenschaftlichen Geltung, das ohnehin fraglos bestand – sie tat etwas eigentlich Überflüssiges. Als Logik aber entwickelte sie eine Fachwissenschaft, die wegen der Allgemeinheit ihres Gegenstandes, nämlich der Form allen gültigen Denkens überhaupt, einer *mathesis universalis*, geeignet schien, an die Stelle der bisherigen Philosophie zu treten. Die Logistik wird heute von manchen für die ganze Philosophie gehalten.

Das Ergebnis dieser ersten Reaktion scheint heute die Auffassung: Philosophie ist eine Wissenschaft unter den anderen, ein Fach neben den anderen Fächern. Sie wird wie diese durch Spezialisten gefördert, hat ihren engen Kreis der Sachverständigen, ihre Kongresse und ihre Fachzeitschriften.

Gegen diese beflissene Wissenschaftlichkeit stand eine *zweite* Reaktion. Der Angriff auf das Dasein der Philosophie wurde abgelehnt dadurch, daß der Anspruch, Wissenschaft zu sein, überhaupt verworfen wurde. Die Philosophie sei in der Tat keine Wissenschaft. Sie beruhe auf dem Gefühl und auf der Intuition, auf der Phantasie und dem Genie. Sie sei eine begriffliche Beschwörung, nicht eine Erkenntnis des Daseins. Sie bedeute den Aufschwung des Gemüts oder bedeute den erwünschten Tod mit wachem Auge. Ja, einige gingen noch weiter: Um Wissenschaft sich zu kümmern, das sei der Philosophie ungemäß, denn sie durchschaue die Fragwürdigkeit aller wissenschaftlichen Wahrheit. Die modernen Wissenschaften seien ohnehin im Ganzen ein Irrweg, zumal durch die ruinösen Folgen des rationalen Lebens für die Seele und das Dasein überhaupt. Die Philosophie selber sei keine Wissenschaft, aber gerade dadurch bei der eigentlichen Wahrheit.

Beide Reaktionen – die Unterwerfung wie die Ablehnung gegenüber der Wissenschaft, die als zwingende, methodische und allgemeingültige Erkenntnis gefaßt war – scheinen das Ende der Philosophie zu sein. Ob sie preisgegeben an Wissenschaft ist oder ob sie alle Wissenschaft verleugnet, in keinem Falle ist sie noch Philosophie.

Der scheinbare Triumph der Wissenschaften über die Philosophie hat seit Jahrzehnten eine Lage geschaffen, in der aus mannigfachen Ursprüngen wieder das wahre Philosophieren gesucht wird. Wenn es ein solches geben wird, dann wird auch die Frage nach dem Verhältnis von Philosophie und Wissenschaft beantwortet sein, sowohl grundsätzlich wie in der konkreten Durchführung. Es ist eine sachliche Frage ersten Ranges.

RA, 204ff.

Grundzüge der modernen Wissenschaften

Zunächst: Die *modernen Wissenschaften*, erst in den letzten Jahrhunderten entfaltet, haben eine neue Wissenschaftlichkeit in die Welt gebracht, die weder in Asien noch in der Antike noch im Mittelalter da war.

Wissenschaft als methodische Erkenntnis, die zwingend gewiß und allgemeingültig ist, besaßen zwar schon die Griechen. Aber die modernen Wissenschaften haben diesen Grundsinn aller Wissenschaft nicht nur reiner herausgebracht (eine im Ganzen immer noch unvollendete Aufgabe), sondern sie haben den Sinn, den Umfang, die Einheit ihres Forschens neu gestaltet und begründet. Ich deute einige ihrer Grundcharaktere an:

Der modernen Wissenschaft ist *nichts gleichgültig*. Alles, das Kleinste und Häßlichste, das Fernste und Fremdeste, was immer irgendwo faktisch ist, das ist ihr allein darum, weil es ist, schon relevant. Sie wurde schlechthin universal. Es gibt nichts, was sich ihr entziehen kann. Nichts soll verborgen, nichts soll verschwiegen, nichts soll Geheimnis bleiben.

Weiter: Die moderne Wissenschaft ist *grundsätzlich unfertig*, weil ins Unendliche fortschreitend, während die antike in jeder Gestalt jeweils als fertig auftrat, ihre faktische, immer auch bald aufhörende Entwicklung nicht zum Bewußtsein ihres Sinns machte. Die moderne Wissenschaft hat begriffen, daß ein allumfassendes Weltbild, das das Seiende aus einem oder wenigen Prinzipien erklärt, wissenschaftlich unmöglich ist. Ein Weltbild hat andere Quellen, kann nur bei erlahmender wissenschaftlicher Kritik durch Verabsolutierung von Partikularem seine fälschliche Geltung beanspruchen. Die großartigen Vereinheitlichungen – etwa der Physik –, die keine frühere Erkenntnis besaß, erfassen nur eine Seite der Wirklichkeit. Die Wirklichkeit im Ganzen ist durch sie zerrissener und bodenloser geworden, als sie jemals für das Bewußtsein war. Daher die Ungeschlossenheit der modernen Welt im Unterschied vom griechischen Kosmos.

Weiter: Die antiken Wissenschaften bleiben *zerstreut* in gegenseitiger Beziehungslosigkeit. Sie entbehren der Idee konkreter Vollständigkeit. Dagegen suchen die modernen Wissenschaften unter sich *den allseitigen Zusammenhang*. Während ein wahres Weltbild ihnen nicht mehr möglich ist, so doch die Idee eines Kosmos der Wissenschaften. Das Ungenügen an jedem vereinzelten Erkennen sucht die Verbindung zu allem Erkennen.

Weiter: Die modernen Wissenschaften schätzen Gedanken*möglichkeiten* gering ein, sie lassen den Gedanken nur in bestimmter und konkreter Erkenntnis gelten, wenn er sich entdeckend bewährt hat und dabei sich ins Unendliche modifiziert. So fallen etwa antike und moderne Atomtheorie nur vorübergehend in gewissen Modellvorstellungen zusammen. Aber die antike war nur eine durch plausible Deutungen auf schon vorhandene Erfahrungen angewandte, an sich fertige Interpretation von Möglichkeiten, die moderne eine im Umgang mit der Erfahrung durch Bewährung und Widerlegung ständig vollzogene Verwandlung der Theorie selbst als eines Werkzeugs der Forschung.

Weiter: Die modernen Wissenschaften gehen in ihren *Fragen bis zum Äußersten*. Zum Beispiel: Das Denken gegen den Augenschein, in der Antike zwar begonnen, etwa im Begreifen der Perspektive und ihrer Anwendung auf Astronomie, aber immer doch noch an Anschauung gebunden, wagt heute, etwa in der modernen Physik, das Paradoxeste, um damit zu realen, aber jedes geschlossene Weltbild sprengenden Erkenntnissen zu gelangen.

Schließlich: Mit all dem ist heute eine *wissenschaftliche Haltung* möglich geworden, die allem, was begegnet, untersuchend gegenübertritt, auf eine klare und entschiedene Weise wissen kann, Gewußtes von Nichtgewußtem zu unterscheiden vermag, eine unerhörte Fülle der Erkenntnis gewonnen hat (wie verschwindend wenig konnte der griechische Arzt oder der griechische Techniker). Die moderne Wissenschaft kennt das Ethos, auf Grund unbefangener

Untersuchung und Kritik verläßlich wissen zu wollen. Treten wir in ihren Raum, so wird uns zumute, als ob wir reine Luft atmen, das ungefähre Gerede, das plausible Meinen, das trotzige Bescheidwissen, den blinden Glauben verschwinden sehen. –

RA, 207ff.

Der Drang zum philosophischen Totalwissen

Zur modernen Wissenschaft kommt nun ein *zweites Motiv*, der uralte Drang zum *philosophischen Totalwissen*. Die Philosophie war von jeher als Wissenschaft aufgetreten, die das Ganze weiß –, nicht als unendlich fortschreitende faktische Erkenntnis, sondern als vollendete Lehre. Nun hat die moderne Philosophie seit *Descartes* sich mit der modernen Wissenschaft identifiziert, aber so, daß sie zugleich im alten philosophischen Wissenschaftsbegriff eines Totalwissens blieb. Es ist jedoch zu zeigen, wie Descartes gerade darum die moderne Wissenschaft, etwa die Forschung *Galilei's*, gar nicht verstand, und daß das, was er selbst tat, dem Sinn nach mit dieser modernen Wissenschaft wenig zu tun hatte, obgleich er als schöpferischer Mathematiker diese Wissenschaft zu fördern half. Die folgenden Philosophen, sogar in gewissem Umfang noch *Kant*, waren in diesem Wissenschaftsgedanken des Totalismus befangen. *Hegel* glaubte dann noch einmal die eigentliche Wissenschaft im Ganzen zu vollziehen und alle Wissenschaften in seinem Geisteskosmos zu besitzen.

Diese Identifizierung moderner Wissenschaft und der neueren Philosophie mit ihrem alten Anspruch des Totalwissens wurde ein Verhängnis für beide. Die modernen Wissenschaften, die vermöge einer gemeinsamen Selbsttäuschung in jenen großen Philosophien des 17. Jahrhunderts und manchen folgenden zugleich Säulen für ihr eigenes Gebäude sahen, wurden unrein durch die Ansprüche eines sich verabsolutierenden Wissens. Die neue Philosophie aber hat das

Große, was ihr gelang, nur gleichsam »trotzdem«, in einem ständigen Selbstmißverständnis, schaffen können. –
RA, 209

Der eigentlich philosophische Wissenschaftsgedanke

Nun ein *drittes Motiv*. Weder der moderne Wissenschaftsbegriff noch der Wissenschaftsgedanke im philosophischen Totalwissen eines Systems fällt zusammen mit dem eigentlich philosophischen Wissenschaftsgedanken, wie wir ihn unübertroffen aus Plato kennen. Wie entfernt ist die Wahrheit, deren Offenbarwerden im Erkennen Plato durch das Höhlengleichnis deutet und im Spiel seiner Dialektik berührt, diese Wahrheit, die das Sein trifft und das, was über allem Sein ist – wie ursprünglich verschieden ist sie von der Wahrheit der Wissenschaften, die immer nur in den Erscheinungen des Seienden sich bewegen, ohne je das Sein zu erreichen, und wie verschieden von der Wahrheit der Systemlehre, die das Ganze des Seins im Besitz zu haben meint. Welche Ferne zwischen der Wahrheit, die nirgends geschrieben werden kann, sondern sich nach dem siebten Brief zwar allein durch Denken, aber zwischen Verstehenden im günstigen Augenblick der Kommunikation entzündet, und der Wahrheit, die geschrieben, für jedermann zwingend, allgemein verständlich, losgelöst für alle Verstandeswesen da ist!
RA, 209 f.

Die drei Aufgaben angesichts der Verwirrung

In der Lage der Verwirrung der Wissenschaftsbegriffe sind nun drei Aufgaben gestellt, entsprechend den drei erörterten Motiven:
Erstens ist das philosophische Totalwissen als vermeintlich wissenschaftliches Wissen zu überwinden. Aus den Wissen-

schaften selber wird dieses falsche Totalwissen kritisch zersetzt. Hier hat die Gegnerschaft gegen Philosophie ihren Ursprung, die Verachtung einen berechtigten Sinn.
Zweitens ist die Reinheit der Wissenschaften zu gewinnen. Diese Aufgabe kann nur in der Praxis des Erkennens durch ständiges Ringen um sie erfüllt werden. Die grundsätzliche Klarheit über Wissenschaft und ihre Grenzen wird im allgemeinen leicht auch von denen anerkannt, die im Besonderen ständig dagegen verfehlen. Es kommt aber darauf an, im Konkreten der einzelnen Wissenschaften diese Reinheit zu verwirklichen. Das geschieht wesentlich durch die kritische Arbeit der wissenschaftlichen Forscher selbst. Wer aber philosophierend den Wahrheitssinn wissenschaftlicher Erkenntnisse, diese gleichsam beklopfend, prüfen will, der muß in das Verfahren dieser Forscher mit eintreten.
Drittens ist die Philosophie unter den neuen, durch die modernen Wissenschaften erwachsenen Bedingungen rein herauszuarbeiten. Das ist unerläßlich schon für die Wissenschaften selber. Denn die Philosophie ist stets in den Wissenschaften lebendig und von ihnen so untrennbar, daß die Reinheit beider nur gemeinsam gewonnen werden kann. Die Verleugnung der Philosophie pflegt unbemerkt eine schlechte Philosophie erwachsen zu lassen. Der Forscher hat philosophierend, ob bewußt oder unbewußt, in sich selbst die Führung seines konkreten Tuns, die er nicht noch einmal wissenschaftlich zwingend erkennen kann.

RA, 212 f.

Die Reinheit der Wissenschaft und der Philosophie

Die Reinheit der Wissenschaft fordert die Reinheit der Philosophie.

Aber wie wird die Philosophie rein? Galt sie nicht von jeher selbst als Wissenschaft und wollte es sein? Unsere Antwort ist: Sie ist »Wissenschaft«, aber doch so, daß sie im Sinn der modernen wissenschaftlichen Forschung zugleich weniger und mehr als Wissenschaft ist.

Wissenschaft kann man die Philosophie nennen, sofern die *Wissenschaften ihre Voraussetzung* sind. Es gibt keine haltbare Philosophie außerhalb der Wissenschaften. Philosophie bindet sich im Bewußtsein ihrer Unterschiedenheit unbedingt an Wissenschaft. Sie will nicht gegen zwingende Erkenntnis verstoßen. Wer philosophiert, will in wissenschaftlichen Methoden erfahren sein.

Wer nicht in einer Fachwissenschaft geschult ist und ständig in Kontakt mit wissenschaftlicher Erkenntnis lebt, der wird im Philosophieren alsbald stolpern, unkritische Entwürfe als vollendetes Wissen vortragen. Aber es muß in der Wissenschaft auf Eis gelegt werden, was nicht im Schwelgen von Gefühlen und Leidenschaften ein schnell verbrennendes Strohfeuer bleiben oder ein sturer Fanatismus werden soll.

Noch mehr: Wer philosophiert, drängt zum wissenschaftlichen Wissen, weil es der einzige Weg ist zum eigentlichen Nichtwissen. Es ist, als ob die großartigste Erkenntnis gerade dadurch erwächst, daß der Mensch die Grenze sucht, an der das Erkennen strandet, nicht falsch und vorläufig, sondern eigentlich und endgültig strandet, nicht in Verlust und Verzweiflung, sondern im eigentlichen Innewerden. Erst ein vollendetes Wissen würde das vollendete Nichtwissen ermöglichen, erst hier gelänge das echte Scheitern, in dem das Sein selbst, nicht mehr nur das erlernbare Seiende offenbar würde.

Indem die moderne Wissenschaft die große Entzauberung vollzieht, gewinnt sie den Weg zur Anschauung der wahren Tiefe, des eigentlichen Geheimnisses, das allein durch das entschiedenste Wissen im erfüllten Nichtwissen gegenwärtig wird.

Philosophie steht daher gegen die Verächter der Wissenschaften, gegen die Scheinpropheten, die die Forschung verdächtigen, welche die Verirrungen der Wissenschaft für diese Wissenschaft selbst halten und schließlich die Wissenschaft, die »moderne Wissenschaft«, gar verantwortlich machen möchten für das Unheil und die Inhumanität unserer Zeit.

Gegen Wissenschaftsaberglauben und gegen Wissenschaftsverachtung hält Philosophie sich also bedingungslos zur modernen Wissenschaft. Sie ist ihr das wunderbare, unvergleichlich verläßliche Phänomen, der tiefste Einschnitt der Weltgeschichte, zwar Ursprung großer Gefahren, aber noch größerer Chancen und von nun an Bedingung aller Menschenwürde. Ohne diese Wissenschaft, das weiß der Philosophierende, wird sein eigenes Tun nichtig.

Dieses Tun kann nun weiter wissenschaftlich heißen, weil Philosophie *methodisch verfährt* und ihrer Methoden bewußt wird. Aber diese Methoden sind, verglichen mit allen wissenschaftlichen Methoden, schon dadurch anders, weil sie keinen Gegenstand der Forschung haben. Was bestimmter Gegenstand ist, ist auch Gegenstand einer besonderen Wissenschaft. Nenne ich etwa als Gegenstand der Philosophie das Ganze, die Welt, das Sein, so treffen diese Worte, wie die philosophische Kritik zeigt, keinen Gegenstand mehr. Die philosophischen Methoden sind Methoden des Transzendierens über das Gegenständliche. Philosophieren ist Transzendieren. Dies vollzieht sich jedoch, da unser Denken stets an Gegenstände gebunden ist, in solchen, die durch den Gang der Denkbewegung aufgehoben werden. Solche Gegenständlichkeiten als Leitfaden philosophischen Transzendierens sind die großen Schöpfungen der Philosophie. Unersetzlich ist uns daher die tiefe Sprache der Metaphysiker, die aus den Jahrtausenden zu uns spricht: sie aus ihrem Ursprung in geschichtlicher Philosophie anzueignen, läßt sie nicht nur wissen als etwas, das war, sondern zu gegenwärtigem Leben werden.

Die Masse des vermeintlichen philosophischen Wissens von lehrbaren Gegenständen aber entsteht aus der Verselbständigung der dem Philosophieren jeweils als Leitfaden dienenden, aber von ihm zugleich wieder aufgehobenen Gegenständlichkeit. Mit ihr glaubt man dann etwas zu wissen, was doch philosophisch eine Verkehrung ist: die *capita mortua*, die Schädel- und Beinhäuser der großen Metaphysiken. Wir dürfen im Philosophieren dem Gegenständlichen, das wir jeden Augenblick gebrauchen, nicht verfallen. Wir sollen Herr unserer Gedanken bleiben, nicht ihnen uns unterwerfen.

In diesem ihrem eigenen, den wissenschaftlichen Formen analogen Denken des Transzendierens ist aber Philosophie *weniger* als Wissenschaft. Denn sie gewinnt kein aufweisbares Ergebnis und keine für jeden Verstand zwingende Erkenntnis. Die einfache Tatsache, daß wissenschaftliche Erkenntnis sich identisch über die Welt verbreitet, daß aber Philosophie trotz aller Geltungsansprüche in keiner Gestalt tatsächlich allgemeingültig wird, ist nicht zu übersehen. Sie ist das äußere Kennzeichen für den eigentümlichen Charakter ihrer Wahrheit: Wissenschaftliche Wahrheit ist zwar allgemeingültig, aber relativ auf Methode und Voraussetzungen, – philosophische Wahrheit ist unbedingt für den sie Vollziehenden in geschichtlicher Wirklichkeit, aber sie ist in ihren Aussagen nicht allgemeingültig. Wissenschaftliche Wahrheit ist die eine gleiche für alle, – philosophische Wahrheit mannigfaltig in geschichtlichen Kleidern, die Erscheinung je einer Einzigkeit sind, und die alle ihr Recht haben, aber nicht identisch übertragbar sind.

Die *eine* Philosophie ist die *philosophia perennis*, um die alle Philosophien kreisen, und die niemand besitzt, an der jeder eigentlich Philosophierende teil hat, und die doch nie die Gestalt eines für alle gültigen, allein wahren Denkgebäudes gewinnen kann.

Damit ist Philosophie nicht nur weniger, sondern *mehr* als Wissenschaft, nämlich als Quelle einer Wahrheit, die für das wissenschaftlich zwingende Wissen unzugänglich ist. Dieser Philosophie entsprechen Bestimmungen wie: Philosophieren sei sterben lernen, – sei Aufschwung zur Gottheit, – sei Erkenntnis des Seins als Sein. Solche Bestimmungen bedeuten: Das Denken der Philosophie ist zugleich ein inneres Handeln; es appelliert an Freiheit; es beschwört die Transzendenz. Dasselbe läßt sich anders formulieren: die Philosophie ist Selbstvergewisserung im eigentlichen Sein, – ist das Denken eines unendlich zu erhellenden, dem Menschen mitgegebenen Glaubens, – ist der Weg der inneren Selbstbehauptung des Menschen durch Denken.

Aber keiner solcher Sätze bedeutet eine rechte Definition. Es gibt keine Definition der Philosophie, weil Philosophie nicht von einem anderen her bestimmbar ist. Es gibt keine übergeordnete Gattung, von der Philosophie eine Art wäre. Philosophie bestimmt sich selber, bezieht sich unmittelbar auf die Gottheit, begründet sich nicht durch eine Nützlichkeit. Sie erwächst aus dem Ursprung selber, in dem der Mensch sich geschenkt wird.

RA, 214–217

Ursprünge der Philosophie

In seiner Frage nach den Ursprüngen der Philosophie unterscheidet Jaspers zwischen den historischen Anfängen der Philosophie und den Quellen, aus denen der Antrieb zum Philosophieren kommt. Um diese Quellen geht es ihm: um das Staunen, das zur Erkenntnis treibt, um den Zweifel, der kritische Prüfung des Erkannten und klare Gewißheit will, und um die Erfahrung der Grenzsituationen, in denen der Mensch sich selbst in seiner Verlorenheit zur Frage wird. Die daraus erwachsende Erschütterung ist für Jaspers der entscheidende Ursprung des Philosophierens, der nach einem Grund in Vernunft und Existenz sucht und nach ihrer Verankerung in der Transzendenz. – Der Text stammt aus dem 2. Vortrag der »Einführung in die Philosophie« von 1949.

Die Geschichte der Philosophie als methodisches Denken hat ihre Anfänge vor zweieinhalb Jahrtausenden, als mythisches Denken aber viel früher.

Doch Anfang ist etwas anderes als Ursprung. Der Anfang ist historisch und bringt für die Nachfolgenden eine wachsende Menge von Voraussetzungen durch die nun schon geleistete Denkarbeit. Ursprung aber ist jederzeit die Quelle, aus der der Antrieb zum Philosophieren kommt. Durch ihn erst wird die je gegenwärtige Philosophie wesentlich, die frühere Philosophie verstanden.

Dieses Ursprüngliche ist vielfach. Aus dem *Staunen* folgt die Frage und die Erkenntnis, aus dem *Zweifel* am Erkannten die kritische Prüfung und die klare Gewißheit, aus der *Erschütterung des Menschen* und dem Bewußtsein seiner Verlorenheit die Frage nach sich selbst. Vergegenwärtigen wir uns zunächst diese drei Motive.

Erstens: Plato sagte, der Ursprung der Philosophie sei das *Erstaunen*. Unser Auge hat uns »des Anblicks der Sterne, der Sonne und des Himmelsgewölbes teilhaftig werden lassen«. Dieser Anblick hat uns »den Trieb zur Untersuchung des Alls gegeben. Daraus ist uns die Philosophie erwachsen, das größte Gut, das dem sterblichen Geschlecht von den Göttern verliehen ward«. Und Aristoteles: »Denn die Verwunderung ist es, was die Menschen zum Philosophieren trieb: sie wunderten sich zuerst über das ihnen aufstoßende Befremdliche, gingen dann allmählich weiter und fragten nach den Wandlungen des Mondes, der Sonne, der Gestirne und der Entstehung des Alls.«

Sich wundern drängt zur Erkenntnis. Im Wundern werde ich mir des Nichtwissens bewußt. Ich suche das Wissen, aber um des Wissens selber willen, nicht »zu irgendeinem gemeinen Bedarf«.

Das Philosophieren ist wie ein Erwachen aus der Gebundenheit an die Lebensnotdurft. Das Erwachen vollzieht sich im zweckfreien Blick auf die Dinge, den Himmel und die Welt, in den Fragen: was das alles und woher das alles sei – Fragen, deren Antwort keinem Nutzen dienen soll, sondern an sich Befriedigung gewährt.

Zweitens: Habe ich Befriedigung meines Staunens und Bewunderns in der Erkenntnis des Seienden gefunden, so meldet sich bald der *Zweifel.* Zwar häufen sich die Erkenntnisse, aber bei kritischer Prüfung ist nichts gewiß. Die Sinneswahrnehmungen sind durch unsere Sinnesorgane bedingt und täuschend, jedenfalls nicht übereinstimmend mit dem, was außer mir unabhängig vom Wahrgenommenwerden an sich ist. Unsere Denkformen sind die unseres menschlichen Verstandes. Sie verwickeln sich in unlösbare Widersprüche. Überall stehen Behauptungen gegen Behauptungen. Philosophierend ergreife ich den Zweifel, versuche ihn radikal durchzuführen, nun aber entweder mit der Lust an der Verneinung durch den Zweifel, der nichts mehr gelten läßt, aber auch seinerseits keinen Schritt voran tun kann – oder mit der Frage: wo denn Gewißheit sei, die allem Zweifel sich entziehe und bei Redlichkeit jeder Kritik standhalte.

Der berühmte Satz des Descartes »Ich denke, also bin ich« war ihm unbezweifelbar gewiß, wenn er an allem anderen zweifelte. Denn selbst die vollkommene Täuschung in meinem Erkennen, die ich vielleicht nicht durchschaue, kann mich nicht auch darüber täuschen, daß ich doch bin, wenn ich in meinem Denken getäuscht werde.

Der Zweifel wird als methodischer Zweifel die Quelle kritischer Prüfung jeder Erkenntnis. Daher: ohne radikalen Zweifel kein wahrhaftiges Philosophieren. Aber entscheidend ist, wie und wo durch den Zweifel selbst der Boden der Gewißheit gewonnen wird.

Und nun *drittens:* Hingegeben an die Erkenntnis der Gegenstände in der Welt, im Vollzug des Zweifels als des Weges zur Gewißheit bin ich bei den Sachen, denke ich nicht an mich, nicht an meine Zwecke, mein Glück, mein Heil. Vielmehr bin ich selbstvergessen befriedigt im Vollzug jener Erkenntnisse.

Das wird anders, wenn ich meiner selbst in meiner Situation mir bewußt werde.

Der Stoiker Epiktet sagte: »Der Ursprung der Philosophie ist das *Gewahrwerden der eigenen Schwäche und Ohnmacht.*« Wie helfe ich mir in der Ohnmacht? Seine Antwort lautete: indem ich alles, was nicht in meiner Macht steht, als für mich gleichgültig betrachte in seiner Notwendigkeit, dagegen, was an mir liegt, nämlich die Weise und den Inhalt meiner Vorstellungen, durch Denken zur Klarheit und Freiheit bringe.

Vergewissern wir uns unserer menschlichen Lage. Wir sind immer in Situationen. Die Situationen wandeln sich, Gelegenheiten treten auf. Wenn sie versäumt werden, kehren sie nicht wieder. Ich kann selber an der Veränderung der Situation arbeiten. Aber es gibt Situationen, die in ihrem Wesen bleiben, auch wenn ihre augenblickliche Erscheinung anders wird und ihre überwältigende Macht sich in Schleier hüllt: ich muß sterben, ich muß leiden, ich muß kämpfen, ich bin dem Zufall unterworfen, ich verstricke mich unausweichlich in Schuld. Diese Grundsituationen unseres Daseins nennen wir *Grenzsituationen.* Das heißt, es sind Situationen, über die wir nicht hinaus können, die wir nicht ändern können. Das Bewußtwerden dieser Grenzsituationen ist nach dem Staunen und dem Zweifel der tiefere Ursprung der Philosophie. Im bloßen Dasein weichen wir oft vor ihnen aus, indem wir die Augen schließen und leben, als ob sie nicht wären. Wir vergessen, daß wir sterben müssen, vergessen unser Schuldigsein und unser Preisgegebensein an den Zufall. Wir haben es dann nur mit den konkreten Situationen zu tun, die wir meistern zu unseren Gunsten, und auf die wir reagieren durch Plan und Handeln in der Welt, getrieben von unseren Daseinsinteressen. Auf Grenzsituationen aber reagieren wir entweder durch Verschleierung oder, wenn wir sie wirklich erfassen, durch Verzweiflung und durch Wiederherstellung: wir werden wir selbst in einer Verwandlung unseres Seinsbewußtseins.

Machen wir uns unsere menschliche Lage auf andere Weise deutlich als die *Unzuverlässigkeit allen Weltseins*.

Die Fraglosigkeit in uns nimmt die Welt als das Sein schlechthin. In glücklicher Lage jubeln wir aus unserer Kraft, haben gedankenloses Zutrauen, kennen nichts anderes als unsere Gegenwärtigkeit. Im Schmerz, in der Kraftlosigkeit, in der Ohnmacht verzweifeln wir. Und wenn es überstanden ist und wir noch leben, so lassen wir uns wieder selbstvergessen hineingleiten in das Leben des Glücks.

Aber der Mensch ist durch solche Erfahrungen klug geworden. Die Bedrohung drängt ihn, sich zu sichern. Naturbeherrschung und menschliche Gemeinschaft sollen das Dasein garantieren.

Der Mensch bemächtigt sich der Natur, um ihren Dienst sich verfügbar zu machen; Natur soll durch Erkenntnis und Technik verläßlich werden.

Doch in der Beherrschung der Natur bleibt die Unberechenbarkeit und damit die ständige Bedrohung, und dann das Scheitern im ganzen: Die schwere mühsame Arbeit, Alter, Krankheit und Tod sind nicht abzuschaffen. Alles Verläßlichwerden beherrschter Natur ist nur ein Besonderes im Rahmen der totalen Unverläßlichkeit.

Und der Mensch vereinigt sich zur Gemeinschaft, um den endlosen Kampf aller gegen alle einzuschränken und am Ende auszuschalten; in gegenseitiger Hilfe will er Sicherheit gewinnen.

Aber auch hier bleibt die Grenze. Nur wo Staaten in einem Zustand wären, daß jeder Bürger so zum anderen steht, wie es die absolute Solidarität fordert, da könnten Gerechtigkeit und Freiheit im Ganzen sicher sein. Denn nur dann stehen, wenn einem Unrecht geschieht, die anderen wie ein Mann dagegen. Das war niemals so. Immer ist es ein begrenzter Kreis von Menschen, oder es sind nur einzelne, die füreinander im Äußersten, auch in der Ohnmacht, wirklich da bleiben. Kein Staat, keine Kirche, keine Gesellschaft schützt absolut. Solcher Schutz war die schöne Täuschung ruhiger Zeiten, in denen die Grenze verschleiert blieb.

Gegen die gesamte Unverläßlichkeit der Welt aber steht doch das andere: In der Welt gibt es das Glaubwürdige, das Vertrauenerweckende, gibt es den tragenden Grund: Heimat und Landschaft – Eltern und Vorfahren – Geschwister und Freunde – die Gattin. Es gibt den geschichtlichen Grund der Überlieferung in der eigenen Sprache, im Glauben, im Werk der Denker, der Dichter und Künstler. Aber auch diese gesamte Überlieferung gibt keine Geborgenheit, auch sie keine absolute Verläßlichkeit. Denn als was sie an uns herantritt, ist alles Menschenwerk, nirgends ist Gott in der Welt. Die Überlieferung bleibt immer zugleich Frage. Jederzeit muß der Mensch im Blick auf sie aus eigenem Ursprung finden, was ihm Gewißheit, Sein, Verläßlichkeit ist. Aber in der Unverläßlichkeit allen Weltseins ist der Zeiger aufgerichtet. Er verbietet, in der Welt Genüge zu finden; er weist auf ein anderes.

Die Grenzsituationen – Tod, Zufall, Schuld und die Unzuverlässigkeit der Welt – zeigen mir das Scheitern. Was tue ich angesichts dieses absoluten Scheiterns, dessen Einsicht ich mich bei redlicher Vergegenwärtigung nicht entziehen kann?

Der Rat des Stoikers, sich auf die eigene Freiheit in der Unabhängigkeit des Denkens zurückzuziehen, tut uns nicht genug. Der Stoiker irrte, indem er die Ohnmacht des Menschen nicht radikal genug sah. Er verkannte die Abhängigkeit auch des Denkens, das an sich leer ist, angewiesen auf das, was ihm gegeben wird, und die Möglichkeit des Wahnsinns. Der Stoiker läßt uns trostlos in der bloßen Unabhängigkeit des Denkens, weil diesem Denken aller Gehalt fehlt. Er läßt uns hoffnungslos, weil jeder Versuch einer Spontaneität innerer Überwindungen, weil jede Erfüllung durch ein Sichgeschenktwerden in der Liebe und weil die hoffende Erwartung des Möglichen ausbleibt.

Aber was der Stoiker will, ist echte Philosophie. Der Ursprung in den Grenzsituationen bringt den Grundantrieb, im Scheitern den Weg zum Sein zu gewinnen.

Es ist entscheidend für den Menschen, wie er das Scheitern erfährt: ob es ihm verborgen bleibt und ihn nur faktisch am Ende überwältigt, oder ob er es unverschleiert zu sehen vermag und als ständige Grenze seines Daseins gegenwärtig hat; ob er phantastische Lösungen und Beruhigungen ergreift, oder ob er redlich hinnimmt im Schweigen vor dem Undeutbaren. Wie er sein Scheitern erfährt, das begründet, wozu der Mensch wird.

In den Grenzsituationen zeigt sich entweder das Nichts, oder es wird fühlbar, was trotz und über allem verschwindenden Weltsein eigentlich ist. Selbst die Verzweiflung wird durch ihre Tatsächlichkeit, daß sie in der Welt möglich ist, ein Zeiger über die Welt hinaus.

Anders gesagt: der Mensch sucht Erlösung. Erlösung wird geboten durch die großen, universalen Erlösungsreligionen. Ihr Kennzeichen ist eine objektive Garantie für die Wahrheit und Wirklichkeit der Erlösung. Ihr Weg führt zum Akt der Bekehrung des Einzelnen. Dies vermag Philosophie nicht zu geben. Und doch ist alles Philosophieren ein Weltüberwinden, ein Analogon der Erlösung.

EP, 18–24

Das Grundwissen

Seit Mitte der dreißiger Jahre legte Jaspers seiner Philosophie ein neues logisches Fundament zugrunde, das er »Philosophie der Weisen des Umgreifenden« nannte oder auch kurz »Grundwissen«. Es ist sein kompliziertester und zugleich ziseliertester Gedanke, den er immer neu durchdachte und zur Grundlage aller folgenden Werke machte. Der 3. Fernsehvortrag aus der »Kleinen Schule des philosophischen Denkens« von 1964 ist die letzte und vielleicht zur größten Ein-

fachheit gelangte ursprüngliche Wiederholung dieses Gedankens. Jaspers wollte mit ihm zum Verstehen bringen – darin Kant eng verwandt –, daß alles Erkannte jeweils ein Sein-für-uns ist und nicht Sein-an-sich. Sein-für-uns ist Erscheinung (nicht Schein) in der Subjekt-Objekt-Spaltung; Sein-an-sich wäre das Sein als Umgreifendes. An ihm scheitert jede Form der Rationalität, selbst die spezifisch Jaspers'sche der Erhellung. Das Scheitern aber stärkt die Seinsgewißheit im Leben aus dem Umgreifenden, das weder mit der unio mystica noch mit esoterischen Ganzheitsvorstellungen verwechselt werden darf. Seinsgewißheit ist lediglich Gewißheit an der Grenze, an der nur das Bewußtsein ganz hell wird, daß man nicht weiß. Der Rest ist philosophischer Glaube, den man eben als Leben aus dem Umgreifenden definieren könnte.

1. Im Kosmos und in der Geschichte erweitern wir ständig die Grenzen unseres Wissens. Es ist, als ob wir uns in der unabschließbaren Unendlichkeit des kosmisch und des geschichtlich Realen verlieren. Vor beiden wird die verschwindende Geringfügigkeit unseres Daseins bewußt. ...

Was sind denn wir, diese Augen in der Welt, die sehen, wissen, verstehen? Wir sind als Vernunftwesen die Stätte – die einzige Stätte, die wir kennen –, an der offenbar wird, was ist, in unserem gegenständlichen Denken, in unserem Verstehen, in unserem Handeln und Schaffen, in jeder Weise unserer Erfahrung.

Nun aber noch mehr: Wir sind nicht nur Bewußtsein, sondern Selbstbewußtsein. Es wird nicht nur Seiendes offenbar, sondern dieses Offenbarwerden selber wird sich offenbar.

Wir tun einen Sprung: vom verstandesmäßigen Erkennen der Gegenstände zum ungegenständlichen Selbstbewußtsein dessen, was wir dabei vollziehen und erfahren.

Der Boden, den wir mit solchem Sprung erreichen, ist, vom Weltwissen her gesehen: nichts; von der philosophischen Frage her gesehen: die Möglichkeit der Gründung eines neuen Seinsbewußtseins. Wir nennen es Grundwissen.

Es zu entwickeln, das bedeutet gleichsam über den eigenen Schatten zu springen oder auf dem Kopf zu gehen. Versuchen wir es!

2. Wenn immer wir denken, sind wir als Ich auf Gegenstände, Subjekte auf Objekte gerichtet.

Diese Beziehung ist einzigartig, mit keiner anderen Beziehung in der Welt vergleichbar. Das Ich meint einen Gegenstand. Dieses meinende Gerichtetsein ist um so entschiedener, je deutlicher wir denken. Es ist das Wachsein.

Dies ist der uns jeden Augenblick selbstverständliche, aber selten bedachte Tatbestand. Bedenken wir ihn, so wird er nur immer erstaunlicher.

Wie kommen wir zum Gegenstand? Dadurch, daß wir ihn meinen und ihn meinend mit ihm umgehen, hantierend mit greifbaren, denkend mit gedachten Gegenständen.

Wie kommt der Gegenstand zu uns? Dadurch, daß wir von ihm leibhaftig getroffen werden, daß wir ihn auffassen, wie er sich uns gibt, daß wir ihn als Gedankengebilde hervorbringen, das sich uns als richtig aufzwingt.

Ist der Gegenstand an sich da? Wir meinen ihn als solchen, der ist und zu dem wir hinzukommen. Wir nennen ihn ein Etwas, ein Ding, einen Sachverhalt, ein Objekt. Doch er ist so, wie er sich zeigt, für uns. Weil wir sind, ist er so, wie er ist.

Sind wir etwa als Subjekte an sich da, die Ausschau halten nach Objekten, die ihnen vorkommen oder denen sie begegnen? Doch bevor wir suchen, muß immer schon ein Gegenstand für uns da sein; denn unserer selbst sind wir erst bewußt, wenn wir zugleich auf Gegenstände gerichtet sind. Kein Ich ist ohne einen Gegenstand und kein Gegenstand ohne Ich. Dasselbe mit anderen Worten: Kein Objekt ist ohne Subjekt, kein Subjekt ohne Objekt.

Wenn sie aber nicht ohne einander sind, wie gehören sie dann zu einander? Wenn sie nicht von einander trennbar sind, was ist denn das zusammenhaltende Eine, worin sie doch so getrennt sind, daß das Subjekt auf das Objekt meinend gerichtet ist?

Wir nennen es das Umgreifende, das Ganze von Subjekt und Objekt, das selber weder Subjekt noch Objekt ist.

Die Subjekt-Objekt-Spaltung ist die Grundstruktur unseres Bewußtseins. In ihr gelangt der unendliche Gehalt des Umgreifenden erst zur Helligkeit. Alles, was ist, muß in dem Umgreifenden der Subjekt-Objekt-Spaltung vorkommen.

Aber das Umgreifende selber können wir nicht als Gegenstand denken, denn dann wäre es zum Objekt geworden. Wollen wir es denken, so müssen wir den Boden preisgeben, den wir in den Gegenständen haben, die wir, sie meinend, vor uns haben. Daher suchen wir einen anderen Boden, der weder Objekt noch Subjekt ist.

Dahin zu gelangen, vollziehen wir das, was wir die philosophische Grundoperation nennen. Diese ist nicht eine Forschungsmethode. Mit ihr geschieht etwas in uns. Ihre sprachliche Mitteilung in Denkfiguren bringt nur Leitfäden. Sie sind nicht anwendbar, um etwas zu erkennen, aber mit ihnen werden uns hell die Weisen des Offenbarwerdens des Seins.

3. Etwa so: Wenn das, was ist, weder das Objekt noch das Subjekt, weder Gegenstand noch Ich ist, sondern das Umgreifende, das in seiner Spaltung sich offenbart, dann ist alles, was in der Spaltung vorkommt, Erscheinung. Was für uns ist, das ist Erscheinung als Hellwerden des Umgreifenden in der Subjekt-Objekt-Spaltung. Was wir wahrnehmen, das steht mit der Weise seiner sinnlichen Realität in Raum und Zeit; was wir denken, das steht in den Formen der Denkbarkeit. Es ist dergestalt nicht an sich, sondern in der Spaltung für mich.

Nicht etwa ist unsere Welt eine scheinbare Welt im Gegensatz zu einer anderen, wirklichen Welt. Es gibt nur eine Welt.

Aber die Frage ist, ob diese, so wie sie in der Subjekt-Objekt-Spaltung erfahren wird, schon das Sein selber ist und ob dieses Sein nichts anderes ist als die erkennbare Welt.

Die Antwort: Die Welt ist nicht Schein, sondern Realität. Aber diese Realität ist Erscheinung. Als Erscheinungshaftigkeit ist sie getragen von der Wirklichkeit, von dem Umgreifenden, das selber nirgends als Realität in der Welt, als erforschbarer Gegenstand vorkommt.

4. Die Weise des die Subjekt-Objekt-Spaltung Umgreifenden ist nicht eine. Werfen wir einen kurzen Blick auf diese Mannigfaltigkeit.

Wir hören etwa: die Farben seien nicht objektiv, sondern entständen durch die Wirkung der elektromagnetischen Wellen auf das Sinnesorgan als subjektive Erscheinungen. Objektiv seien nur die Wellen, die Welt an sich sei farblos und lichtlos. Aber nein! So wäre es doch nur dann, wenn die Materie, der Gegenstand der Physik, das Sein an sich und nicht selber nur eine Weise der Erscheinung wäre. Es ist ganz anders. Für das Subjekt des sinnlichen Wesens sind die Farben durchaus objektiv. Die physikalische und biologische Erkenntnis zeigt zwar Bedingungen, unter denen die Farben als Realität auftreten. Keineswegs aber sind Farben aus farblosen Wellen zu erklären. Darauf gibt es Hinweise, zum Beispiel: Der linearen Reihe der Wellenlängen, einem kleinen Ausschnitt aus der viel größeren Reihe der elektromagnetischen Wellen, entspricht nicht eine lineare Reihe der Farben, sondern ein Farbenkreis, der sich in sich schließt. Es gibt eine Objektivität des Farbigen, die als solche untersucht wird, ohne Rücksicht auf die physikalischen Bedingungen ihres Auftretens. Zur Objektivität der Farben gehört die Subjektivität in dem beides umgreifenden lebendigen Dasein.

So ist es mit allem Lebendigen. Das Leben ist, wie wir in der ersten Vorlesung hörten, nicht als lebendige Substanz, als ein lebendiger Körper schon genügend aufzufassen. Es ist vielmehr ein Ganzes aus Innenwelt und Umwelt, in je besonderer Gestalt. Wer Leben hervorbrächte, müßte je eine umgreifende Welt von Inwelt und Umwelt schaffen.

Wir nennen das Leben Dasein. Das lebendige Dasein nennen wir das Umgreifende, das, in Inwelt und Umwelt gespalten, beide auf einander bezogen hält. Wir Menschen sind eine Weise dieses lebendigen Daseins, sind als solche eine der Gestalten des Lebens.

Diese Weise des Umgreifenden, das lebendige Dasein, weiß nichts von sich. Wir wissen es, weil wir Menschen auch eine andere Weise des Umgreifenden sind: Das Denken, das meinend auf Gegenstände gerichtet ist und sich selber denkt. Dies Umgreifende ist nicht nur Bewußtsein in der Mannigfaltigkeit seines Daseins, sondern richtiges oder falsches Bewußtsein. Das falsche nur subjektive ist endlos vielfach, das richtige objektive ist nur eines, das alles Denkbare und Wißbare in sich schließt und von keinem einzelnen daseienden Bewußtsein erreichbar ist. Wir nennen es daher Bewußtsein überhaupt.

Was die objektiven Farben und Töne in Beziehung auf die Sinnlichkeit des Daseins sind, dem kann man vergleichen die Beziehung zwischen dem subjektiven Denken und dem objektiv Gedachten. Denken vollzieht sich in Aussagen – Kategorien – und trifft auf Gedachtes. Wir sagen, etwas sei Ursache, Substanz, Realität usw. Diese Kategorien sind vom Subjekt des Bewußtseins überhaupt erzeugt und zugleich die objektiven Kategorien, in denen alle erkennbaren Dinge für uns stehen. Die Kategorienlehre als Lehre von den Aussageformen unseres Denkens ist zugleich Lehre von den Formen der Dinge selber, die uns vorkommen. Das Umgreifende des Bewußtseins überhaupt hält die objektiven denkenden Aussagen zusammen, ohne selber Subjekt und Objekt zu sein.

Wir sind nun weiter nicht nur lebendiges Dasein und Bewußtsein überhaupt. Wir sind »Geist«, der Bilder und Gestalten schafft. In den schöpferischen Anschauungen unserer subjektiven Phantasie zeigt sich eine geistige Objektivität. Eine ist nicht ohne die andere.

Schließlich und zuerst und eigentlich sind wir als mögliche Existenz Freiheit. Existenz in ihrer Freiheit weiß sich bezogen auf Transzendenz, durch die sie sich geschenkt wird. Die Wirklichkeit unserer Existenz ist das Selbst in seinem zeitlichen Werden. Sie ist in unserer Liebe, sie spricht als Gewissen, sie verbindet als Vernunft. –

Als Dasein sind wir die Mannigfaltigkeit sich selbst behauptender Einzelwesen. Als Bewußtsein überhaupt sind wir das eine in unseren vielfachen Daseinssubjektivitäten mehr oder weniger gegenwärtige Subjekt des Denkens überhaupt. Als Geist sind wir die Phantasie in den uns durch unsere Schöpfungen entgegenkommenden Gestaltenreichen. Als Existenz sind wir das Selbstwerden in Bezug auf die Transzendenz, auf den Grund der Dinge.

Wenn ich sage, wir seien lebendiges Dasein, Bewußtsein überhaupt, Geist, Existenz, dann meine ich nicht, daß wir ein Aggregat dieser Weisen des Umgreifenden seien. In uns durchdringen sie sich, dienen einander, kämpfen miteinander.

Wie die Weisen des Umgreifenden zusammengehalten werden im Dienst der allen erst Gewicht gebenden Existenz, oder wie sie umgekehrt gleichsam ausbrechen zur Eigenmächtigkeit der vereinzelten Daseinsansprüche, zur Richtigkeit des Bewußtseins überhaupt, die schon die Wahrheit selbst sein will, zur Welt des Geistes, die bezaubert in der Unverbindlichkeit, das ist der nicht aufhörende Kampf in der Erscheinung der Weisen des Umgreifenden.

Das philosophisch entwickelte Grundwissen, das wir hier nur nennen, nicht entfalten können, macht den Raum frei durch Helligkeit unseres darin sich strukturierenden Selbstbewußtseins. Es löst aus Beschränkungen. Die Medien werden durchsichtig, in denen wir als Existenz wirklich werden.

5. Ich kehre zum Anfang zurück: Das Grundwissen bringt uns vermöge der philosophischen Grundoperation das Bewußtsein der Erscheinungshaftigkeit unserer zeitlichen Realität. Dies hat Folgen in unserer inneren Verfassung.

Die Realität ist Erscheinung, aber nicht die Wirklichkeit an sich selber. Wir sind in diese reale Welt geworfen, in der wir mit den Mitteln allgemeingültigen wissenschaftlichen Erkennens uns orientieren, nicht aber über sie hinausblicken. Erst die philosophische Einsicht befreit uns aus der Gefangenschaft in diese Welt.

Der erste Schritt dieser philosophischen Einsicht ist, sich über das Selbstverständliche zu verwundern: was das sei und bedeute, daß wir als Subjekte auf Gegenstände meinend gerichtet sind und daß alle Helligkeit für uns in dieser Spaltung liegt. Aus diesem Sichverwundern über das jeden Augenblick Gegenwärtige, das bis dahin Selbstverständliche und Unbefragte, das vorher nicht einmal bewußt Aufgefaßte, führen die Fragen weiter:

Ist dieses Leben in der Erscheinungswelt wie ein Erwachen aus dem Schlafe, aus dem Dunkel des unvordenklichen Unbewußten? Ist dies die einzige Helligkeit, die es gibt? Oder ist dieses Leben in der Subjekt-Objekt-Spaltung ein Leben wie im Traum? Ist diese Helligkeit in der Tat eine Verdunkelung des eigentlichen Seins und meiner selbst? Die Antwort wird durch keine Erkenntnis gegeben, sondern, so wunderlich das auch klingt, durch den Entschluß.

Will ich die reale Welt mir gleichgültig werden lassen? Will ich sie nur erleiden, ohne mich auf sie einzulassen? Will ich für nichts verantwortlich sein? Will ich leben, als ob ich gar nicht sei? Dieser Weg wurde in manchen Richtungen asiatischen Denkens beschritten: »Sein ist Schein« und »Schein ist Sein« lautet eine Formel in einem taoistischen Roman, der das menschliche Leben in seinem verwirrenden Zauber, seiner Schönheit, seiner Gemeinheit, seinem Heil und Unheil, seinen Täuschungen und Entlarvungen, seiner Sinnlosigkeit als ein nichtiges Spiel zeigt. Solche Sätze sprechen eine innere Verfassung aus, in der alles verschwebt, verweht, vergeht.

Oder will ich durch meine Lebenswirklichkeit, meine Verantwortlichkeit und das Erkennen zur Helligkeit in dieser Erscheinungswelt gelangen in der Erwartung, daß es für uns der unumgängliche Weg ist zu jeder darüber hinaus liegenden möglichen Helligkeit von anderswoher? Dann ist uns die Erscheinung nichts weniger als Schein, das Leben kein Traum. Die Einsicht aber, daß unser gesamtes endliches Erkennen immer zugleich ein Zustand der Befangenheit ist, verlieren wir nicht. Die Frage ist: Können wir denkend

Das Grundwissen

gleichsam außerhalb unseres Erkennens einen Ort finden, von dem her dieses Erkennen im ganzen durchschaubar ist? Von dort her gelange ich zwar nicht zu einem neuen Wissen und zu neuen Zielen in der Welt, aber ich verwandle von dorther mein Seinsbewußtsein und damit mich selbst.

Solchen Fragen hingegeben erkennen wir nur an, was wir längst als Wirklichkeit in uns trugen, aber durch Befangenheit in den Realitäten der Erscheinung noch nicht dachten.

6. Schon mit der Einsicht in die Erscheinungshaftigkeit des Daseins haben wir durch unser Seinsbewußtsein das Gefangensein in Subjekt-Objekt-Spaltung durchbrochen. Aber wir bleiben, indem wir es erkennen, in dem Gefängnis. Unsere Befangenheit ist gewichen, nicht unsere Gefangenschaft. Ein Licht ist uns aufgegangen, in dem alles sich verwandelt, aber es zeigt sich keine andere Realität. Nach einer solchen aber möchte unser sinnliches Verstandensein greifen können. Wir möchten die Subjekt-Objekt-Spaltung nicht nur durchschauen, sondern über sie hinaus jenseits ihrer Fuß fassen. Zwei für uns nicht gangbare Wege sind beschritten worden.

Der erste Weg führt aus der Welt hinaus. Die Erfahrungen einer mystischen Vereinigung mit dem Sein selbst (unio mystica) sind kaum zu bestreiten. Aber es sind Erfahrungen ohne Mitteilbarkeit für den, der aus jener Erfahrung in diese gemeinsame Welt zurückkehrt. Ihre Deutung ist vielfach und fraglich. Trotz der Flut der bilderreichen Aussagen sind sie nicht zu verstehen, außer von denen, die sie selber kennen. In der Bewußtlosigkeit oder »Überbewußtheit« des Unmittelbaren der unio sind Gegenstände und Ich verschwunden. Jede Bewußtheit von Etwas und von mir selbst ist aufgelöst. Die Subjekt-Objekt-Spaltung ist nicht mehr da. Es handelt sich, von uns her gesehen, um einen Ausnahmezustand, aus dem der ihn Erfahrende zurückkehrt und etwas mitzubringen scheint, als ob es ein Wissen sei. Er ist überwältigt, als ob ihm die letzte Einweihung zuteil geworden sei. Aber im Medium der Sprache unseres uns alle verbindenden Bewußtseins ist die Erfahrung, die alles zu sein schien, wie nichts. Man darf sich daher nicht auf sie berufen.

Wem die echte mystische Erfahrung nicht vergönnt ist, der weiß nur, daß sie praktisch in der Welt auch für ihn ohne Folgen wäre.

Auf dem zweiten Wege wird eine jenseitige, andere, vermeintlich reale Welt zum Gegenstand. Leibhaftig steht sie in Visionen vor Augen. Sie bezwingen den, der von ihnen ergriffen ist. Sie werden zu rational geformten Gebilden. Solche übersinnlichen Visionen gibt es als reale und ursprüngliche Erfahrung bei Geisteskranken. Andere können mit ihrem »normalen Bewußtsein« sie nur nachvollziehen, indem sie zuhören und ihre Phantasie spielen lassen.

Wer es nicht aushält in der schwebenden Sprache der Chiffern und wer die Erschütterungen des Schicksals nicht erträgt, der wird in diesem Wissen des Übersinnlichen befreit von seiner Freiheit, erlöst aus den Grenzsituationen, entlassen aus den Fragen Hiobs. Er hat etwas in der Hand.

Aber der Preis ist der Verlust der Wahrheit. Wir sehen hier Täuschung, Selbsttäuschung, Verführung. Mystik und Visionen helfen uns nicht. Nur in der Subjekt-Objekt-Spaltung selber können wir durch Helligkeit der Verwirklichung dahin gelangen, wo wir in ihr, durch sie des Umgreifenden gewiß werden. Dann verfallen wir weder an das Objekt noch an das Subjekt, sondern leben im Umgreifenden.

KSD, 35, 36–46

Die Polarität von Vernunft und Existenz

In der Dialektik der Weisen des Umgreifenden ist auf der Subjekt-Seite die Polarität und die Verbindung von Vernunft und Existenz für Jaspers' Philosophie zentral. Denn Existenz ist immer in der Enge ihrer Geschichtlichkeit und sich darin selber dunkel, und Vernunft ist in einer alloffenen und allverbindenden Weite, aber darin ohne eigene Substanz. Erst Ver-

Die Polarität von Vernunft und Existenz   117

nunft bringt Helligkeit in die Existenz, und erst Existenz trägt Substanz in die Vernunft. Zusammen sind sie der subjektive Grund, der sich in die anderen Weisen des Umgreifenden auf der Subjekt-Seite einsenkt und in ihnen als Offenheit und als existentielle Relevanz zur Erscheinung kommt. – Das nachfolgende Textstück stammt aus »Vernunft und Existenz«, der ersten Entfaltung des »Grundwissens« aus dem Jahre 1935.

Die großen Pole unseres Seins, in allen Weisen des Umgreifenden sich begegnend, sind also *Vernunft* und *Existenz*. Sie sind untrennbar. Jeder geht verloren, wenn der andere verlorengeht. Vernunft darf sich nicht an Existenz verlieren zugunsten eines sich absperrenden Trotzes, der sich gegen Offenbarkeit verzweifelt sträubt. Existenz darf sich nicht an Vernunft verlieren zugunsten einer Durchsichtigkeit, welche sich als solche mit der substantiellen Wirklichkeit verwechselt.

Existenz wird nur durch Vernunft sich *hell*; Vernunft hat nur durch Existenz *Gehalt*.

In der Vernunft ist der Drang aus der Unbewegtheit und beliebigen Endlosigkeit des Richtigen in die lebendige Bindung durch die Ganzheit der Ideen des Geistes und aus diesem zur Existenz als dem Träger, der dem Geist erst eigentlich Sein gibt.

Vernunft ist auf Anderes angewiesen: auf den Gehalt der sie tragenden Existenz, die in ihr sich klärt und ihr die entscheidenden Antriebe gibt. Vernunft ohne Gehalt wäre bloßer Verstand und als Vernunft bodenlos. Wie die Begriffe des Verstandes ohne Anschauung leer sind, so ist Vernunft ohne Existenz hohl. Vernunft ist nicht als bloße Vernunft, sondern als Tun der möglichen Existenz.

Aber auch Existenz ist auf Anderes angewiesen: auf die Transzendenz, durch die sie, die sich nicht selbst geschaffen hat, erst der unabhängige Ursprung in der Welt ist; ohne Transzendenz ist Existenz unfruchtbarer und liebeloser dämonischer Trotz. Existenz, angewiesen auf die Vernunft, durch deren Helle sie erst Unruhe und den Anspruch der Transzendenz erfährt, kommt unter dem Stachel des Fragens der Vernunft erst in ihre eigentliche Bewegung. Ohne Vernunft ist Existenz untätig, schlafend, wie nicht da.

Vernunft und Existenz sind also nicht zwei sich gegenüberstehende Mächte, die untereinander um die Entscheidung kämpfen. Jede ist erst durch die andere. Sie treiben sich gegenseitig hervor, finden aneinander Klarheit und Wirklichkeit.

Obgleich sie nie ein endgültiges Ganzes werden, ist jede echte Verwirklichung nur aus ihnen ein Ganzes.

Existenzlose Vernunft gerät in das bei allem möglichen Reichtum zuletzt doch beliebige Denken einer bloß noch intellektuellen Bewegung des Bewußtseins überhaupt oder der Dialektik des Geistes. Indem sie abgleitet in das intellektuell Allgemeine ohne bindende Wurzel ihrer Geschichtlichkeit, hört sie auf, Vernunft zu sein.

Vernunftlose Existenz, die sich auf Gefühl, Erlebnis, fraglose Triebhaftigkeit, Instinkt und Willkür stützt, gerät in blinde Gewaltsamkeit, aber damit in das empirisch Allgemeine dieser Daseinsmächte. Ohne Geschichtlichkeit, in der bloßen Besonderheit zufälligen Daseins mit seiner transzendenzlosen Selbstbehauptung, hört sie auf Existenz zu sein.

Beide verlieren ohne einander die echte Kontinuität des Seins, damit die Verläßlichkeit, welche der echten Vernunft und Existenz ohne Berechenbarkeit eigen sind. Sie unterscheiden sich am Ende nur durch die Form kommunikationsloser Gewaltsamkeit. Ob isolierte Vernunft oder isolierte Existenz, beide sind nicht mehr, was sie sich nennen: es bleibt ihren Formulierungen nur, ohne Grund und Ziel im sich verengenden Daseinsraum in dem Schleier unwahrer, selbst nicht geglaubter Rechtfertigungen zum Ausdrucksmittel gegenseitig sich vernichtenden Daseins brauchbar zu sein.

Aber an keiner Stelle ist Ruhe im Zeitdasein. Vielmehr ist die Bewegung unausweichlich aus dem Grund der Substanz in den Spannungen zwischen dem Einzelnen und Allgemeinen, der Wirklichkeit und der Weite, zwischen der unbefragbaren Unmittelbarkeit existentiellen Glaubens und der unendlichen Bewegung der Vernunft.

VE, 41ff.

Philosophische Lebensführung

Die philosophische Lebensführung ist das Ziel des Philosophierens. Sie geht nach Jaspers zwei Wege: den Weg der meditativen Besinnung und den Weg der Kommunikation. Beide führen weder zu einem normativen Wissen, wie man sich verhalten soll, noch zu einer simplen Anwendung von Grundsätzen im Leben, sondern eher zu einer gedankendurchdrungenen Existenz, die in der Ungewißheit bleibt, ob die Kommunikation gelingen wird, die sie wagt. In ihr hat das Philosophieren gleichsam zwei Flügel: als Denken ist es inneres und als vernünftiges Tun eins damit äußeres Handeln in der Welt. – Der Text ist dem 11. Vortrag der Radiofolge »Einführung in die Philosophie« von 1949 entnommen.

… Der Wille zur philosophischen Lebensführung geht aus von dem Dunkel, in dem der Einzelne sich findet, von der Verlorenheit, wenn er ohne Liebe gleichsam ins Leere starrt, von der Selbstvergessenheit im Verzehrtsein durch den Betrieb, wenn er plötzlich erwacht, erschrickt und sich fragt: Was bin ich, was versäume ich, was soll ich tun? …

  Sie geht zwei Wege: in der Einsamkeit die *Meditation* durch jede Weise der Besinnung – und mit Menschen die *Kommunikation* durch jede Weise des gegenseitigen Sichverstehens im Miteinanderhandeln, Miteinanderreden, Miteinanderschweigen.

Unerläßlich sind uns Menschen die täglichen Augenblicke tiefer Besinnung. Wir vergewissern uns, damit die Gegenwart des Ursprungs in der unausweichlichen Zerstreuung des Tages nicht ganz verschwindet.

Was die Religionen in Kultus und Gebet vollziehen, hat sein philosophisches Analogon in der ausdrücklichen Vertiefung, der Einkehr in sich zum Sein selbst. Das muß in Zeiten und Augenblicken geschehen, in denen wir nicht in der Welt für Zwecke der Welt beschäftigt sind, und in denen wir doch nicht leer bleiben, sondern gerade das Wesentliche berühren, sei es am Tagesbeginn, am Tagesabschluß, in Zwischenaugenblicken.

Die philosophische Besinnlichkeit hat im Unterschied von der kultischen kein heiliges Objekt, keinen heiligen Ort, keine feste Form. Die Ordnung, die wir uns für sie machen, wird nicht zur Regel, bleibt Möglichkeit in freier Bewegung. Die Besinnung ist im Unterschied von der kultischen Gemeinschaft eine einsame.

Was ist der mögliche Inhalt solcher Besinnung?

Erstens die Selbstreflexion. Ich vergegenwärtige mir, was ich den Tag getan, gedacht, gefühlt habe. Ich prüfe, was falsch war, wo ich unwahrhaftig mit mir selbst war, wo ich ausweichen wollte, wo ich unaufrichtig war. Ich sehe, wo ich mir zustimme und mich steigern möchte. Ich mache mir die Kontrolle bewußt, die ich über mich selbst vollziehe, und wie ich sie festhalte den Tag hindurch. Ich urteile über mich – in bezug auf mein einzelnes Verhalten, nicht in bezug auf das mir unzugängliche Ganze, das ich bin –, ich finde Grundsätze, nach denen ich mich richten will, fixiere mir vielleicht Worte, die ich im Zorn, in der Verzweiflung, in der Langeweile und anderen Selbstverlorenheiten mir zusprechen will, gleichsam Zauberworte, die mich erinnern (etwa: maßhalten, an den anderen denken, warten, Gott ist). Ich lerne aus der Überlieferung, die von den Pythagoräern über die Stoiker und Christen bis zu Kierkegaard und Nietzsche geht, mit ihren Forderungen der Selbstreflexion und der Erfahrung ihrer Unabschließbarkeit und der unbegrenzten Täuschungsfähigkeit.

Zweitens die transzendierende Besinnung. Am Leitfaden philosophischer Gedankengänge vergewissere ich mich des eigentlichen Seins, der Gottheit. Ich lese die Chiffern des Seins mit Hilfe der Dichtung und Kunst. Ich mache sie mir verständlich durch philosophische Vergegenwärtigung. Ich suche mich zu vergewissern des Zeitunabhängigen oder des Ewigen in der Zeit, suche zu berühren den Ursprung meiner Freiheit und durch sie das Sein selbst, suche hinabzudringen in den Grund gleichsam einer Mitwissenschaft mit der Schöpfung.

Drittens besinnen wir uns auf das, *was gegenwärtig zu tun ist.* Die Erinnerung des eigenen Lebens in Gemeinschaft ist der Hintergrund, auf dem die gegenwärtige Aufgabe bis zu den Kleinigkeiten dieses Tages hell wird, wenn ich in der unerläßlichen Intensität zweckhaften Denkens des umgreifenden Sinns verlustig gehe.

Was ich in der Besinnung für mich allein gewinne, das ist – wenn es alles wäre – wie nicht gewonnen.

Was sich nicht in Kommunikation verwirklicht, ist noch nicht, was nicht zuletzt in ihr gründet, ist ohne genügenden Grund. Die Wahrheit beginnt zu zweien.

Daher fordert die Philosophie: ständig Kommunikation suchen, sie rückhaltlos wagen, meine trotzige, sich in immer anderen Verkleidungen aufzwingende Selbstbehauptung hingeben, in der Hoffnung leben, daß ich mir unberechenbar wiedergeschenkt werde aus der Hingabe.

Daher muß ich ständig mich in Zweifel ziehen, darf nicht sicher werden, mich nicht halten an einen vermeintlichen festen Punkt in mir, der mich verläßlich durchleuchte und wahr beurteile. Solche Selbstgewißheit ist die verführendste Form der unwahrhaftigen Selbstbehauptung.

Vollziehe ich die Besinnung in der dreifachen Gestalt – der Selbstreflexion, der transzendierenden Besinnung, der Vergegenwärtigung der Aufgabe – und öffne ich mich uneingeschränkter Kommunikation, so wird mir unberechenbar gegenwärtig, was ich doch nie erzwingen kann: die Klarheit meiner Liebe, die verborgene und immer unsicher bleibende Forderung der Gottheit, die Offenbarkeit des Seins – und damit vielleicht die Ruhe in der bleibenden Unruhe unseres Lebens, das Vertrauen in den Grund der Dinge trotz entsetzlichen Unheils, die Unbeirrbarkeit des Entschlusses in den Schwankungen der Leidenschaften, die Verläßlichkeit der Treue in den verführenden Augenblicklichkeiten dieser Welt.

Werde ich in der Besinnung des Umgreifenden inne, aus dem ich lebe und besser leben kann, so strahlt die Besinnung aus als die Grundstimmung, die mich den Tag hindurch trägt in den unendlichen Tätigkeiten und noch in dem Hineingerissenwerden in den technischen Apparat. Denn das ist der Sinn der Augenblicke, in denen ich gleichsam zu mir heimkehre, daß eine Grundhaltung erworben werde, die hinter allen Stimmungen und Bewegungen des Tages noch gegenwärtig bleibt, bindet und mich bei Entgleisungen, Verwirrungen, Affekten doch nicht ganz ins Bodenlose sinken läßt. Denn durch sie ist im Gegenwärtigen zugleich Erinnerung und Zukunft, etwas, das im Zusammenhang hält und Dauer hat.

Dann ist Philosophieren ineins Lebenlernen und Sterbenkönnen. Wegen der Unsicherheit des Daseins in der Zeit ist das Leben ständig ein Versuchen.

In diesem Versuchen kommt es darauf an, es zu wagen, hineinzugehen in das Leben, sich auszusetzen auch dem äußersten und es nicht zu verschleiern, Redlichkeit im Sehen, Fragen und Antworten uneingeschränkt walten zu lassen. Und dann seinen Weg zu gehen, ohne das Ganze zu wissen, ohne handgreiflich zu haben, was eigentlich ist, ohne durch fälschliche Argumentation oder trügende Erfahrungen gleichsam das Guckloch zu finden, das objektiv aus der Welt unmittelbar in die Transzendenz zu blicken erlaubt, ohne das Wort Gottes, das eindeutig und direkt uns träfe, vielmehr die Chiffern der immer vieldeutigen Sprache der

Dinge zu hören, und doch zu leben mit der Gewißheit der Transzendenz.

Von da her erst wird in diesem fragwürdigen Dasein das Leben gut, die Welt schön, das Dasein selbst erfüllend.

Wenn Philosophieren Sterbenlernen ist, so ist dieses Sterbenkönnen gerade die Bedingung für das rechte Leben. Lebenlernen und Sterbenkönnen ist dasselbe.

Besinnung lehrt die *Macht des Gedankens*.

Denken ist der Beginn des Menschseins. Im richtigen Erkennen der Gegenstände erfahre ich die Macht des Rationalen, so in den Operationen des Rechnens, in dem Erfahrungswissen von der Natur, in der technischen Planung. Die zwingende Kraft der Logik in den Schlüssen, die Einsicht in Kausalfolgen, die Handgreiflichkeit der Erfahrung sind um so größer, je reiner die Methode wird.

Aber das Philosophieren beginnt an den Grenzen dieses Wissens des Verstandes. Die Ohnmacht des Rationalen in dem, worauf es uns eigentlich ankommt: im Setzen der Ziele und letzten Zwecke, in der Erkenntnis des höchsten Gutes, in der Erkenntnis Gottes und der menschlichen Freiheit, erweckt ein Denken, das mit den Mitteln des Verstandes mehr als Verstand ist. Daher drängt das Philosophieren an die Grenzen der Verstandeserkenntnis, um sich zu entzünden.

Wer meint, alles zu durchschauen, philosophiert nicht mehr. Wer das Bescheidwissen durch Wissenschaften für Erkenntnis des Seins selbst und im Ganzen nimmt, ist einem Wissenschaftsaberglauben anheimgefallen. Wer nicht mehr staunt, fragt nicht mehr. Wer kein Geheimnis mehr kennt, sucht nicht mehr. Philosophieren kennt mit der Grundbescheidung an den Grenzen der Wissensmöglichkeiten die volle Offenheit für das an den Grenzen des Wissens sich unwißbar Zeigende.

An diesen Grenzen hört zwar das Erkennen, aber nicht das Denken auf. Mit meinem Wissen kann ich in technischer Anwendung äußerlich handeln, im Nichtwissen aber ist ein inneres Handeln möglich, in dem ich mich verwandle. Hier zeigt sich eine andere und tiefere Macht des Gedankens, der nicht mehr losgelöst auf einen Gegenstand geht, sondern im Innersten meines Wesens der Vollzug ist, in dem Denken und Sein dasselbe werden. Dieses Denken als inneres Handeln ist gemessen an äußerer Macht des Technischen wie nichts, es ist nicht als Anwendung meines Wissens zu gewinnen, nicht nach Absicht und Plan zu machen, aber es ist das eigentliche Hellwerden und Wesentlichwerden ineins.

Der Verstand (die ratio) ist der große Erweiterer, der die Gegenstände fixiert, die Spannungen des Seienden entfaltet und der auch erst alles, was nicht durch den Verstand faßbar ist, als es selbst machtvoll und klar werden läßt. Die Klarheit des Verstandes ermöglicht die Klarheit der Grenzen und wird zum Erwecker der eigentlichen Impulse, die Denken und Tun zugleich, inneres und äußeres Handeln ineins sind.

Man fordert vom Philosophen, er solle nach seiner Lehre leben. Dieser Satz drückt das mit ihm Gemeinte schlecht aus. Denn der Philosoph hat keine Lehre im Sinne von Vorschriften, unter die die einzelnen Fälle des realen Daseins subsumiert werden könnten, wie Dinge unter empirisch erkannte Gattungen oder Tatbestände unter juristische Normen. Philosophische Gedanken lassen sich nicht anwenden, vielmehr sind sie die Wirklichkeit, von der man sagen kann: im Vollzug dieser Gedanken lebt der Mensch selbst oder: das Leben ist mit dem Gedanken durchdrungen. Daher die Untrennbarkeit von Menschsein und Philosophieren (im Unterschied von der Trennbarkeit des Menschen von seiner wissenschaftlichen Erkenntnis) und die Notwendigkeit, einen philosophischen Gedanken nicht nur nachzudenken, sondern mit diesem Gedanken zugleich des philosophischen Menschseins innezuwerden, das ihn gedacht hat.

Das philosophische Leben droht ständig in *Verkehrungen* verlorenzugehen, zu denen die philosophischen Sätze selber als Rechtfertigung genutzt werden. Die Ansprüche des

Daseinswillens verschleiern sich in Formeln der Existenzerhellung:

Die Ruhe wird zur Passivität, das Vertrauen zu täuschendem Glauben an die Harmonie aller Dinge, das Sterbenkönnen zur Weltflucht, die Vernunft zur alles gehenlassenden Gleichgültigkeit. Das Beste verkehrt sich in das Schlechteste.

Der Kommunikationswille täuscht sich in widersprüchlichen Verschleierungen: Man will geschont sein und hält doch den Anspruch aufrecht auf absolute Selbstgewißheit in Selbstdurchleuchtung. Man begehrt Entschuldigung wegen seiner Nerven und beansprucht doch, als frei anerkannt zu werden. Man übt Vorsicht, Schweigen und verborgene Abwehr, während man rückhaltlose Kommunikationsbereitschaft ausspricht. Man denkt an sich, während man von der Sache zu reden meint.

Das philosophische Leben, das diese Verkehrungen in sich durchschauen und überwinden will, weiß sich in der Unsicherheit, die darum ständig ausschaut nach Kritik, die den Gegner sucht und die Infragestellung begehrt, hören will, nicht um sich zu unterwerfen, sondern um in der eigenen Selbstdurchhellung vorangetrieben zu werden. Dieses Leben findet Wahrheit und ungesuchte Bestätigung im sich ergebenden Einklang mit dem andern, wenn alle Offenheit und Rücksichtslosigkeit in der Kommunikation war.

Das Philosophieren muß sogar die Möglichkeit voller Kommunikation unsicher bleiben lassen, wenn es auch aus dem Glauben an Kommunikation lebt und es daraufhin wagt. Man kann an sie glauben, aber sie nicht wissen. Man hat sie verloren, wenn man sich in ihrem Besitze meint.

Denn es sind die schrecklichen Grenzen, die doch vom Philosophieren nie als endgültig anerkannt werden: das In-Vergessenheit-versinken-Lassen, das Zulassen und Anerkennen des Nichtdurchhellten. Ach, wir reden so viel, wo das, worauf es ankommt, ganz einfach, zwar nicht in einem allgemeinen Satze, aber in einem Signum für die konkrete Situation zu treffen ist.

Wo die Verkehrungen sind und die Verstrickungen und die Verwirrungen, da ruft der moderne Mensch nach dem Nervenarzt. In der Tat gibt es körperliche Krankheiten und Neurosen, die in Beziehung stehen zu unserer seelischen Verfassung. Sie auffassen, sie kennen, mit ihnen umgehen, das gehört zum realistischen Verhalten. Die menschliche Instanz des Arztes soll nicht umgangen werden, wo der Arzt wirklich etwas auf Grund kritischer Erfahrung weiß und kann. Aber heute ist auf Grund der Psychotherapie etwas erwachsen, was nicht mehr ärztlich auf Grund medizinischer Wissenschaft ist, sondern philosophisch, und das daher der ethischen und metaphysischen Prüfung bedarf wie jede philosophische Bemühung.

Das Ziel der philosophischen Lebensführung ist nicht zu formulieren als ein Zustand, der erreichbar und dann vollendet wäre. Unsere Zustände sind nur die Erscheinung des ständigen Bemühens unserer Existenz oder ihres Versagens. Unser Wesen ist Auf-dem-Wege-Sein. Wir möchten durchstoßen durch die Zeit. Das ist nur in Polaritäten möglich:

Nur ganz in dieser Zeit unserer Geschichtlichkeit existierend erfahren wir etwas von ewiger Gegenwart.

Nur als je bestimmter Mensch in dieser Gestalt werden wir des Menschseins schlechthin gewiß.

Nur wenn wir das eigene Zeitalter als unsere umgreifende Wirklichkeit erfahren, können wir dieses Zeitalter im Einen der Geschichte ergreifen und in dieser die Ewigkeit.

Im Aufschwung berühren wir hinter unseren Zuständen den heller werdenden Ursprung, aber in ständiger Gefahr der Verdunkelung.

Dieser Aufschwung philosophischen Lebens ist je dieser dieses Menschen. Er muß als einzelner in Kommunikation vollziehen, in der es kein Abschieben auf andere gibt.

Den Aufschwung gewinnen wir nur in den geschichtlich konkreten Wahlakten unseres Lebens, nicht durch die Wahl einer in Sätzen mitgeteilten sogenannten Weltanschauung.

Die philosophische Situation in der Zeit sei zum Abschluß im Gleichnis charakterisiert:
Nachdem der Philosoph auf dem sicheren Boden des Festlandes – in realistischer Erfahrung, in Einzelwissenschaften, in Kategorien- und Methodenlehre – sich orientiert und an den Grenzen dieses Landes die Welt der Ideen in ruhigen Bahnen durchlaufen hat, flattert er schließlich am Gestade des Ozeans wie ein Schmetterling, hinausdrängend auf das Wasser, erspähend ein Schiff, mit dem er auf die Entdeckungsreise fahren möchte zur Erforschung des Einen, das als Transzendenz ihm in seiner Existenz gegenwärtig ist. Er späht nach dem Schiffe – der Methode des philosophischen Denkens und der philosophischen Lebensführung –, dem Schiff, das er sieht und doch nicht endgültig erreicht hat; so müht er sich und macht vielleicht die wunderlichsten Taumelbewegungen.
Wir sind solche Falter, und wir sind verloren, wenn wir die Orientierung am festen Lande aufgeben. Aber wir sind nicht zufrieden, dort zu bleiben. Darum ist unser Flattern so unsicher und vielleicht so lächerlich für die, die auf dem festen Lande sichersitzen und befriedigt sind, nur begreiflich für jene, die die Unruhe erfaßt hat. Ihnen wird die Welt zum Ausgangspunkt für jenen Flug, auf den alles ankommt, den jeder aus eigenem antreten und in Gemeinschaft wagen muß, und der als solcher nie Gegenstand einer eigentlichen Lehre werden kann.

EP, 116 f., 118–126

III

Was ist der Mensch?
Grenzen und Möglichkeiten

Die Grenzsituationen als Conditio Humana

Die Philosophie der Grenzsituationen war Jaspers' große Entdeckung der frühen Jahre. Er entfaltete sie zum ersten Mal 1919 in der »Psychologie der Weltanschauungen«. Mit diesem Buch beginnt die deutsche Existenzphilosophie. Zugleich markiert es den Eintritt des deutschsprachigen Denkens in die spezifische Moderne des 20. Jahrhunderts, deren Wahrheitsqualitäten »Dissonanz«, »Atonalität«, »Deformation«, »Unganzheit«, »Fragment«, »Standpunktverschieblichkeit«, »Bodenlosigkeit«, »antinomische Struktur« u.a.m. sind –: überwiegend negative Charakteristika des Seins, die es in Wahrhaftigkeit zu sehen, anzueignen und »auszudrücken« gilt, d.h. ohne Schönung, ohne falsche Harmonie und ohne Ganzheitskonzepte. Diese Zerbrochenheit des Seins zeigt sich in den Grenzsituationen; denn sie sind alle durch die geschichtliche Enge einer jeden Existenz, die antinomische Struktur des Daseins und die Sterblichkeit des Menschen geprägt. Sie bilden insgesamt die conditio humana, deren letzte Perspektive das Scheitern ist. – In seiner »Philosophie« von 1932 entfaltete Jaspers diese Grundgedanken in strengerer Systematik noch einmal. Die nachfolgenden Textstellen sind ihr entnommen.

Situation

Die Situation wird bei Jaspers überwiegend »bildhaft«, »raumtopographisch« beschrieben als »Wirklichkeit für ein an ihr als Dasein interessiertes Subjekt«. Das Subjekt gehört insofern mit in sie hinein, und deshalb kann es sie in ihrer

Ganzheit nie völlig, sondern nur aspekthaft erkennen. Entscheidend ist, daß Situationen sich ständig verändern und verändert werden können und daß es in ihnen keinen sicheren Halt gibt.

Situationen bestehen, indem sie sich *wandeln*; ein Augenblick tritt ein, wo sie nicht mehr bestehen. Ich muß Situationen zwar erleiden als Gegebenheit, doch nicht schlechthin; es bleibt in ihnen eine Möglichkeit der Verwandlung auch in dem Sinne, daß ich berechnend Situationen *herbeiführen* kann, um in ihnen dann als nunmehr gegebenen zu handeln. Dies ist der Charakter der zweckvollen Veranstaltungen; wir *schaffen Situationen*, im technischen, im juristischen, im politischen Handeln. Wir gehen auf ein Ziel nicht gradezu los, sondern führen die Situation herbei, aus der es sich ergibt.

Situationen hängen zusammen, wenn sie auseinander hervorgehen. Ich bin Situationszusammenhängen unterworfen, deren Regeln erst wissenschaftliche Forschung bewußt macht; diese werden nie ganz bewußt, weil das *Bewußtsein* von ihnen die Situation und damit jene Regeln selbst wieder ändert, indem es als ein *neuer Faktor* in die Situationsgestaltung eintritt. Kenne ich etwa für mich allein die bestimmte Seite einer Situation, die alle anderen nicht kennen, so kann ich berechnend mit einiger Sicherheit handeln; kennen alle die Situation, so ändert sich das Handeln aller, und die Situation ist nicht mehr dieselbe; was der Andere, die Anderen, die Mehrzahl, Alle denken, gehört entscheidend mit zur Situation.

Weil Dasein ein Sein in Situationen ist, so kann ich niemals aus der Situation heraus, ohne *in eine andere einzutreten*. Alles Situationsbegreifen bedeutet, daß ich mir Ansätze schaffe, Situationen zu verwandeln, nicht aber, daß ich das In-Situation-Sein überhaupt aufheben kann. Mein Handeln tritt mir in seinen Folgen wieder *als eine von mir mit hervorgebrachte* Situation entgegen, die nun gegeben ist.

P II, 202 f.

Situation und Grenzsituation

Unter Grenzsituationen versteht Jaspers nicht Ausnahmesituationen oder Extremsituationen, sondern immerseiende, unwandelbare Situationen, die mit dem Dasein selbst gegeben sind. Auch der Mensch vermag sie nicht zu verändern, sondern kann auf sie nur unterschiedlich reagieren: entweder sie zur Klarheit bringen oder sie sich verschleiern. Die »Grenze« der Grenzsituationen ist der Hinweis für Existenz, daß es ein Anderes gibt, ein Jenseits der Grenze, in das weder das alltägliche noch das logisch gereinigte Bewußtsein vordringen. Sie erfahren die Grenze als Schranke.

Situationen wie die, daß ich immer in Situationen bin, daß ich nicht ohne Kampf und ohne Leid leben kann, daß ich unvermeidlich Schuld auf mich nehme, daß ich sterben muß, nenne ich Grenzsituationen. Sie *wandeln sich nicht*, sondern nur in ihrer Erscheinung; sie sind, auf unser Dasein bezogen, endgültig. Sie sind *nicht überschaubar*; in unserem Dasein sehen wir hinter ihnen nichts anderes mehr. Sie sind wie eine Wand, an die wir stoßen, an der wir scheitern. Sie sind durch uns nicht zu verändern, sondern nur zur Klarheit zu bringen, ohne sie aus einem Anderen erklären und ableiten zu können. Sie sind mit dem Dasein selbst.

Grenze drückt aus: es gibt ein anderes, aber zugleich: dies andere ist nicht für das Bewußtsein im Dasein. Grenzsituation ist nicht mehr Situation für das Bewußtsein überhaupt, weil das Bewußtsein als wissendes und zweckhaft handelndes sie nur objektiv nimmt, oder sie nur meidet, ignoriert und vergißt; es bleibt innerhalb der Grenzen und ist unfähig, sich ihrem Ursprung auch nur fragend zu nähern. Denn das Dasein als Bewußtsein begreift nicht den Unterschied; es wird von den Grenzsituationen entweder nicht betroffen oder als Dasein ohne Erhellung zu dumpfem Brüten in der

Hilflosigkeit niedergeschlagen. Die Grenzsituation gehört zur Existenz, wie die Situationen zum immanent bleibenden Bewußtsein.

P II, 203 f.

Grenzsituation und Existenz

Jaspers unterscheidet scharf zwischen »Dasein« und »Existenz«. »Dasein« ist die menschliche Seinsweise in der faktischen Alltäglichkeit ihres Lebenswillens. »Existenz« dagegen ist die qualitativ höhere, erfülltere, wesentlichere Seinsweise, die nicht faktisch gegeben, sondern bloß möglich und uns aufgegeben ist. Die zentrale Frage der »Philosophie« lautet, wie und wodurch Existenz im Dasein zum Durchbruch kommen kann. Eine Antwort heißt: »Grenzsituationen erfahren und existieren ist dasselbe.«

Als Dasein können wir den Grenzsituationen nur ausweichen, indem wir vor ihnen die Augen schließen. In der Welt wollen wir unser Dasein erhalten, indem wir es erweitern; wir beziehen uns auf es, ohne zu fragen, es meisternd und genießend oder an ihm leidend und ihm erliegend; aber es bleibt am Ende nichts, als uns zu ergeben. Auf Grenzsituationen reagieren wir daher sinnvoll nicht durch Plan und Berechnung, um sie zu überwinden, sondern durch eine ganz andere Aktivität, das *Werden der in uns möglichen Existenz*; wir werden wir selbst, indem wir in die Grenzsituationen offenen Auges eintreten. Sie werden, dem Wissen nur äußerlich kennbar, als Wirklichkeit nur für Existenz fühlbar. Grenzsituationen erfahren und Existieren ist dasselbe. In der Hilflosigkeit des Daseins ist es der Aufschwung des Seins in mir. Während dem Dasein die Frage nach dem Sein in den Grenzsituationen fremd ist, kann in ihnen Selbstsein des Seins inne werden durch einen *Sprung*: das von Grenzsituationen sonst nur wissende Bewußtsein wird auf einmalige, geschichtliche und unvertretbare Weise erfüllt. Die Grenze tritt in ihre eigentliche Funktion, noch immanent zu sein und schon auf Transzendenz zu weisen.

P II, 204

Stufen des Sprunges der in den Grenzsituationen werdenden Existenz

Wie soll es zu diesem Durchbruch der Existenz in der Grenzsituation kommen? Jaspers unterscheidet in ihm drei Sprünge: 1. Der Sprung aus dem Treiben der Alltäglichkeit in die Einsamkeit der universalen Betrachtung, die in Distanz zwischen Situationen und Grenzsituationen zu unterscheiden vermag. 2. Der Sprung in die Erhellung der Grenzsituationen, die erst ein Reflektieren besonderer Art ist. Und 3. der Sprung in die Aneignung der Grenzsituation, d.h. in das Handeln in ihr, das nun wesentlich wird; denn was in der Grenzsituation getan wird, ist existierend getan.

Obgleich ich in der Welt bin, vermag ich mich *allem gegenüberzustellen*. Unlustig, an dem Treiben teilzunehmen, habe ich die Möglichkeit, in der Welt doch zugleich außerhalb der Welt sein zu können, wenn ich zwar nicht als Dasein, aber in denkender Betrachtung an den archimedischen Punkt dringe, von dem aus ich sehe und weiß, was ist. In einer erstaunlichen, wenn auch leeren Unabhängigkeit setze ich mich selbst auch *meinem eigenen Dasein wie einem fremden gegenüber*. Ich bin als ich selbst wie außerhalb meines daseienden Lebens und trete von da herzu in die Welt, mich in ihr zu orientieren nicht mehr als nur Lebender für meine partikularen Zwecke in meinen Situationen, sondern als ich selbst für mein Wissen von allem und vom Ganzen, das als Wissen sich genug ist.

So erobere ich mein eigenes Sein in der absoluten *Einsamkeit*, wo ich bei der Fragwürdigkeit des in der Welt Vorkommenden, im Versinken von allem und auch meines eigenen Daseins, außer der Welt doch noch vor mir so stehe, als wäre ich eine sichere Insel im Ozean, von der aus ich ohne Ziel in die Welt blicke wie in eine wogende Atmosphäre, die sich ins Grenzenlose verliert. Nichts geht mich eigentlich an, aber alles erblicke ich in dem Bewußtsein meines *Wissens*, das der *sichere Halt* ist. In dieser Eingeschlossenheit meines Selbstseins bin ich die *Universalität des Wissenwollens*. Unerschütterlich blicke ich auf das Positive, das ich gültig erkenne, in diesem Wissen meines Seins gewiß. Die substantielle Einsamkeit des außerhalb aller Situation universal Wissenden ist wie das *bloße Auge*, das auf alles, aber nicht in sich sieht, und dem kein Auge begegnet. Heimisch in der Einsamkeit seines Selbstseins, bleibt es wie ein zum Punkt verschwindendes Sein ohne anderen Gehalt als die Ruhe seines Blickens. Si fractus illabatur orbis, impavidum ferient ruinae. [*Wenn der Weltbau krachend einstürzt, werden seine Trümmer einen Furchtlosen treffen.*, Hrsg.]

Diese Einsamkeit ist nicht endgültig; sie birgt andere Möglichkeit in sich. Sie ist Auge eines *Daseins*, das in ihr über sich in einem ersten Sprunge hinausdringt. Sie steht nicht wirklich auf dem Punkt außerhalb, sondern sucht nur den Weg dahin und macht in dem Denken der Vollendung dieses Weges vielmehr bereit zu neuem Eintritt in die Welt. Denn nach diesem ersten Sprunge aus der Welt bleibe ich doch Dasein, das in Situationen steht als mögliche Existenz, die das, was wirklich ist, angeht. Das einsame Selbstsein wird zum Wissen, das mich im Dasein für die Grenzsituationen eigentlich offen macht; es kann bloßes Auge nur in vorübergehenden Augenblicken sein. Als mögliche Existenz, die in dieser einsamen Punktualität des Außerhalbgetretenseins sich wie in einem Keime birgt, tut es den *zweiten* Sprung zur Erhellung. Es macht sich die *Grenzsituationen*, die es im unerschütterlichen Wissen als sich fremd fallen ließ, als *Möglich-*

keiten, die es selbst im Wesen seines Seins treffen, philosophierend deutlich. Die Welt ist mir nicht nur Gegenstand des Wissens, den ich mir gleichgültig bleiben lassen darf, sondern in ihr ist das mir eigene Sein, in dem ich erschüttert bin. Die Furchtlosigkeit in der Überwindung der blinden Hilflosigkeit des Daseins wird Ursprung der Furcht um das, worauf es im Dasein ankommt, und das in den Grenzsituationen in Frage gestellt ist.

Nach dem Versuch situationslosen Wissens mache ich mir also von neuem *meine Situation* zum Gegenstand, um zu erfahren, daß es Situationen gibt, aus denen ich in der Tat *nicht heraus kann*, und die mir *als Ganzes nicht durchsichtig* werden. Nur wo Situationen mir restlos durchsichtig sind, bin ich wissend aus ihnen heraus. Wo ich ihrer wissend nicht Herr werde, kann ich sie nur existentiell ergreifen. Jetzt scheidet sich mir das Weltsein, das ich wissend verlassen kann als eine nur spezifische Dimension des Seins, von Existenz, aus der ich nicht, sie betrachtend, hinaus, sondern die ich nur sein oder nicht sein kann. Wie sich in der Weltorientierung die Welt nicht schließt, das Geschichtliche, aus dem ich komme, kein Ganzes wird, ein Reich der Existenzen sich nicht bildhaft und konstruktiv denken läßt, die Vielheit des Wahren nicht als Vielheit gewußt, sondern nur dem Selbstsein eines Wahren fühlbar werden kann, so wird das In-Situationen-Sein nicht übersehbar. Der Sprung aus der Einsamkeit wissenden Selbstseins in das Bewußtsein seiner möglichen Existenz geht, statt gültig zu wissen, in die Erhellung der undurchsichtigen Grenzsituationen.

Die denkende Erhellung der Grenzsituationen ist jedoch als *erhellende Betrachtung* noch nicht *existentielle Verwirklichung*. Wenn wir die Grenzsituationen erörtern, so tun wir es nicht als Existenz – die erst in ihrer geschichtlichen Wirklichkeit selbst ist und nicht mehr in distanzierender Gelassenheit nachdenkt –, sondern als mögliche Existenz, nur in Sprungbereitschaft, nicht im Sprunge. Der Betrachtung fehlt die zugleich endliche und wirkliche Situation als der Leib der Erscheinung der Existenz. Sie hat die Wirklichkeit des Betrachtenden suspendiert und ist nur Möglichkeit. Sie hat den Charakter der Relevanz für Existenz ohne schon Existenz zu sein, weil sie mehr ist als nur objektive Vergegenwärtigung von Situationen. Denn was ich weiß, bereitet vor, was ich sein kann, und ich weiß nur in Gewinnung punktueller Existenz, aber ich bin noch nicht, was ich philosophierend weiß.

Wenn die Grenzsituationen objektiv auch wie Situationen erfaßt werden, die für den Menschen bestehen, so werden sie doch erst eigentlich Grenzsituationen durch einen *einzigartigen umsetzenden Vollzug im eigenen Dasein*, durch welchen Existenz sich ihrer gewiß und in ihrer Erscheinung geprägt wird. Gegenüber der Verwirklichung in endlicher Situation, welche partikular, durchsichtig und Fall eines Allgemeinen ist, geht eine Verwirklichung in der Grenzsituation auf das Ganze der Existenz, unbegreiflich und unvertretbar. Ich bin nicht mehr in besonderen Situationen als einzelnes Lebewesen nur endlich interessiert, sondern erfasse die Grenzsituationen des Daseins unendlich interessiert als Existenz. Es ist der dritte und eigentliche *Sprung, in dem mögliche Existenz zur wirklichen wird.*

P II, 204 ff.

Systematik der Grenzsituationen

Jaspers' Systematik der Grenzsituationen unterscheidet zwischen drei Ebenen: 1. Jedes Dasein steht in bestimmter historischer und soziologischer Enge, ist aber zugleich offen in die Zukunft hinaus, in der sich noch entscheidet, was aus ihm wird. 2. Jeder Mensch ist innerhalb seiner geschichtlichen Enge von einer Anzahl einzelner Grenzsituationen (Tod, Leiden, Kampf, Schuld) betroffen, die sein mögliches Selbstwerden einengen oder fördern. 3. Das Dasein ist insgesamt frag-

würdig, weil es eine antinomische Struktur hat, die jede Harmonie und alle Ganzheit aufbricht. Alle drei Ebenen führen gemeinsam an die letzte Grenze: in das Scheitern.

Die erste Grenzsituation ist, daß ich *als Dasein immer in einer bestimmten Situation*, nicht allgemein als das Ganze aller Möglichkeit bin. Ich bin in dieser historischen Zeit in dieser soziologischen Lage, bin Mann oder Frau, jung oder alt, werde geführt durch Gelegenheit und Chancen. Die Grenzsituation der Gebundenheit an die einmalige Lage in der Enge meiner Gegebenheiten erhält ihre Schärfe durch den kontrastierenden Gedanken vom Menschen überhaupt und dem ihm in allen Vollendungen Zukommenden. Die Enge läßt jedoch zugleich Raum, daß in jeder Situation auch Möglichkeit als unbestimmte Zukunft bleibt. In dieser Grenzsituation ist die Unruhe, daß noch bevorsteht, was ich selbst entscheide; in ihr ist die Freiheit, Gegebenes zu übernehmen dadurch, daß ich es zu eigenem mache, als ob es gewollt sei.

Während die erste Grenzsituation das Geschichtliche in allem Dasein der Existenz zum Bewußtsein bringt, treffen *einzelne Grenzsituationen* jeden als allgemeine innerhalb seiner jeweils spezifischen Geschichtlichkeit: Tod, Leiden, Kampf, Schuld.

Diese Grenzsituationen ergeben drittens eine Perspektive in das *Dasein*, in der dieses *als Ganzes* befragt und als möglich oder nicht möglich oder anders möglich gedacht wird. Das Dasein überhaupt wird als Grenze erfaßt und dieses Sein in der Grenzsituation erfahren, welche die *Fragwürdigkeit des Seins der Welt und meines Seins in ihr* offenbar macht. Das Allgemeine, welches auch immer es sei, wird eingeschmolzen in ein Existenzbewußtsein, das alles Weltdasein als geworden, werdend und zukünftig sieht in absoluter Geschichtlichkeit. Das Seinsbewußtsein in dieser Grenzsituation wird aus der geschichtlichen Existenz des Einzelnen vertieft zum Bewußtsein des Seins überhaupt als geschichtlich erscheinend.

P II, 209 f.

Die Grenzsituation der geschichtlichen Bestimmtheit der Existenz

Die besondere Bestimmtheit einer jeden Existenz kommt in einzelnen Grenzsituationen zur Erscheinung: in der spezifischen Enge eines Daseins, in den Grenzsituationen des Anfangs und der Herkunft sowie in der Grenzsituation des Zufalls.

Bestimmtheit als Enge

In jedem Augenblick bin ich da durch Gegebenheiten, und habe Gegebenheiten vor mir, in bezug auf welche ich will und handle; so bin ich als empirisches Dasein für mich selbst und ist meine mir zugängliche Welt in ihrer Bestimmtheit für mich als zu formende Gegebenheit da. Die wirkliche Situation ist durch ihren Widerstand Enge; sie begrenzt die Freiheit, bindet an beschränkte Möglichkeiten.

P II, 211

Bestimmtheit als Anfang und Herkunft

Ich kann mich nicht als absoluten Anfang denken; ich schuf mich nicht selbst; zwar ich ergreife mich als Ursprung, wenn ich ich selbst bin, aber ich bin bestimmt in meiner *Herkunft*. Diese hat ihre Möglichkeiten, aber sie beschließt nicht alle Möglichkeit in sich.

Wenn ich meine Herkunft als meinen Anfang *objektiviere*, so weiß ich, daß mein Dasein an das Sichtreffen meiner Eltern gebunden, durch Vererbung und Erziehung, durch soziologische und ökonomische Lage bestimmt ist. Mein Anfang ist nicht der Anfang. Ich blicke über meinen Anfang hinaus und sehe ihn als geworden; über meine Geburt führt der Blick in einen grenzenlosen Prozeß dieses Werdens, in dem kein Grund erreicht wird, der der erste Anfang wäre.

In dieser Objektivierung bleibt meine Herkunft für mich nicht, was sie eigentlich ist. Was als geschichtlicher Grund ins Unabsehbare taucht, ist als Grenzsituation das mich zugleich *Beschränkende* und *Erfüllende*. Ich *verhalte mich* zu meiner Herkunft, wenn ich, durch sie schon geworden, ihrer bewußt werde. In ihr ist etwas unobjektivierbar Unwandelbares, in dem ich durch Treue ich selbst bin oder verleugnend mich selbst verliere: »Ein Wesen, das verachtet seinen Stamm, kann nimmer fest begrenzt sein in sich selbst«.

P II, 215

Bestimmtheit als Zufall

Die bestimmten Bedingungen meiner Situation treten in der Folge der Zeit als Zufälle an mich heran. Was ich werde, welche Aufgaben ich ergreife, ist gebunden an Gelegenheiten, der Gang einer Entwicklung an eine zufällige soziologische und ökonomische Ausgangssituation, die Liebe zum Lebensgefährten an das zufällige Treffen im Dasein.

Stelle ich mich selbst dem Zufall gegenüber, als ob er sei, wofür ich nichts könne, so wird mir deutlich, daß eine unermeßliche Menge von Zufällen an mir vorbeigeht, und daß ich es bin, der sie sieht oder nicht merkt, sie ergreift oder fahren läßt; mein Weg in der Wirklichkeit scheint wesentlich an mir zu liegen. Aber es liegt doch keineswegs an mir allein, was wird; vielmehr kann ich mich als Spielball dieser Zufälle fühlen. Diese Grenzsituation, kaum erträgbar, wird gemieden in dem Trost, der blinde Zufall sei aufgehoben in der Ruhe einer Notwendigkeit, welche jedes einzelne Ereignis beherrscht. Zwar nicht die Erhabenheit einer metaphysisch gedachten Notwendigkeit, sondern die Notwendigkeit, welche das mich angehende Besondere bestimmt, wird bis zur astrologischen Vergewisserung gesucht. Wenn ich jedoch weiß, welche bestimmte Notwendigkeit für mich vorliege, so ist sogleich der Hintergedanke, diese Notwendigkeit nach

Wahl annehmen oder überlisten zu können, also als Notwendigkeit aufzuheben. Wird die Notwendigkeit absolut, so ist sie unerträglich wie der Zufall. Der Mensch sucht sich abwechselnd durch das Eine von dem Anderen zu befreien, vom beliebigen Zufall durch den Gedanken der Notwendigkeit, von der erbarmungslosen Notwendigkeit durch Gedanken der Möglichkeit und Chance des Zufalls.

Erst in der Offenbarkeit der Grenzsituation vermag mögliche Existenz aus diesen Kreisen der endlichen Sorge ihres Daseins in ein anderes Bewußtsein zu treten: Die geschichtliche Bestimmtheit in der Grenzsituation wird, *statt nur Zufall* zu sein, *Erscheinung* dieses Seins, das mein Verstand nicht faßt, während es *als Ewigkeit in der Zeit* mir gewiß werden kann. Der Liebende sagt der Geliebten: »Ach, du warst in abgelebten Zeiten meine Schwester oder meine Frau«. Als Handelnder bleibe ich mir nicht einfach ein Anderer *gegen* die Situationen, in die ich nur äußerlich geraten wäre; was ich ohne sie wäre, wird zur leeren Vorstellung; ich bin ich selbst in ihnen als dem erscheinenden Leibe dessen, was ich sein kann. Über jeden faßlichen Gedanken transzendierend, erfahre ich mich in der Grenzsituation erschüttert und dann *eins mit dem Zufall*, den ich als den *meinen* ergriffen habe.

P II, 216 f.

Einzelne Grenzsituationen

Tod

In der Erhellung der Grenzsituation des Todes gibt es bei Jaspers einige Besonderheiten. Er spricht nicht allein von meinem Tod, sondern auch und an erster Stelle vom Tod des Nächsten, der als einziger Tod des Anderen mir zur Grenzsituation wird. Ebenso unterscheidet er zwischen zwei Toden: dem Verlust des Daseins und dem Verlust der Existenz, denen unterschiedliche Formen der Angst entsprechen: Daseinsangst und Existenzangst. Als angeeignete Grenzsituation wird der Tod ein Prüfstein des Handelns: Was sich im Wissen um ihn zu tun lohnt, ist das Wesentliche, das auch getan werden sollte.

Der Tod als Faktum
Der Tod als objektives Faktum des Daseins ist noch nicht Grenzsituation. Für das Tier, das nichts vom Tode weiß, ist sie nicht möglich. Der Mensch, der weiß, daß er sterben wird, hat dieses Wissen als Erwartung für einen unbestimmten Zeitpunkt; aber solange der Tod für ihn keine andere Rolle spielt als nur durch die Sorge, ihn zu meiden, solange ist auch für den Menschen der Tod nicht Grenzsituation.
P II, 220

Der Tod wird in der Grenzsituation zum geschichtlichen; er ist entweder der bestimmte *Tod des Nächsten* oder *mein Tod*. Er wird nicht durch eine allgemeine Einsicht überwunden, durch keinen objektiven Trost, der meine Vergeßlichkeit durch scheinbare Gründe schützt, sondern nur in der Offenbarkeit eines sich gewiß werdenden Existierens.
P II, 221

Tod des Nächsten
Der Tod des Nächsten, des geliebtesten Menschen, mit dem ich in Kommunikation stehe, ist im erscheinenden Leben der tiefste Schnitt. Ich bin allein geblieben, als ich, im letzten Augenblick den Sterbenden allein lassend, ihm nicht folgen konnte. Nichts ist rückgängig zu machen; für alle Zeit ist es das Ende. Der Sterbende läßt sich nicht mehr ansprechen; jeder stirbt allein; die Einsamkeit vor dem Tode scheint vollkommen, für den Sterbenden wie für den Bleibenden. Die Erscheinung des Zusammenseins, solange Bewußtsein ist, dieser Schmerz des Trennens, ist der letzte hilflose Ausdruck der Kommunikation.

Aber diese Kommunikation kann so tief gegründet sein, daß der Abschluß im Sterben selbst noch zu ihrer Erscheinung wird und Kommunikation ihr Sein als ewige Wirklichkeit bewahrt. Dann ist Existenz in ihrer Erscheinung verwandelt; ihr Dasein ist durch einen *Sprung* unwiderruflich vorangeschritten. Bloßes Dasein kann vergessen, kann sich trösten, dieser Sprung aber ist wie die Geburt eines neuen Lebens; der Tod ist in das Leben aufgenommen. Das Leben erweist die Wahrheit der Kommunikation, die den Tod überdauert, indem es sich verwirklicht, wie es durch Kommunikation wurde und nun sein muß. Der eigene Tod hat aufgehört nur der leere Abgrund zu sein. Es ist, als ob ich mich in ihm, nicht mehr verlassen, der Existenz verbinde, die mir in nächster Kommunikation stand. ...

Wenn der Tod des Anderen existentielle Erschütterung und nicht bloß ein objektiver mit partikularen Gemütsbewegungen und Interessen begleiteter Vorgang ist, so ist Existenz in der Transzendenz durch ihn heimisch geworden: was zerstört wird durch den Tod, ist Erscheinung, nicht das Sein selbst.

Es ist die tiefere Heiterkeit möglich, die auf dem Grunde unauslöschlichen Schmerzes ruht.

P II, 221 f.

Mein Tod
Der Tod des Nächsten hat totalen Charakter und wird damit Grenzsituation, wenn der Nächste der eine und einzige für mich ist. Selbst dann bleibt die entscheidende Grenzsituation doch mein Tod als meiner, als dieser einzige, gar nicht objektive, nicht im Allgemeinen gewußte.

Den Tod als Vorgang gibt es nur als den des Anderen. Mein Tod ist *unerfahrbar* für mich, ich kann nur in Beziehung auf ihn erfahren. Körperschmerzen, Todesangst, die Situation scheinbar unvermeidlichen Todes kann ich erleben und die Gefahr überstehen: Die Unerfahrbarkeit des Todes ist unaufhebbar; sterbend erleide ich den Tod, aber ich erfahre ihn nie. Ich gehe entweder dem Tode entgegen in Beziehungen meiner als eines Lebendigen zu ihm oder erleide Vorstufen eines Prozesses, der zum Tode führen kann oder muß. Ich kann auch sterben ohne alle diese Erfahrungen. Sie sind als solche noch nicht Ausdruck der Grenzsituation.

Im Dasein erfahre ich, getroffen durch Beschränktheit, Enge und Zerstörung, doch die Möglichkeit, wie ich mir aus dem Abgrund wieder entgegenkomme; im Versagen kann ich mir als wiederentstehende Gewißheit selbst geschenkt werden und weiß nicht, wie es zugeht. Doch *sterbend* erleide ich mein *absolutes Nichtwissen* im Fortfall jeder Rückkehr; da ich mich aus dem Nichts nicht mehr in der Seinsbefriedigung einer lebendigen Gestalt meiner selbst *zurückerhalte*, stehe ich vor ihm ohnmächtig als dem mich erstarren machenden Punkt meines Daseins. »Der Rest ist Schweigen.« Aber dies Schweigen im Nichtwissen ist noch als ein Nichtwissen*wollen* dessen, was ich nicht zu wissen *vermag*, die *Frage*, auf die statt einer Antwort, vermöge der ich in Tod und Leben wüßte was ich bin, vielmehr der *Anspruch* an mich geht, mein Leben angesichts des Todes zu führen und zu prüfen.

So erzwingt die Gegenwart der Grenzsituation des Todes für Existenz die Doppeltheit aller Daseinserfahrung im Handeln: was *angesichts des Todes wesentlich* bleibt, ist existierend getan; was *hinfällig* wird, ist bloß Dasein. Es ist wie Versinken der Existenz, wenn ich angesichts des Todes nichts mehr wichtig finden kann, sondern nihilistisch verzweifle; der Tod ist nicht mehr Grenzsituation, wenn er die objektive Vernichtung als das übermächtige Unglück ist. Existenz schläft gleichsam angesichts des Todes, weil er nicht zum Erwecken ihrer möglichen Tiefe, sondern zum Sinnlosmachen von allem dient. ...

Für den *unbeschränkten Lebenswillen*, der die Welt und sich selbst positivistisch sieht, das Dauern als Maßstab des Seins absolut nimmt, ist die Unausweichlichkeit des Todes Grund ratloser Verzweiflung. Die *Vergeßlichkeit* in dem Bewußtsein der zeitlichen Unbestimmtheit seines Eintritts läßt ihn darüber hinweggleiten.

Kann der bedingungslose Lebenswille sich der Grenzsituation durch Vergessen nicht entziehen, so *formt er den Sinn des Todes als Grenze um.* Er möchte sich etwa einreden, die Angst vor dem Tode beruhe auf einem bloßen Irrtum, der durch richtiges Denken aufgehoben werden könne. Sie beruhe auf Vorstellungen von einem qualvollen Sein nach dem Tode, das es nicht gebe, oder auf der Angst vor dem Vorgang des Todes, der als solcher ganz unmerklich sei, da ja aller Schmerz dem Lebenden zukomme, und es keinen Schmerz gebe, aus dem nicht Rückkehr zum Leben möglich gewesen sei. Es komme darauf an, sich klarzumachen: wenn ich bin, ist mein Tod nicht, und wenn mein Tod ist, bin ich nicht; darum geht mein Tod mich gar nichts an. Jeder dieser Gedanken ist richtig und bekämpft in der Tat unbegründete die vitale Angst fördernde Vorstellungen; keiner aber vermag das Schaudern auch vor dem Gedanken des Nichtseins aufzuheben. Sie scheinen zwar dem Tode ins Auge zu blicken, bewirken aber nur eine um so tiefere Vergeßlichkeit im Wesentlichen. Es wird beiseitegeschoben, daß ich noch zu Ende zu bringen habe, daß ich nicht fertig bin, daß ich noch wiedergutzumachen habe, vor allem aber, daß sich mir immer wieder ein Bewußtsein des Seins als bloßen Daseins aufdrängt, das durch die Vorstellung des absoluten Endes sinnlos wird, daß also als bloße Vergänglichkeit alles gleichgültig ist. Und drängt sich dieses vor, so wird nochmals durch Sinnverschiebung ein Vergessen ermöglicht in der Vorstellung der *sinnlichen, zeitlichen Unsterblichkeit*: ich gewinne eine andere Daseinsform, in der ich fortführe, was begonnen war, meine Seele wandert durch diese Daseinsformen hindurch, von denen die gegenwärtige nur eine ist. Ich lasse mir Beweise für die Unsterblichkeit geben und begnüge mich gar mit ihrer Wahrscheinlichkeit. Jedoch sind nicht nur alle Unsterblichkeitsbeweise fehlerhaft und hoffnungslos, ist eine Wahrscheinlichkeit in dieser absolut wichtigen Angelegenheit sinnwidrig, sondern es läßt sich grade die Sterblichkeit beweisen. Empirisch ist das Leben unserer Seele gebunden an leibliche Organe; die Erfahrung des traumlosen Schlafes zeigt in negativer rückblickender Erfahrung das Nichtdasein; die Erfahrung der Abhängigkeit der Erinnerung vom Gehirn bei Erkrankungen zeigt sogar die Möglichkeit eines leiblichen Lebens bei sterbender Seele. Was uns das Dasein ist, ist durch Sinnenwelt, Erinnerung, durch Wollen und Bewußtsein bestimmt. Wenn immerhin der denkende Mensch, der sich so oft im Irrtum ertappt hat, wo er vorher zweifellos zu wissen meinte, seine Skepsis gegen sich selbst, auch im Falle dieser Gewißheit seiner Sterblichkeit nicht aufgibt, so sagt er in kritischer Tapferkeit: es ist sehr unwahrscheinlich, daß es eine Unsterblichkeit gibt, womit er die Unsterblichkeit als zeitliche Dauer in einer irgendwie sinnlichen Daseinsform in Kontinuität der Erinnerung mit unserem gegenwärtigen Leben meint.

Tapferkeit ist in der Grenzsituation die Haltung zum Tode als unbestimmte Möglichkeit des Selbstseins. Die Tapferkeit angesichts des Risikos, die Vorstellungen von Hölle und Fegefeuer und von der Macht kirchlicher Gnadenmittel für unwahr zu halten, ist zwar nur dort nötig, wo der Mensch sie von früh auf als Wirklichkeit in seine Lebenssubstanz aufgenommen hatte, während sie sonst nur in Zuständen völliger Haltlosigkeit wieder mächtig werden könnten, wenn er auf das Niveau sinkt, auf dem in bezug auf Transzendenz angstvoll nach dem »für alle Fälle« gehandelt werden kann. – Tapferkeit angesichts des Todes als des Endes von allem, was mir wirklich als sichtbar und erinnerbar ist, wird auf ein Minimum reduziert, wenn durch sinnliche Jenseitsvorstellungen der Tod als Grenze aufgehoben und zu einem bloßen Übergang zwischen den Daseinsformen gemacht wird. Er hat den Schrecken des Nichtseins verloren. Es hört das wahrhafte Sterben auf. Die Süße des Daseins, die verschwinden zu sehen dem natürlichen Lebenswillen so furchtbar ist, wird in anderer Gestalt wieder sichtbar, die Hoffnung durch Garantien autoritativer Art fast zu einem Wissen. Der Tod ist überwunden um den Preis des Verlustes der Grenzsituation. Dagegen ist Tapferkeit, wahrhaft zu sterben ohne Selbsttäuschungen.

P II, 222–225

Die zwiefache Angst
Die Angst im Schaudern *vor dem Nichtsein* ist unaufhebbar für den Daseinswillen und bleibt das Letzte, wenn das Dasein schlechthin alles ist, nicht nur in dem bestimmten Sinne der erscheinenden Wirklichkeit als des Lebens in der Welt mit Erinnerung und Bewußtsein. Gegen die Verdeckung dieser Angst durch Vorstellungen von einer sinnlichen Unsterblichkeit ist radikal das Nichts zu erfassen, das im Tode bleibt, sofern man an sinnliches Dasein denkt. Nur aus diesem Nichts kann mir die Gewißheit der wahren Existenz werden, die in der Zeit erscheint, aber nicht zeitlich ist. Diese Existenz kennt eine andere Verzweiflung des Nichtseins, die sie trotz ihres vitalen Daseins im Kontrast zu seiner gleichzeitigen Frische und Fülle überkommen kann. Die *Angst existentiellen Nichtseins* ist von so anderer Qualität als die Angst vor dem vitalen Nichtdasein, daß trotz gleicher Worte, Nichtsein und Tod, nur die eine Angst wahrhaft herrschen kann. Die die existentielle Angst erfüllende Gewißheit allein kann die Daseinsangst relativieren. Aus der Seinsgewißheit der Existenz ist es möglich, die Lebensgier zu beherrschen und die Ruhe vor dem Tode als Gelassenheit im Wissen des Endes zu finden. Der existentielle Tod aber, wenn kein Glaube einer Seinsgewißheit sich durch Kommunikation in geschichtlichem Bewußtsein verwirklicht hat, macht erst die Aussicht auf den biologischen Tod zu völliger Verzweiflung: es scheint nur noch ein Leben in Vergeßlichkeit und Verdeckungen und das leere Nichtwissen möglich. Wird auf diese Weise das empirische Dasein absolut, die existentielle Angst beiseitegeschoben, so muß gegen ein mögliches Gewissen der Existenz gehandelt werden, um zu leben um je-

den Preis. Lebensgier relativiert die existentielle Angst, vernichtet Existenz und bringt die ratlose Angst vor dem Tod hervor.

P II, 225 f.

Der zwiefache Tod
Die Doppeltheit von Daseinsangst und Existenzangst läßt den Schrecken des Todes in zwiefacher Gestalt erscheinen, als *Dasein, das nicht eigentlich ist*, und als *radikales Nichtsein*.

Das *Dasein, das im Nichtsein der Existenz doch ist*, wird der Schrecken eines endlosen Lebens ohne Möglichkeit, ohne Wirken und Mitteilung. Ich bin gestorben und muß ewig so leben; ich lebe nicht und leide als mögliche Existenz die Qual des Nichtsterbenkönnens. Die Ruhe des radikalen Nichtseins würde die Erlösung vor diesem Schrecken des dauernden Todes sein.

Wird so im Dasein dieses Nichtsein der lockende Tod, auf den hin ich lebe, so habe ich mich allem entzogen, kann keinen Menschen mehr mich angehen lassen, habe mir in meinem Inneren gleichsam schon das Leben genommen.

Das *Nichtsein, das restlos nicht ist*, wird zum Schrecken für Existenz in dem Maße, als sie im Dasein Möglichkeit verraten hat. Verwirklichte Möglichkeit aber erfüllt das Leben, das alternd dahin kommen kann, daß es lebenssatt sein darf. Ohne weitere Zukunft hat es Ruhe als Sein im Dasein, ohne Dasein nach dem Tode noch als Frage oder daseiendes Nichtsein noch als Schrecken zu kennen. Der Schrecken ist in dem Maße, als ich nicht gelebt, d.h. nicht entschieden habe und darum kein Sein des Selbst gewann; Ruhe in dem Maße, als ich Möglichkeit verwirklichte. Je entschiedener vollendet wurde, zwar für kein Wissen in der Welt, aber in der Gewißheit des Selbstseins, je mehr die Möglichkeit sich verzehrt hat nicht zugunsten des Versäumens, sondern der Wirklichkeit, desto näher kommt die Existenz der Haltung, als Dasein gern zu sterben, hin zu ihren Toten.

P II, 227 f.

Leiden

Die Grenzsituation des Leidens ist durch die des Todes unweigerlich gegeben. Aber das »Heer der Leiden« ist auch jenseits des Sterbens »unabsehbar«. Der bloße Kampf gegen sie verpaßt gleichsam die Chance, die im Unglück liegt. Denn der Mensch, das scheint die Überzeugung von Jaspers zu sein, ist »leichter er selbst« im Unglück als im Glück, weil im Leiden an sich eine erweckende Kraft liegt. Das in der Grenzsituation angeeignete Leiden wird zur Erscheinung der Existenz, die allem Leiden nun einen Sinn zuspricht, den es für das bloße Dasein nicht hat.

Das faktische Leiden
Das Heer der Leiden, die in manchen Situationen sich in den Vordergrund drängen, in anderen souverän übergangen, aber doch nie ignoriert werden können, ist unübersehbar. Die körperlichen Schmerzen, die immer wieder ertragen werden müssen; – die Krankheiten, welche nicht nur das Leben in Frage stellen, sondern den Menschen lebend unter sein eigenes Wesen sinken lassen; – die ohnmächtige Anstrengung, die zusammenbricht im Willen zur Überwindung und statt des wirklichen Gesichts meines Wesens unvermeidlich ein verzerrtes in die Erscheinung treten läßt; – geisteskrank werden, sich dessen bewußt sein und in einen kaum nachzuerlebenden Zustand geraten, ohne zu sterben sich selbst zu verlieren; – das krankhafte Altern im Sinne der Verkümmerung; – die Vernichtung durch die Macht anderer und die Folgen der Abhängigkeit in jeder Form der Sklaverei; – das Hungernmüssen. – Leiden ist Einschränkung des Daseins, Teilvernichtung; hinter allem Leiden steht der Tod. In der Art des Leidens und dem Maße des Gequältwerdens sind wohl die größten Unterschiede. Doch schließlich kann alle dasselbe treffen und jeder hat sein Teil zu tragen, keinem wird es erspart.

P II, 230

Einzelne Grenzsituationen 151

Erweckung der Existenz durch Leiden
Verhalte ich mich, als ob Leiden nichts Endgültiges, sondern vermeidbar wäre, so stehe ich noch nicht in der Grenzsituation, sondern fasse die Leiden als zwar endlos an Zahl, aber nicht als notwendig zum Dasein gehörend auf; sie sind einzelne, treffen nicht das Ganze des Daseins. ...

In der Grenzsituation erst kann es das Leiden als unabwendbar geben. Jetzt ergreife ich mein Leiden als das mir gewordene Teil, klage, leide wahrhaftig, verstecke es nicht vor mir selber, lebe in der Spannung des Jasagenwollens und des nie endgültig Jasagenkönnens, kämpfe gegen das Leiden, es einzuschränken, es aufzuschieben, aber habe es als ein mir fremdes doch als zu mir gehörig, und gewinne weder die Ruhe der Harmonie im passiven Dulden noch verfalle ich der Wut im dunklen Nichtverstehen. Jeder hat zu tragen und zu erfüllen, was ihn trifft. Niemand kann es ihm abnehmen.

Wäre *nur Glück* des Daseins, so bliebe mögliche Existenz im Schlummer. Es ist wunderlich, daß das reine Glück leer wirkt. Wie Leiden das faktische Dasein vernichtet, so scheint Glück das eigentliche Sein zu bedrohen. Im Glücklichsein ist ein Selbsteinwand durch ein Wissen, das es nicht bestehen läßt. Das Glück muß in Frage gestellt sein, um als wiederhergestellt erst eigentlich Glück zu werden; die Wahrheit des Glücks ersteht auf dem Grunde des Scheiterns.

Der Mensch, leichter er selbst im Unglück als im Glück, muß paradoxerweise *es wagen, glücklich zu sein*. Die Tiefe des Seins, das im Glück zu erscheinen wagt, kann nicht schon als blühende Vitalität offenbar werden; erst wenn Existenz den Grund erreicht hat, der erfordert ist, um im Glück sie selbst zu bleiben, wird dieses zur Erscheinung des Seins, vor der das erweckende Leiden zurücktritt, um in seinem Schatten das Glück als die transzendent erfüllte eigentliche Positivität des Daseins hervorgehen zu lassen. Es ist Existenz, die der Ohnmacht ihres Daseins Herr wird, wenn sie im Nicht noch eigentlich sein kann; es ist nur dieser Erfahrung, wenn sie im Rücken blieb, möglich, das Glück als die erst wahrhaft vollen-

dende Erscheinung des Seins ohne Täuschung zu ergreifen, und, wenn es versagt ist, im Anderen zu lieben.
P II, 230, 231 f.

Aneignen des Leidens
Fragen nach dem Zweck, Sinn und Recht des Leidens wird als vergeblich erkannt in der Resignation des Nichtbegreifens, aus der ein *aktives* Leben sich im Leiden auf sich selbst als den existierenden Einzelnen stellt. Er kommt zum Bewußtsein seiner selbst durch sein Leiden, dem er nicht ausweicht; er sieht es, bekämpft es nach Kräften und erträgt es, wo er ohnmächtig wird, bis er untergeht, um im Zugrundegehen nur noch die Haltung zu wahren, oder selbst diese zu verlieren, wenn der unbegreifliche Strudel ihn hinabreißt dahin, wo auch die Kraft des Selbstseins sich relativiert und unbekannten Mächten unterworfen sieht.

Oder ich werde in der Situation des Nichtbegreifens zugleich *passiv* im Tun und beschränke mich auf Daseinsgenuß. Wenn auch alles eitel und zuletzt Leiden ist, so kann man doch essen und trinken und Freuden haben auf Erden, solange es währt. Auf jeden Sinn, sowohl auf begriffenen wie auf aktiv geschaffenen, wird verzichtet.

Aus der Haltung zum Leiden in der Polarität von *aktiver* und *passiver* Resignation schwingt sich in der Grenzsituation mögliche Existenz auf zur Erfahrung im Sicheinswissen mit ihrer Transzendenz in einem *Ursprung*, der in der Grenzsituation des Seins gedacht wird.

Wird so das Leiden im Ursprung selbst gebunden, gewinnt es einen nichtbegriffenen Sinn, da es eingesenkt ist in das Absolute. Mein Leid ist nicht mehr zufällig das Verhängnis meiner Verlassenheit, sondern Daseinserscheinung der Existenz. Jetzt kann der transzendierende Ausdruck in dem Gedanken gesucht werden, daß, wenn ich andere leiden sehe, es ist, als ob sie in Vertretung für mich leiden, und als ob die Forderung an Existenz gehe, das Leid der Welt als ihr eigenes Leid zu tragen.
P II, 232 f.

Kampf

Jaspers unterscheidet zwei Hauptformen des Kampfes scharf voneinander: den Kampf um Dasein, der immer mit Gewalt und Macht verbunden ist, und den Kampf um Existenz, der in der Liebe gründet und eine unablässige Dynamik der Kommunikation ist. Beide sind Grenzsituationen. Aber sie sind es nicht in gleicher Weise, weil Existenz bloß möglich, Dasein aber faktisch ist. Der Kampf um Dasein ist unweigerlich und überall, wo Dasein ist und sich behauptet. Der Kampf um Existenz ist allein dort – dort dann allerdings immer –, wo Existenz wird und sich in der Kommunikation wagt.

Der Kampf um Dasein

Mein Dasein als solches nimmt anderen weg, wie andere mir wegnehmen. Jede Stellung, die ich gewinne, schließt einen anderen aus, nimmt aus dem begrenzten zur Verfügung stehenden Raum solchen für sich in Anspruch. Jeder Erfolg, den ich habe, verkleinert andere. Daß ich lebe, beruht auf dem siegreichen Kampf meiner Vorfahren; daß ich unterliege, wird sich zuletzt darin zeigen, daß in der Folge der Jahrhunderte niemand mich als seinen Vorfahren kennt.

Aber zugleich gilt das Umgekehrte: alles Dasein beruht auf gegenseitiger Hilfe. Ich verdanke mein Dasein der Fürsorge meiner Eltern; ich bin lebenslang auf Hilfe angewiesen und leiste sie meinerseits in dem Zusammenhang menschlicher Gemeinschaft. Aber nicht die Hilfe, der Friede und die Harmonie des Ganzen ist das Letzte, sondern Kampf und dann Ausbeutung durch die jeweils Siegenden. Zwei Tatsachen zeigen es:

Geistiges Leben, das geschichtlich wirklich ist, beruht auf der Ordnung der Gesellschaft zugunsten der Freiheit und Muße Weniger. Die Meisten arbeiten in einem anderen Sinne; denn niemandem ist dabei die geistige Wirklichkeit der Wenigen der Zweck. Sondern eine Schicht durch eigene Kraft

Herrschender, oder von Renten Lebender, oder solcher, die selbst relativ arm doch im Besitz der unentbehrlichen Subsistenzmittel nicht zum mechanischen Arbeiten gezwungen sind, vollzieht eine Funktion durch selbstdisziplinierte Arbeit am eigenen Sein, in Bildung und Hervorbringen. Einzelne in diesen Schichten werden Träger dessen, was nachher als immer einmalige Schöpfung für die Betrachtung aller einen Wert hat, den sie losgelöst von dem Grunde, auf dem er erwuchs, besitzen möchten. Die grausame und an entscheidenden Punkten gewaltsame Ausbeutung ist die Bedingung, von der der Einzelne kein bewußtes Wissen zu haben braucht, da andere sie für ihn bewirken, der nur verzehrt, was ihm rechtens irgendwoher zufließt, ohne Bezahlung einer von seiner Seite kommenden materiellen Leistung zu sein. Das ökonomisch-soziologische Wissen hat diese Tatsache erst zu voller Anschauung gebracht. Wer die Ausbeutung aus der Welt schaffen will, muß auf die Wirklichkeit geistigen Lebens verzichten, das in der Kontinuität eines Bildungsprozesses je im einzelnen Menschen erwächst.

Die andere Tatsache ist: alle Gegenseitigkeit in der Hilfe baut, soweit wir empirisch sehen, nur Einheiten auf, die ihrerseits kämpfen; Hilfe in Gegenseitigkeit ist nur Enklave. So geht vor allem der Kampf im wirtschaftlichen Leben so sehr auf das Dasein als Ganzes zugunsten und zum Nachteil jeweils begrenzter Gruppen, wie der kriegerische Kampf. Er schafft Raum für die Nachkommen oder rottet aus. Nur die Langsamkeit des schrittweisen Prozesses, die Stille des schließlichen Sinkens, verdeckt die Kämpfe, ihre Siege und Vernichtungen, dem Auge, das nur das Plötzliche und Pathetische sieht. Scheinbar ist zuletzt nur das friedliche Blühen und Sichvermehren der Lebenden das allein Wirkliche. Wie sollte man schließlich sich blind machen vor der Tatsache, daß immer wieder Situationen auftreten, die nur durch Verschleierung sich von der der beiden Schiffbrüchigen unterscheiden, die nur einen Balken haben, auf dem Rettung möglich ist: wenn der Balken nur einen trägt, so müssen entweder beide umkommen, oder im Kampfe muß einer obsiegen, oder einer freiwillig auf das Leben verzichten.

Diesem Faktischen gegenüber ist eine *endliche Auffassung* möglich, für die keine Grenzsituation offenbar wird. Wegblickend vom Ganzen sehe ich die Kämpfe als vermeidbar an und versuche sie zu meiden, wenn ich unklar an ein Leben nach Recht, in Ruhe, mit Daseinsbedingungen für alle, glaube. Ich denke nicht bis zu den Grenzen, sondern lebe, solange die Verschleierung der wirklichen Grundlagen es zuläßt, zufrieden. Während für mich meine Daseinsbedingungen stabil scheinen, verkenne ich den Kampf als Bedingung und Grenze allen Daseins. Ich lasse mich täuschen in den Masken geselligen Umgangs und wähle die bequeme Neutralität in der nicht minder täuschenden Gestalt abwägender Objektivität. Doch in allen Selbsttäuschungen über die Bedingungen meines eigenen Daseins, deren Nutznießer ich bin, ohne sie geschaffen zu haben, werde ich gelegentlich, wenn Bedrohungen als dunkel gefühlte Gefahren eintreten, nervös und gerate unter einen unklaren Druck, wenn Rechtlosigkeit, Unfrieden sich als mögliche Unlösbarkeit offenbaren. Oder ich werde ruhig, wenn keine Gefahr für mich fühlbar ist, und glaube wieder, faktisch von mir günstigen Kampfkonstellationen lebend, an ein Leben ohne Kampf.

Die *Grenzsituation* tritt nur ein für den Klarheitswillen der Existenz, sofern sie in der Betroffenheit ihr Dasein mit seinen Bedingungen ergreift. In der Grenzsituation des Kampfes gibt es nach ursprünglich wahrem Ansatz die Neigung zu den Lösungen, an denen als Kontrast sich erst die eigentliche Grenzsituation erhellt, in der ich ohne gewußte Lösung geschichtlich existierend bleibe.

P II, 235ff.

Die Gewalt im Kampf um Dasein
Gewalt richtet sich nicht nur *nach außen* gegen andere. Der Mensch richtet sie *auf sich selbst*. Wer einen großen Willen in kontinuierlicher Machtentfaltung nach außen entwickelt, hat

auch einen starken Willen sich selbst gegenüber. Wer sich nicht selbst beherrschen kann, kann auch andere nicht beherrschen; er ist nur durch zufällige Situationen zu momentaner, nur brutaler, nicht nachhaltiger Gewaltanwendung fähig. Die Gewalt sich selbst gegenüber in der Spaltung, durch die ein forderndes Selbst einem gehorchenden gegenübertritt, verwirklicht sich als Selbstdisziplin im Gehorsam gegen sich. Sie bewirkt nach innen, was die Gewalt nach außen tut: Hemmung, Zerstörung, Formung, Herrschaft. Auch diese Gewalt kann einseitig verherrlicht werden als bloße Form, und umgekehrt vermag sich der Mensch gegen jede Gewalt aufzulehnen, die er gegen sich kehren könnte:

Die Rigoristen, die auf die eindeutige Geltung ethischer Gesetze als auf das Wahre blicken, *verherrlichen die Vergewaltigung des Selbst* als solche; denn dieses ist ihnen nichtig und nur von Wert durch die Form seines Sichbeherrschens. Die Brutalisierung der Individualität durch sich selbst am Maßstab rationaler Forderungen oder ästhetischer Formung ist ihnen das eigentliche Sein.

Die *Verwerfung der Gewalt gegen sich* fordert umgekehrt, jedem Instinkt, jeder Regung, jedem Antrieb unmittelbar zu folgen. Was ist, ist gut. Alle hemmende Gesetzlichkeit ist künstlich und daher unwahr. Wer in der Liebe zum Sein steht, bei dem sind alle Handlungen gut, der Rausch jeder Sinnenlust, Lüge, Diebstahl und Betrug. Diese Ablehnung jeder Störung der Unmittelbarkeit hat historisch in Sekten zu den äußersten Konsequenzen geführt; aber notwendig war auch, wie es bei der Verwirklichung der Lehre vom äußeren Nichtwiderstehen sein würde, Chaos und Untergang. –

Die Verherrlichung und die Verwerfung der Gewalt gegen andere oder gegen sich selbst lassen sich rational klar denken, denn sie sind außerhalb der Grenzsituationen. Ihre Konsequenzen in der Verwirklichung sind entweder Untergang durch Verzicht auf jede Nutznießung von Gewalt oder Entleerung zu gehaltlosem Dasein der Vergewaltigung. Wenn ich nirgends auf Kosten anderen Lebens leben will, muß ich auf das Leben verzichten; die Gesinnung des Nichtwiderstehens bedeutet Selbstvernichtung, die nur durch zufällige Konstellationen oder durch Inkonsequenz aufgehalten werden kann. Die bloße Macht als Gewalt hingegen führt auf den Weg, an dessen Ende der Einsame stände, der alles vernichtet oder unterworfen hat, nun für sich grenzenlosen Raum gewann, aber nichts in ihm anfangen kann; nur solange noch etwas zu zerschlagen ist, hat er die Aufgabe; alles zu beherrschen oder alles zu vernichten, die eigene Macht grenzenlos zu machen, endet konsequent mit der Verzweiflung, keinen Gegner mehr zu haben.

P II, 238 f.

Der Kampf um Existenz
Weil Existenz für uns nur in der Erscheinung ist, ist sie als Tun, in dem sie darüber entscheidet, ob sie ist oder nicht ist. Ganz anderen Ursprungs sind daher die Sorge um empirisches Dasein und die Sorge um Existenz.

Da Existenz sich nur in Kommunikation verwirklicht und diese in der Bewegung durch die Zeit im Wandel der Situationen sich vollzieht, ist der stille Einklang zeitlos werdenden Einsseins in der Ruhe innigen Erfassens von Existenz zu Existenz nur der verschwindende Augenblick eines in den jeweiligen Situationen wegen ihrer Dunkelheit entspringenden liebenden Kampfes. Daß die Gewißheit des Seins nur aus dem *Kampfe um Offenbarkeit* entspringt, ist die Grenzsituation für Existenz im Dasein, in der sie sich ihrer aufs tiefste bewußt werden, aber auch am ratlosesten verzweifeln kann. Daß auch dort, wo ich selbst zu sein scheine, noch Infragestellung bleibt als Bedingung des Werdens wahrhaft wirklicher Gegenwart in der Zeit, fordert diesen Kampf. Denn in der Erscheinung ist existentiell schlechthin nichts endgültig; Existenz ist dadurch, daß sich in der Grenzsituation offenbarenden Kampfes enthüllt, was eigentlich ist. Existentielle Kommunikation ist als dieser Prozeß des Kämpfens aus der Sorge um eigentliches Sein die Verwirklichung dieses Seins.

Dieser liebende Kampf sucht im Dunkel der Erscheinung in Gegenseitigkeit der Existenzen den *Ursprung*: nicht als die Veranlagung des empirisch daseienden Charakters in einer vermeintlichen Feststellung der eigenen und der anderen Artung, sondern als Freiheit, die in der sichtbar machenden Helligkeit des Wissens entscheidet. Der Kampf ist auf den letzten unoffenbaren Sinn in Ursprung und Ende gerichtet, aber dadurch, daß er sich in den augenblicklichen Situationen und Zwecken bewegt, daher am konkret Gegenwärtigen sich abspielt und das Geringste nicht als zu gering achtet.

Der Kampf sucht dieses Offenbarwerden auf dem *Weg über die Objektivitäten*. Im Medium der Richtigkeiten ergreift er alles Wißbare, aber sein Ziel ist nicht die allgemeingültige Richtigkeit, sondern die Wahrheit in der gegenwärtigen Situation als die des in dieser Kommunikation sich verwirklichenden Seins. Der Kampf kennt keine Grenze des Fragens als Mittel zur Kritik und Reinigung der Seele.

P II, 242 f.

Liebe und Solidarität im Kampf um Existenz
Dieser Kampf bleibt *ohne jede Gewalt*. Es gibt nicht Sieg oder Niederlage der einen Seite; beide sind gemeinsam; Sieg ist nicht durch Überlegenheit, sondern durch gemeinschaftliche Eroberung im Offenbarwerden, Niederlage nicht durch Mangel an Kraft, sondern durch Ausweichen im Verstecken infolge der Unbereitschaft zur Krise des eigenen und anderen Wollens. Der liebende Kampf hört auf bei der geringsten Anwendung von Gewalt, z.B. auch der intellektuellen Übermacht oder der suggestiven Wirkung. Er gedeiht nur bei vollständiger Gewaltlosigkeit, wenn jeder seine Kräfte dem anderen so gut als sich selbst zur Verfügung stellt, daher auch nur bei Ausschaltung des Rechthabenwollens, das nach Kampfmitteln statt nach Objektivität sucht. Der Kampf ist nur möglich, wenn er gleichzeitig gegen den anderen und gegen

sich selbst in einem sich wendet; sich liebende Existenzen hören auf, einseitig vom andern zu fordern, weil sie gemeinsam alles fordern.

Dieser Kampf als äußerste Infragestellung des Anderen und meiner selbst ist nur möglich auf dem Grunde einer *Solidarität*, die im Anderen wie in mir die Möglichkeit der Existenz fraglos *voraussetzt*. Wird statt äußerster Infragestellung, die an die Wurzeln greift, Existenz selbst geleugnet, was sagbar nicht sinnvoll möglich ist, so wird faktisch in aller Stille schon der Kampf abgebrochen und aus der Grenzsituation getreten. Die Gewißheit meiner Existenz erkennt sich in dem Widerhall solcher unaussagbaren Voraussetzung. Darum kann der rücksichtsloseste Kampf gegen mich, weil er mich als Seinsmöglichkeit ernst nimmt, ohne daß ich weiß wie, meine existentielle Seinsgewißheit erwecken. Jene Voraussetzung wird nicht als Anerkennung ausgesprochen, denn Anerkennung bezieht sich auf Objektivitäten, auf Rechte, Leistungen, Erfolge und auf Eigenschaften, Charakter; sie befriedigt das Bedürfnis nach Geltung im Seinsbewußtsein eines sozialen Selbst. Aber sie ist ursprünglich sinnverschieden von existentieller Berührung in der Solidarität, welche durch Betonung jener sichtbaren Erscheinungen eher geschwächt wird. Ich bin nur in dieser existentiellen Kommunikation, welche unverlierbar ist. Aber Anerkennung in irgendwelchen Gestalten brauche ich als Dasein nach der Art meiner vitalen Konstitution mehr oder weniger, wie ich Nahrungsmittel brauche, um zu leben. Jedoch es droht Verwirrung der Existenz, wenn sich das Suchen nach existentieller Seinsgewißheit fälschlich versteht als Anspruch auf Anerkennung und Bejahung in dem Sinne, wie es das gesellige Zusammenleben mit sich bringt. Die existentielle Bejahung, die auszusprechen sogar sinnlos wird, wurzelt als die Solidarität zu liebendem Kampfe in einer anderen Tiefe. –

Daß ich in dieser Kommunikation *kämpfen* muß, kann über Tod, Leid und äußere Gewalt hinaus mich *erschüttern*, weil es den Ursprung der Erscheinung des Selbstseins trifft.

Ich möchte, in ruhiger Liebe geborgen, dem Prozeß des Fragens enthoben sein, den Anderen wie mich selbst bedingungslos hinnehmen und bejahen dürfen. Aber existentielle Liebe ist nicht in der Zeit schon als Dauer das ruhige Scheinen der Seelen ineinander; würde der Augenblick, der diesen Charakter hat, gedehnt zu einem Zustand in der Zeit, so würde er sich zu einem Gefühlsschwelgen entleeren, das sich nicht versteht, weil es die Wirklichkeit ihres Daseins verdeckt; Liebe ist nicht als Besitz, mit dem ich rechnen kann. Ich muß kämpfen mit mir selbst und der geliebten Existenz des Anderen zwar ohne Gewalt, aber in Frage gestellt und in Frage stellend.

P II, 243 f.

Schuld

Selbst wenn jede willentliche Schuld vermieden würde, bliebe doch die unvermeidbare, in der Dasein steht. Jaspers erhellt sie in vier Richtungen als Grenzsituation: Sofern Dasein Kampf ist, ist es mit Schuld verbunden. Unsere Handlungen können Folgen zeitigen, die so niemand vorausgesehen und gewollt hat und die wir dennoch zu verantworten haben. Die Motive unseres Handelns sind nie schlechthin rein. Existenz schließlich verwirklicht sich durch Wahl und Entscheid – und das bedeutet: durch Ausschluß von anderen Möglichkeiten der Verwirklichung und der Kommunikation, wodurch wir zugleich schuldig an unserer Existenz und an anderer möglicher Existenz werden. – Jaspers wehrt jeden Versuch ab, diese Lage zu verschleiern. Die Wahrhaftigkeit erfordert das Eingeständnis: »Ich bin ich selbst ... als schuldig.«

Jede Handlung hat Folgen in der Welt, von denen der Handelnde nicht wußte. Er erschrickt vor den Folgen seiner Tat, weil er, obgleich er nicht an sie dachte, sich doch als ihren Urheber weiß.

Dadurch, daß ich mit meinem Dasein *meine Lebensbedingungen* im Kampf und Leid Anderer *zulasse*, habe ich die Schuld, durch Ausbeutung zu leben, auch wenn ich meinerseits den Preis zahle durch eigenes Leid, Mühsal in der Arbeit um die Lebensvoraussetzungen und schließlich durch meinen Untergang.

Die Motive meines Handelns und Fühlens sind aus ursprünglichen Antrieben in den Situationen durch die vielfache Möglichkeit des Wünschbaren und die auf mich zurückwirkenden Erwartungen der Umgebung so vieldeutig, daß die Klarheit in der Entscheidung nur in seltenen Augenblicken oder nur scheinbar durch eine blinde rationale Abstraktion möglich ist. Ich lebe gleichsam im Stoff des sich im Ansatz des aktiven Lebens stets auch *verstrickenden Daseins*, um existierend die *Reinheit der Seele* zu erringen, die die Unschuld schlichter Eindeutigkeit wäre. Aber die Unreinheit des ins Dasein versenkten Seins bringt sich im Dasein im Überwundenwerden sogleich neu hervor. Ich habe nicht nur Schlacken abzuwerfen, sondern muß, sofern ich lebe, stets andere sich bilden sehen. Ich weiß gar nicht, was meine reine Seele ist, um die ich als mögliche Existenz mich kümmere, sondern werde zurückgeworfen auf mein konkretes Gewissen, das mich führt und in irgendeinem Sinne in meinen innersten Gefühlen auch schuldig findet. Reinheit der Seele ist die Wahrheit der Existenz, die im Dasein die Unreinheit wagen und verwirklichen muß, um stets schuldig die Verwirklichung der Reinheit als unendliche Aufgabe in der Spannung des Zeitdaseins zu ergreifen.

Wenn ich im Dasein mögliche Existenz bin, werde ich wirklich durch das Eine. Das Eine ergreifen, heißt *anderes Mögliche*, wenn auch still und im Sinne rationaler Moral schuldlos, *zurückweisen*. Das Andere aber sind Menschen als mit mir mögliche Existenzen. Der Verstand glaubt zwar eine einfache Lösung darin zu finden, jedem sein Recht zu geben; aber das Sein in dieser Verteilung abstrakter Rechte zu finden, bedeutet die Aufhebung jeder existentiellen Wirklichkeit. Ich habe zu wählen zwischen dem Vielen in seiner Mannigfaltigkeit und Vertretbarkeit, aber mit der Konsequenz, daß dann alles nichts ist, und dem Einen, aber mit der Folge, Anderes zu verraten, das an mich als Möglichkeit fordernd herantrat und in augenblicklichem, sogleich verschwindendem Ansatz schon Wirklichkeit werden konnte. Durch die tiefste Entschiedenheit in der Wirklichkeit des Existierens gerate ich in eine objektiv unfaßliche Schuld, die als mir selbst unverständlich im schweigenden Hintergrund meiner Seele droht; diese Schuld zerschlägt am radikalsten jede Selbstgerechtigkeit wirklich werdender Existenz.

Dadurch, daß ich tätig das Leben ergreife, nehme ich also anderen weg, lasse ich in den Verstrickungen die Unreinheit der Seele entstehen, verletze ich durch meine ausschließliche Verwirklichung im Zurückweisen mögliche Existenz. Erschrecke ich vor diesen Folgen meines Tuns, so kann ich wohl denken, die Schuld zu vermeiden, indem ich, nicht eintretend in die Welt, gar nichts tue; dann würde ich niemandem nehmen, selbst rein bleiben, durch Verharren in universeller Möglichkeit keine abweisen. Aber *Nichthandeln* ist selbst ein Handeln, nämlich Unterlassen. Es hat Folgen: Konsequent und absolut festgehaltenes Nichthandeln würde notwendig zu schnellem Untergang führen; es wäre eine Form des Selbstmords. Nichteintreten in die Welt ist das Sichversagen vor der Forderung der Wirklichkeit, die als dunkler Anspruch an mich herantritt, zu wagen und zu erfahren, was daraus wird. In meiner Situation trage ich die Verantwortung für das, was geschieht, weil ich nicht eingreife; kann ich etwas tun, und tue es nicht, so bin ich schuldig für die Folge meines Nichttuns. Also ob ich handle oder nicht handle, beides hat Folgen, in jedem Falle gerate ich unvermeidlich in Schuld.

In dieser Grenzsituation bleibt, bewußt in Kauf zu nehmen, was durch mich geschieht, ohne daß ich es gradezu will. Sofern der Handelnde bewußt diese Folgen zuläßt, weil er die Tat anderer Folgen wegen will, heißt er *gewissenlos*. In

Einzelne Grenzsituationen

der Grenzsituation aber nennt er sich für seine Tat *verantwortlich*. Verantwortung heißt die Bereitschaft, die Schuld auf sich zu nehmen. Durch sie steht Existenz in der Erscheinung unter unaufhebbarem Druck.

Ich kann mich *der Spannung entziehen*, indem ich ohne Grenzsituation lebe. So kann ich unwahrhaftig sagen: es ist nun einmal so; es ist doch nicht zu ändern; ich bin für das Dasein, wie es ist, nicht verantwortlich; wenn dieses die Schuld unvermeidbar macht, so ist das nicht meine Schuld; dann ist es gleichgültig, ob Schuld auf mich fällt, da ich im Prinzip doch schuldig ohne meine Schuld bin. Also lasse ich durch die Folgen meines Handelns mich nicht drücken, lebe ruhig durch Ausbeutung, störe mich nicht an der Unreinheit der Seele, die ich mit Gelassenheit beobachte und konstatiere, und kann jenes dunkle Abweisen existentieller Möglichkeit als Schuld überhaupt nicht mehr verstehen.

Ich *verdecke* mir die Grenzsituation noch radikaler, indem ich nicht einmal diesen Weltlauf erblicke. Ich rechne etwa, daß wir in Gegenseitigkeit uns leisten, dienen und nutznießen, und daß die Ausbeutung durch rechtliche Ordnung aufgehoben werde. Oder ich versuche zu entweichen, indem ich in einer abstrakten moralischen Gradlinigkeit schon das, was ich als Motiv ausspreche, für mein Sein halte, das ich mit meiner erscheinenden möglichen Existenz verwechsle, die um ihre Reinheit kämpft. Ich leugne den dunklen Anspruch der Wirklichkeit an mich als mögliche Existenz und werde mir gar nicht bewußt, daß ich vor ihm mich versagt habe.

Schließlich *hebe ich die Grenzsituation* dadurch *auf*, daß ich jede Schuld als eine nur einzelne und damit als unvermeidbare deute. Ich habe entweder nennbare einzelne Schuld auf mich genommen, die ich auch hätte vermeiden können, oder ich bin mir keinerlei Schuld bewußt und habe ein ruhiges Gewissen. Ich sehe optimistisch ein mögliches Leben ohne Schuld und die Schuld als einzelne, die ich büßen kann, um mich von ihr zu reinigen.

Wenn *in der Grenzsituation* diese unwahren Verschleierungen für Existenz unmöglich werden, ist im tiefsten Grunde ein Halt verloren; ich bin ich selbst, aber als schuldig. Jetzt kann ich nur leben in der Spannung, in der ich den Aufschwung suche. Es handelt sich nicht mehr darum, schuldlos zu werden, sondern vermeidbare Schuld auch wirklich zu meiden, um zur eigentlichen, tiefen, unvermeidbaren Schuld zu kommen – aber auch hier, ohne Ruhe zu finden. Die Verantwortung steigert sich zu ihrem existentiellen Pathos, die unausweichliche Schuld auf sich zu nehmen, vor der wir sonst uns scheuen, um gedankenlos in kümmerliche Schuld passiv verstrickt zu werden. Die ausbeutende Nutznießung verpflichtet zur Leistung. Die Unreinheit wird zu dem Anspruch, der fordert, nur in hellster Wirklichkeit zu wollen, um das ursprüngliche Wollen zum klaren Sprechen zu bringen. Das Wirklichwerden der Existenz in dem Einen findet die nicht zu hebende wahre Schuld, Möglichkeiten des Existierens abgewiesen zu haben.

P II, 246–249

Die antinomische Struktur des Daseins

Alle einzelnen Grenzsituationen verweisen auf eine Brüchigkeit und Zerrissenheit des Daseins, die Jaspers in der sogenannten »antinomischen Struktur des Daseins« zu erhellen versucht. »Antinomien« sind Unvereinbarkeiten, die nicht überwindbar sind, oder auch Widersprüche, die durch Reflexion sich nicht auflösen, sondern nur vertiefen lassen. In ihnen ist alles Wertpositive an ein Wertnegatives gebunden, das einen fundamentaleren Charakter hat als das Positive selber. Der Grund dafür ist die Vergänglichkeit des Daseins, die uns unbegreiflich bleibt. Die letzten Folgen sind, daß Sein nur in der Endlichkeit des Daseins zur Erscheinung kommt und somit keinen dauerhaften Bestand hat, und daß die Wahrheit des Ganzen sich jederzeit ins Fragmentarische auflöst. Es gibt keinen Zustand ganzheitlicher Harmonie des Daseins, und deshalb kann es auch kein Wissen geben, wie das Dasein richtig einzurichten wäre.

Die antinomische Struktur

In jeder Grenzsituation wird mir gleichsam der Boden unter den Füßen weggezogen. Ich kann das Sein als Dasein nicht greifen in bestehender Festigkeit. In der Welt ist keine Vollendung, wenn selbst die liebende Kommunikation als Kämpfen in Erscheinung treten muß. Welches Dasein auch immer als das eigentliche Sein sich geben möchte, es versinkt vor der das Absolute suchenden Frage. Die Fragwürdigkeit allen Daseins bedeutet die Unmöglichkeit, in ihm als solchem Ruhe zu finden. Die Weise, wie das Dasein überall in den Grenzsituationen als in sich brüchig erscheint, ist seine antinomische Struktur.

Man kann denken nur im Unterscheiden, das Denken artikulieren nur in Widersprüchen, die ausgeschaltet werden; die Wirklichkeit erscheint als ein Spiel sich entgegengesetzter Kräfte, die jeweils ein Resultat durch Ausschließung, Ausgleich oder Synthese haben; Motive bewegen nach entgegengesetzten Möglichkeiten, aus denen in der Wahl eine bestimmte Richtung des Wollens eingeschlagen wird. In allen diesen Fällen ist Entgegensetzung und Widerspruch nur ein Schritt auf einem Wege, der beide aufhebt. Man weiß, was man unter Aufhebung von Widersprüchen als widerspruchslosen Zusammenhang weiß. Man weiß, was man will, wenn man Bestimmtes will unter Ausschluß des Anderen, das nicht mehr relevant ist. Das Bemühen um Objektivität und Einsichtigkeit kämpft mit den Widersprüchen und Gegensätzen, um ihrer Meister zu werden, indem es sich ihrer bedient.

Antinomien dagegen nennen wir Unvereinbarkeiten, welche nicht überwindbar sind, Widersprüche, die sich nicht lösen, sondern bei klarem Denken nur vertiefen, Entgegensetzungen, die kein Ganzes werden, sondern als unschließbare Brüche an der Grenze stehen. Die antinomische Struktur des Daseins bedeutet, daß Lösungen nur jeweils endliche von bestimmten Gegensätzen im Dasein sein können, während sich im Blick auf das Ganze an der Grenze überall die Unlösbarkeiten zeigen. Vollendung gibt es nur im Einzelnen und Relativen, das Dasein im Ganzen bleibt unvollendet; ein Sichabschließen des Daseins in sich wird überall durch Antinomien verhindert. Die Grenzsituationen von Tod und Leid, von Kampf und Schuld zeigten einzelne Antinomien; ihr Gemeinsames wird in dem Gedanken von der antinomischen Struktur des Daseins begriffen. Diese ist als das hoffnungslose Elend in der Welt und als die Bodenlosigkeit des sich als das endgültig Richtige suchenden Wollens bewußt. Im unerbittlichen Wissen des Besonderen erhellt sich jeweils dieser Daseinsaspekt als die Grenzsituation, in der alles Sein als Bestand im Zeitdasein und die Wahrheit des Ganzen als eine objektive in jeder Situation gültige sich auflöst.

In dieser Grenzsituation sieht man das Wertvolle gebunden an Bedingungen, die selbst wertnegativ sind. Überall ist etwas in Kauf zu nehmen, was nicht gewollt ist. Die Gegensätze gehören so zueinander, daß ich die eine Seite, welche ich bekämpfe und aufheben möchte, nicht loswerden kann, ohne die ganze Polarität und also auch das, was ich als Wirklichkeit will, zu verlieren. Freiheit ist gebunden an Abhängigkeit, Kommunikation an Einsamkeit, geschichtliches Bewußtsein an Wahrheit des Allgemeinen, ich selbst als mögliche Existenz an die Erscheinung meines empirischen Daseins.

P II, 249 f.

Verhalten zur antinomischen Struktur

Die antinomische Struktur des Daseins, dem hellen Auge gegenwärtig, kann diesem trotzdem als Grenzsituation wie verschleiert bleiben. Indem ich, statt in ihr zu existieren, mich zu ihr als *Zuschauer* verhalte, stelle ich die Antinomien immer neu nach ihren endlosen Abwandlungen in jeder Lage fest, beruhige mich bei ihnen und plädiere für den Reichtum der Welt und des Menschen in ihren Widersprüchen; ich lasse das Eine gelten und das Andere und trage auf zwei Schultern. Statt in der Grenzsituation für mögliche Existenz das Stauwerk der Hemmungen zu errichten, an dem sie im Dasein sich emportreibt, bleibt vielmehr der Widerstand aus; mein Leben, statt in ihm ich selbst zu werden, fließt gleichsam hindurch, in spielendem Schaum schöne Bilder blickend, aber ohne Substanz in sich, weil ohne ausschließende geschichtliche Bestimmtheit. Es wird ein Leben aus der Welt, statt aus dem Ursprung, expansiv statt intensiv, in der Mannigfaltigkeit des Erlebens, statt in existentiellem Bezug auf seine Transzendenz. Stehe ich so in der antinomischen Struktur der Welt wie einem großartigen gegenständlichen Sein als ergriffener Zuschauer gegenüber, statt in ihr zu existieren, so sehe ich in unverbindlicher Betrachtung. Dann habe ich, gefesselt an ein bestehendes antinomisches Weltbild, die Grenzsituationen doch für mich verloren.

Die andere Möglichkeit des Ausweichens ist die *Blindheit* für die aneinandergebundenen Gegensätze. Man denkt verstandesmäßig Alternativen und vollzieht allgemeingültig die Wahl zugunsten der einen Seite. Solche endgültigen Entscheidungen, nach denen ich mich im Konkreten nur zu richten habe, sind durch *rationale Klarheit* verführend und bequem durch die Erlaubnis, auf geschichtliche Vertiefung, die an das gefahrvolle Horchen auf den dunklen Anspruch der Wirklichkeit in meiner konkreten Situation gebunden ist, verzichten zu dürfen. Weil ich abstrakt weiß, was richtig ist, brauche ich nur zu subsumieren, was vorkommt. Die gewonnenen Grundsätze sind dazu da, mich des in die Tiefe dringenden Denkens zu überheben; ich bin gewaltsam in dieser Gradlinigkeit, aber die Sicherheit, die ich in diesem Handeln habe, ist ohne Selbstsein. Es ist ein im Grunde negatives, in seinen Folgen substantiell zerstörendes Tun.

Als Existierender kann ich jedoch nur zu mir kommen in der Grenzsituation der Antinomien: was wahrhaft im Ursprung ergriffen werden muß, das wird der Existenz nicht abgenommen durch eine unabhängig von ihr bestehende objektive Geltung. Will ich, statt die Dinge in der Welt, *ein Sein an sich als absolutes Sein erkennen*, so sehe ich mich in Antinomien verstrickt, die all mein vermeintliches Wissen in Widersprüchen scheitern lassen. Will ich *das Wahre wissen als ein objektives Ziel des Handelns* in einer zu realisierenden Vollendung, über der keine weitere mehr ist, so gerate ich in Widersprüche schon in möglichen Vorstellungen von Idealen und Utopien, dann in jedem Versuch einer Verwirklichung.

Die Antinomik des Daseins ist die Grenzsituation, welche das Absolute als objektiven Bestand in jeder Weise des Gewußtseins vernichtet; weil das Absolute nicht gradezu als Gegenstand in der Welt auftaucht, muß es aus Existenz jeweils in geschichtlicher Gestalt aus Freiheit ergriffen werden. Verlange ich die Möglichkeit der richtigen, gerechten, endgültigen Welteinrichtung als Bedingung für den Sinn meines Handelns, so ist für mich die Welt als Welt alles; ich verleugne Transzendenz. Wenn ich so das absolute Ziel als ein objektives für jedermann und immer will, sinke ich angesichts der Antinomien vor dem Nichts in die Hoffnungslosigkeit des Unmöglichen.

Da also das wahre Sein nur in der Grenzsituation oder gar nicht erfahren wird, so hätte in einer Welt ohne Antinomik, mit bestehender absoluter Wahrheit als objektiv vorhandener, Existenz aufgehört zu sein und mit ihr das Sein im Dasein, dem Transzendenz fühlbar werden kann.

Eine *Umkehrung* solchen Philosophierens wäre die Absurdität, das Leid, die Schuld und alle Antinomik zu wünschen und zu fördern, um darin zu existieren, sein Kreuz zu suchen und die felix culpa zu verherrlichen, sich zu quälen, krank zu machen, mit Skrupeln aufzulösen, sein Liebstes zu ruinieren. Jedoch ist der Gedanke, der Existenz erhellen möchte, nur sinnvoll, um darin wiederzuerkennen und den Appell zu erfahren, sinnlos, wenn er als Einsicht genommen wird, mit der man durch Veranstaltungen herbeiführen könne, was man als das Wahre begriffen habe. Es ist vielmehr so, daß wir alles tun, um zu meiden und zu bessern, was, wenn es wider unseren Willen bleibt und überwältigt, nicht nur Vernichtung zu sein braucht, sondern in ihr die Möglichkeit des Offenbarwerdens eigentlichen Seins bergen kann. …

Doch wenn Dasein sein muß, damit Sein sei, so begreife ich dieses Müssen nicht. Es handelt sich vielmehr um den Ausdruck der tiefsten Unbegreiflichkeit. Sie zu erhellen erweitert sich die Geschichtlichkeit von der Erscheinung der einzelnen Existenz im Dasein auf das Dasein im Ganzen, aber in unbestimmter Weise. *Das Dasein ist geschichtlich*, weil unvollendbar in der Zeit, unruhig sich hervorbringend, weil in keinem Zustand in Einstimmung. Das antinomische Gesicht ist die im Zeitdasein nicht aufhörende Forderung zum Anderswerden.

P II, 250–253

Das Scheitern

Die Allgegenwart und Unabänderlichkeit der Grenzsituationen verhängen über alles Seiende das Schicksal des Scheiterns. Im Humanen zeigt es sich vielfältig: als Scheitern des Denkens, des Wissens, der Gewißheit der Wahrheit, des Lebens, der Einheit der Existenz und der Erhellung der Transzendenz. Überall ist das Scheitern das Letzte. Für die sich verwirklichende Existenz bedeutet es, daß sie nur ein fragmentarisches Gelingen kennt und daß mithin Existenz sich als fragmentarische erhellen und wollen muß.

Der vielfache Sinn des Scheiterns

Alle Gestaltung der *Körperwelt* von Stoffen und Steinen bis zu den Sonnen ist bestandlos; in ihrem unaufhörlichen Wandel bleibt, woraus sie hervorgehen. Über jedes *lebendige Dasein* kommt der Tod. Der *Mensch* erfährt als Leben und in seiner *Geschichte*, daß alles sein Ende hat: Verwirklichungen werden im Wandel soziologischer Zustände unhaltbar; gedankliche Möglichkeiten erschöpfen sich; Weisen des geistigen Lebens klingen aus. Vernichtet wurde, was groß war; das Tiefe verflüchtigt sich, als ein anders Gewordenes wirkt es scheinbar fort. Geschichte war nur in Technik und Rationalisierung des Daseins, auf das Ganze gesehen, ein Fortschreiten, war im eigentlich Menschlichen und Geistigen jedoch im Hervorbringen des Außerordentlichen zugleich der Triumphweg zerstörender Mächte. Ginge eine Entwicklung der Menschheit ins Grenzenlose: kein in der Zeit als Weltdasein dauernder Zustand würde erreicht, ohne daß in ihm der Mensch als Mensch wieder zerstört würde; das Geringere und Massenhafte scheint zu überdauern in bloßem Anderswerden; der Weg wäre ohne Einheit des Sinns und der Kontinuität und so ohne Möglichkeit des Ganzwerdens; es würde nur verwirklicht und dann zerstört, was keiner Erinnerung je wieder gegenwärtig zu sein braucht. Ein noch lebendiges Dasein, das diese Vergangenheit gar nicht als Voraussetzung seines Bewußtseins besäße, sondern nur als vergessenes und wirkungsloses Vorher, wäre wie das Dasein von ein paar glimmenden Hölzern, die ebensogut der Rest des Brandes von Rom sein können wie des Verbrennens eines Abfallhaufens. Sollte eine phantastische Technik heute noch Unausdenkbares vollbringen, so könnte sie auch ebenso ungeheuer zerstören. Wäre die Möglichkeit, auf technischem Wege die Grundlagen allen Menschendaseins zu vernichten, so ist kaum zu zweifeln, daß sie auch eines Tages verwirklicht würde. Unsere Aktivität kann hemmen, verlängern, Aufschub für eine Spanne Zeit gewinnen; nach aller Erfahrung von Menschen in der Geschichte wird auch das Furchtbarste, das möglich ist, irgendwann und irgendwo, von jemandem vollbracht. – Das *Scheitern* ist *das Letzte*; so erweist es die unerbittlich wirklichkeitsnahe Weltorientierung. Mehr noch: es ist in allem das Letzte, was überhaupt im Denken zur Gegenwart kommt: Es scheitert im *Logischen* die Geltung an dem Relativen; das Wissen sieht sich an den Grenzen vor Antinomien gestellt, an denen die widerspruchslose Denkbarkeit zugrunde geht; über das Wissen hinaus taucht als übergreifend die nicht rationale Wahrheit auf. Es scheitert für die *Weltorientierung* die Welt als Dasein, da sie nicht aus sich selbst und in sich selbst zu begreifen ist; denn sie wird weder zu einem in sich geschlossenen, durchschaubaren Sein, noch kann der Erkenntnisprozeß zu einem Ganzen sich vollenden. Es scheitert in der *Existenzerhellung* das Ansichselbstsein der Existenz: wo ich eigentlich ich selbst bin, bin ich nicht nur ich selbst. Es scheitert in der *Transzendenz* der Gedanke an der Leidenschaft zur Nacht.

P III, 219 f.

Existenz muß fragmentarisch werden

Weil in der Unbedingtheit Existenz das Maß der Endlichkeit überschreiten will, wird die Endlichkeit des Daseins im Aufschwung der Existenz am Ende ruiniert. Darum ist das Scheitern als Konsequenz eigentlichen Seins im Dasein. Das Dasein besteht im Zusammensein von Vielem, das sich gegenseitig Möglichkeit und Raum lassen muß; die Welteinrichtung in Maß, Einschränkung, Zufriedengeben, Kompromiß schafft die relative Beständigkeit. Aber um eigentlich zu sein, muß ich diese Beständigkeit stören, Unbedingtheit kennt kein Maß. Die Schuld der Unbedingtheit, zugleich Bedingung der Existenz, wird gebüßt mit der Vernichtung durch das Dasein, das bestehen will. Daher gehen durch die Welt zwei Gestalten des Ethos. Die eine ist mit Anspruch auf

Allgemeingültigkeit ausgedrückt in der Ethik des Maßes, der Klugheit, der Relativität, ohne den Sinn für das Scheitern, die andere in fragendem Nichtwissen durch die Ethik der Unbedingtheit der Freiheit, welche alles für möglich hält, ergriffen von der Chiffre des Scheiterns. Beide Gestalten fordern sich gegenseitig und begrenzen eine die andere. Die Ethik des Maßes wird relativ gültig für Dauer und Bestand als Voraussetzung für die Möglichkeit des Daseins der Freiheit; die Ethik der Unbedingtheit wird relativ als Ausnahme, deren Anderssein anerkannt bleibt, wenn sie vernichtet wird.

Existenz muß sich als endliches Dasein ergreifen, das andere Existenzen und die Natur außer sich hat. Als mögliche Existenz aber will sie notwendig ganz werden und in Verwirklichung zur Vollendung ihres Werks und ihrer selbst gelangen. Ihre Unbedingtheit ist, Unmögliches zu wollen. Je entschiedener sie folgt und Anpassungen ausschließt, desto mehr will sie die Endlichkeit sprengen. Ihr höchstes Maß hat kein Maß mehr. Darum muß sie scheitern. Der Fragmentcharakter ihres Daseins und ihres Werks wird die Chiffre ihrer Transzendenz für andere auf sie blickende Existenz.

P III, 229 f.

MÖGLICHKEITEN DES MENSCHSEINS

Entscheidend für Jaspers' Philosophie ist, daß an den Grenzen, an die alle Wege des philosophischen Denkens und des Lebens führen, die Möglichkeiten des Menschseins aufleuchten, die mehr als bloßes Dasein sind. Der Kern aller erfüllten Möglichkeiten heißt »Existenz«. Jaspers hat deshalb immer wieder gefragt, was sie denn sei, und er ist immer erneut auf dasselbe Dilemma gestoßen: Jede Bestimmung der Existenz im Sinn von Eigenschaften wäre schon eine Objektivierung dessen, was nicht Objekt durch eine Verdinglichung werden darf. Denn Existenz ist nicht So-Sein, sondern Sein-Können, und nicht Gegeben-Sein, sondern Möglichkeit. Man kann sie deshalb nicht erkennen, sondern nur erhellen. Dies geschieht bei ihm vielfältig, indem er alle wesentlichen Begriffe seiner Philosophie mit ihr verbindet und in ihr verknüpft. – Der nachfolgende Text ist dem Alterswerk »Der philosophische Glaube angesichts der Offenbarung« entnommen.

Was ist Existenz?

Umkreisen wir, was Existenz sei:

1) Existenz ist *nicht Sosein, sondern Seinkönnen*, das heißt: ich bin nicht Existenz, sondern mögliche Existenz. Ich habe mich nicht, sondern komme zu mir.

Existenz steht ständig in der Wahl, zu sein oder nicht zu sein. Ich bin nur im Ernst des Entschlusses. Ich bin nicht nur da, nicht nur der Punkt eines Bewußtseins überhaupt, nicht nur der Ort geistiger Schöpfungen, sondern in diesen allen kann ich ich selbst oder in ihnen verloren sein.

2) Schon das Bewußtsein überhaupt ist das Dreisein: das *Subjekt* des »ich denke« ist auf *Gegenstände* gerichtet und ist darin auf sich selbst bezogen im *Selbstbewußtsein.*
In dieser Struktur liegt existentiell eine tiefere: Existenz ist das *Selbst, das sich zu sich selbst verhält* und *darin sich auf die Macht bezogen weiß, durch die es gesetzt ist* (Kierkegaard).
Sie ist Freiheit (nicht die Freiheit der Willkür des Daseins, nicht das Einstimmen in die Richtigkeit des Bewußtseins überhaupt, nicht die in Ordnungen des Geistes schaffende Phantasie) auf eine unfaßliche Weise: sie ist Freiheit, die nicht durch sich selbst ist, sondern die sich ausbleiben kann. Sie ist Freiheit nicht ohne die Transzendenz, durch die sie sich geschenkt weiß.
Der Ort der Transzendenz oder die Transzendenz selbst ist das Allumgreifende und als solches Verborgene, das für Existenz und allein für Existenz in der Erfahrung ihrer Freiheit Wirklichkeit ist. Existenz ist nicht ohne Transzendenz. Dies ist gleichsam die Struktur der Existenz, abgesehen davon wie Transzendenz im Raum des Bewußtseins überhaupt und des Geistes auch immer vorgestellt und gedacht wird.
3) Existenz ist als der je *Einzelne*, als dieses Selbst, unvertretbar und unersetzbar.
In den Kategorien »das Allgemeine und das Individuum« scheint die Existenz als das Individuum bestimmt. In den Kategorien »Wesen und Wirklichkeit« (essentia und existentia) scheint die Existenz als Wirklichkeit bestimmt. In diese Kategorien aber ist der Sinn der Einzigkeit und Unvertretbarkeit hineinzunehmen.
Das geschieht nicht, wenn das Allgemeine und das Wesen als das Erste, Bleibende, eigentlich Seiende gilt, und das Einzelne als verschwindender Fall. Wenn man aber umkehrt und sagt: das erste ist die Existenz, sie geht dem Allgemeinen, dem Wesen vorher – so ist auch das falsch, sofern der Einzelne er selbst nur durch das Allgemeine ist.

Was ist Existenz?

Sowie man unter Existenz den Gegenstand der Erfahrung als die Realität des Individuellen, der Einzeldinge versteht, die in der Welt vorgefunden werden, so ist das nicht die Existenz des Selbstseins, sondern das brutale Vorhandensein von Einzelnem in der Welt, das als Existenz fälschlich verklärt wird. Das Faktum ist noch nicht »Existenz«.

Das »individuum est ineffabile« gilt für beides. Aber die »Existenz« ist nicht Einzelding, dessen Realität als objektiver Gegenstand unendlich ist, sondern Wirklichkeit, die als Aufgabe ihrer selbst unendlich ist. Existenz ist nicht nur Vorgang in der Welt, sondern Ursprung von anderswoher, der in der Welt zur Erscheinung kommt.

Sowie man die Existenz als das Umgreifende des je einzelnen umgreifenden Daseins nimmt, blickt man zwar tiefer als im bloßen Anschauen des gegenständlich vorkommenden Faktischen. Aber Dasein ist noch nicht Existenz. Daß ich da bin, dies Sichfinden als Leben in der Welt, ist noch nicht die Selbstvergewisserung der Existenz.

Sowie ich mein Entscheidenkönnen bemerke, nicht bloß als Wahlfähigkeit der Willkür im Dasein, sondern als die Möglichkeit des Entschlusses, durch dessen Notwendigkeit ich ich selbst bin, sehe ich im Grunde dieses Entscheidenkönnens die mögliche Existenz: was ich bin, das werde ich durch meine Entscheidungen. Wenn ich aber die Freiheit der Existenz schon in der Willkür sehe oder in der Bejahung des richtig Gedachten, so habe ich die existentielle Freiheit verfehlt. Denn die Wahl im Seinkönnen der Existenz heißt: eigentlich sein können vor der Transzendenz. Eine Schöpfung seiner selbst aus dem Nichts der Willkür oder der allgemeinen Richtigkeit ist phantastisch.

Denn wenn das Seinkönnen der Existenz als absolutes Sein verstanden wird, als ob es aus dem Nichts durch seine Wahl erst Sein und dieses Sein würde, so widerspricht dies der geschichtlichen Grunderfahrung: Existenz ist Seinkönnen des Entschlusses im Sichgeschenktwerden, nicht aus dem Nichts, sondern vor der Transzendenz.

Im Rahmen der Kategorien von essentia und existentia und des Allgemeinen und des Individuums wird also dann eine falsche kategoriale Simplifikation gefunden, wenn die Existenz ins Dasein, in die Willkür, in die Zustimmung zum Allgemeingültigen gesetzt wird. Dann wird sie als sie selbst fallengelassen in das Nichts. Die Existenz selbst ist mehr. Sie kann mit Kategorien nie angemessen getroffen werden. Was »ich bin« heißt, wenn darin mögliche Existenz (nicht nur Dasein) liegt, und was ihre Bezogenheit auf Transzendenz bedeutet, das spricht Dante aus von der Seligkeit der Engel, in denen kein Rest der möglichen, sondern nur wirkliche Existenz ist (für uns nur ein Gleichnis): »In ihnen kann der Glanz Gottes rückglänzend sagen: ich bestehe (subsisto).« Subsistere ist synonym mit existere. Der Satz will sagen: nicht »ich bin da«, unbezüglich, sich selbst genügend, sondern das »ich bin« (subsisto), auf Transzendenz bezüglich, trifft, was wir seit Kierkegaard Existenz nennen.

4) *Die Existenz ist geschichtlich.* Dasein und Geist sind geschichtlich als bloße Vielfachheit des endlos Besonderen im Werden durch Kausalitäten und Verstehbarkeiten, die ins Unendliche, niemals abgeschlossen, erforschbar sind (objektiv historisch), dann als für sich begründet durch ein Schonvorher-sein in dieser Besonderheit des Überkommen in dieser Situation (subjektiv geschichtlich). Die Geschichtlichkeit der Existenz aber ist das Übernehmen der Gestalt des Daseins, des Geistes, des Bewußtseins überhaupt, an die sie als diese gebunden ist. Existenz durchdringt das Dasein in seiner Zufälligkeit, dieses zu mir Gehörende, das ich in seiner Objektivierung zugleich erkennen kann (ins Unendliche). Bin ich aber existentiell in der Zeitlichkeit des Daseins, so bin ich zugleich darüber hinaus. Existenz im Kleid ihrer zeitlichen Verwirklichung ist Geschichtlichkeit, die (im Unterschied von der objektiven und subjektiven Geschichtlichkeit von Dasein und Geist) die Koinzidenz von Zeitlichkeit und Ewigkeit ist. Im Unterschied von Geschichte als dem bloß

Vergehenden mit der Kontinuität und mit dem Abreißen von Überlieferungen ist Existenz das Zusichkommen des Selbst in der Zeit als ein Gegenwärtigwerden von Ewigem.

5) *Existenz ist nur in Kommunikation von Existenzen.* Als sich isolierendes Fürsichsein ist Selbstsein nicht mehr es selbst. Es kommt zu sich nur, wenn, in der Kommunikation mit anderem Selbst, dieses zu sich kommt. Daher gehört zur Existenz die kämpfende Liebe. In ihr verzichtet der Mensch auf die bloße Selbstbehauptung, holt sich aus jedem Zorn wieder heraus, bändigt den Stolz des Verletztseins. Denn in keiner sich isolierenden Wahrheit ist noch Wahrheit.

6) *Ich kann nicht durch Wissen, daß ich existiere, wirkliche Existenz sein.* Will ich es wissen, so verschwinde ich als Existenz. Alles in bezug auf Existenz Gesagte, Getane, Gestaltete bleibt indirekt. Das Indirekte ist nicht eine Veranstaltung, die ich unternehme, sondern bleibt die unüberwindbare Indirektheit auch vor mir selbst. Nur im rückhaltlosen Willen zu jeder möglichen Direktheit, zum Aufheben jeder Indirektheit, wird die Indirektheit wahr.

Daher wird unter Menschen immer auch wieder das Bewußtsein auftreten: das Wesentliche ist noch nicht gesagt, das Eigentliche noch nicht getan. Nicht weil es versäumt wäre, sondern weil auch dann, wenn alles möglich Scheinende gesagt und getan wurde (was nie geschehen kann), es doch nie ausreicht.

7) Existenz, *weil sie sich geschenkt weiß*, ist *im Grunde verborgen*. Warum liebe ich? Warum glaube ich? Warum bin ich entschlossen?

Diese Fragen sind nie, mag man noch so viele Voraussetzungen, Bedingungen, Motive des Erscheinens in der Welt angeben, beantwortbar. Jede Antwort macht die radikale Unbeantwortbarkeit bewußt.

Es gibt zwar kein sinnvolles Verbot zu fragen, wohl aber die Erfahrung des Klarwerdens: die Wirklichkeit der Existenz ist für unser Erkennen grundlos.

Was sich so in seiner Grundlosigkeit zeigt, ist Ursprung für uns, aber kein Gegenstand, keine Feststellbarkeit, keine Sichtbarkeit.

Will man etwa abwehren: man solle nicht durch Reflexion an das Unergründbare rühren; – Frage und Forschung zerstörten hier das, was wirklich sei; – so ist vielmehr umgekehrt zu sagen: das Eigentliche offenbart sich in seiner Verborgenheit nur um so entschiedener dem Denken (wenn es philosophisch, nicht abstrakt und nicht rationalistisch ist): das wesentliche Bleibende, quer zur Zeit – es ist unantastbar – mit dem Denken (im inneren Handeln) kommt es nur wirksamer hervor; zwar ist die Unmittelbarkeit des Vergänglichen der Zersetzung durch Frage und Reflexion ausgesetzt, aber durch Denken im Sich-selbst-offenbarwerden wird das Ursprüngliche nur wirklicher in der Erscheinung.

PGO, 118–121

Einsamkeit und Kommunikation

Jaspers' Existenzphilosophie verbindet die Philosophie der Grenzsituationen mit einer Philosophie der Kommunikation. Die beiden stehen in einer Spannung zueinander: Die Grenzsituationen stellen den Menschen vor die Einsamkeit seiner Sterblichkeit, und erst im Mut zu ihr wird er ihrer gewahr. Das Bedürfnis nach Kommunikation dagegen geht aus von der Einsamkeit, die im Prozeß des Mitseins zugleich aufbewahrt und aufgehoben wird. Innerhalb dieser Spannung war anfänglich die Erhellung der Grenzsituationen (in der »Psychologie der Weltanschauungen«) der relevantere Pol. Aber die Philosophie der Kommunikation wurde in der Folge immer wichtiger und bekam, bis zum Gedanken der »universalen Kommunikation«, eine zunehmend breitere Entfaltung. Schließlich wurde sie geradezu zum Prüfstein der Wahrheit: »Wahrheit ist, was uns verbin-

det.« Die »Existenzerhellung«, der die folgenden Texte entnommen sind, hält das Gleichgewicht der beiden Philosophien. Sowohl die Aneignung der Grenzsituationen als auch der Prozeß der Kommunikation sind *conditio sine qua non der Existenz.*

Daseinskommunikation

Kommunikation, d. i. das Leben mit den Anderen, wie es im Dasein auf mannigfache Weise vollzogen wird, ist in Gemeinschaftsbeziehungen da, die zu beobachten, in ihren Besonderheiten zu unterscheiden, in ihren Motiven und Wirkungen durchsichtig zu machen sind. Jede Weise der Gemeinschaft, unentbehrlich für Dasein und darum für mögliche Existenz im Dasein, ist aber als solche nie schon diejenige, welche ich als mögliche Existenz eigentlich will. Diese vielmehr ist zu erfragen an der *Grenze* der zu *betrachtenden* Kommunikation. Die psychologisch und soziologisch wirklichen Beziehungen sind Gegenstand der Forschung; die wahre Kommunikation, in der ich eigentlich erst mein Sein weiß, indem ich es mit dem Anderen hervorbringe, ist empirisch nicht vorhanden; ihre Erhellung ist philosophische Aufgabe.

P II, 51

Existentielle Kommunikation

In der Kommunikation, durch die ich mich selbst getroffen weiß, ist der Andere nur *dieser* Andere: die *Einzigkeit* ist Erscheinung der Substantialität dieses Seins. Existentielle Kommunikation ist nicht vorzumachen und nicht nachzumachen, sondern schlechthin in ihrer jeweiligen Einmaligkeit. Sie ist zwischen zwei Selbst, die nur diese und nicht Repräsentanten, darum nicht vertretbar sind. Das Selbst hat seine Gewißheit in dieser Kommunikation als der absolut geschichtlichen, von außen unerkennbaren. Allein in ihr ist das *Selbst für das Selbst in gegenseitiger Schöpfung.* In geschichtlicher Entscheidung hat es durch Bindung an sie sein Selbstsein als isoliertes Ichsein aufgehoben, um das Selbstsein in Kommunikation zu ergreifen.

Der Sinn des Satzes, daß ich erst ich selbst in meiner Freiheit bin, wenn der Andere er selbst ist und sein will, und ich mit ihm, ist nur *aus Freiheit als Möglichkeit* zu ergreifen. Während die Kommunikationen im Bewußtsein überhaupt und in der Tradition erkennbare Daseinsnotwendigkeiten sind, ohne die ein Versinken ins Unbewußte unausweichlich würde, ist die Notwendigkeit existentieller Kommunikation nur eine solche der Freiheit, darum objektiv unbegreiflich. Der eigentlichen Kommunikation ausweichen wollen, bedeutet Aufgeben meines Selbstseins; entziehe ich mich ihr, so verrate ich mit dem Anderen mich selbst.

P II, 58

Einsamkeit und Kommunikation

Komme ich zu mir selbst, so liegt in dieser Kommunikation beides: Ichsein und Mit-dem-Anderen-Sein. Bin ich nicht auch als ein Eigenständiger unabhängig ich selbst, so verliere ich mich ganz im Anderen; die Kommunikation hebt mit mir selbst zugleich sich auf. Umgekehrt: beginne ich mich zu isolieren, so wird die Kommunikation ärmer und leerer; ich höre im Grenzfall ihres absoluten Abbruchs auf, selbst zu sein, weil ich zu punktueller Leere verflüchtigt bin.

Einsamkeit ist nicht identisch mit soziologischem Isoliertsein. Wer etwa in primitiven Zuständen und ohne eigenständiges Selbstbewußtsein aus seiner Gemeinschaft ausgestoßen wird, lebt in dieser Gemeinschaft innerlich fort oder hat ein dunkles Verzweiflungsbewußtsein des Nichtseins; er ist weder in der Geborgenheit noch im Ausgeschlossensein einsam, weil er nicht ein Ich für sich selbst ist.

Erst im hellen Bewußtsein entwickelter Zustände gilt: Ich selbst sein heißt einsam sein, jedoch so, daß ich in der Einsamkeit noch nicht ich selbst bin; denn Einsamkeit ist das Bereitschaftsbewußtsein möglicher Existenz, die nur in Kommunikation wirklich wird.

Kommunikation findet jeweils zwischen Zweien statt, die sich verbinden, aber zwei bleiben müssen – die zueinander kommen aus der Einsamkeit und doch Einsamkeit nur kennen, *weil* sie in Kommunikation stehen. Ich kann nicht selbst werden, ohne in Kommunikation zu treten, und nicht in Kommunikation treten, ohne einsam zu sein. In aller Aufhebung der Einsamkeit durch Kommunikation wächst eine neue Einsamkeit, die nicht verschwinden kann, ohne daß ich selbst als Bedingung der Kommunikation aufhöre. Ich muß die Einsamkeit wollen, wenn ich selbst aus eigenem Ursprung zu sein und darum in tiefste Kommunikation zu treten wage. Zwar kann ich mich aufgeben und distanzlos in dem Anderen zerfließen; aber wie Wasser, das nicht gestaut wird, in dünnem Rinnsal kraftlos dahinfließt, so das Ich, das nicht mehr die Härte des Selbstseins und Distanzierens will.

Im Dasein ist die Polarität von enthusiastischer Hingabe seiner selbst und strengem Ansichhalten in der Einsamkeit existentiell unaufhebbar. Mögliche Existenz ist im Dasein nur als die Bewegung zwischen beiden Polen in einer Bahn, deren Ursprung und Ziel dunkel bleibt. Will ich die Einsamkeit nicht in Kauf nehmen, um sie immer von neuem zu überwinden, so wähle ich entweder chaotisches Zerrinnen oder Fixierung in selbstlosen Formen und Gleisen; will ich die Hingabe nicht wagen, so werde ich zunichte als erstarrtes, leeres Ich.

Bleibt daher auch eine Unruhe im Dasein des Selbst, die nur in Augenblicken sich löst, um alsbald in neuer Gestalt zu entstehen, so ist diese Bewegung doch keine endlose Wiederholung in hoffnungslosem Getriebensein, sondern in ihr ergreift mögliche Existenz Richtung und Aufstieg, deren Ziel und Grund, wenngleich sie für keine Einsicht bestehen, für Existenz im Transzendieren erhellbar werden.

Gegen diese Kommunikation der Einsamkeit wendet sich eine ihr ursprünglich fremde Grundhaltung: Solche Kommunikation sei nur der hoffnungslose Versuch einer Gemeinschaft der Einsamen; es sei darin nur das eigenwillige Selbstsein, das sich der Wahrheit verschließe, welche in echter Gemeinschaft liege; der schuldhaft Einsame schaffe sich ein Philosophieren als seinen Wahn, Gefährten der Einsamkeit zu haben. Auf die Frage aber, was denn die echte Gemeinschaft sei, ist die Antwort: Was alle Menschen verbinden kann. Dies ist entweder die offenbare Wahrheit, der gehorsam zu folgen ist in der Gemeinschaft der Gläubigen; oder es ist eine Idee richtiger Welteinrichtung, ausschließender staatsnationaler Zusammenfassung aller Kräfte zu einer von einem einzigen Willen gelenkten Macht, erobernder Weltgestaltung als des Glückes aller usw.; der Mensch habe sich selbst zu entsagen; diene ich dem Ganzen, so stehe ich in wahrer Gemeinschaft; Selbstsein heiße selbstlos sein.

Beide, die philosophische Haltung zur Kommunikation und diese Gegner, sind überzeugt von dem Satze: *Wahrheit ist, was Gemeinschaft stiftet*; Religion und Philosophie sind auch darin einig, daß das bloß Verstehbare nur Scheingemeinschaften in einem objektiv Gewußten herstellt. Das Verstehbare ist in Wahrheit das Medium für die Gemeinschaft im Unverständlichen, das es zu dem unendlichen Prozeß des Klarwerdens bringt. Das bloß Verstehbare aber als Gewußtes wird unverbindlich, weil vom Selbstsein distanziert; es lockert die Gemeinschaft, wenn es zur Hauptsache wird. In wasserheller Rationalisierung von allem würde die Kommunikation als Gemeinschaft verschwunden sein.

P II, 61 f.

Kommunikation als Prozeß

Kommunikation hört nie auf, eine kämpfende zu sein. Nur partikular kann der Kampf zu einem Ende kommen, im

Ganzen niemals: wegen der Unendlichkeit der Existenz, die, in der Erscheinung nie sich vollendend, nicht aufhört zu werden, soweit sie auch kommt.

In der Solidarität kämpfenden Suchens gibt es immer nur die größere Nähe und Ferne zwischen den Einzelnen; denn die absolute Kommunikation ist in der Zeit nur als die Gewißheit des Augenblicks; sie wird unwahr als festgehaltenes objektives Resultat und bleibt wahr als die aus ihm hervorgehende Treue. Was eigentlich und wahr wird, hat am wenigsten bestehendes Sein, ist als Erscheinung nur im Werden und Verschwinden.

Zwischen Menschen ist es grade im Wesentlichen nicht möglich, gleichsam in einem Schlage das Wahre zu erfassen. Der Mensch und seine Welt sind nicht reif im Augenblick, sondern *erwerben sich* durch eine *Folge* von Situationen. Er muß durch vorläufige, halbe, unvollständige Positionen hindurch, damit sie sich ergänzen; durch ins Extrem übersteigerte, damit sie sich überschlagen. Wer nur richtig handeln und sprechen will, handelt gar nicht. Er tritt nicht ein in den Prozeß und wird unwahr, weil er unwirklich ist. Wer wahr sein will, muß wagen, sich zu irren, sich ins Unrecht zu setzen, muß die Dinge auf die Spitze treiben, oder auf des Messers Schneide bringen, damit sie wahrhaft und wirklich entschieden werden.

Da somit keiner an den Anderen oder an sich den Anspruch stellen kann, in der Zeit vollendet zu sein, so will die existentielle Solidarität *in Gegenseitigkeit sehen*, nicht, um aburteilend nur zu verwerfen, sondern um auch grade im Versagen und Verstricktsein die Hand zu halten. Sie ist zwar nicht lässig, vielmehr unerbittlich in der Forderung, aber auch der Möglichkeit bewußt, sich im Fordern zu irren. In der Kommunikation vernichtet die Forderung nicht wie ein starres Gesetz; ihr gilt das eigentliche Selbstsein auch da, wo es fast wie verloren erscheinen könnte, in seiner Möglichkeit, aus der erst die Forderung kommt. Durch alle empirische Sichtbarkeit hindurch treffen sich diese Möglichkeiten, welche im Prozesse der Erscheinung ihres eigentlichen Seins gewiß werden wollen. Selbst zu werden, verlangt den Eintritt in den Prozeß, in welchem der Eine dem Anderen offenbar wird, um gemeinsam abzustoßen zum Aufschwung absoluten Verbundenseins; Schuld aber ist die stolze Isolierung eines sich verschließenden Selbstseins, das ohne Prozeß wäre wie ein Tod bei lebendigem Leibe.

Das Endziel ist in der Kommunikation nicht zu wissen. Die Frage nach dem *Erfolg* wäre von zweifachem Sinn: ob Erfolge gemeint sind als zweckbezogene Realisierungen durch Gemeinschaft in der Welt, oder ob Erfolg gemeint ist im Sinne dessen, das entschieden und damit zu ewiger Wirklichkeit gebracht ist. Materielle Erfolge im sichtbaren Dasein werden anerkannt und sind der mögliche Leib existentiellen Erfolgs, aber sie gehen alle auf in der Sinnwidrigkeit des Endlosen und Vergänglichen. Existentieller Erfolg aber hat kein objektives Kriterium; nur das Gewissen möglicher Existenz nimmt ihn wahr in kommunikativer Verbundenheit. Im Dasein hat sich Existenz verwirklicht als Selbst mit Selbst, wenn auch diese Wirklichkeit für kein Wissen besteht.

P II, 69 f.

Kommunikation und Liebe

Sofern daher Selbstsein erst in der Kommunikation wird, bin weder ich noch der Andere eine *feste Seinssubstanz*, die der Kommunikation vorherginge. Vielmehr scheint eigentliche Kommunikation grade dort aufzuhören, wo ich mich und den Anderen als solchen festen Seinsbestand nehme; dann ist sie nur wie eine für das Selbstsein im Wesentlichen folgenlose Berührung im Grunde solipsistischer Wesen.

Das Selbstwerden in Kommunikation erschien darum *wie eine Schöpfung aus nichts*. Es ist, als wenn in den Polaritäten von Einsamkeit und Vereinigung, von Offenbar- und Wirklichwerden ein solidarischer Kampf ohne erkennbaren Ursprung möglich würde, um aus sich das Selbstsein hervorgehen zu lassen. In der Tat ist allem fixierenden Behaupten eines für sich bestehenden Einzelseins als geschlossener Monade die Dialektik eines Werdens entgegenzusetzen, in welchem die Glieder nur sind, was sie als ihr Selbstsein miteinander hervorbringen. Aber die Aussage des existentiellen Werdens aus nichts hat nur negativ Geltung gegenüber dem Versuch objektiven Erklärens aus einem vorausgesetzten Dasein, nicht als Aussage, in der Selbstsein sich in einem Ursprung positiv getroffen wissen könnte. Es ist vielmehr zu fragen, in welchem Sinne das dem Sein der Existenz *Vorhergehende*, das in der Kommunikation als Selbstsein zutage tritt, zu fassen ist.

Die *Möglichkeit* geht vorher in der Gestalt des verzehrenden Ungenügens, das Bereitschaft für den Freund bedeutet und sich in der Vergewisserung jeder täuschenden Antizipation fähig macht, ihn zu finden. Die vorhergehende *Daseinswirklichkeit* ist das faktische Sichtreffen in der Zeit als Zufall. Die vorhergehende *Substanz* ist aber die grundlose *Liebe* zu dem Einzelnen. Wenn für die *objektive* Betrachtung das Nichts der Seinsursprung des Selbstseins ist, so für *existentielles Bewußtsein* die Transzendenz in dieser geschichtlichen Gestalt des vorbereitenden Ungenügens, des die Wirklichkeit ermöglichenden Zufalls, der das Selbstsein bewegenden Liebe.

Liebe ist noch nicht die Kommunikation, aber ihre Quelle, die durch sie sich erhellt. Das in der Welt unbegreifliche *Ineinsschlagen des Zueinandergehörens* läßt ein *Unbedingtes* fühlbar werden, das von nun an *Voraussetzung* der Kommunikation ist und in ihr den liebenden Kampf unerbittlicher Wahrhaftigkeit erst möglich macht.

Liebe ist als jeweils *einzige*. Sie hat zu ihrem Daseinsleibe die Wirklichkeit dieser Menschen mit ihrem *Dunkel*. Es ist als ob in dieser Erscheinung das Sein des Ursprungs zu sich spräche.

Die tiefste Berührung steht für sich in der Transzendenz. Die Zeitfolge ist wie ein Offenbaren dessen, was ewige Gegenwart ist, das *Sichwiederfinden* derer, die in der Ewigkeit schon sich gehören. Wie Plotin vom Einen sagt, daß es stets gegenwärtig sei, der meist in sich verschlossene Mensch sich ihm nur öffnen müsse: denn es ist stets und ist nicht, es kommt nicht und geht nicht; so spricht im Lied die Liebende:

> Sag mir nicht willkommen, wenn ich komme,
> Nicht leb wohl, mein Liebster, wenn ich geh,
> Denn ich komme nimmer, wenn ich komme,
> Und ich gehe nimmer, wenn ich geh.

Ich und Du, im Dasein getrennt, sind eins in der Transzendenz, dort sich nicht treffend und sich nicht verfehlend, hier aber im Werden kämpfender Kommunikation, welche in Gefahr offenbart und bestätigt. Wo diese Einheit ist, da ist der Sprung aus dem schon Unbegreiflichen zum absolut Undenkbaren.

In der Erscheinung des Zeitdaseins aber bleibt die *Bewegung* der Liebe. Sie *entspringt* als motivlose Liebe und Geliebtwerden, erfährt sich im Anfang als Entscheidung wie über das Sein des Liebenden selbst, dann als Notwendigkeit, die sich ihrer gewiß ist. Das Erblicken des Seins in diesem Menschen ist wie das Erblicken des Seins selbst im Grunde der geschichtlichen Erscheinung; das Sehen des Menschen wird Verklärung ohne Illusion. Im *Fortgang* ist die eigene Liebe der Aufschwung, das Geliebtwerden der Appell an das eigentliche Selbstsein. Das Dasein bringt die harten Wirklichkeiten, welche zu durchdringen sind, die Kommunikation bringt die Offenbarkeit, vermöge der das Selbstsein erst zu sich kommt. In ihr wird man einander alles schuldig. Weil wahre Liebe unlösbar ist, bleibt die Schicksalsgemeinschaft, die Erfahrung nicht nur von Gefahr und Verlust in Dasein und Selbstsein, sondern des radikalen Scheiterns in der Erscheinung.

Obgleich Liebe sich ihrer gewiß ist, wird das Selbstsein des Menschen sich fragwürdig in der *Verwechslung*: wenn ich zu lieben glaube und eine entschiedene Ergriffenheit meines Wesens doch zur Verstrickung in Falschheiten zu führen scheint; wenn *Erotik*, übermächtig mich ergreifend, eine vitale und geistige Vereinigung bewirkt, die, weil sie als ein Geschehen unter Bedingungen erfahren wird, doch nicht unbedingt den ganzen Menschen verpflichtet; wenn der *Ausbruch aus der Einsamkeit*, der verzweifelt nach dem Anderen greift, ihn illusionär sich als das hinstellt, woran er seinen Willen zum Verpflichtetsein binden kann, um als Ersatz für die Bewegung wirklicher Liebe die aufreibende, weil täglich die Enttäuschung sich wegredende Fesselung an das Idol zu ergreifen; wenn schließlich der *Besitzwille*, der zu eigen haben und schützen will, was er zugleich zu lieben und zu achten meint, nicht eigentlich achten und lieben kann, weswegen er auf das Urteil der Anderen über sein Lieben und Geliebtwerden Wert legt und durch deren Negationen als er selbst getroffen wird. Keine die Kommunikation hemmende Macht kann Liebe sein.

Die Unzerstörbarkeit der Verwirklichung der Liebe in vorbehaltloser sich selbst restlos einsetzender Kommunikation bedeutet, daß Treue auch im Ende bleibt. Aber *ohne existentielle Kommunikation ist alle Liebe fragwürdig*. Wenn Kommunikation auch die Liebe nicht begründet, so ist doch keine Liebe, die nicht in Kommunikation sich bewährt. Wo Kommunikation endgültig abbricht, hört Liebe auf, weil sie Täuschung war; wo sie aber wirklich war, kann die Kommunikation nicht aufhören, sondern muß ihre Gestalt verwandeln.

Kommunikation ist die von der Liebe erfüllte *Bewegung* im Zeitdasein, welche auf das Einswerden zu gehen scheint, aber im Einsgewordensein aufhören müßte. Das *Zweisein* läßt die Liebe nicht zur Ruhe kommen. Was in der Transzendenz als Einssein zwar gedacht wird, würde, im Dasein für wirklich und in der Transzendenz für daseiend gehalten, die

Liebe in der Prozeßlosigkeit eines vermeintlichen Bestandes zugrundegehen lassen.

Liebe, der substantielle Ursprung des Selbstseins in der Kommunikation, kann Selbstsein als die Bewegung ihres eigenen Offenbarwerdens hervorbringen, nicht zu einem Abschluß sich vollenden lassen.

P II, 70–73

Freiheit und Notwendigkeit

Jaspers' Philosophie der Existenz ist wesentlich eine Philosophie der Freiheit: Freiheit im Aneignen der Grenzsituationen und im Prozeß der Kommunikation. Dabei wird Freiheit nicht als Eigenschaft oder als So-Sein verstanden, sondern als ein Sein-Können und somit als Möglichkeit. Diese Möglichkeit ist nicht mit Willkür oder mit Beliebigkeit zu verwechseln. Sie entspringt nicht einer Alloffenheit der Existenz, sondern ihrer geschichtlichen Enge. Deshalb trifft Freiheit mit einer Notwendigkeit besonderer Art zusammen, die nicht Naturnotwendigkeit ist, sondern existentielle Notwendigkeit: ein So-Müssen oder Nicht-anders-Können im Werden der Existenz. Was sie letztlich ist oder sein wird, entzieht sich jeder vorwegnehmenden Erkenntnis: sie zeigt sich nicht im Denken, sondern im Existieren.

Freiheit wird nicht erkannt

Anfang und Ende der Freiheitserhellung bleibt aber, daß *Freiheit nicht erkannt,* auf keine Weise objektiv *gedacht* werden kann. Ich bin ihrer *für mich* gewiß, nicht im Denken, sondern im Existieren; nicht im Betrachten und Fragen nach ihr, sondern im Vollziehen; alle Sätze über Freiheit sind vielmehr ein stets mißverstehbares, nur indirekt hinzeigendes Kommunikationsmittel.

Freiheit ist nicht absolut, sondern zugleich immer gebunden, nicht Besitz, sondern Erringen. Wie sie selbst, so ist *ihr Gedachtwerden* nur *in Bewegung*. Das Bewußtsein der Freiheit ist nicht mit einem einzigen charakteristischen Ausdruck auszusprechen. Erst in der Bewegung von einem Ausdruck zum anderen wird ein Sinn offenbar, der in keinem einzelnen Ausdruck für sich sichtbar ist. Wenn in dem »*ich wähle*« das Bewußtsein des Entscheidens die eigentliche Freiheit trifft, so ist diese Freiheit doch nicht in der Willkür der Wahl, sondern in jener Notwendigkeit, die sich ausspricht als »*ich will*« im Sinne des: »*ich muß*«. In beiden wird Existenz ihres ursprünglichen Seins im Unterschied von empirischem Dasein gewiß und würde in diesem Augenblick sagen können, »*ich bin*«, darin ein Sein treffend, welches das Sein der Freiheit ist. Alle Ausdrücke – ich bin, ich muß, ich will, ich wähle – sind als solche der Freiheit nur *zusammen*zunehmen. Denn jeder Ausdruck für sich, ohne Interpretation durch die anderen, würde entweder empirisches Dasein oder triebhaftes Müssen oder psychische Willkür bedeuten. Im Freiheitsbewußtsein sind alle Momente so in eins verschlungen, daß hier im Ursprung die Tiefe ist, woraus jene einzelnen Momente als Erscheinungsformen entspringen: Wahl ist nicht ohne Entscheidung, Entscheidung nicht ohne Willen, Wille nicht ohne Müssen, Müssen nicht ohne Sein.

P II, 185 f.

Ursprung des Freiheitsbewußtseins

Freiheit ist nicht außerhalb des Selbstseins. In der gegenständlichen Welt ist für sie weder Platz noch Lücke.

Wüßte ich aber das Sein der Transzendenz und aller Dinge in ihrer Ewigkeit, so würde damit Freiheit unnötig und die Zeit wäre erfüllt: ich stünde in ewiger Klarheit dort, wo nichts mehr entschieden zu werden braucht. Wie ich aber im Zeitdasein bin, weiß ich nur das Dasein, wie es sich mir in der Weltorientierung zeigt, nicht das Sein in seiner Ewigkeit.

Ich aber muß wollen, weil ich *nicht* weiß. Nur meinem Wollen kann sich das dem Wissen unzugängliche Sein offenbaren. Nichtwissen ist der Ursprung des Wollenmüssens.

Das ist die Leidenschaft der Existenz, daß sie unter dem Nichtwissen nicht absolut leidet, weil sie in Freiheit will. Ich würde am Nichtwissen verzweifeln im Gedanken einer unausweichlichen Unfreiheit.

Der Ursprung der Freiheit schließt sie aus von dem Dasein, das ich erforsche; in ihr hat seinen Grund das Sein im Dasein, das ich selbst sein kann.

P II, 191

Das Phantom der absoluten Freiheit

Der Gedanke einer absoluten Freiheit geht auf ein Sein, das die Einschränkung jeder Freiheit aufhebt, ohne die Freiheit selbst aufzuheben. Jede Freiheit, die Freiheit eines Einzelnen ist, muß aber im Gegensatz stehen, sich im Prozeß und Kampf entfalten, und darum immer beschränkt sein. Eine absolute Freiheit wäre die Freiheit einer Totalität, die nichts mehr außer sich, alle Gegensätze in sich hätte. Ist absolute Freiheit, so ist, was an sich ist, Freiheit. ...

Diese absolute Freiheit ist offenbar entweder ein Mythus vom Sein der sich denkenden Gottheit (und hat hier als Chiffre einen Sinn), oder sie ist die Erhellung einer Form absoluten Bewußtseins, das im Erkennen sich verwirklicht (und trifft hier ein Wahres); sie ist in beiden Fällen gemeint als wirkliche Freiheit. Sie ist aber nicht, was sie zu sein vorgibt; denn weder im Mythus noch in der kontemplativen Erfahrung absoluten Bewußtseins kann der Mensch das Sein der Freiheit derart ergreifen, daß er, wie dieser Inhalt dem Sinn nach fordert, bei ihm bleiben könnte. Dies Erdenken absoluter Freiheit betritt ein Feld, das faktisch nicht absolut ist, sondern etwas außer sich hat, wohin der Denkende sogleich zurückfällt.

Die absolute Freiheit ist ferner keine eigentliche Freiheit, sofern in ihr Existenz aufgehoben ist zugunsten eines Allgemeinen und Totalen; nicht nur Subjekt und Objekt verschwinden, sondern mit allen Gegensätzen verdampft die Existenz selbst in Nichts.

Absolute Freiheit ist schließlich sinnwidrig: Freiheit wird leer, wo sie ohne Gegensatz ist; sie ist im Gegensätzlichen als Prozeß. Sie kann in keinem Erreichen bleiben; ihr eigener Inhalt ist im Verschwinden; in der Erscheinung der Existenz im Dasein, aber weder in der Transzendenz noch in der Natur ist ihr Ort. Mag ihr letzter Sinn sein, sich selbst aufheben zu wollen; das, wozu sie sich aufhebt, ist nicht mehr Freiheit, sondern Transzendenz.

P II, 194 f.

Einheit von Freiheit und Notwendigkeit

Während Freiheit in ihrem objektiven Dasein als Willkür erscheinen kann, weiß sie sich im existentiellen Ursprung grade als notwendig. Wenn aber die Identität von Freiheit und Notwendigkeit sich nur im Ursprung des Einzelnen vollzieht, so ist auch sie keine absolute Freiheit.

Die Notwendigkeit, die durch das, was ich bisher tat, in mein kommendes Tun gelegt wurde, ist die eigene, die zugleich wie eine andere mich durch mich selbst bestimmt. Jede existentielle Wahl erhellt sich als etwas Endgültiges, das jeweils einmalig vollzogen nicht rückgängig zu machen ist. In der Wahl frei, binde ich mich durch sie, vollziehe und trage die Konsequenzen. Erst das helle Bewußtsein dieser Entscheidung macht die Wahl zu einer existentiellen. Damit wird jede Entscheidung ein neuer Grund in der Gestaltung meiner geschichtlichen Wirklichkeit. Nunmehr werde ich nicht gebunden durch das empirisch Wirkliche, das vermöge meines Handelns so wurde, sondern durch den Schritt, den ich als Selbstschöpfung im Augenblick der Wahl an mir selbst tat. Ich wurde so, wie ich mich gewollt habe. Wenn auch in der Zeit noch immer Möglichkeit bleibt, so ist doch mein Sein nun gebunden durch sich selbst und zugleich noch frei.

P II, 195 f.

Bedingtes und unbedingtes Handeln

Der Kosmos ist durchwaltet vom Naturgeschehen. Pflanzen und Tiere leben und agieren unbewußt. »Nur der Mensch handelt.« Unter »Handeln« versteht Jaspers »die Aktivität, die sich wissend selbst bestimmt«. Er trennt zwischen zwei Arten, die sich nicht phänomenologisch unterscheiden lassen, sondern nur transzendental von ihrem Ursprung her: das bedingte Handeln ist entweder als Triebhandeln oder als rationales Zweckhandeln oder als von Interessen gelenkte Vitalität ein Tun des Menschen als Dasein. Das unbedingte Handeln dagegen entspringt aus Freiheit der Existenz. Das bedingte Handeln ist an Situationen gebunden, das unbedingte zugleich an Grenzsituationen, die es sich aneignet. Das bedingte Handeln verliert sich an Dasein, das unbedingte durchbricht Dasein. All diese Momente sind indes nur Hinweise auf eine Möglichkeit des Handelns, die Jaspers nicht befriedigend definieren kann. Eigentlich besagen sie nur: Im Handeln kann noch etwas anderes gegenwärtig sein als bloß Triebbefriedigung, kalkulierende Zweckrationalität und vitales Interesse, nämlich die Tiefe einer Existenz, die um die Grenzsituationen und um das letzte Scheitern in ihnen weiß. Nur was dieser Tiefe entspringt, ist existierend getan, und nur diesem Handeln erwächst die Seinsgewißheit.

Unterscheidungen zwischen bedingtem und unbedingtem Handeln

Vom Wandel der Gestirne bis zu den Veränderungen auf der Erdoberfläche ist nur ein *Geschehen*. Pflanze und Tier leben in unbewußter Zweckbezogenheit ihres in sich geschlossenen Daseins. Nur der Mensch handelt. Im Handeln weiß er, was er will. Handeln ist die Aktivität, die sich wissend selbst bestimmt. ...

Ob das Handeln unmittelbares Triebhandeln oder ein sich loslösendes verstandesmäßiges Zweckhandeln oder vom Trieb in der Reflexion erfülltes vitales Handeln ist, es ist ein in seinem Wesen *bedingtes* Tun des Daseins. Der Trieb zur Daseinserweiterung, zum sinnlichen Genuß, zu Geltung und Wirkung, alles, was die Philosophen seit alters als Lust, Reichtum und Macht zusammennehmen, bedingt das Handeln, durch das es seine Befriedigung sucht. Wunsch nimmt die Erfüllung vorweg. Angst das Nichterreichen; beide lähmen. Hoffnung und Sorge spornen die Aktivität.

Aber dieses Handeln kann nur einen Augenblick scheinbare Ruhe finden. Sättigung und Ermüdung, Schalwerden und Wollen eines Neuen treiben es voran ohne Möglichkeit, ein endgültiges Ziel zu erreichen. Das sinnlose Getriebensein ohne Endzweck ist wie eine Täuschung des Menschen, in der sein Lebenstrieb ihm vorgaukelt, was er nie finden kann; es ist die Qual der Lebensgier, welche blind sich selber wieder hervorbringt, bis das Leben abbricht.

Im Handeln des Menschen kann jedoch ein *Anderes* gegenwärtig sein, durch das es aus der zeitlichen Endlosigkeit zurückgenommen ist in ein Selbstsein, das handelnd sich gewiß wird. Es ist positiv gegenwärtig als Seinsbewußtsein, selbst im Scheitern, negativ als Unruhe des Sichverlierens, selbst im reichsten Dasein. Wir nennen es das *unbedingte Handeln*. Ist das Handeln bedingt durch Lust der Triebbefriedigung, durch Zweck und durch Daseinsinteressen, so kann unbedingtes Handeln zwar ohne diesen Daseinsleib des Lebenswillens nicht wirklich sein, ist aber in den bedingten Handlungen nicht nur in ihnen, sondern zugleich über sie hinaus.

P II, 292 f.

Dasein und Unbedingtheit

Handeln ist gebunden an Situationen in der Welt. Als unbedingtes Handeln vollzieht es sich zugleich in der *Grenzsituation*. Unbedingtheit als Existenz in der Grenzsituation ist objektiv nicht sichtbar. Für die psychologische Forschung ist sie nicht zu unterscheiden von der unbekümmerten Vitalität, die nicht fragt, was sie eigentlich will.

Man kann daher unbedingte Handlungen nicht zureichend definieren. Gedacht sind sie nur das *appellierende signum*, das nicht faßlich wird außer in der Umsetzung zu eigenem Wesen.

Ihr Denken trifft sie als Möglichkeit in *Kontrastierung* zu Handlungen in der Daseinsverabsolutierung. Handlungen aus bloßem Dasein sind wie heimatloses Irren in der Welt, als käme ihnen über das Partikulare hinaus weder Ziel noch Sinn zu; denn sie sind nicht mehr bloßes Naturgeschehen und sind schon herausgetreten aus der ungewußten Zweckbezogenheit biologischen Daseins.

Dann trifft das signum der unbedingten Handlungen in der *Identifizierung* mit dem Handeln aus der Geschichtlichkeit der Existenz die Durchdringung von Dasein und Unbedingtheit: verbunden mit allem Dasein unterscheidet sich Unbedingtheit von ihm dergestalt, daß sie in ihrer Geschichtlichkeit es bis zu völliger Einheit mit ihm wieder aneignet. Daher ist unbedingtes Handeln ganz *hingegeben an Verwirklichung* oder steht umgekehrt in radikalem Nein zum Dasein. Verwirklichend setzt es alle Kräfte ein in der unablässigen Bewegung des Planens und Berechnens und ist verwurzelt in der Konkretheit seiner Situationen in der Zeit.

Handeln hört aber auf, unbedingt zu sein, wo der Mensch *sich an die Welt verliert.* Da die Zwecke in der Welt für die Reflexion einer Endlosigkeit von weiteren Zwecken angehören, ohne Sichtbarkeit des Endzwecks, so bedeutet, Zwecke in der Welt als solche absolut zu setzen, den Verlust der Unbedingtheit. Durch innerweltliches Verabsolutieren falle ich ins Nichts mit der Unschließbarkeit des Zweckhaften, dem gewissen Ende und Untergang allen Daseins und dem schließlichen Verlust des eigenen Lebens. Ist Alles bloß Dasein, so ist die Endlosigkeit der zerrinnenden Verwirklichungen ohne Halt. Es ist eines wie das andere nichts, weil es vergeht; eine scheinbare Unbedingtheit in der Welt bleibt nur als Klammern an das Leben um jeden Preis.

Unbedingtheit des Handelns in der Welt ist daher nur möglich, wenn ich die Welt gleichsam *verlassen* habe und nun erst in sie *zurücktrete.* Das Handeln in der Welt hat dann mit dem ganzen Dasein den Symbolcharakter gewonnen, der die Welt nicht unwirklich macht, sondern von ihrer Tiefe durchstrahlt sein läßt. Dann wird möglich, daß das nur Wirkliche relativiert und doch mit restlosem Einsatz jeweils ergriffen ist; daß die Relativierung es nicht gleichgültig macht, sondern gewichtig hält. Die Spannung im Dasein, daß ich handle, als ob daseiende Wirklichkeit selbst absolut wäre – und zugleich das Bewußtsein habe: es ist als nur wirklich alles nichts, diese Spannung ist die Wahrheit unbedingten Handelns in der Welt.

Ist die Unbedingtheit *nicht aus den Zwecken in der Welt verstehbar*, so möchte man doch verstehen in der Verstandesform, welche aus Zwecken herleitet. Dann wird die Unbedingtheit aus einem *transzendenten Zweck* metaphysisch interpretiert: Es werde durch das unbedingte Handeln in einem jenseitigen Reiche ein Schatz erworben; das Handeln in dieser Welt sei ein Mittel zum Gewinn des Lebens in der jenseitigen. Oder es wird die Unbedingtheit ausgedrückt durch den Zweck der Verherrlichung Gottes in der Welt. Solche metaphysischen Formulierungen als Versinnlichung und Vergegenständlichung der Transzendenz sind der hilflose Ausdruck des Verstandes für einen Bezug zu ihr, der in der Unbedingtheit mitergriffen, aber nie erkannt wird.

Nur diese Unbedingtheit macht *das Wagnis des Lebens begreiflich*. In ihm wird ein Zweck der Welt absolut wichtig genommen und doch ohne Widerspruch zu der scheinbaren Verabsolutierung eines Weltdaseins der Wille wirklich, sein Leben zu opfern für das, was selbst rettungslos vergehen muß. Beides zugleich ist nur möglich dadurch, daß dieses Dasein in einem relativiert und mit dem Sinn durchdrungen wird, Erscheinung des Seins zu sein. Wäre alles nur Dasein, so wäre es sinnlos, für etwas zu sterben, da dann das Leben nicht nur Vorbedingung jeden Daseins wäre, sondern auch nichts über ihm stehen könnte.

Nur diese Unbedingtheit ist ferner der Ursprung für die Möglichkeit des *radikalen Verzichts auf einzelne Möglichkeiten des Lebens in der Welt*. Die Verabsolutierung des Daseins als solchen sucht alle Möglichkeiten zu ergreifen, sich nichts entgehen zu lassen, die Mannigfaltigkeit als solche zu wollen. Die Unbedingtheit geht auf das Sein, das Eines ist.

P II, 294ff.

Unbedingtes Handeln als Durchbrechen des Daseins

Handeln ist bodenlos ohne Möglichkeit der Unbedingtheit. Durch seine Möglichkeit, unbedingt zu sein, stellt Handeln die Absolutheit des Geschehens unter Naturgesetzen, in deren Einsicht sich nur Bewußtsein überhaupt seinen immanenten Sinn zureichend bestätigt, in Frage; zwar durchbricht unbedingtes Handeln im Augenblick seiner Wirklichkeit nicht die Unausweichlichkeit der Naturgesetze des Daseinsgeschehens – dies bleibt unmöglich –, aber es läßt nicht nur deren Transparenzlosigkeit durchscheinend werden, sondern erweist im Durchbruch durch die Tat, daß nicht Gesetz war, was nur Gesetz zu sein schien; es zeigt durch Wirklichkeit, was möglich ist. Unbedingtheit hat keine ruhige Beziehung zum Dasein, ist vielmehr erst im Bruch des Daseins die Bewegung ihrer Verwirklichung.

Der Mensch, das einzige *handelnde* Wesen, steht in der Tat im *Bruch* mit seinem Dasein. Während die ungewußten Zwecke des Biologischen aufgehoben sind zu dem Ganzen eines jeweils fraglos selbstgenügsamen Lebens, entbehren alle Daseinszwecke des Menschen der Ganzheit, in der sie endgültig geborgen wären. Niemals geht der Mensch mit seinen Handlungen in einer Totalität auf; diese wird nicht daseinswirklich außer in Fragmenten; der Mensch wird *kein Ganzes*; er muß es unablässig suchen. Er kann sich umformen zu besonderen Leistungsfähigkeiten. Er kann seinen Körper zum sportlichen Spezialisten ausbilden, er kann in Übersteigerung einer konsequenten geistigen Möglichkeit seines Lebens diese isolieren; nie wird er ganz. Er kann in abgemessener Harmonie Körper und Seele bilden und ist dann am wenigsten natürlich wie ein Tier, sondern wie eine zweite selbstgeschaffene Natur als eine seiner Möglichkeiten, in der er wiederum nicht ganz ist.

Der Bruch des Menschen mit seinem Dasein kann ihn daher *weder* das Dasein rein *hinnehmen noch* ihm *entrinnen* lassen. Handelt er nur triebhaft und zweckhaft, so verkommt er als mögliches Selbstsein und leidet in dem Bewußtsein des Nichtseins; schwingt er sich auf zum Unbedingten, so bleibt er doch in seiner sinnlichen Daseinswirklichkeit gebunden, die der einzige Leib auch der Verwirklichung des Unbedingten ist.

Verglichen mit dem ungebrochenen Dasein des *Tieres* kann der Mensch einen Augenblick wie mangelhaft erscheinen. Sind im Tiere Leib und Seele als Natur eine ohne Spannung in sich ruhende biologische Einheit, so nicht mehr im Menschen. Das Tier kann in Generationen dasselbe Dasein wiederholen, nicht der Mensch. Das Tier hat seinen vorgezeichneten Lebensraum, den es wohlgeraten ausfüllt oder vor dem es mißraten sogleich zugrunde geht, der Mensch hat unabsehbare Möglichkeiten. Was aber durch ihn wirklich werden kann, ist nicht beschlossen in seinem natürlichen Lebensgesetz. Wie der Mensch wirklich ist als Gegenstand von Psychologie, Soziologie und Historie, so ist er nicht erschöpfbar. In der Sphäre dieses objektivierenden Erkennens kann man wohl, als Erkenntnis resignierend, psychologisch sagen: nur wer das Unmögliche will, kann das Mögliche erreichen. Für den Menschen selbst aber ist das Unmögliche nicht unmöglich. Mit gewaltsamen, von ihm selbst für sich geschaffenen, nicht automatischen, sondern sich geschichtlich verwandelnden Hemmungen betritt er den Schauplatz seines Daseins. Er bricht mit der Natur, um entweder aus Freiheit wieder eins zu werden mit ihr, oder um an sie zu verfallen in Roheit, die keine Rückkehr zur Natur, sondern Verkehrung des Menschen ist, der nicht aufhören kann, Mensch zu sein.

P II, 296 f.

Der Selbstmord als unbedingte Handlung

Der Selbstmord ist weder an sich eine bedingte noch eine unbedingte Handlung. Vielmehr kann er beides sein. Überall, wo er nach Häufigkeit und Motiven erforscht wird, erscheint er als bedingte Handlung. Da er aber die Möglichkeit ist zu entscheiden, ob man leben will oder nicht, rückt durch ihn der Tod in die Sphäre der Freiheit. An der Grenze zur Freiheit zeigt sich in ihm die Möglichkeit des unbedingten Handelns. Angesichts ihrer wird es Jaspers zur philosophischen Frage, ob und wie der Selbstmord als »freie Handlung der Existenz in der Grenzsituation« erhellt werden könne. Da der Mensch sich töten kann, wird zugleich zur Frage, warum wir überhaupt am Leben bleiben und ob, in der Unerträglichkeit des Leidens, der Selbstmord nicht »die letzte Freiheit des Lebens« sein kann: die Handlung, die uns von allem Handeln und Leiden befreit.

»Suicid«, »Freitod«, »Selbstmord«

Psychiater sagen »Suicid« und rücken durch Benennen einer Rubrik die Handlung in die Sphäre reiner Objektivität, die den Abgrund verhüllt. Literaten sagen »Freitod« und rücken durch die naive Voraussetzung höchster menschlicher Möglichkeit für jeden Fall die Handlung in ein blasses Rosenrot, das wiederum verhüllt. Allein das Wort »Selbstmord« fordert unausweichlich, die Furchtbarkeit der Frage zugleich mit der Objektivität des Faktums gegenwärtig zu behalten: »Selbst« drückt die Freiheit aus, die das Dasein dieser Freiheit vernichtet (während »frei« zu wenig sagt, wenn die Selbstbeziehung darin als überwundene gemeint wäre), »Mord« die Aktivität in der Gewaltsamkeit gegenüber einem in der Selbstbeziehung als unlösbar Entschiedenen (während »Tod« ein dem passiven Erlöschen Analoges träfe).

Der Mensch kann weder passiv leben noch passiv sterben wollen. Durch Aktivität lebt er, nur durch Aktivität kann er das Leben sich nehmen. Unser Dasein, wie es ist, macht ein passives Auslöschen, wenn wir es wünschen, unmöglich. Reine Passivität ist nur im natürlichen Tode, durch Krankheit und äußere Gewalten. Das ist unsere Situation.

Selbstmord ist eine einzige Handlung, die von allem weiteren Handeln befreit. Der Tod, für Existenz eine entscheidende Grenzsituation, ist ein Ereignis, das kommt und nicht gerufen wird. *Nur* der Mensch steht, nachdem er vom Tode weiß, vor der Möglichkeit des Selbstmords. Er kann nicht nur mit Bewußtsein sein Leben wagen, sondern er kann entscheiden, ob er leben will oder nicht. Der Tod rückt in die Sphäre seiner Freiheit.

P II, 300 f.

Die Frage nach dem Unbedingten

Der einzelne Selbstmord als *unbedingte* Handlung ist nicht nach einem allgemeinen Kausalgesetz oder einem verstehbaren Typus zureichend zu begreifen, sondern wäre die *absolute Einmaligkeit* einer sich in ihm erfüllenden *Existenz*.

Die Handlung des Selbstmords kann also nicht *als* unbedingte, sondern nur in ihrer Bedingtheit aus Gründen erkannt werden. Sofern sie aber eine freie Handlung der Existenz in der Grenzsituation sein kann, ist sie offen für mögliche Existenz, ihre Frage, ihre Liebe, ihren Schrecken. Daher ist sie ein Gegenstand ethischer und religiöser Beurteilung, wird verworfen oder erlaubt oder gar gefordert.

Der unbedingte Ursprung des Selbstmords bleibt das inkommunikable Geheimnis des Einsamen. Wenn Selbstmörder Bekenntnisse darüber hinterlassen, so bleibt die Frage, ob der Selbstmörder sich selbst verstand. Wir können nirgends die Unbedingtheit des Entschlusses hören. Man kann nur versuchen, Möglichkeiten des Selbstmords zu konstruieren, mit dem Ziel, über alle Einsehbarkeit hinaus die Unbedingtheit in ihrem Ursprung nicht zu begreifen, aber zu erhellen.

P II, 303 f.

Warum bleiben wir am Leben?
Zunächst aus fragloser Lebenslust. Selbst wenn wir gefragt haben, uns alle Transzendenz verschwindet, objektiv alles sinnlos wird, so leben wir doch weiter vermöge unserer *Vitalität*, vielleicht uns selbst verachtend, in dumpfer Unklarheit von Tag zu Tage. Da wir große Strecken des Lebens faktisch nur dieses vitale Dasein vollziehen, haben wir die Achtung vor dem Selbstmörder, der aus Freiheit gegen die Absolutheit des vitalen Daseins sich zur Wehr setzt. Aus unserer Vitalität haben wir zwar ein Grauen vor dem Selbstmörder, sagen wohl: es ist gefährlich, solchen Seelenbewegungen und Gedanken zu folgen; man solle sich an das Normale und Gesunde halten. Aber dieses Wegschieben ist eine Verschleierung, wenn wir durch sie verhindern, daß unsere blinde Vitalität in Frage gestellt wird; wir möchten die Grenzsituationen meiden und werden doch nicht ruhig, weil das Leben der Vitalität überantwortet bleibt, die uns eines Tages verläßt.

Bedingtes und unbedingtes Handeln

Oder wir leben nicht nur vital, sondern auch *existierend*. Das Dasein hat seinen Symbolcharakter vermöge der Selbstgewißheit unserer Freiheitsakte. Nicht ein gewußter Sinn in der Welt als Endzweck hält uns am Leben, sondern in den Lebenszwecken, die uns erfüllen, die Gegenwart der Transzendenz. Dieser Lebenswille ist als Konzentration im jeweils Wirklichen. Die Endlosigkeit des Möglichen und die absoluten Maßstäbe allgemeinen Charakters würden zur Daseinsverneinung treiben, wenn sie das Bewußtsein der Geschichtlichkeit vernichtet hätten. Wird daher angesichts der Möglichkeit des Selbstmords im Ernst der Situation aus einer Krise nicht nur vital, sondern existierend das Leben ergriffen, so ist diese Lebenswahl zugleich *Begrenzung in sich selbst*. Sofern diese Begrenzung Ausschluß von Möglichkeiten bedeutet, wird *das Verneinen*, statt auf das ganze Dasein sich zu erstrecken, *ins Dasein aufgenommen*. Sich etwas versagen, mit dem Verlust von Möglichkeiten einverstanden werden, das Scheitern ertragen, den Blick in die alles vernichtenden Grenzsituationen aushalten, läßt das Dasein anders werden. Es hat seine Absolutheit, die es für Vitalität besitzt, verloren. Sollte die Welt ganz und alles sein, so bliebe existentiell nur der Selbstmord. Erst der Symbolcharakter des Daseins erlaubt, ohne durch Harmonie zu täuschen, in der Relativität zu sagen: »wie es auch sei, das Leben, es ist gut«. Zwar eigentlich wahr kann dieses Wort nur im erinnernden Rückblick sein, seine Möglichkeit aber genügt, das Leben zu ergreifen.

Auf die Frage: warum bleiben wir am Leben? ist zuletzt zu antworten: der Entschluß zu leben ist wesensverschieden von dem Entschluß, es sich zu nehmen. Während der Selbstmord als aktive Handlung das Ganze des Lebens trifft, ist alle Aktivität im Leben eine partikulare, das am Leben Bleiben angesichts der Möglichkeit des Selbstmords ein *Unterlassen*. Da ich *mir das Leben nicht selbst gegeben* habe, entscheide ich nur, bestehen zu lassen, was schon ist. Es gibt keine entsprechende Totalhandlung, in der ich mir das Leben gebe, wie es die Handlung ist, in der ich es mir nehme. Dar-

um ist eine einzige Scheu vor dem Selbstmord, der eine Grenze überschreitet, über die kein Wissen dringt.
P II, 307 f.

Die Unerträglichkeit des Lebens
Der Satz, das Leben sei gut, ist nicht schlechthin gültig, oder er müßte den Selbstmord als gut einschließen. Das Leben kann durch Situationen und eigene vitale Wandlung für Existenz unerträglich werden. Ein Selbstmord könnte eine unter diesen Bedingungen unbedingte Handlung werden, nicht in absoluter Gesinnung auf das Dasein überhaupt gerichtet, sondern als in spezifischen Umständen zu ergreifendes persönliches Schicksal. Folgende weitere Konstruktion ist möglich:

In gänzlicher Verlassenheit, im Bewußtsein des Nichts, ist dem Einsamen der freiwillige Untergang wie eine Heimkehr zu sich selbst. Gepeinigt in der Welt, ohnmächtig, den Kampf mit sich und der Welt fortzuführen, in Krankheit oder Alter dem Versinken in Kümmerlichkeit ausgesetzt, von dem Herabgleiten unter das Niveau des eigenen Wesens bedroht, wird es ein tröstender Gedanke, sich das Leben nehmen zu können, weil der Tod wie eine Rettung erscheint. Wo unheilbare körperliche Erkrankung, Mangel aller Mittel und völlige Isolierung in der Welt zusammenkommen, kann in höchster Klarheit ohne Nihilismus das eigene Dasein nicht überhaupt, sondern das, welches jetzt noch bleiben könnte, negiert werden. Es ist eine Grenze, wo Fortleben keine Pflicht mehr sein kann: wenn der Prozeß des Selbstwerdens nicht mehr möglich ist, physisches Leid und Anforderungen der Welt so vernichtend werden, daß ich nicht bleiben kann, der ich bin; wenn zwar nicht die Tapferkeit aufhört, aber mit der Kraft die physische Möglichkeit schwindet; und wenn niemand in der Welt ist, der liebend mein Dasein festhält. Dem tiefsten Leid kann ein Ende gemacht werden, obgleich und weil die Bereitschaft zum Leben und zur Kommunikation die vollkommenste ist.

Der ganz Einsame, dem die im Dasein Nächsten noch deutlich machen, daß sie in anderen Welten leben, dem jede Verwirklichung verbaut ist, der in sich selbst die Reinheit des Seinsbewußtseins nicht mehr zu erringen vermag, der sich abgleiten sieht – wenn er dann ohne Trotz in Ruhe und Reife sich das Leben nimmt, nachdem er seine Angelegenheiten geordnet hat, kann dies vielleicht tun, wie wenn er sich zum Opfer gebe; der Selbstmord wird die letzte Freiheit des Lebens. In ihm ist Vertrauen, wird Reinheit und Glaube gerettet, kein lebender Mensch verletzt, keine Kommunikation abgebrochen, kein Verrat geübt. Er steht an der Grenze des Nichtverwirklichenkönnens, und niemand verliert etwas.

P II, 308 f.

Ist philosophische Ethik möglich?

Die Frage mag erstaunen, da es in der Geschichte des Denkens eine große Anzahl von Ethiken gibt und da die Erörterung ethischer Probleme eine Hauptdisziplin der gegenwärtigen Philosophie ist. Als Jaspers in seiner »Philosophie« die Frage stellte, dachte er an eine Ethik, die von der Gründung des Sollens in der Existenz handelt. Da »Existenz« aber »Selbstsein« bedeutet, kann eine solche Ethik nicht in normative Sätze gefaßt werden, die für alle gelten. Existentielles Sollen entscheidet vielmehr aus Freiheit, welche Normen es sich aneignet oder sich gibt. Seine Forderungen gleichen nicht Rechtssätzen, die situationsblind sind und eine mechanische Befolgung durch Sanktionen erzwingen, sondern Appellen, die angesichts der konkreten Situationen immer auch vor Ausnahmen stehen. Jaspers zeigt das am Beispiel der Norm »Du sollst nicht lügen!« In ihrer objektiven Allgemeinheit kann sie ethisch fragwürdig oder gar verwerflich sein. Die situationsbezogene Erwägung bricht sie deshalb in zwei Normen auf: »Du sollst objektiv nie lügen!« und »Du sollst existentiell nie lügen!« Absolut wahr und unbedingt ver-

pflichtend ist für Existenz nur die zweite Forderung. Sie bedeutet das Zwiefache: »*Du sollst dich nie selbst belügen!*« *Und:* »*Du sollst niemals Menschen belügen, mit denen du in Kommunikation verbunden bist!*« *Damit zeigt sich ein Problem, das Jaspers nicht löst. Seine ethischen Erwägungen führen ihn in eine Doppelmoral: in eine absolute* »*Binnenmoral*« *der Intimität und in eine relative Außenmoral der Gesellschaft. – Eine Antwort auf die gestellte Frage gibt Jaspers nur im Konjunktiv: Eine existentielle Ethik wäre wohl möglich, aber nur als erhellende, appellative Vergewisserung für existentielles Handeln in konkreten Situationen.*

Vernünftiges Handeln

Ich handle nicht vernünftig, wenn ich blind und zufällig handle. Indem ich mir klarmache, was ich will und welchen Weg ich zum Ziele wähle, bringe ich mein Handeln in *Zusammenhang*: durch die Wahl der Mittel, die für den noch fraglosen Zweck geeignet sind, und durch Befragung des Zwecks selbst. Ich suche für mein Handeln die Richtung gebende Objektivität als ein *Sollen*. Bei diesem Fragen aber komme ich ins Endlose. Denn kein Zweck ist für ein Wissen in der Welt Endzweck, jeder untersteht erneut der Frage: wozu?

Im Handeln bin ich mir bewußt, *richtig* zu handeln in der allgemeinen Berechenbarkeit meines Daseins und wenn ich mein Handeln durch ein allgemeines Gesetz als ein richtiges bestimmt weiß. Wo ein Zweck vorausgesetzt wird, sind diese Mittel richtig, andere falsch: das Sollen ist relativ auf den Zweck. Wenn aber der Zweck selbst befragt wird, der nicht mehr Mittel ist, so kann er nur entweder ins Nichts versinken oder muß absolut sein: mit diesem Zweck ist für mich ein *unbedingtes* Sollen verknüpft, an das ich mich für Zeit und Ewigkeit gebunden weiß. Ich handle als eigentlich ich selbst, nicht weil es mir nun eigentlich so gefällt, sondern weil ich das Bewußtsein habe, das Rechte für immer zu tun. Handeln nach Willkür stört mein Gewissen und unterwühlt die Kraft meines Seins: ich werde gewaltsam oder schwankend und unbestimmt. Handeln, weil es so recht ist, gibt mir ein Bewußtsein, daß ich so handeln muß, weil ich so handeln soll. Das Müssen, entsprungen aus der Existenz, spricht im Gewissen als Sollen, wenn sein Inhalt objektiven Ausdruck gewinnt.

P II, 354 f.

Objektives und existentielles Sollen

Ist das Sollen eine vorgefundene Welt ethisch gültiger Gesetze des Handelns, nach denen ich mich zu richten habe, so ist es reine Objektivität. Existentielles Sollen ist in der Gestalt der Aneignung durch eine Subjektivität, die sich als objektiv gegenüberstellt, wodurch sie bestimmt wird. Ob das objektive Sollen Anerkennung findet, ist noch Entscheidung der Existenz, von der aus das Gesetz des Sollens in dieser geschichtlichen Lage als Ausdruck ihres Wollens ergriffen wird, so daß die Subjektivität sich bestimmt weiß durch ein Sollen aus dem Ursprung des Müssens. Als mögliche Existenz habe ich durch ein Sollen Klarheit und Entschiedenheit in meiner Subjektivität, weil ich vom Wesentlichen berührt bin, wenn ich das Sollen mich ansprechen höre. Ich bin als Subjekt ruhig, wenn ich folge, unruhig, wenn ich widerstrebe, enthusiastisch, wenn ich faktisch im Einklang mit dem Sollen bin. Aber als mögliche Existenz habe ich auch die Kraft, gegen jedes objektiv fixierte, als Gesetz ausgesprochene Sollen mich zu wehren, wenn es nicht als dasjenige Sollen an mich kommt, das ich selbst für mich bin. Existieren bedeutet: Objektivität zu verlangen und sie anzuerkennen, aber Objektivität nicht bestehen zu lassen als nur, soweit sie der wahre Ausdruck des existentiellen Weges für diese Subjektivität ist.

Ist existentielle Wahrheit in dem freien Handeln, das nicht Zwang durch ein Fremdes, sondern *Einheit* des *eigenen Willens* mit der Unerbittlichkeit eines *gehörten Sollens* ist, so muß, was als diese Wahrheit nicht mehr allgemein begriffen wird, zunächst für den Gedanken unzugänglich bleiben. Greift der trennende Verstand nach dieser Einheit, so muß ihre Wahrheit aufgelöst werden, als ob sie gar nicht sei. Dann trennt sich das Sollen nach dem allgemeingültigen *Gesetz* von dem Willen als *Willkür*, und wird die Einheit nur zum *widerstrebenden Gehorsam* des Einen gegen ein Anderes. Diese drei getrennten Daseinsweisen, fixiertes Gesetz, Willkür und Gehorsam im Widerstreben, sind als solche schon Abgleitungen der Existenz:

Das *Gesetz* wird als reine Objektivität ein toter Mechanismus. Als äußerer Zwang des Gebotes verlangt es blinde Unterwerfung. Was die Notwendigkeit war, welche von möglicher Existenz als ihr eigentliches Selbstsein gehört wurde und im Sollen sich objektivierte, wird starre Äußerlichkeit. Der Aufschwung zum Selbstsein wird der gewaltsame Wille zu einer leeren Notwendigkeit von Ordnung und Form.

Willkür ist der Eigenwille, der nicht aus der Notwendigkeit eines zur Objektivität drängenden Existierens, sondern aus der Vitalität eines bloßen Daseins entspringt. Er bedient sich der Objektivitäten des Sollens und verwirft sie ebenso, jedesmal in sophistischen Begründungen zu seinen beliebigen Zwecken.

Gehorsam im Widerstreben folgt dem Sollen als einem Fremden. Dasein, in dem mögliche Existenz sich nicht hört und keinen Weg findet, und doch sich unbestimmt spürt, sucht als Rettung die Unterwerfung.

Gegen das tote Gesetz steht die Existenz in ihren nie zu fixierenden Möglichkeiten auf; gegen die Not der chaotischen Willkür das Pathos des Gesetzes; gegen den Gehorsam die Erweckung des Selbstseins.

Aber Willkür und Gehorsam finden sich als in ihrer Gegensätzlichkeit verwandt. Sie kennen die Objektivität des

Sollens nicht als die ihre, sondern als fremde. Nicht nur die Willkür wird sophistisch; auch der Gehorsam sucht im Medium der Objektivität das Objektive, dem er gehorcht, sich umzubiegen und zurechtzulegen. Denn im bloß Objektiven ist die endlose Reflexion möglich, die alles in Frage stellt, weil keine Objektivität als fixierte noch absolut und für alle Zeit gültig und jede eine vereinzelte ist. Vielmehr: in isolierter Objektivität stehen die ethischen Gebote, die zumeist Verbote sind, zweideutig da.

P II, 355 f.

Ein Beispiel: »Du sollst nicht lügen!«

Jeder stimmt dem Satze: du sollst nicht lügen, nicht nur zu, sondern fühlt sich innerlich von einer Wahrheit angesprochen. Aber alsbald macht er auch Einschränkungen in objektiven Argumentationen: Notlügen seien erlaubt, wenn sie unentbehrlich im Interesse eines Anderen, z.B. um ihm das Leben zu retten, geschehen. Lügen für das Vaterland seien nicht nur erlaubt, sondern im konkreten Fall zu fordern. Schlechthin immer die Wahrheit herauszusagen, sei unsittlich. Man dürfe nicht nur schweigen, sondern müsse, wo Schweigen Reden sei, gradezu und direkt das Unwahre sagen, wenn ein höheres Interesse es verlange.

Zu solchen objektiven Einschränkungen des Verbotes und Rechtfertigungen der Lüge ist zu sagen, daß diese Begründungen nie eigentlich überzeugen. Wer einmal von der Möglichkeit, ausschließlich Wahrheit zu sprechen ergriffen ist, wird immer solche Begründungen scheuen, die sich an Wirklichkeiten anpassen und über den Ursprung des Sollens täuschen. Denn wer entscheidet, ob das Wohl des Vaterlandes, ob das Leben eines Anderen die Lüge erfordere, wer, ob Vaterland und Leben des Anderen von der Existenzweise seien, daß Aufgabe der Wahrhaftigkeit für sie überhaupt gefordert werden könne? Wenn ich ausspreche, daß es Fälle gibt, wo ich lügen dürfe, so weiß niemand mehr gewiß, ob ich ihm gegenüber nicht den Fall für gegeben ansehe; die Zuverlässigkeit in der Erwartung der Wahrheit hört auf. Wenn ich lüge, so habe ich im selben Augenblick jene Würde vor mir selbst verloren, die ich besitze, wenn ich schlechthin nur sage, was ich für wahr halte. Ich habe mich einer Macht gebeugt, die mich zum Lügen zwingen konnte. Philosophen haben daher mit einem absoluten Radikalismus jede Lüge verboten: sie sei als Handlung ein Widerspruch in sich selbst und hebe alle Sittlichkeit auf.

Wenn ich lüge, so kann ich es nicht rechtfertigen. Der Versuch, in die Objektivität zu bringen, was ich mit der Lüge getan habe, kann wohl erörtern und vertiefen, was wirklich war, aber daraus kein Gesetz ableiten. Im Gegenteil bleibt das Gesetz »du sollst nicht lügen« als allgemeines unausweichlich. Es ist nur die Frage, ob es wahres, existentielles Handeln geben könne, das *nicht* aus allgemeinem Gesetz als Wahres begriffen werde, darum in seiner Eigentlichkeit nicht ausgesagt werden kann, also kein Vorbild wird. Diese Frage muß in der Schwebe bleiben. Objektiv kann sie nur verneint werden. Aber sie will ja nicht objektiv wissen, sondern den Blick in ein Existieren werfen, das in Subjektivität und Objektivität, in beiden sich bewegend, durch keines adäquat zur Erscheinung kommen kann und doch für sich in der Gewißheit des Sollens sich so vollzieht, daß es einer Verallgemeinerung nicht zugänglich ist. Man kann nur erörtern, ohne zu bestimmen:

Ein absolut offener, stets wahrhaftiger Mensch wird, außer unter günstigen und vorübergehenden Lebensbedingungen in materiell sicherer Lage, unfehlbar durch die Anderen zugrunde gerichtet. Er kann nicht darauf rechnen, daß ihm in gleicher Weise begegnet wird. Darum ist es ein wesentlicher Unterschied, ob der Andere, an den ich mich wahrhaftig wende, mir in Kommunikation auf gleicher Ebene in gleicher Gesinnung antwortet, oder ob er wie die »Natur« entscheidend als das Fremde mir gegenübersteht.

Auch der Wahrhaftigste scheut sich nicht, etwa gegen gefährliche Tiere Täuschung und List zu brauchen. Wenn mir der Mensch begegnet in der unausgesprochenen und halb unbewußten Haltung des homo homini lupus, so bin ich wie dem Tiere auch ihm gegenüber verloren, wenn ich nicht vorsichtig bin und den Kampf aufnehme. Wenn mir der Mensch aber begegnet als mögliche Existenz, die sich als er selbst an mich selbst wendet, so ist, auch bei größter Unvollkommenheit und stetem Abgleiten, die Situation im Prinzip anders: ich kann mich auf Vernunft und mögliche Existenz des Anderen in dem Maße verlassen, als ich sie selbst mitbringe, d.h. unbedingt, nicht im Sinne der Berechenbarkeit, aber im Sinne gegenseitiger Korrigierbarkeit aus wahrhaftiger Bereitschaft.

Es gibt die Möglichkeit eines Daseins absoluter Wahrhaftigkeit mit Gefahr oder Gewißheit des Untergangs, wie es überall ein Dasein möglicher Heiligkeit gibt, das, wenn es keine Kompromisse macht, immer nur zugrunde gehen kann. Ein unaufhebbares Schuldbewußtsein ist mit dem sich bewahrenden Dasein verbunden. Darin liegt allein die Scheu begründet, so billige Sätze wie: du sollst nicht lügen, als absolute Forderung auszusprechen. Grade wer sie leichthin ausspricht, wer vielleicht mit aufdringlicher Sensation danach handelt, pflegt am ärgsten der Unwahrhaftigkeit verfallen zu sein und um so auffälliger, wenn die Haltung zur Schau getragener Wahrhaftigkeit und überflüssiger Drastik das Gegenteil zu sagen scheint.

Die absolute Wahrhaftigkeit der Existenz ist grade objektiv, d.h. allein durch äußere Handlungen, nicht charakterisierbar. Wer *objektiv* nie lügen will, hilft sich durch endlose Sophismen und Rechtfertigungen, durch Erklärungen und Vergeßlichkeiten, und durch eine Verschwiegenheit, die er wie einen Nebel über sein ganzes Dasein breitet. Wer dagegen *eigentlich* nie lügen will, meidet den Dunst. Er vertieft sich in sein Dasein mit radikaler Unerbittlichkeit, mit dem Bewußtsein der ersten und letzten Aufgabe: nie sich selbst, nie den Freund zu belügen. Hier ist Wurzel und Grund aller Wahrhaftigkeit, *ihre* Erfüllung ist absolut gefordert. Aber diese Wahrhaftigkeitsforderung, gerade an ihrem eigenen Maßstab, läßt nach, wo keine Kommunikation sich vollzieht: gegen das schlechthin feindliche Dasein gebrauche ich List, gegen den bloßen Bekannten, oberflächlich mir Begegnenden Schweigen, gegen Viele die konventionelle Halblüge auf Gegenseitigkeit. Wahrhaftigkeit verlangt, als Tatsache anzuerkennen, daß überall gelogen wird. Wahrhaftigkeit verlangt, es für möglich zu halten, daß Lügen in Situationen ein wahrhaftes Tun sein kann, aber ohne Wahrheit als objektiv gültiges Gesetz zu werden.

Es sind aber nur vorübergehende Hilfen, daß man scheidet: die zu mir Gehörigen und die Masse in ihrer Schwäche, Triebhaftigkeit, Treulosigkeit. Eine Binnenmoral von einer Außenmoral zu trennen ist empirisch-soziologische Faktizität; es wird ein Behelf, wo der Untergang einer in sich existentiell verbundenen Gruppe nicht gewollt wird, wo darum die Wahrhaftigkeit um jeden Preis als weltlose Negativität unwahr erscheint. Immer bleibt der Anspruch, daß jedes Menschendasein als Vernunftwesen und mögliche Existenz sich wandeln, zu mir in andere Beziehung treten, gar Freund werden kann. Der Mensch steht dem Menschen in einem unaufhebbaren Anspruch auf eine Gegenseitigkeit gegenüber. Selbst wenn jemand mir freundlich begegnend schmeichelhafte Dinge sagt, zugleich aber mich anderen gegenüber verneint und beiläufig überall gegen mich arbeitet, wenn er durch anscheinend zufällige Fragen aus mir herauszieht, was er wissen will, mich aber gänzlich im unklaren läßt über sein Tun und Wollen, so kann ich doch nie den endgültigen Strich ziehen: es sei nun einmal so. Sondern es bleibt, wo der Mensch ist, alles möglich, nur in der Situation kann ein konkretes Handeln notwendig werden, das zur Schuld wird und doch Wahrheit ist für ein Zeitdasein in der Welt.

P II, 356–359

Ethische Sätze und Rechtssätze

Sollensgesetze, welche, wie der Satz: du sollst nicht lügen, als objektive, aussagbare allgemein gelten, sind in ihrer objektiven Isolierung nicht mehr rein ethische; sie erhalten als solche den Charakter von Rechtssätzen. Wie diese sind sie gleichsam mechanisch und tot, sie sagen immer dasselbe und bedeuten, wenn sie befolgt werden, die Berechenbarkeit des Handelns. Sie scheinen absolut gültig. Es fehlt ihnen in ihrer Geltung nur die Zwangsgewalt, welche den Rechtssätzen eignet, wenn sie faktisches Recht sind. Ethische Sätze sind daher gar nicht eindeutig; unter sie läßt sich nicht in einfacher Gradlinigkeit rational subsumieren. Sie bedürfen der Deutung, nicht nur wie die Rechtssätze durch objektive Erwägungen, sondern durch den Widerhall der aus Freiheit verwandelnden Subjektivität. So weder gültig noch ungültig, vielmehr unberechenbar, sind sie in ihrem durch Ansprechen zu erweckenden Gehalt dennoch gewiß.

Wird man jedoch in der Analyse ethischer Sätze zu einer doppelten Moral geführt, die einen engeren Kreis von Menschen aus den übrigen heraushebt, so trügt dieser Schein. Ethische Sätze lassen sich nicht begrenzen und unter Bedingungen stellen, wie Rechtssätze – sie würden denn selbst wie Rechtssätze behandelt –, sondern sie lassen sich in ihrer objektiven Dialektik bewegen, um die in ihnen sprechende Unbedingtheit existentiell fühlbar zu machen.

Objektiv bleibt das eine wahre sittliche Handeln, das in seinen *allgemeinen* Regeln von *allen* Menschen ähnlich anerkannt wird: du sollst nicht lügen, nicht töten, nicht stehlen, nicht ehebrechen usw. Es sind äußerlich faßbare Sätze, die nicht beliebig wechselnd in der Geschichte auftreten, sondern in ihren Modifikationen begrenzt als gültig ein allgemein Menschliches zum Ausdruck bringen. Sie wurden oft verleugnet; aber sie traten wieder spontan und wie selbstverständliche auf. Sie sind trotzdem erstens *nicht absolut*; denn dann würde das Leben nach diesem objektiven allgemeinen Sollen schon der alleinige Weg des Existierens sein – und zweitens *zu wenig*; denn sie bedürfen der Freiheit in geschichtlicher Aneignung. Objektiv gibt es zwar in allgemeinen Grundsätzen nur eine einzige Moral als gültige. Aber das objektiv Gültige erschöpft nicht, was Wahrheit existentiellen Handelns im Bewußtsein seines Sollens ist. Die Objektivität bringt eine unwahre Unbedingtheit äußerlich rationaler Konsequenz, sie liefert das Richtige, das scheinbar da ist wie ein Bestand. Das Rechte aber ist erst in der Spannung des Kampfes – nicht nur in der des Gültigen mit dem Triebhaften, sondern wesentlich des Objektiven mit dem Subjektiven und des Objektiven mit sich selbst. Das nur Objektive erhebt Anspruch auf Allgemeingültigkeit; Existenz in Subjektivität und Objektivität will Wahrheit. Gibt es auch nur eine Moral, so doch gegenüber dem objektiv Allgemeinen die *Ausnahme*. Die Ausnahme ist ihrem Wesen nach das, was unbegründbar ist, daher ist sie grade objektiv nicht nur ungewiß, sondern, weil gegen Objektivität, absolut fragwürdig. Die Ausnahme muß sich wagen. Sie erfährt beides: das eigentliche Selbstsein als Wahrheit und als ein objektiv nicht zu Rechtfertigendes die Schuld. Sie gibt sich nicht willentlich jedermann kund; sie will nicht Nachahmung. Sie kann sich nicht zu dem allgemeinen Satz objektivieren: in solchen Fällen sei das oder jenes richtig. Denn es ist keine Grenze zu ziehen. Das Handeln der Ausnahme geht auf eigene Verantwortung und Gefahr ohne Vorbild und Allgemeinheit. Im Falle des äußerlichen Bekanntwerdens würde ihr Tun, wenn es im Widerstreit mit dem verbreiteten gesunden Menschenverstand, mit gesellschaftlichen Regeln oder Strafgesetzen stünde, geahndet durch Lachen, Ausschluß oder Strafe wegen der dem Menschen in der Gesellschaft schlechthin verwehrten Eigenmächtigkeit seines Entscheidens. Es könnte sein, daß die wahrhaftigsten, die eigentlich existentiellen Handlungen die sind, die einen Zug dieser Unobjektivität haben, der nur darum nicht fühlbar wird, weil ein direkter Konflikt mit einem objektiven Gesetz nicht auftritt.

P II, 359ff.

Sollen und Transzendenz

Das Sollen in seiner Objektivität ist als existentielles die Unwiderstehlichkeit der Forderung der Gegenwart meines Selbstseins an mich. Überall, wo ich eigentlich ich selbst bin, bin ich doch nicht nur ich allein. Daher spüre ich *in der Unbedingtheit des Sollens* an mich *die Transzendenz*. Es ist die Unbedingtheit im echten Sollen, die es, statt es für Chiffre zu nehmen, die es unvergleichlich ist, gradezu als das Gebot der Gottheit erscheinen ließ. Der Imperativ des Sollens ist nicht schon das Wort Gottes; Gott bleibt als er selbst verborgen. Nur der naive Glaube und die Anmaßung usurpiert ihn für sich. Das unbedingte Sollen ist das autonome der Freiheit der Existenz, die sich selbst hört, und darin in bezug auf ihre Transzendenz steht. Was sie als das Rechte hört, ist ihr Selbstsein. Daß Gott es will, ist der gefährliche und fragwürdige Ausdruck der metaphysischen Geborgenheit der Existenz, wenn Existenz ihrem innersten Grunde treu bleibt.

P II, 361

Der Sinn des Forderns

Mit dem Sollen ist ein Fordern verknüpft. Das Allgemeingültige, das die Form des Rechtssatzes hat, wird unpersönlich von jedermann erwartet. *Eigentliches* Fordern ist von dem Charakter, wie ich von mir selbst fordere; es geht nur an den, mit dem ich in Kommunikation als möglicher Existenz trete. Ich fordere aus möglicher Existenz, wo ich vom Anderen das gleiche auf gleichem Niveau erfahre oder erwarte. Nicht das allgemein Formulierte wird in seiner Objektivität gefordert, sondern auf dessen Wege ein Aneignen und Selbstsein, nicht die Äußerlichkeit des Gehorsams, sondern die Innerlichkeit des Existierens. Es ist ein Fordern nicht in der Distanziertheit, nicht Besserwissen und nicht Leiten, sondern gleichsam wie im Selbstgespräch des Gewissens mit sich; es ist nicht ein Fordern als Vorwegnehmen des Bestimmten, sondern in der Kommunikation berührt absolutes Bewußtsein das absolute Bewußtsein, obgleich es selbst inkommunikabel bleibt.

Die *Bedingungen* für die Möglichkeit solchen Forderns sind nicht objektiv formulierbar; nur appellierend sind sie auszusprechen. Es sind: die Offenheit; der Vorbehalt bei allem Sagen, daß Korrektur möglich ist; das Sprechen mit der Verantwortlichkeit für das Gesagte, das ernst und nicht zufällig gemeint ist; das Gebrochensein des Eigenwillens, der als Geltungswille, Rechthabenwollen sogleich distanzieren würde; das Ausbleiben aller Schutzmaßnahmen, etwa daß man unwahr fordere, man solle nicht zu nahetreten; die Unmöglichkeit des Verrats durch Schweigen, abweichendes Sprechen mit Dritten, kluges Arrangieren der Beziehung, das Bewußtsein, ohne den Anderen gar nicht zu sein, was man ist; – ferner auch: der Sinn für Situation und Zeit, für die Formen und für die seelischen Unausweichlichkeiten unseres Daseins; nicht jederzeit alles als gegenwärtig verlangen; aber das Eigentliche als schlichte Voraussetzung nie vergessen, und es doch immer wieder in sich selbst und im Anderen wecken.

P II, 361 f.

Möglichkeit einer philosophischen Ethik

Wenn die festen Gebote und Verbote, die rational wie Richtsätze denkbar und anwendbar sind, ihre Absolutheit verloren haben, bleibt aus dem Philosophieren möglicher Existenz zwar keine Ethik möglich, die das Wahre kündet, aber eine solche, die um so entschiedener im Selbstsein den Gehalt durch dialektische Erörterung weckt. Diese Ethik wäre nicht abstrakt zu entwerfen, sondern müßte das Sollen ergreifen in der Daseinswirklichkeit der Gemeinschaft der Familie, der Gesellschaft, des Staates, aus dem Anspruch der Religion, dann in dem Raum der die Menschen verbindenden Mitteilbarkeit des Hervorgebrachten und Verstandenen in der Kultur. Sie würde sich in der Konkretheit wirklichen Gehalts an die Ursprünge des Menschen in seinem Selbstsein wenden, indem sie die Möglichkeit des Tuns in der geschichtlichen Welt nach allen Seiten durchschritte. Als Voraussetzungen ihres Denkens hätte sie die Bereitschaft, anzuerkennen und sich einzugestehen, was wirklich ist, ohne Daseinswirklichkeit als Maßstab und Quelle absolut zu setzen; ferner in der unendlichen Reflexion, deren Fragen und Erdenken keine Grenze kennt, die verläßliche Scheidung von abbrechender Gewaltsamkeit und hervorbringender Unbedingtheit; endlich im Sprechen und Hören das Entgegenkommen des Grundes eines Selbstseins, das ist und für sich einsteht. Diese Ethik könnte sich darum nicht auf einer einzigen Ebene des Allgemeinen bewegen. Ihr erhellendes Erörtern aller aktiven Wirklichkeit müßte umgreifen den über die durchschnittliche Möglichkeit des Menschen hinausragenden Adel und die primitivsten Keime erwachenden Selbstseins, den hell gewordenen Aufschwung und die in sich verstrickte Unentschiedenheit, kurz die objektiv nicht fixierbare, aber alles menschliche Leben durchdringende Abgestuftheit.

P II, 362 f.

Das absolute Bewußtsein als Liebe und Phantasie, als Spiel und als Gelassenheit

Jaspers unterscheidet in seiner »Philosophie« drei Arten des Bewußtseins: das »Bewußtsein als Erleben« das eine »individuelle Daseinswirklichkeit« ist; das »Bewußtsein überhaupt« als universale Bedingung wissender Gegenständlichkeit und das »absolute Bewußtsein«, das »Seinsgewißheit« einer je geschichtlichen Existenz ist. Man könnte sie verkürzt das all-

tägliche, das theoretische und das existentielle Bewußtsein nennen. Dieses dritte Bewußtsein hat für Jaspers, wie Freiheit und Existenz, nur einen Möglichkeitscharakter. Aber es kann im inneren Handeln Wirklichkeit werden und das erlebende Dasein durchdringen und verwandeln. Dann werden unser Wollen, die Gefühle und Stimmungen zu Erscheinungen der Existenz und deshalb zur Gegenwart des Unbedingten, das wir als Freiheit selber sind. Als erfüllte Freiheit erfahren wir, was absolutes Bewußtsein als »Bewußtsein meines Wesens« ist, nämlich das Bewußtsein, das »das Innerste der Existenz selbst« trifft. Das absolute Bewußtsein kann indes nicht in gleicher Weise objektiviert werden wie Daten der Psychologie; denn es ist Ursprung von Erscheinung. Auf diesen Ursprung kann lediglich durch Zeiger indirekt hingewiesen werden. Solche Indikatoren können z.B. die Erfüllung der Existenz als Liebe oder als Phantasie sein oder ihre Sicherung als Spiel und als Gelassenheit. Die nachfolgenden Texte sind somit als signa, *als Zeichen, zu lesen, die auf das absolute Bewußtsein hinweisen.*

Liebe

Liebe ist die unbegreiflichste, weil grundloseste und selbstverständlichste Wirklichkeit des absoluten Bewußtseins. Hier ist der Ursprung für allen Gehalt, hier allein die Erfüllung allen Suchens. ...

Die tiefe Zufriedenheit des Seins im Dasein ist nur als die Gegenwart der Liebe, der Schmerz des Daseins, daß ich hassen muß, die Leere des Nichtseins, daß ich in schaler Gleichgültigkeit weder liebe noch hasse. Aufstieg ist in der Liebe, Abfall im Haß und in der Lieblosigkeit.

Der Liebende ist nicht hinaus über das Sinnliche in einem Jenseitigen, sondern seine Liebe ist die fraglose Gegenwart der Transzendenz in der Immanenz, das Wunderbare hier und jetzt; er meint das Übersinnliche zu schauen. Nirgends hat Existenz die Gewißheit ihres transzendent gegründeten Seins als nur in der Liebe; kein Akt wahrhafter Liebe kann verloren sein.

Die Liebe ist *unendlich*; sie weiß nicht gegenständlich, was und warum sie liebt, noch kann sie in sich selbst auf einen *Grund* stoßen. Aus ihr begründet sich, was wesentlich ist; sie begründet sich selbst nicht mehr.

Die Liebe ist *hellsichtig*. Vor ihr will offenbar sein, was ist. Sie verschließt nicht, sondern sie kann unerbittlich wissen wollen; denn sie erträgt den Schmerz des Negativen als Moment ihres Wesens. Sie häuft nicht blind alles Gute, und sie schafft sich nicht zur Erbauung matte Vollendung. Aber wer liebt, sieht das Sein des Anderen, das er als Sein aus dem Ursprung grundlos und unbedingt bejaht: er will, daß es sei.

In der Liebe ist *Aufschwung* und *gegenwärtige Befriedigung*, Bewegung und Ruhe, Besserwerden und Gutsein. Das enthusiastische Streben, das nie am Ziele scheint, ist selbst die Gegenwart, die in dieser Gestalt als Erscheinung in der Zeit immer am Ziele ist.

Liebe, als erfüllte Gegenwart nur *Gipfel* und *Augenblick*, ist wie umgeben von einem Heimweh. Nur die vollendet gegenwärtige Liebe verliert es.

Liebe ist *Wiederholung* als Treue. Aber die jeweils objektive sinnliche Gegenwart und ich selbst, wie ich war, sind unwiederholbar. Wiederholung ist der in jeweils gegenwärtig möglicher Gestalt sich kleidende ewig eine Ursprung der Liebe.

Liebe ist *Selbstwerden* und *Selbsthingabe*. Wo ich mich wahrhaft ganz, ohne Rückhalt, gebe, finde ich mich selbst. Wo ich mich auf mich selber wende und Reserven festhalte, werde ich lieblos und verliere mich.

Die Liebe hat ihre Tiefe in dem Verhältnis von Existenz zu Existenz. Dann wird ihr alles Dasein wie *persönlich*. Dem liebenden Schauen der Natur werden offenbar die Seele der Landschaft, die Geister der Elemente, der Genius jeden Ortes.

In der Liebe ist *Einmaligkeit*. Nicht Allgemeines liebe ich, sondern unvertretbar gegenwärtig Gewordenes. Alles Liebende und Geliebte ist jeweilig gebunden und nur als solche Einzigkeit unverlierbar.

In der Liebe ist das absolute *Vertrauen*. Die erfüllte Gegenwart kann nicht täuschen. Liebendes Vertrauen beruht nicht auf Berechnung und Sicherheiten. Daß ich liebe, ist wie Geschenk und doch mein Wesen. Ich habe in ihr die Gewißheit, die sich nicht täuschen kann, und werde im Ursprung meines Wesens schuldig, wenn ich verwechsle. Die Hellsichtigkeit wahrer Liebe kann nicht verwechseln. Trotzdem ist mir das Nichttäuschen wie ein Wunder, für das ich mir kein Verdienst gebe. Nur durch Wahrhaftigkeit und durch mein redliches Alltagstun kann ich die Möglichkeit bereiten, daß mich im rechten Augenblick die Liebe ergreife, vor der dann diese Voraussetzungen wie nichts sind.

Liebe ist in der kämpfenden Kommunikation, aber gleitet ab zur kampflosen Gemeinschaft des Besitzes oder zu lieblosem Zank. Sie ist im verehrenden Aufblick, aber gleitet ab zur Abhängigkeit im Kult von Autoritäten. Sie ist in helfender Karitas, aber gleitet ab zum Selbstgenuß wahllosen Mitleids. Sie ist im Schauen des Schönen, aber gleitet ab zu ästhetischer Unverbindlichkeit. Sie ist in der grenzenlosen Möglichkeit ihrer Bereitschaft noch ohne Gegenstand, aber gleitet ab zum Rausch. Sie ist sinnliches Begehren, aber gleitet ab zu genießender Erotik. Sie ist im ursprünglichen Wissenwollen, das Offenbarkeit sucht, aber gleitet ab zu leerem Denken oder zur Neugier. Sie hat gleichsam zu ihrem *Leibe* zahllose Gestalten. Wird der Leib selbständig, so ist die Liebe tot. Überall kann sie gegenwärtig sein, und ohne sie versinkt alles in Nichtigkeit. Sie ist von hinreißender Macht und kann noch wahr sein, wo sie sich verdünnt in die Menschenfreundlichkeit und in die Naturliebe, auf deren Grund ihre Flamme sich neu entzünden wird.

P II, 277ff.

Phantasie

Phantasie als absolutes Bewußtsein ist die Liebe, welche Erhellung der Seinsgewißheit im Schauen der Dinge, in Bildern und Gedanken wird.

Herausgenommen aus den Interessen, die mich als empirisches Individuum an die Dinge fesseln oder von ihnen abstoßen, lebe ich daseinswirklich in der Seinswirklichkeit. Das Dasein wird wie *durchscheinend*. Durch die Phantasie erfasse ich das Sein in der Chiffre alles Gegenständlichen als etwas, das nicht gegenständlich werden kann, obgleich es unmittelbar gegenwärtig ist.

Phantasie ist die positive *Bedingung für die Verwirklichung der Existenz*. Ohne Phantasie als den Raum des Möglichen bleibt sie gefesselt an die Enge bloßer Daseinswirklichkeit, mangelt ihr die in der Subjekt-Objekt-Spaltung nur durch das Chiffrewerden der Dinge fühlbare Wirklichkeit des Seins. Durch Phantasie wird das Auge frei, das das Sein sieht. Ohne sie ist das Dasein endloser Wirklichkeiten ein fahles Reich des Toten. Sie aber ergreift die tiefere Wahrheit gegenüber allem bloßen Wissen von der empirischen Wirklichkeit.

Die Inhalte der Phantasie stehen in einer *ursprünglichen Gewißheit* vor Augen, die ihren Maßstab in sich selbst hat. Es gibt da keine Prüfung aus Gründen oder Zwecken. Zum Mittel gemacht ist Phantasie ihres Wesens beraubt. In ihr ist das Sein, aus dem mir Dasein gerechtfertigt wird, nicht umgekehrt.

In der Phantasie vergewissere ich mich der übersinnlichen Herkunft meines Daseins, sofern ihre Inhalte mir *wirklich* werden *in der Verknüpfung* mit einem geschichtlich bestimmten Lieben und Handeln in der Welt. Das absolute Bewußtsein dringt als Phantasie in den Seinsgrund, wo immer ich *wirklich bin*, im Augenblick der Entscheidung, in der Stetigkeit des Handelns, in der Lebensführung, im Weltdasein; sie ist in der Erinnerung und Stille des Sichversenkens.

Phantasie läßt mich das *Vollendete*, Insichruhende erfahren. In den Grenzsituationen scheint mir alles zerrissen, unmöglich oder unrein. In der Phantasie erfahre ich die Vollkommenheit des Seins als Schönheit und erfahre in vielleicht vermessenem Wagnis die Schönheit selbst noch des Furchtbaren und Zerstörten. Zwar ist diese unwirklich im Sinn von Dasein, aber sie ist aus der Liebe des absoluten Bewußtseins gesehen nicht Täuschung. Was als Idee, Existenz und Transzendenz wirklich ist, das wird als Schönheit gleichsam wahrnehmbar für Phantasie.

Phantasie verfährt *anschaulich* (bildend) oder *gedanklich* (spekulativ). In beiden Fällen ist das objektive Gebilde nicht der schon vollendete Inhalt der Phantasie, sondern nur ihre *Sprache*. Durch Anschauen allein erfahre ich nicht Gestalten der Kunst; ich muß mich darin verwandeln, in der Anschauung zugleich über sie hinaus sein, aber so daß nichts ohne die zur Gegenwart bringende Anschauung ist. Durch Denken allein bemächtige ich mich keiner Philosophie, sondern nur in der Aneignung, in der das Denken Mitteilung wird für Undenkbares, das aber in jedem seiner Momente durch ein Gedachtes gleichsam vertreten ist. Bildende Phantasie ist ein Leben in Gestalten als Seinssymbolen, spekulative Phantasie ein Leben in Gedanken als Seinsvergewisserungen.–

Durch die Gefahr der unverbindlichen Isolierung ist Phantasie als absolutes Bewußtsein *zweideutig*; sie kann tiefste Offenbarung und zunichtemachende Täuschung sein.

Phantasie sieht nur im Sinne eines *Möglichen* und noch *Allgemeinen*, solange sie nicht die geschichtliche Gegenwart der Existenz trifft. Ohne diese Verknüpfung sieht Phantasie nur den möglichen Raum der Existenz; sie bleibt noch das Spiel, durch das sie dem Sein in gegenständlichem Dasein nachspürt, ohne ihr eigenes Sein der Wirklichkeit des Daseins einzuprägen. Darum ist Phantasie als kontemplative Erfüllung im Möglichen die Gefahr der Ablenkung, der

Schleier, der sich über die harte Wirklichkeit des Daseins legt. Sie verführt zu einem Leben in der Welt der Bilder und Gedanken als selbstgenugsamen Sein.

Denn immer bleibt der Unterschied zwischen der unverbindlichen Welt der Möglichkeit und der Einsenkung in existentielle *Wirklichkeit*. Das enthusiastische Mitschwingen mit den Phantasiegestalten in Dichtung, Kunst und Philosophie, in der Geschichte menschlicher Größe, ist etwas anderes als Selbstvollziehen des Transzendierens in gegenwärtig entscheidender Existenz. Dort kann ich mich vergessen; hier ist die Wirklichkeit des Selbst. Erliege ich der Verführung, so kann sich mir das Nebeneinander zweier Welten fixieren: einer Scheinwelt, in der ich mich aufschwinge, und einer wirklichen Welt, in der ich mich verachte. Dann messe ich die Dinge an einem abstrakten Absoluten und zerstöre mir das Wirkliche zugunsten eines imaginären Möglichen, statt es zu erfüllen und in seiner Gegenwart groß zu sehen.

P II, 282ff.

Spiel

Spiel ist als naive Lust der Vitalität ohne alle Last der Wirklichkeit. Es ist als Befreiung von dem Zwang der Wirklichkeit der Weg zum Unverbindlichen. Lachen begleitet die Lust des Spiels wie die Ironie.

Als Moment des absoluten Bewußtseins gibt es ein Hellwerden im Spiel. Auf dem Grunde des Ernstes wird in einem Raum des Möglichen entworfen. Daher bekommt das Spiel Gehalt. Es ist nicht Spielerei.

Philosophieren als aussagendes Erdenken ist in diesem Sinne ein Spiel. Sich im Philosophieren des Spiels bewußt zu sein, ist Sicherung, jede objektive Fixierung zu unbefragbar gehaltenen Wahrheiten zu verhindern. Nichts Gesagtes ist als objektiv feststehend so gewichtig zu nehmen, daß es unantastbar wird. Jeder philosophische Gedanke ist auch wieder zu relativieren. In der Feierlichkeit eines Besitzes der Wahrheit als einer objektiv auszusagenden ist das Spiel vergessen; sie wird lächerlich unter dem Blick der Ironie. Ich bin nicht gebunden an objektive Aufstellungen, sondern an die Verantwortung, sie gemacht zu haben. Ich schiebe sie nicht leichtherzig beiseite, aber bleibe ihrer Herr, statt mich ihnen zu unterwerfen. Der unwahre Ernst, der das Moment des Spiels in den philosophischen Objektivitäten vergißt, verschließt sich in seinen Wurzeln der Prüfung. Er bleibt nicht frei, weil er nicht mehr hören und verstehen kann. Nur im Medium des Spiels ist zugleich wahrer Ernst möglich. So ist die Spannung des Philosophierens zu erhalten, zugleich Sprache des letzten Ernstes, aber als Sprache nicht dieser Ernst selbst zu sein. Zwischen der Unverbindlichkeit beliebigen Denkens und der Erstarrung in endgültiger Objektivität bewegt sich das wahre philosophieren als Freiheit dieses verantwortlichen Spiels. Wahrheit ist dort, wo der Ernst der geschichtlichen Wirklichkeit gesteigert wird durch das Bewußtsein des Spiels im philosophischen Gedanken. Erwarte ich im Philosophieren Appell an Grund und Ursprung, so bin ich enttäuscht, wenn mir vermeintlich objektive Richtigkeiten vom Absoluten gesagt werden, die ich nur hinzunehmen habe. Aber wahr ist das Philosophieren als Spiel, in dem ich Möglichkeiten sehen lerne.

P II, 286 f.

Gelassenheit

Es gibt Gelassenheit als Ruhe der Nerven, als kindliche Unstörbarkeit eines noch nicht sehenden naiven Gemüts, als ein Leben in glücklichen Situationen. Gelassenheit als Moment des absoluten Bewußtseins steht in den Grenzsituationen. Sie ist die Ruhe der Seinsgewißheit als erworbener Hintergrund und als künftige Möglichkeit. Sie ist nicht Erfüllung als die Höhe des Seins im Dasein, sondern die Stille der Gewißheit ohne gegenwärtige Entscheidung. Dieses Bewußtsein der Geborgenheit ist mögliche Haltung des Alltags, nicht Maßstab, sondern Sicherung. Es wird durchbrochen nicht durch die Stöße der Endlichkeit, die es erträgt, aber durch die Leidenschaft der Existenz in ihren Entscheidungen. Die schweigende Stille hört auf in den Offenbarungen des Seins in Grenzsituationen, die schließlich in der Gelassenheit wieder ihre Ruhe finden.

Gelassenheit ist nicht die Affektlosigkeit des disziplinierten Stoizismus, des bequemen Nichtansichherankommenlassens der Situationen, sondern sie ist Sicherung im Fernsein von der Höhe; sie vermag mich aufzunehmen, wenn das Sein glanzlos wird und ich mir ausbleibe. Aber sie ist sich ungenügend in sich selbst, daher in Bereitschaft, und drängt aus sich heraus in Bewegung und Erfüllung.

P II, 291

Der Mensch als Aufgabe seiner selbst

Weil der Mensch als Existenz Möglichkeit ist, kann er sich selbst zur Aufgabe werden. Diese Aufgabe war für Jaspers zur Zeit der »Philosophie« die Verwirklichung von Existenz in den Grenzsituationen und in der verläßlichen Bindung seiner Kommunikation. Später wurde ihm immer drängender zur Frage, ob es denn genüge, daß Einzelne in ihrem Selbstsein frei werden, wenn die Völker ihnen dabei nicht folgen können. Die Antwort ist unüberhörbar: Die Freiheit des Einzelnen in seiner Kommunikation mit dem Nächsten ist nicht genug. Wenn diese innere Freiheit nicht mit der äußeren der Völker verknüpft wird, ist sie im technischen Zeitalter gefährdet und der totalitären Macht preisgegeben. So wie die äußere Freiheit der Völker in der inneren der Einzelnen verankert werden muß, so muß die innere Freiheit der Einzelnen durch die äußere der Völker geschützt werden. Deshalb dringt nun zunehmend ein politisches Pathos in das existentielle Denken und verbindet sich mit der Dialektik der Grenzsituationen und der Kommunikation. Diese Verlagerung hat nichts mit einem Widerspruch zu tun, sondern ist Ausdruck dafür, daß die Aufgabe des Menschseins selber geschichtlich ist und dem Wandel unterliegt. – Der nachfolgende Text aus dem Alterswerk »Der philosophische Glaube angesichts der Offenbarung« (1962) bringt dies zum Ausdruck.

Die Frage nach dem Menschen

Die Frage nach dem Menschen ist mit dem Menschsein selbst gegeben. Sie erfährt unter neuen Daseinsbedingungen neue Antworten. Die Frage würde aufhören, wenn der Mensch als er selbst versinken würde in bloßem Dasein.

Woher kommen wir Menschen? Was ist der gegenwärtige Sinn, was ist das Ziel unseres Lebens, des Einzelnen, der Völker, der Menschheit? Welches sind unsere Möglichkeiten und unsere Grenzen? Was sind wir eigentlich? Welches ist unsere Stellung in der Welt? Was ist unsere jeweils bestimmte Aufgabe?

Die Frage war fast vergessen in der Ruhe der gebildeten, der konventionell-christlichen, der den Ursprung ihrer Freiheit verlierenden und sie verderbenden bürgerlichen Welt. Sogar in einer nur ahnenden, nicht ernst werdenden, daher unfruchtbaren Unruhe blieb sie vergessen. Es genügten die Selbstverständlichkeiten der Tätigkeit und der den Ernst verhindernde Weltschmerz, dessen Typus Schopenhauer war. Auch wurde die Frage fortgeschoben: laßt uns nicht denken, es führt zu nichts! Aber sie läßt sich nicht zum Schweigen bringen. Heute ist die Frage, bedrängender als je, wieder da.

PGO, 461 f.

Die Situation der Freiheit ist bewußt geworden

Hat die moderne Befreiung zur Freiheit geführt? Bisher hat sie keineswegs frei gemacht. Sie hat die Möglichkeit geschaffen, zur Freiheit zu gelangen, aber sie noch nicht verwirklicht.

Es kann vielmehr so aussehen: Die radikalste Befreiung, die wir kennen, die in unserem Zeitalter, kann die Freiheit des Menschen überhaupt vernichten. Was war die Freiheit vor dieser Befreiung? Dorthin möchten wir den Blick gewinnen, um die Möglichkeit zu spüren, diese unreflektierte, gleichsam in ihrer Wahrheit noch träumende Freiheit nach der Befreiung in reinerer Gestalt zurückzugewinnen.

Genügt es, daß Einzelne frei werden, wenn die Völker ihnen nicht folgen konnten und nie werden folgen können? Es genügt nicht nur nicht, es wird immer weniger überhaupt möglich sein. Denn in den früheren, immer noch lockeren Zwangsordnungen konnte der Wille zur inneren Freiheit Einzelner nie erdrückt werden, weil ihnen Raum blieb. Das technische Zeitalter aber vermag diese Erdrückung auch der inneren Freiheit zu vollenden.

Alles liegt daran, daß Freiheit die Freiheit erweckt. Jeder Einzelne kann nur in dem Maße frei werden, als um ihn herum freie Menschen sind. Wenn man zweifelt und meint, die Menschen seien nicht fähig, frei zu werden, so ist die Antwort: Wer auf dem Wege der Freiheit ist, die Transzendenz und sich selbst erfährt, der kann nicht glauben, daß der Weg unmöglich sei. Sein eigenes Leben selber ist ihm das Wagnis daraufhin, daß Freiheit möglich ist. Dieses Wagnis nicht einzugehen, bedeutet, daß jene Einzelnen ersticken, die bisher die Geschichte des Abendlandes sind. Sie gaben ihr die Höhen, bezeugten in Taten, in Schöpfungen und Einsichten, was der Mensch vermag.

Glaube und Freiheit würden gemeinsam erlöschen. Nur miteinander können sie wirklich bleiben. Würde die Selbstzerstörung der Freiheit die Folge der gegenwärtigen Situation sein, so scheint das Ende der menschlichen Geschichte unwiderruflich. Daß dies, solange Menschen leben, nicht geschehe, ist selber ein Glaubensinhalt, kein Wissen.

Es bleibt ein nur abstrakter, selber schon glaubensloser Gedanke, daß nach einer Wüstenwanderung kommender Jahrhunderte und Jahrtausende eine neue andere Geschichte der Freiheit beginnen könnte, wie sie vor sechstausend Jahren begonnen hatte. Aber was für ein gewaltiger Unterschied! Damals begann sie auf dem Grunde eines mythischen Denkens und dem Reichtum der Sprache als der beiden Zeugnisse einer unvordenklichen menschlichen Substanz (die dann in der Geschichte verbraucht worden wäre). Nach der gegenwärtigen Zerstörung würde sie beginnen auf dem Grunde einer substanzlosen Unfreiheit; auf dem Grunde des Arbeitsmechanismus des technischen Zeitalters, der rational dirigierten Arbeit und Freizeit der Unfreien, die mit sich nichts anzufangen wissen; auf dem Grunde eines Menschen und Natur in sich aufzehrenden Produktions- und Konsumtionsbetriebes. Die neue Geschichte ginge von einer dem Sinne nach ganz anderen Unfreiheit aus als die erste. Sie wäre eine wie ein Stahlgerüst einschnürende und die Seele selber in solche Gerüste verwandelnde Unfreiheit, während vor dem prometheischen Zeitalter eine schlummernd erfüllte Unfreiheit lag. Nach der gegenwärtigen Zerstörung wäre der Ausgang von der Unfreiheit einer geschichtslosen rationalen Technik, damals von der Unfreiheit einer unvordenklichen Geschichte.

PGO, 462 f.

Der Mensch auf dem Wege zur Wahrheit

Statt im Genuß der vollendeten Wahrheit stehen wir Menschen auf dem Weg zur Wahrheit im Kampf.

Die Leidenschaften unseres *Daseins* sind Bedingung unserer Lebendigkeit in allen Weisen des Umgreifenden, das wir sind, aber treiben uns ständig in die Irre. Der Verstand des *Bewußtseins überhaupt* ist Bedingung aller Klarheit und Richtigkeit im Relativen, aber verkehrt unseren Wahrheitssinn, wenn er die Wahrheit im ganzen als das Richtige bestimmen will. Der Zauber des *Geistes* ist unerläßlich für den Raum, in dem unsere Phantasie waltet und die Sprache der Erscheinungen hörbar werden läßt, aber verführt in eine ästhetische Scheinwelt. Die Unbedingtheit des *Existentiellen*, in ihrer Geschichtlichkeit immer schon berührt von dem Schimmer des Ausnahmeseins, drängt in die Verlorenheit, in der sie an der Welt scheitert und verschwindet.

Der Kampf um Selbstbehauptung im Dasein durch List und Gewalt, der Kampf im Bewußtsein überhaupt durch begründende Diskussion, der Kampf im Raum des Geistes durch die Gestalten der Phantasie um Rang und Wirkung, der liebende Kampf der Existenzen um das gemeinschaftliche Selbstwerden – immer ist Kampf.

Diese unübersehbaren Kämpfe bedeuten den Weg des Menschen zur Wahrheit. Alle Vollendungen sind Augenblicke und alsbald Ausgang auf den weiteren Weg. Denn in der Zeit kann er kein Ende durch Vollendung finden. Jede Ruhe ist Atempause zur Entwicklung neuer Kräfte.

PGO, 463 f.

Der Mensch, ständig auf das Ganzwerden gerichtet, wird kein Ganzes

Kein Mensch ist alles. Keine in einem Menschen wirklich gewordene Wahrheit ist die ganze und eine Wahrheit.

In der Selbstbesinnung suchen wir Klarheit darüber, wofür und aus welchem Ursprung wir leben, ohne die vollendete Klarheit schon zu erreichen, wenn wir unseres konkreten, geschichtlichen Entschlusses gewiß sind.

Kein Moment der Weisen des Umgreifenden, das wir sind, ist entbehrlich, vielmehr jede Weise unumgänglich. Keines darf zum Losgelösten (Absoluten) werden, das sich nur auf sich selber stellt.

Das Ganze aber ist nicht als der Organismus einer harmonischen Einheit wirklich. Man kann es als solche Einheit nicht begreifen, es sei denn um den Preis der Blindheit vor anderen Faktizitäten und Möglichkeiten.

Wenn aber die Einheit eines Ganzen nicht ist, so doch das Streben zu ihr hin (Vernunft) und die Zugkraft von dem Einen (der Transzendenz) her. Die Vernunft als das umgreifende Band in ständiger Bewegung und das Eine der Transzendenz in unfaßlicher Ruhe begegnen sich, beide gegenstandslos, beide jenseits der Subjekt-Objekt-Spaltung.

PGO, 464

Im Wissen vom Menschen erfahren wir unlösbare Unstimmigkeiten

Die erkennbare Naturnotwendigkeit unseres Daseins und die unerkennbare Macht unserer Freiheit; unseren Drang zur Einsenkung in die Welt und unseren Drang zur Loslösung von der Welt in den Grund unserer Freiheit; die Geschichtlichkeit unserer Existenz, ohne die wir nicht wären, und unsere Überlegenheit über die Geschichte mit der Neigung zur Entgeschichtlichung unseres menschlichen Wesens.

Die Paradoxie des Menschseins zeigt sich in dem vernichtenden Umschlagen auf dem Weg zur Freiheit:

die Befreiung von der Leibhaftigkeit der Transzendenz schlägt um in den totalen Unernst,

die Freiheit in der Schwebe der Chiffern schlägt um in die Bodenlosigkeit des Nichts,

die Freiheit des Wissens schlägt um in die Unfreiheit des Wissenschaftsaberglaubens,

das, was Einzelnen gelungen ist, schlägt um, durch Über-

setzung, Verwandlung bei Anderen, in das Gegenteil des einmal Wirklichen und Gemeinten,
die Freiheit des technischen Erfindens schlägt um in die Versklavung durch den Betrieb der Maschinenarbeit,
das politische Freiwerden schlägt um in die äußere und innere Unfreiheit der totalen Herrschaft.
Keineswegs sind alle diese Verkehrungen unentrinnbar. Der Freiheit des Menschen ist es aufgetragen, sich zu bezeugen in der Kraft des Herrwerdens über die selbst erzeugten Unfreiheiten.
Die Frage, ohne die das Wagnis der Freiheit kein Wagnis wäre, bleibt: Ist der Weg des Menschen wie eine Flamme, die sich selbst verzehrt? Wird, weil dies geschieht, sein hoher Aufschwung schließlich der Gang zum Selbstmord des Daseins der Menschheit?
Durch das Jahrtausend, das die Erfahrungen der Juden in den Schriften der Bibel niedergelegt hat, wurde an den Tag gebracht, was, in Spannung mit der griechischen Philosophie und Dichtung, seither die Abendländer bestimmt hat.
Der Mensch ist mehr und grundsätzlich anders als irgendein Lebewesen, und er ist mehr als alles, was er von sich erkennt, wenn er sich zum Gegenstand macht in Anthropologie, Psychologie, Soziologie.
Der Mensch ist als Mensch kein in seiner Art wohlgeratenes Tier mit besonderen Eigenschaften, mit den vorbestimmten, in den Generationen sich wiederholenden gleichen Lebensbahnen. Er ist vielmehr ein im Sinne bloßen Lebens brüchiges Wesen, das zu dem für ihn Höchsten bestimmt ist, zum Wagnis aus seiner Freiheit. Darum kann er keine endgültige sich nur wiederholende Gestalt finden. Er geht durch immer neue Weisen seines Scheiterns den Weg durch die Welt, im hohen Schwung seiner Hoffnung, aber ohne zu wissen wohin.

PGO, 464 f.

Die Bestimmung des Menschen

Diese alte Formulierung meint das Schicksal, das ihm verhängt, und die Aufgabe, die ihm gegeben ist: Das Bewußtsein der Bestimmung bewegt sich in der Polarität zwischen dem Schonbestimmtsein und der Forderung des freien, sehenden Entscheidens.

Das Schonbestimmtsein führt zu den Notwendigkeiten, denen der Mensch unterworfen ist: dem erkennbaren Natursein, der Geschichte, dem in der Ordnung des Kosmos oder des Seins Vorgestellten, dem göttlichen Willen. In jedem dieser Fälle wird der Mensch zur Marionette, entweder der Naturgesetze oder der Geschichte, oder der Vorherbestimmung Gottes, oder des Schicksals (Moira, Weltvernunft, Vorsehung). Der Mensch kann sich nur fügen, unterwerfen, einstimmig mit dem werden, was ohne ihn ist, oder revoltieren, wodurch er vollends nichtig wird.

Die Forderung dagegen bedeutet, daß der Mensch selbst mitentscheidet, was aus ihm wird und aus dem, was im Umkreis seiner Wirkungsmöglichkeit liegt. Was die Aufgabe in concreto ist, kann ihm wohl als »Forderung des Tages«, nie aber endgültig klar werden. Er ergreift die eigene Aufgabe in der Welt aus seinem Glauben inmitten der Menschen, die anderen Glaubens an andere Aufgaben sich binden.

Weil aber der Mensch in seiner Freiheit sich nicht durch sich selbst frei weiß, ist er sich, im Unterschied von der Notwendigkeit, an die er preisgegeben wäre, aus dem Ursprung bewußt, den er in der Chiffer »Notwendigkeit« ausspricht. Diese Notwendigkeit ist weder Gesetz noch Willkür. Sie ist mehr als Notwendigkeit, die nur als Kategorie benutzt wird, um mit ihr als Chiffer das Unbegreifliche seiner Bestimmung zu berühren.

PGO, 465 f.

Die Frage nach dem Ende

Heute verbreitet sich das epochale Bewußtsein, an der Wende zu stehen, nicht einer der bisherigen Geschichtsperioden, sondern der Geschichte überhaupt.

Die Erweiterung historischen Wissens rückt Anfang und Ursprung nur weiter hinaus, ohne daß sie uns zugänglicher würden.

Die Zukunft steht nicht mehr wie bisher als ein Weiterleben gleicher Art vor Augen, sondern als außerordentliche Möglichkeit, die begrenzt ist durch die Drohung der totalen Zerstörung.

Ist die Geschichte ein merkwürdiger kurzer Zwischenaugenblick in der unermeßlichen Erd- und Lebensgeschichte? Ist sie ein zwar großartiger, aber vergeblicher Freiheitsprozeß, sich selber unendlich kostbar, aber zugleich ein sich selbst zerstörender Prozeß hoher Schöpfungen und Augenblicke? Ist die Geschichte von vornherein in ständigem Abfall von dem, was geschehen sollte, und verläuft daher schließlich dieses Abfallen von der Chance der Freiheit in das Ende, in dem das Abfallen zugleich mit dem Dasein des Menschen aufhört?

PGO, 466 f.

IV

Die Frage nach der Transzendenz

Mythisches Denken

Für Jaspers gehört das mythische Denken nicht bloß einer bestimmten Zeit oder Kulturstufe an, sondern es ist zu allen Zeiten und auf jedem Niveau der Kulturen anzutreffen. Es läßt sich deshalb auch nicht negativ bestimmen, etwa als ein Denken, das noch nicht zur Rationalität gefunden hat. Vielmehr hat es seine eigenen Qualitäten als anschauliches, bildhaftes Denken, das sich in Geschichten ausspricht und dort in Symbolen, die in andere Sprache nicht übersetzbar sind. Seine Entmythologisierung käme einer Zerstörung gleich: »Entmythologisieren, das würde bedeuten, ein Grundvermögen unserer Vernunft zum Erlöschen zu bringen.« Statt dessen gilt es, den Mythos in der Vieldeutigkeit seiner Symbolik zu bewahren. Jenseits von pragmatischer Handfestigkeit und wäßriger Rationalität soll er Chiffre bleiben.

Jaspers kämpfte mit dieser Auslegung des Mythos gegen die Theologie der Entmythologisierung von Rudolf Bultmann. In diesem Kampf vertauschten der Philosoph und der Theologe gleichsam die Rollen: Der Theologe kämpfte für die Rationalisierung der biblischen Überlieferung und der Philosoph für die Reinheit der althergebrachten mythischen Sprache in ihrer bildhaften Wahrheit und Kraft. – Der Text ist dem Band »Die Frage der Entmythologisierung« (1954) entnommen, der die ganze Auseinandersetzung zwischen Jaspers und Bultmann enthält.

Mythisches Denken ist nicht vergangen, sondern uns jederzeit eigen. Allerdings ist der Begriff des Mythus keineswegs eindeutig. Er enthält folgende Momente:

1. Der Mythus erzählt eine Geschichte und bringt Anschauungen im Unterschied von Denken in Allgemeinbe-

griffen. Der Mythus ist geschichtlich in der Gestalt seines Denkens wie in seinem Inhalt. Er ist nicht Einkleidung eines Allgemeinen, das dann besser direkt, als Allgemeines, in Gedanken gefaßt würde. Er erklärt durch geschichtliche Herkunft im Unterschied von Erklärung durch eine in allgemeinen Gesetzen begriffene Notwendigkeit.

2. Der Mythus behandelt heilige Geschichten und Anschauungen, Göttergeschichten im Unterschied von bloßen Daseinsanschaulichkeiten.

3. Der Mythus ist Bedeutungsträger, aber von Bedeutungen, die nur in dieser seiner Gestalt ihre Sprache haben. In mythischen Gestalten sprechen Symbole, deren Wesen es ist, nicht übersetzbar zu sein in eine andere Sprache. Sie sind nur in diesem Mythischen selber überhaupt zugänglich, sind unersetzlich, unüberholbar. Ihre Deutung ist rational nicht möglich; vielmehr geschieht ihre Deutung durch neue Mythen, durch ihre Verwandlung. Mythen interpretieren einander.

Wie dürftig und spracharm unser Dasein, wenn mythische Sprache nicht in ihm gilt! und wie unwahr, wenn die unumgängliche mythische Denkweise mit albernen Inhalten erfüllt wird. Die Herrlichkeit und das Wunder der mythischen Anschauung muß gereinigt, aber nicht abgeschafft werden. Entmythologisierung ist fast ein blasphemisches Wort. Es ist nicht Aufklärung, sondern Aufkläricht, die das Wort Mythus so entwerten kann. Hört die Pracht des Sonnenaufgangs auf, eine leibhaftige, immer neue, beschwingende Wirklichkeit zu sein, eine mythische Gegenwart, auch wenn wir wissen, daß wir mit der Erde uns bewegen, also vom Aufgang keine Rede sein kann? Hört das Erscheinen der Gottheit auf dem Sinai, im Dornbusch, auf, ergreifende Wirklichkeit zu sein, auch wenn wir wissen, daß im Sinne raum-zeitlicher Realität hier menschliche Erlebnisse stattgefunden haben? Entmythologisieren, das würde bedeuten, ein Grundvermögen unserer Vernunft zum Erlöschen zu bringen. Aber in dem Entmythologisierungsdrang steckt doch eine halbe Wahrheit von der echten Aufklärung her:

a) Mit der Wahrheit des mythischen Denkens geschieht eine Verkehrung durch alle Zeiten bis heute: die Verwandlung der mythischen Chiffreschrift in materielle Realität ihres Inhalts; die Berührung mit eigentlicher Wirklichkeit durch deren einzige Sprache gleitet ab in den Materialismus der Handgreiflichkeit und Brauchbarkeit. Daher hat alle Zeit und hat auch Bultmann wieder recht, wenn er Leibhaftigkeitsbehauptungen in bezug auf Dinge in der Welt bestreitet, die unserem ganz anderen realen Wissen zugänglich sind, das in der modernen Wissenschaft seine Entfaltung, Bestimmtheit und Klarheit in der Begrenzung erfahren hat. Ein Leichnam kann nicht wieder lebendig werden und aus dem Grabe steigen. Historische Berichte sich widersprechender Zeugen mit spärlichen Angaben können nicht eine historische Tatsache erweisen. Wegen unseres durchschnittlichen Materialismus wird die Abgleitung mythischer Chiffresprache in die Auffassung garantierter und garantierender Leibhaftigkeit immer wieder stattfinden, wie sie schon bei den ersten Christen und überall sonst in der Welt stattgefunden hat. Diese Verkehrungen kritisch aufzuheben wird eine Aufgabe für alle Zeiten bleiben. Die Erfüllung dieser Aufgabe mag Bultmann einen Augenblick Entmythologisierung nennen und trifft damit etwas Wahres: die Verdinglichung, die transparenzlose Leibhaftigkeit einer vermeintlichen Realität in ihrer Falschheit zu zeigen.

b) Die Forderung aber bleibt nur dann recht, wenn sie im Gegenzug zugleich die Verwirklichung der mythischen Sprache vollziehen lehrt. Nicht Vernichtung, sondern Wiederherstellung der mythischen Sprache ist der Sinn. Denn sie ist Sprache jener Wirklichkeit, die selber nicht empirische Realität ist, der Wirklichkeit, mit der wir existentiell leben, während unser bloßes Dasein sich ständig an die empirische Realität verlieren will, als ob diese allein schon die Wirklichkeit selber sei. Das Recht zur Entmythologisierung hat nur, wer die Wirklichkeit in der Chiffresprache des Mythischen um so entschiedener festhält.

Die eigentliche Aufgabe ist daher nicht, zu entmythologisieren, sondern das mythische Denken in der Vergewisserung der Wirklichkeit rein zu gewinnen, in dieser Denkform anzueignen die wundersamen mythischen Gehalte, die uns sittlich vertiefen, menschlich erweitern, indirekt aber uns der Hoheit des von ihnen niemals erfüllten, sie alle übersteigenden Gottesgedankens bildloser Transzendenz näherzubringen.

Um dem mythischen Denken im eigenen Leben legitime und unersetzliche Wirkungsmacht zu geben, sind zwei kritische Gedanken notwendig.

Der erste sagt: Wenn die mythische Sprache geschichtlich ist und daher ihre Wahrheit ohne Anspruch auf Allgemeingültigkeit eines Wissens bleibt, so vermag sie gerade dadurch der Geschichtlichkeit der Existenz mitzuteilen, was für diese einen unbedingten Charakter gewinnen kann. In der Aussagbarkeit bleibt bedingt und historisch relativ, in der Objektivität bleibt schwebend, was für den darin Denkenden ein Unbedingtes gegenwärtig erhellt. Es gehört zu den Grundeinsichten philosophischer Selbstbesinnung, daß die Wahrheit, die allgemeingültig für alle ist, nur relativ auf den Standpunkt des Bewußtseins überhaupt gilt und existentiell gleichgültig ist, daß dagegen die existentielle Wahrheit, die identisch mit dem sie Denkenden wird, so daß er in ihr lebt und stirbt, gerade darum geschichtlich sein muß und in der Aussagbarkeit nicht allgemeingültig für alle werden kann. Das Recht, im Mythischen zu leben, hat nur, wer die Unbedingtheit geschichtlicher Existenz, die sich darin hell wird, nicht verwechselt mit der Allgemeingültigkeit eines Inhalts, der als Behauptung von einer Realität als gültig für alle auftritt. Auch wäre diese überlieferte Wirklichkeit verloren, wenn sie aufgelöst würde in allgemeine philosophische Ideen.

Wo aber mythische Sprache im Augenblick unbedingten Entschlusses zur Geltung gelangt, ist nicht vorauszusehen. Sie zu lernen, in der Anschauung zu eigen zu machen, bedeutet nur Möglichkeit und Vorbereitung. Aber schon dies geschieht geschichtlich. Sich der eigenen Herkunft der Geschichtlichkeit anzuvertrauen bedeutet für uns die größere Nähe von Bibel und Antike trotz aller Neigung zu den asiatischen Gehalten.

Der zweite kritische Gedanke bringt alle mythischen Bilder in die gehörige Schwebe durch die selbe biblische Forderung: Du sollst dir kein Bild und Gleichnis machen. Alles Mythische ist eine Sprache, die verblaßt vor der Transzendenz der einen Gottheit. Wenn wir in der mythischen Sprache als Chiffresprache erblicken, hören, denken, wenn wir keine konkrete Vergewisserung ohne solche Sprache anschaulich machen können, so dürfen wir doch zugleich wissen: Es gibt keine Dämonen, es gibt keine magisch-kausale Wirkung, es gibt keine Zauberei. Darum bleibt doch nicht weniger ein begleitendes und ergreifendes Bild: wie die drei Engel den Abraham besuchen, wie Moses die Gesetzestafeln empfängt, wie Jesaias in der Vision nicht Gott selber, aber seine nächste Erscheinung sieht, wie Gott im Donner den einen, in dem leisen Wehen den andern anspricht, wie Bileams Eselin es besser sieht als ihr Reiter, wie der Auferstandene abwehrend sagt: *noli me tangere*, wie er zum Himmel fährt, wie der Heilige Geist die Gläubigen ergreift, und so fort ins Unendliche.

Nun sind die drei Trennungen: von Leibhaftigkeit und Chiffresein, dann von mythischen Gehalten und transzendentem Gott, schließlich von unbedingter Geschichtlichkeit und bedingter Allgemeingültigkeit, nur dem philosophisch erhellten Bewußtsein eigen. Ursprünglich kann eines sein, was wir so trennen, und wird es wieder, wo es wirkendes Leben ist. Daher ist dem philosophisch Naiven Leibhaftigkeit und Charakter der Chiffreschrift nicht getrennt. Es gibt eine fromme Anschauung dieser Leibhaftigkeit, als ob sie auch empirische Realität sei. Die Frömmigkeit zeigt sich darin, daß die Konsequenzen eines materialistischen, magischen, nutzenden Mißbrauchs solcher Leibhaftigkeit wie selbstverständlich ausbleiben. Dagegen gibt es eine unfromme, materialistische Anschauung der mythischen Leibhaftigkeit als einer greifbaren Realität, der der Charakter der Chiffre verlorengeht und die damit erst Aberglaube wird.

c) Die wesentlichste und große Aufgabe aber ist für jeden, der das Feld mythischen Denkens betritt, innerhalb dieses Denkens zu ringen um das für wahr Geglaubte. Mythus steht gegen Mythus, nicht in rationaler Diskussion, nicht notwendig mit dem Ziel der Vernichtung des anderen, sondern im geistigen Kampf. Dieser Kampf wird unredlich, wenn er den gegnerischen Gehalt in der Veräußerlichung sieht und wenn er gar an ihm die mythische Denkform bekämpft, die er für die Gestalt des eigenen Glaubens verleugnet. Der Kampf ist nur offen und erhellend, wenn er aus dem Ursprung gegen den Ursprung sich richtet. Aus dem Zustand, in den der Mensch durch eine bestimmte mythische Anschauung gerät, wehrt er sich, an solchem Zustand teilzunehmen, oder bejaht sich in ihm. Er erblickt die Folgen für das Tun und Sichverhalten. Aber er kann nicht, was er für sich verwirft, für alle verneinen. Er wird für den andern gelten lassen, was er selbst nicht annimmt. Es handelt sich um existentielle Wahrheit, die nur im mythischen Denken geistig wirksam wird, ohne Mythik aber außerhalb unseres Horizontes bliebe.

So erwächst die Kraft aus dem Bibellesen nicht dem gleichmäßig folgenden Gehorsam gegen die Texte, sondern durch die Teilnahme an den Gehalten, die der Lesende abstößt oder aneignet. Er gerät mit den mythischen Inhalten in Zustände, die er dadurch als Möglichkeiten erfährt, er sieht die Gehalte in den Bildern, die ihm gegeneinander treten, sich in Stufen der Wesentlichkeit ordnen und die alle über sich hinaus weisen ins Bildlose. Nicht rationale Erkenntnis, sondern existentielle Erhellung im Raum der sich widersprechenden, der polaren, der sich ergänzenden und der sich ausschließenden Möglichkeiten der Bibel setzt sich um in Antrieb und

Abwehr. Die Bibel ist ein für uns bevorzugter Ort dieses Ringens, ein anderer die griechischen Epen und Tragödien, ein anderer die heiligen Bücher Asiens.
Nicht Übersetzung, nicht Umdeutung, nicht Interpretation durch ein begrifflich Allgemeines – dies alles, seit dem Altertum geübt, mag auch beiläufig einen beschränkten Sinn eigentümlicher Aneignung haben –, sondern Eintreten und Verweilen in der mythisch anschaulichen Gegenwärtigkeit lehrt den Vollzug der klärenden Kämpfe, in denen kein Besiegter vernichtet wird, sondern als abgewiesene Möglichkeit gekannt bleibt.

FE, 18–23

Die Namen der Transzendenz

Das, was wir in der Alltagssprache »Gott« nennen, heißt in der philosophischen Sprache von Jaspers »Transzendenz«. Die Transzendenz hat viele Namen. Aber keiner vermag zu sagen, was sie ist. Drei Erfahrungen deuten auf sie hin, ohne sie zu erreichen: die spekulative Erfahrung des formalen Transzendierens, die existentielle Erfahrung der Gründung des Selbstseins und die hermeneutische Erfahrung im Lesen alles Seienden als Chiffreschrift. Eine direktere Gotteserfahrung schließt die Philosophie von Jaspers aus. – Der Passus stammt aus dem Werk »Von der Wahrheit« (1947).

Namen der Transzendenz sind ins Endlose zu häufen. Die im Abendland maßgebenden Namen (Sein, Wirklichkeit, Gottheit, Gott) sind unbestimmt, aber durch geschichtliche Überlieferung feierlich, ja unendlich gehaltvoll:
Sofern wir die Transzendenz *denken* als das Umgreifende, nennen wir sie das *Sein*. Es ist das Sein, das bestehend, unwandelbar, täuschungslos ist. Aber es ist als dieses ruhige, dieses freilassende Sein nur für das abstrakte transzendierende Denken.

Sofern wir mit der Transzendenz *leben*, ist sie die *eigentliche Wirklichkeit*. Sie ist uns fühlbar als das uns wesentlich Angehende, das uns Anziehende, Haltgebende.

Sofern in dieser Wirklichkeit ein Forderndes, Herrschendes, uns Umfangendes zu uns spricht, nennen wir die Transzendenz *Gottheit*.

Sofern wir als Einzelne uns *persönlich getroffen* wissen, als Person zur Transzendenz als Person einen Bezug gewinnen, nennen wir sie Gott.

Als Sein, Wirklichkeit, Gottheit, Gott wird zwar Transzendenz kein Gegenstand, aber die Namen weisen hin auf die Erfahrung, in denen sie berührt wird. Diese Erfahrung ist am entschiedensten dann, wenn nicht mehr die Transzendenz verschwindet, sich verbirgt, sondern wenn wir und jede Weise unseres Umgreifendseins verschwinden vor ihr.

Die unterscheidbaren Erfahrungen, die die eigentliche Transzendenz berühren, aber so, daß sie in allem Hellwerden doch noch verborgen bleibt, und so, daß wir als Erfahrende immer noch bestehen bleiben, sind:

das *formale Transzendieren*, das mit begrifflich und methodisch eigentümlichen, scheiternden Gedankenbewegungen sich des Seins der Transzendenz vergewissert;

die *existentiellen Bezüge*, die in Trotz und Hingabe, in Abfall und Aufschwung unseres Wesens, im Gehorsam gegen das Gesetz des Tages und in der Leidenschaft zur Nacht die Wirklichkeit der Transzendenz der Existenz in ihrem Sichverwandeln zur wirklichen Gegenwart bringen;

das *Lesen der Chifferschrift* in allem, was uns gegenständlich und was uns erlebbar wird, d.h. die Erfahrung der Transparenz der Dinge dadurch, daß sie wie eine Sprache der Transzendenz uns verständlich werden in dem Maße und der Kraft, als wir existentiell werden.

W, 111 f.

Philosophische Glaubensgehalte

Man kann philosophische Glaubensgehalte in Sätzen aussprechen. Aber diese sind weder gesicherte Erkenntnisse noch Dogmen, sondern Leitsätze für das Handeln und Orientierungssätze für das Bewußtsein angesichts der Frage nach der Transzendenz. Jaspers nennt im nachfolgenden Text drei solcher Sätze: »Gott ist.« – »Es gibt die unbedingte Forderung.« – »Die Welt hat ein verschwindendes Dasein zwischen Gott und Existenz.« Mit ihnen sind keineswegs alle Glaubensgehalte ausgesprochen, aber doch ihr gemeinsames Fundament. Denn sie handeln von den drei großen metaphysischen Bereichen: von Gott, der Existenz und der Welt, und von ihrem Verhältnis zueinander. Für Jaspers' transzendierende Philosophie ist charakteristisch, daß er der absoluten Transzendenz, also Gott, und dem in ihr gründenden Selbstsein, also der Existenz, ein anderes Gewicht beimißt als der Welt, die zwischen ihnen gleichsam verschwindet. Der alles begründende Schritt des Glaubens wird dort getan, wo Existenz entscheidet, ob die Welt und die Natur das letzte Umgreifende seien oder ob etwas auch sie noch übersteigt. – Der Text stammt aus den Basler Vorlesungen von 1947 »Der philosophische Glaube«.

Man kann philosophische Glaubensgehalte aussprechen in Sätzen wie:

Gott ist.

Es gibt die unbedingte Forderung.

Die Welt hat ein verschwindendes Dasein zwischen Gott und Existenz.

1. *Gott ist:* Transzendenz über aller Welt oder vor aller Welt heißt Gott. Ob ich das Weltganze für das Sein an sich, die Natur für Gott halte, oder ob ich das Weltganze als in sich grundlos sehe und den Grund der Welt und meiner selbst in einem Außerweltlichen suche, das macht den tiefsten Unterschied des Glaubens.

Es gibt die Gottesbeweise. Seit Kant steht für das redliche Denken fest, daß solche Beweise unmöglich sind, wenn sie für den Verstand erzwingen wollen, wie ich ihn zur Einsicht zwingen kann, daß sich die Erde um die Sonne dreht, und der Mond eine Rückseite hat. Aber die Gottesbeweise sind als Gedanken nicht hinfällig, weil sie ihren Beweischarakter verloren haben. Sie bedeuten eine Vergewisserung des Glaubens in Gedankengängen, die, wo sie ursprünglich auftreten, den sie Denkenden durch Selbstüberzeugung wie das tiefste Ereignis des Lebens ergreifen, und die, wo sie mit Verständnis nachgedacht werden, eine Wiederholung der Vergewisserung ermöglichen. Der Gedanke als solcher vollzieht im Menschen eine Verwandlung. Der Gedanke macht uns gleichsam sehend. Mehr noch, der Gedanke wird ein Grund unserer selbst. Die Steigerung des Seinsbewußtseins durch ihn wird zur Quelle des Ernstes.

Die Gottesbeweise gehen zuerst aus von etwas in der Welt Vorfindbarem, Erfahrbarem und gewinnen dann den Schluß: wenn dieses ist, dann muß Gott sein. So vergegenwärtigt man die Grundrätsel des Weltdaseins und läßt sie auf Gott hinweisen.

Oder man vollzieht Gedankengänge, in denen das eigene Denken als Seinsbewußtsein sich versteht und sich vertieft zum Gottesbewußtsein: die eigentlich spekulative Philosophie.

Oder man vollzieht die Vergewisserung aus der Existenz: die Unterscheidung von Gut und Böse gewinnt ihren ganzen Ernst als Forderung Gottes. Die Wirklichkeit der Liebe ist wie eine Sprache Gottes.

Und überall führen die Ungeschlossenheit der Welt und das Scheitern jeden geschlossenen Weltbildes, das Versagen des Planens in der Welt, der menschlichen Entwürfe und Verwirklichungen, die Unvollendbarkeit des Menschseins selber an die Grenze: vor dem Abgrund wird das Nichts oder Gott erfahren.

Aber nie ist hier Beweis im Sinne wissenschaftlich zwingenden Beweises. Ein bewiesener Gott ist kein Gott. Daher: Nur wer von Gott ausgeht, kann ihn suchen. Eine Gewißheit vom Sein Gottes, mag sie noch so keimhaft und unfaßbar sein, ist Voraussetzung, nicht Ergebnis des Philosophierens.

Nach der großartigen Widerlegung aller Gottesbeweise durch Kant, nach der gedankenreichen, aber bequemen und falschen Wiederherstellung der Beweise durch Hegel, nach dem neuen Interesse für die mittelalterlichen Gottesbeweise ist heute eine neue philosophische Aneignung der Gottesbeweise eine dringende Notwendigkeit. Theodor Haubach, der Sozialist und Mitverschworene des 20. Juli, der von der Gestapo erhängt wurde, dieser Politiker und Realist, beschäftigte sich in den Kriegsjahren, ganz von der Hoffnung eines nach dem sicheren Zusammenbruch neu aufzubauenden Deutschlands getragen, gründlich mit den Gottesbeweisen, die er für ein unerläßliches Fundament unseres uns alle verbindenden Bewußtseins hielt.

Dem Denken, daß Gott sei, folgt alsbald das Erdenken, was Gott sei. Das ist unmöglich und doch entfaltet sich hier ein reiches und erregendes Denken. Zwar behauptet das Feld die negative Theologie, die sagt, was Gott nicht sei – nämlich nicht irgend etwas, das als Endlichkeit vor dem Auge oder dem Denken steht. Aber als Gleichnis, Symbol, Analogie dienen Endlichkeiten, um die Gottheit zu vergegenwärtigen.

2. Es gibt die unbedingte Forderung: Grund für an uns ergehende Forderungen sind gemeinhin Zwecke im Dasein (der Nutzen) oder eine unbefragte Autorität. Solche Forderungen sind bedingt durch den Zweck oder blinden Gehorsam.

Unbedingte Forderung hat ihren Ursprung in mir, indem sie mich trägt. Dieses Unbedingte ist weder aus Zweck noch aus Autorität begreiflich. Daß es das Unbedingte als Grund des Handelns gibt, ist nicht Sache der Erkenntnis, sondern Gehalt des Glaubens. Unser endliches Denken findet nur ins Endlose Bedingungen, kann daher irgendwie alles rechtfertigen. Das Ergreifen des Unbedingten hat, in der Geschichtlichkeit unseres hier und jetzt, unendlichen Charakter, ist, obgleich in allgemeinen Sätzen sich erhellend, durch kein Allgemeines genügend zu bestimmen und abzuleiten.

Die unbedingte Forderung tritt an mich heran als die Forderung meines eigentlichen Selbst an mein Dasein, dessen, was ich gleichsam ewig vor der Transzendenz bin, an die Zeitlichkeit meines gegenwärtigen Lebens. Ist der Grund meines Willens ein unbedingter, so werde ich seiner inne als dessen, was ich eigentlich selbst bin und dem mein Dasein entsprechen soll.

Das Unbedingte selber wird nicht zeitlich. Wo es ist, ist es zugleich quer zur Zeit. Es bricht aus der Transzendenz in diese Welt auf dem Wege über unsere Freiheit.

3. *Die Realität der Welt hat ein verschwindendes Dasein zwischen Gott und Existenz:* Das Schweben aller Weisen der erkannten Realität, der Charakter allen Erkennens als Auslegung, das Gegebensein allen Seins für uns in Subjekt-Objekt-Spaltung, diese Grundzüge des uns möglichen Wissens bedeuten: alle Gegenstände sind nur Erscheinungen, kein erkanntes Sein ist das Sein an sich und im Ganzen. Die Erscheinungshaftigkeit des Daseins ist eine Grundeinsicht philosophischen Denkens. Wenn sie auch nicht gegenständlich, sondern nur transzendierend einsehbar ist, so kann ein Verstand, der überhaupt zu transzendieren vermag, sich ihr nicht entziehen. Dann aber bringt sie nicht zu bisherigem Wissen ein neues einzelnes Wissen hinzu, sondern erwirkt einen Ruck des Seinsbewußtseins im Ganzen. Daher das plötzliche, aber dann unverlierbare Licht, das etwa beim Kant-Studium nach kürzerem oder längerem Bemühen aufgeht. Bleibt es aus, so bleibt alles Studium Kants im Wissen von im Grunde unverstandenen, weil unvollzogenen Lehrstücken stecken.

Die Welt im Ganzen wird nicht Gegenstand für uns. Jeder Gegenstand ist in der Welt, keiner die Welt. Jede Weltbestimmung und Weltbeurteilung, sei es optimistische Bejahung der Weltharmonie, sei es pessimistische Verneinung der Weltzerrissenheit, führt zu Totalurteilen unter jeweiliger Bevorzugung von einzelnen Realitäten und Vernachlässigung anderer. Dagegen steht die Vergewisserung der Ungeschlossenheit und Bodenlosigkeit der Welt und damit die Bereitschaft des unablässigen Hörens auf alle Weisen des Weltseins, auf Ereignis und eigenes Getanhaben im zeitlichen Gang des stets noch unabgeschlossenen Lebens. Mit solcher Bereitschaft ist verknüpft:

erstens die Vergewisserung der absoluten Transzendenz Gottes zur Welt: der deus absconditus rückt fern, wenn ich ihn begreifen möchte, ist unberechenbar nah in der absoluten Geschichtlichkeit einer je einmaligen Situation –

zweitens die Erfahrung der Welt als Sprache Gottes: das Weltsein ist nicht an sich, sondern in ihm geschieht in bleibender Vieldeutigkeit die Sprache Gottes, die nur im verschwindenden Augenblick geschichtlich für Existenz eindeutig werden kann.

Für solchen Glauben ist unser Sein in der Zeit Begegnung von Existenz und Transzendenz – des Ewigen, das wir sind als Geschaffen- und Sichgeschenktsein, und des Ewigen an sich. In der Welt trifft sich, was ewig ist und zeitlich erscheint.

Da aber die Begegnung von Existenz und Transzendenz Begegnung in der Welt ist, ist sie für die Zeit an die Welt gebunden. Weil, was für uns ist, in der Zeitlichkeit des Weltseins erscheinen muß, gibt es kein direktes Wissen von Gott und der Existenz. Welterforschung ist der einzige Weg unseres Erkennens, Weltverwirklichung der einzige Weg existentieller Verwirklichung. In der Weltlosigkeit verlieren wir zugleich uns selbst.

Für die Glaubenssätze gilt:
Keiner ist beweisbar wie endliches Wissen. Ihre Wahrheit ist nur aufweisbar durch Aufmerksammachen, oder erhellbar durch eine Gedankenführung, oder zu erinnern durch Appell. Sie bleiben in der Schwebe des Nichtgewußtseins.

Es besteht eine Scheu vor dem glatten Aussprechen der Sätze. Sie werden zu schnell wie ein Wissen behandelt und haben dann ihren Sinn verloren. Sie verführen zu einem falschen Anspruch des sie Aussprechenden.

Zur direkten Aussage gezwungen bin ich im Philosophieren, wo geradezu gefragt wird: Gibt es Gott? Gibt es unbedingte Forderung im Dasein? Ist die Welt das letzte, oder ist das Weltsein schwebend und verschwindend?

Die Aussagen der Glaubenslosigkeit lauten:

Erstens: Es ist kein Gott, denn es gibt nur die Welt und die Regeln ihres Geschehens; die Welt ist Gott.

Zweitens: Es gibt kein Unbedingtes, denn die Forderungen, denen ich folge, sind entstanden und bedingt durch Gewohnheit, Übung, Überlieferung, Gehorsam; alles steht unter Bedingungen im Endlosen.

Drittens: Die Welt ist alles, die einzige und eigentliche Wirklichkeit. In der Welt ist zwar alles vergänglich, die Welt selber aber ist absolut, ewig, nicht verschwindend, kein schwebendes Übergangssein.

Im Philosophieren soll das Nichtwissen nicht ausgenutzt werden, um sich jeder Antwort zu entziehen. Ich weiß nicht, ob ich glaube. Aber solcher Glaube ergreift mich, daß ich wage, daraufhin zu leben. Im Philosophieren wird immer die Spannung sein zwischen der Unentschiedenheit des schwebenden Aussagens und der Wirklichkeit entschiedenen Sichverhaltens in geschichtlicher Situation.

PG, 28–32

Chiffre und Leibhaftigkeit

Alles, was in der Welt leibhaftig wird, ist für Jaspers »Erscheinung«. Erscheinung ist nicht etwa Schein, sondern »Realität«. Von ihr unterscheidet er die »Wirklichkeit« der Transzendenz, die selber keine Leibhaftigkeit hat. Wer also die Transzendenz, z.B. durch Offenbarung, verleiblicht, verliert sie an eine Erscheinung. Dennoch kann Erscheinung zum Zeichen für Transzendenz werden. Sie kann mehr bedeuten, als sie ist. Zum Zeichen für Transzendenz aber wird sie nur, wenn keine andere Erscheinung mehr da ist, auf die sie hinweist. »Die Bedeutungen, die nicht aufgelöst werden können durch Aufzeigen dessen, was sie bedeuten, nennen wir Chiffern.« Chiffren sind also nicht festgelegte Symbole, sondern Zeichen, die nie eindeutig lesbar sind, weil sie kein Etwas repräsentieren. Für Jaspers ist jeder Schritt von den Chiffren weg in die Verleiblichung der Transzendenz ein Schritt in den Aberglauben und in die Gewalt. – Der Text ist der »Kleinen Schule des philosophischen Denkens« (1965) entnommen.

Was heißt Chiffer? Wie gewinnen wir den Begriff?

In der Subjekt-Objekt-Spaltung haben wir Vorstellungen, Gedankeninhalte, Bilder vor uns. Diese sind nicht nur als solche da. Sie bedeuten.

Das ist nicht die Bedeutung als Zeichen. Innerhalb der Gegenständlichkeit kann eines das Zeichen eines anderen sein, wie das Markenzeichen einer Ware, der Wegweiser, die Abkürzung usw. Es ist vielmehr das Bedeuten, ohne daß ein anderer Gegenstand da wäre, den es bedeutete. Die Bedeutungen, die nicht aufgelöst werden können durch Aufzeigen dessen, was sie bedeuten, nennen wir Chiffern. Sie bedeuten, aber bedeuten nicht Etwas. Das Was ist nur in der Chiffer, nicht ohne sie.

Wir leben in der Welt der Chiffern, in der sich uns zeigen soll, was eigentlich ist, aber sich nicht zeigt, sondern in unendlich sich abwandelnden Bedeutungen bleibt.

Chiffern sind gleichsam eine Sprache der Transzendenz, die als von uns hervorgebrachte Sprache doch von dort zu uns dringt. Die Chiffern sind objektiv: in ihnen wird etwas gehört, was dem Menschen entgegenkommt. Die Chiffern sind subjektiv: der Mensch schafft sie nach seiner Vorstellungsweise, Denkungsart, Auffassungskraft. Chiffern sind in der Subjekt-Objekt-Spaltung objektiv und subjektiv zugleich.

Für Religionen waren Götter leibhaftig in der Welt. Für einen christlichen Glauben ist der transzendente Gott Mensch geworden. Er hat sich bezeugt durch schrecklichen Tod und glorreiche Auferstehung. Ein einziger Mensch, Jesus, ist als der auferstandene Christus aus dem Tode wiedergekehrt. Dies wird geglaubt als ein in Raum und Zeit lokalisierbares Ereignis von leibhaftiger Realität.

Wir staunen: leibhaftig auferstanden? Das ist nicht möglich: ein Leichnam kann nicht wieder lebendig werden. Aber ist es nicht als Tatsache bezeugt? Das Grab war leer, der Auferstandene erschien Jüngern und gläubigen Frauen. Aber alle Zeugnisse bezeugen nur den Glauben der Jünger, nicht die Realität ihres Glaubensinhaltes.

Hier liegt das Entscheidende: Die Leibhaftigkeit des Transzendenten in der Welt ist nicht zu retten.

Die Wissenschaften widersprechen der Leibhaftigkeit der Transzendenz, weil Leibhaftigkeit Realität und Realität Gegenstand des Wissens und nicht des Glaubens ist.

Wessen wir durch die zwingende Wissenschaft beraubt sind, der Leibhaftigkeit der Transzendenz, das bleibt uns im Reich der Chiffern.

Tatsachen sind allgemeingültig für alle. Chiffern sind schwebend für eine geschichtliche Existenz und sprechen allein zu ihr.

Tatsachen werden erforscht, Chiffern durch Phantasie und Spekulation entfaltet.

Tatsachen sind unerschütterlich, Chiffern erhellen den Weg der Freiheit.

Realitäten werden eindeutig: so ist es. Chiffern geben uns keinen festen Boden, denn sie sind vieldeutig. Die Chiffer »Gott« gibt uns, eindeutig gefaßt, das Bewußtsein der Geborgenheit. Aber sie wird vieldeutig durch Erfahrungen in der Welt, die wir ohne Selbsttäuschung nicht wegreden und wegdeuten können. Gott und Auschwitz lassen sich nicht vereinigen. Das erfuhr auch Hiob. Es ist die Höhe der Wahrheit im Alten Testament, daß Gott für die Menschen ein anderer wird und sich ihnen entzieht, wenn Menschen ihn beim Worte seiner Offenbarung, seiner Verheißungen nehmen – und daß doch Gott bleibt. Aber dieser Gott ist nicht mehr wie er vorher schien. Der Name Gottes ist Name für etwas, das wir schlechthin nicht begreifen. Der Jude des Alten Testaments begann um seinen Sinn zu ringen und konnte ihn nicht finden, zweifelte aber nie, daß Gott ist.

Daher bleibt uns Menschen nur, die Sprache der Chiffren, auch die Chiffer Gott zu hören als vieldeutige Sprache. Wo die Chiffern unhörbar werden, da wird es dunkel und öde um uns. Wo wir sie hören, kommen wir aber nicht zur Ruhe.

KSD, 132ff.

Von der Interpretation der Chiffren

Was immer auf Transzendenz hinweist, seien es Wörter wie »Gott« oder »Gottheit« oder »Unendlichkeit«, seien es Mythen oder Kunstwerke oder religiöse und philosophische Texte, seien es schließlich die alltäglichen Dinge in ihrer Transparenz: immer sind ihre Aussagen und Bedeutungen für Jaspers Chiffren und nicht etwa kategoriale Bestimmungen oder Abbilder oder leibhaftige Erscheinungen der Transzendenz. Die Bedeutung der Chiffren muß aber wieder verstanden, d.h. gedeutet, interpretiert werden. Das können rationale, philologische, psychologische, soziologische Deutungen sein. In ihrer Neigung zu einer vermeintlichen Objektivität erreichen sie nicht die bewegende Kraft der Chiffren. Erst das existentielle Lesen und Deuten, die Aneignung, dringt für Jaspers in die Tiefe der Chiffren. »Es gibt Chiffren nur für mögliche Existenz.« Die Interpretation der Chiffren ist wiederum Chiffre, aber nun im Spiegel einer anderen Existenz. Die Fülle der Deutungsmöglichkeiten ist unerschöpflich, weil es keinen endlichen Weg zur Unendlichkeit der Transzendenz gibt. – Wir lassen ausgewählte Textpartien aus dem religionsphilosophischen Spätwerk »Der philosophische Glaube angesichts der Offenbarung« (1962) folgen, die allgemein von der Möglichkeit der Interpretation der Chiffren handeln.

In der Religions- und Mythengeschichte, in der beschreibenden Ordnung der Mythen und Symbole, in ihrer Auffassung nach psychologischen Motivationen und soziologischen Bedingungen ist ein unermeßliches Material ausgebreitet. So zeigt sich eine endlose Welt für die Betrachtung, in neutralem Zusehen. Man gibt allem seinen Platz, findet in den verbreiteten Parallelen die gleichen allgemeinen Erscheinungen. Der existentiell ergreifende Charakter der Chiffern geht verloren in der Allgemeinheit der Begriffe. Aber noch in ihnen atmet ein Rest des ursprünglichen Lebens. Es ist unerläßlich, sich auf diesem Wege zu informieren, wie etwa über die Osteologie bei einer Lehre vom menschlichen Körper.

Wenn aber dies Ganze nicht bloß Sammlung uralter und fortdauernder Illusionen sein soll, woher dann das Urteil über die Wahrheit, die in solchen Erscheinungen begegnet? Gewiß nicht aus neutraler Betrachtung, sondern aus einem Dabeisein, das selber betroffen ist. Der Sprung zwischen Betrachtung und Aneignung führt aus dem Wissen von dieser Welt der Chiffern zu einem Leben in ihrer Welt.

In beiden Fällen sprechen wir von Interpretation der Chiffern. Diese kann entweder eine nur rationale, psychologische, soziologische Deutung der vorhandenen Chiffern erstreben, oder sie kann eigenes Erfahren und Fortdenken in diesen Chiffern sein. Beides läßt sich zwar grundsätzlich unterscheiden, aber in der Durchführung der Interpretation nicht trennen. Was als objektive Erforschung der Mythen und Symbole auftritt, kann in der Tat eine Form der Aneignung werden.

PGO, 185 f.

Von der Interpretation der Chiffren

Die Chiffern haben ihr Gewicht in einer aufsteigenden Reihe: sie werden zuerst kund in ästhetischer Unverbindlichkeit als ein unermeßliches Reich von Bedeutungen – wir gewinnen dann Teil an ihnen in der Betroffenheit – sie erhellen schließlich im Augenblick der wirklichen Situation unsere Existenz.

Alles Interpretieren von Chiffern erweist sich als Zeugnis vom eigenen Erfahren der Chiffern. Ein objektives, neutrales Verstehen der Chiffern gibt es nicht. Der Interpretierende nähert sich den Chiffern erst dann, wenn er in ihnen mitlebt. Es gibt Chiffern nur für mögliche Existenz.

Das zu dem Einzelnen sprechende Reich der Chiffern kann arm und dürftig oder reich und kraftvoll sein. Wer meint, dieses Reich hinter sich gelassen zu haben, täuscht sich. Er ist sich nicht bewußt, was ihm noch Chiffer ist auch dann, wenn ihm die Welt zur vermeintlichen Realität des Wißbaren und zum stumpfen Ernst der Leistungen geworden ist.

Interpretation der Chiffern kann Wahrheit nur gewinnen aus dem Ursprung im Interpreten. Er muß dem Ursprung verwandt sein, aus dem sie entsprungen sind oder in dem sie gehört werden. Der Ursprung ist als solcher nicht geradezu faßbar, sondern mit Begriffen als Signen der Existenz sehr verschieden benannt: der Geist, die bewegende Idee, das absolute Bewußtsein, die Stimmung – der Entschluß, die Wahl, das eigentliche Handeln – die Liebe. Sofern damit Erscheinungen gemeint sind, die als empirische psychologische Realitäten beschreibbar und erforschbar sind, erreicht man nicht, was mit jenen Begriffen als Signen der Existenz getroffen werden soll. Sofern man mit ihnen den existentiellen Ursprung, den Anfang existentieller Bewegung, das Umgreifende meint, sind sie psychologisch nicht zu beschreiben. Was aus ihnen heraus geschieht, das erfahren wir als Selbstwerden. Es bedarf der Kontrolle durch das Bewußtsein, aber mit Hilfe seiner selbst, das sich des Bewußtseins gleichsam bedient. Es bestätigt sich in Erneuerung und Wiederholung seiner Ursprünglichkeit.

PGO, 187 f.

Mit der Interpretation, welche Aneignung ist, kommt der Ursprung mit dem Ursprung in Fühlung. Teilnahme am Ursprung macht die Beurteilung der Chiffern wahr, in der Teilnahme aber findet auch schon eine Verwandlung statt. Es vollzieht sich ein ursprüngliches Denken, erweckt durch das andere ursprüngliche Denken.

In solcher Interpretation wird unterschieden das, was für die Wirklichkeit der Erfahrung anderer Menschen da war, und das, was den Interpreten selbst ergreift. Das Gewissen der Redlichkeit vertraut sich nur dem an, was es selbst ursprünglich anzueignen vermag.

PGO, 190

Interpretation findet ihre Grenze, wo die Sprache aufhört. Sie vollendet sich im Schweigen. Aber diese Grenze ist selber nur durch Sprache da. Im Gang der sprachlichen Mitteilung wird Schweigen eine Weise des Sprechens. Dieses Schweigen ist nicht Verschweigen von etwas, das ich weiß und sagen könnte. Es ist vielmehr den Miteinanderdenkenden, sich selber und der Transzendenz gegenüber, das an der Grenze des Sagbaren erfüllte Schweigen. Dieses Schweigen ist nicht das Stummsein der Sprachlosigkeit, die nichts sagt, also auch nicht schweigt.

So ist es mit den Chiffern. Wir hören sie gleichsam aus verschiedenen Kreisen her, die sich um die Transzendenz legen. Oder wir sprechen mit ihnen zu ihr hin. Aber die Chiffern sind nie das, was wir in ihnen suchen oder spüren oder erfahren. Daher drängen wir, über sie hinaus zu gelangen in die Tiefe oder in die Höhe, wo auch alle Chiffernsprache aufhört und die Transzendenz im Wissen des Nichtwissens, das heißt in jenem erfüllten Schweigen berührt wird.

PGO, 195

Die Grundchiffren der Gottheit

Für Jaspers sind drei Chiffren der Gottheit in den abendländischen Kulturen bis heute wirksam geblieben: der eine Gott, der persönliche Gott und der Mensch gewordene Gott. Sie fallen nicht zusammen. Der eine Gott ist eine Chiffre des Einen, das eine andere Chiffre in der Einheit der Existenz findet. Die Einheit des Einen ist qualitativer und metaphysischer Art. Sobald sie bloß numerisch als Zahl Eins verstanden wird, führt sie in die Gefahren der Ausschließlichkeit. Der persönliche Gott ist schon eine Verleiblichung der Transzendenz, die nur dadurch aufgehoben werden kann, daß er als nicht notwendige Chiffre des einen Gottes oder des Einen schlechthin gedacht wird. Der Mensch gewordene Gott schließlich ist die radikale Verleiblichung der Transzendenz und insofern überhaupt keine Chiffre mehr. Wo ein Menschengott gar mit dem einen und einzigen Gott gleichgesetzt wird, herrschen Aberglaube und in seiner Folge Gewalt. Diese Chiffre kann für Jaspers nicht wahr sein, falls Wahrheit ist, was die Menschen verbindet, und nicht, was sie im Abbruch der Kommunikation trennt. Darin liegt eine radikale Absage an das orthodoxe Christentum. Jesus von Nazareth ist für Jaspers nicht Gott und nicht eine Chiffre Gottes, wohl aber eine bewegende Chiffre des Menschseins. – Die Texte sind dem Werk »Der philosophische Glaube angesichts der Offenbarung« (1962) entnommen.

Der eine Gott

(1) Der Glaube an viele Götter bezeugt: wir sind zerrissen in Möglichkeiten, die sich ausschließen; wir zerfallen in das Tun und Denken des Unvereinbaren. In Chiffren gesprochen: es gibt viele Mächte, die sich in uns und durch uns bekämpfen. Dagegen wendet sich, nicht überall in der Geschichte gleich klar, selten in großer und menschenprägender Erscheinung der Wille zum Einen.

(2) Die Kraft des Einen bringt mich aus der Zerstreuung zu mir selbst. Ich will mit mir identisch werden. In dem Maße als ich dem Ursprung des Einen verbunden werde, wachse ich in das, was meinem Leben Zusammenhang gibt.

Das Eine ist zugleich für mich in der Einen Transzendenz und in mir als das Eine, dem meine geschichtliche Verwirklichung folgt. Diese Existenz in ihrer Winzigkeit wird die Chiffer jenes unendlichen Einen, das selber Chiffer ist. In meiner Gegenwärtigkeit spiegelt gleichsam das existentiell Eine, soweit es wirklich wird, das unendlich Eine wie einer der unzähligen Wassertropfen die eine Sonne.

Das Eine rückt hinaus in unendliche Ferne, wenn man es fassen will, und gibt ganz nahe meinem Selbstsein die Existenz. Das Eine ist unendlich fern, wenn ich in ihm den Grund alles Seienden suche. Es ist ganz nah, wenn ich mir in meiner Freiheit zum Einen hin geschenkt werde.

In dem Bezug auf das ungeschichtliche, unveränderliche, ewige Eine wird unsere existentielle Verwirklichung in ihrer Geschichtlichkeit, Veränderlichkeit, Zeitlichkeit geborgen dadurch, daß sich jenes Eine als Anspruch zum Einen kundgibt. Das ewige Eine wird Grund und Ziel in der zum Einen ihrer selbst drängenden Existenz.

(3) Das Eine der Transzendenz ist die erfüllte Ewigkeit. Es schließt nichts aus, weil nichts außer ihm ist, sondern alles durch es.

Es ist nicht bedroht. Für das Eine brauchen wir Menschen nicht zu kämpfen. Aber kämpfen müssen wir für uns, daß wir es hören und spiegeln und seine Chiffer werden.

(4) Das Eine wird für mich wirklich nur in der geschichtlichen Gestalt, die andere, unendlich mannigfache geschichtliche Gestalten möglich macht und begehrt.

In der Unbedingtheit geschichtlicher Einsenkung des Einen wirkt der ferne Gott, der alle Weisen der Geschichtlichkeit umgreift, aber von keiner umgriffen wird.

Die Grundchiffren der Gottheit

Der Unbedingtheit in der je einen geschichtlichen Existenz entspricht die Nichtabsolutheit jeder geschichtlichen Erscheinung, Gestaltung, Handlung und Sprache.

Je entschiedener das Eine der Transzendenz, desto offener ist die auf sie gerichtete Seele für andere Seelen, desto entschiedener drängt sie zur nie Genüge leistenden Kommunikation von Seele zu Seele. Das unmittelbar unzugängliche Eine wird mittelbar und allein zugänglich durch die Kraft, die es dem uneingeschränkten Willen zur Kommunikation gibt. Ihre Verwirklichung in liebendem Kampf berührt die Wirklichkeit des Einen. Das Eine macht nicht Propaganda für eine Sache, sondern stiftet Kommunikation.

Wo aber im Dasein der Kampf um Daseinsraum unausweichlich ist, da macht das Eine, das alle, auch die Kämpfenden, verbindet, den Kampf »ritterlich«: im Ungenügen, im Horizont des Unbegreiflichen, in der Aufgelockertheit des Unfaßlichen kämpfen die in dies Schicksal Verschlagenen. In der Härte des Sichbehauptens und im Scheitern werden die Kämpfenden zu Liebenden durch das Eine, das sie verbindet.

Ist das leere Phantasie? Es ist, wenn auch selten, wirklich. Es war im Mittelalter eine hohe Idee. In der Antike gab es Ansätze. Heute gibt es die vereinzelten Menschen, die solche Weise des Kampfes begehren und ständig versuchen. Wenn sie auch scheitern, sind sie es, die die menschlichen Dinge innerlich zusammenhalten, wenn sie in der universalen Zerstreutheit und den brüchigen Konventionen zerrinnen und dann äußerlich zur Vereinheitlichung vergewaltigt werden.

(5) Die Chiffer des Einen drängt über alle andern Chiffern hinaus, über die Mannigfaltigkeit der Chiffern in den Grund aller Chiffern, über die Vieldeutigkeit der Chiffern in das fraglos Eine.

Dieses Eine, seit Plato das große Thema der Philosophie, ist nicht das Eine, das dem Anderen gegenübersteht, nicht die Einheit eines Ganzen, die andere Einheiten außer sich haben kann, nicht die Eins als Zahl. Das Eine als Chiffer (das transzendent Eine) wird am Leitfaden solcher Weisen des Einen gedacht, aber geht in der Identifizierung mit ihnen verloren.

Insbesondere: Solange das Eine Chiffer ist, ist es als das numerisch Eine, als Zahl nicht angemessen aufgefaßt. Es ist nicht das quantitativ, sondern qualitativ Eine. In der Äußerlichkeit der bloßen Zahl ist die Chiffer verschwunden. Der Charakter der Zahl ist zweideutig. Er hat den Sinn der Chiffer, die im numerisch Einen die Kraft des Einen der Transzendenz leuchten läßt. Er kann irreführen und wirft dann mit dem bloß numerisch Einen das Verderben des Fanatismus in die Welt. ...

PGO, 214ff.

(6) ... Das leere, numerisch Eine gewinnt einen Inhalt durch die Verbindung mit der Besonderheit in ihrer Einzigkeit, der einzigen Wahrheit, dem auserwählten Volk, der einen Kirche, der Absolutheit dieses Geschichtlichen, das im Daseinskampf die anderen zwingen will.

Das Eine wird dann der eine Gott als der meine, der ein kämpfender, durch mich kämpfender Gott ist, mir helfend gegen die anderen. Der eine Gott wird eifernd, ausschließend.

Der eine Gott bedeutet Alleinherrschaft, mit dem Inhalt, die Herrschaft einer organisierten Menschengruppe in der Welt zu rechtfertigen.

Das abstrakte Eine, die Zahl, wird als solches negativ. Aber die Zahl verführt, weil immer noch hinter ihr, trotz der Verkehrung in der Welt, die Erhabenheit des Einen steht.

Der Abfall in das endlich Eine, zum bloß Numerischen, zur kommunikationslosen Ausschließlichkeit, in die Armut der Abstraktion des leeren Einen führt zum Fanatismus.

So kann das Hohe durch falsche Rationalisierung in das Niedrige entarten und ihm noch einen falschen Glanz geben. Das abstrakte Eine wird zum numerisch Einen, das in der Welt in Anspruch nimmt, unduldsam sein zu dürfen. Aus der Transzendenz des Einen wird ein Endliches in der Welt. Das Eine wird zur Rechtfertigung des Despotismus. Von den Reichen der frühen Hochkulturen mit ihrem Gottkönig über das Römische Imperium und über den Anspruch, die eine katholische Kirche zu sein, geht die Erscheinung durch die Geschichte. Mit ihr kaum noch vergleichbar und doch in der Form des Einen analog, nunmehr jeder Transzendenz entkleidet, haben wir die Erscheinung vollendeter Unmenschlichkeit erfahren in dem widrigen Übermut, der uns noch in den Ohren klingt: ein Volk, ein Reich, ein Führer.

So wird in der Lüge der Verkehrung das, wovon einst Freiheit, Kraft und Halt der Existenz kam, zur Wildheit des Zerstörens. Denn Verwüstung ist die Folge, wenn das vermeintliche Eine in der Welt vorzeitig ergriffen wird.

(7) Verschwindet nicht der eine Gott, wenn ihm seine Identifizierung mit dem Einen einer Weltwirklichkeit versagt wird?

Man sagt: der Mensch kann nur glauben, wenn er seinen Glaubensgegenstand realisiert. Ein Gott, der nicht der Eine wird im Sinne leibhaftiger Realität, ist für den Menschen, als ob er überhaupt nicht wäre. Er kann nicht geglaubt werden und wird nicht geglaubt.

Diese These ist die Verleugnung des Glaubenkönnens. Der Mensch, der glaubt, realisiert Gott gerade nicht zum Einen in der Welt. Dadurch daß er es nicht tut, scheidet sich der Glaube vom Aberglauben.

Wenn das Gegenständlichwerden der Transzendenz nicht unendliche Sprache, daher schwebend und verschwindend bleibt, dann ist der Gegenstand ein Gegenstand des Aberglaubens. Aberglauben ist die Fixierung des Transzendenten zum Objekt.

PGO, 217 f.

Der persönliche Gott

(1) Im Alten Testament ist beides: die Forderung: du sollst dir kein Bildnis und Gleichnis machen und dann die Fülle der Bilder und Gleichnisse des persönlichen Gottes. Wir unterscheiden: Jene Forderung bezieht sich auf die Transzendenz, diese Bilder und Gleichnisse und daher der Gottesgedanke selber sind Chiffern der Transzendenz.

Nur in der Chiffer des persönlichen Gottes steht das Ich des Menschen dem Du Gottes gegenüber. Die Sprache unseres Denkens, befangen in den Zirkeln, verführt dazu, Transzendenz und persönlichen Gott in eins zu setzen. Aber die Persönlichkeit eines Du ist mit der Transzendenz keineswegs identisch.

... Der Bezug des Ich auf das Du eines persönlichen Gottes ist eine wirksame Form, die in der Chiffernwelt der Bezug auf Transzendenz annimmt. Stellen wir zunächst dar, was in dieser Chiffer geschieht:

Der persönliche Gott schützt und fordert, ist milde und streng, barmherzig und zornig. Er liebt den Menschen und ist gerecht. Der Mensch naht sich ihm vertrauend und fürchtend.

Im Gebet fühlt sich der Mensch von Gott persönlich angesprochen und spricht ihn persönlich an. Er ruft zu ihm in der Not, er dankt, er unterwirft sich seinem unbegreiflichen Willen. Er stellt Fragen, er ringt mit Gott. Er erwartet Antwort und fühlt sich verlassen, wenn er sie nicht hört. Er glaubt seine Weisungen zu vernehmen und geht in dieser Gewißheit seinen Weg. Sich angerufen fühlend gibt der Mensch Antwort durch sein Denken und Tun. Im Bunde mit Gott möchte er seinen Weg in der Welt suchen zur eigenen Reinheit, im Kampfe gegen die Ungerechtigkeit und bei aktiver Liebe zum Menschen sich noch bei vernichtendem Unheil in Gottes Schutz wissen.

Das Gebet reinigt sich von Magie, von dem Bezwingenwollen der Götter, vom Eigennutz. Der Verzicht auf Gebet von Person zu Person läßt es in anderer Gestalt wiedererstehen als Besinnung in philosophischer Meditation. Dies Analogon des Gebets hat wie das Gebet selber einen wahren Charakter noch nicht in den Konventionen der Gedankenformen und Formeln, sondern erst in der geschichtlichen Einmaligkeit des Ernstes, der sich in der prägenden Kraft des Gedankens bezeugt.

(2) Gelangt der Mensch als Dasein durch Bewußtsein und Denken in das Licht, dann erfährt er seine freie Existenz, sich geschenkt von der Transzendenz. Existenz und Transzendenz werden ihm zu einer einzigen Grundwirklichkeit.

Existenz ist Selbstsein als Personsein. Weil der Mensch sich, er weiß nicht woher, geschenkt weiß, drängt es ihn, sich die Transzendenz selber als Person erscheinen zu lassen. Sie wird ihm zur Chiffer »Gott«, aber ungemäß. Im Besten, das er in der Welt kennt, dem Personsein, wird ihm die Transzendenz doch gleichsam erniedrigt zu dem, was der Mensch ist. Durch das, was der Mensch selber als Person ist, wird er hingewiesen auf das, was mehr als Person, nämlich Ursprung des Personseins des Menschen, keineswegs weniger als Person ist.

Man hat den Ausdruck gebraucht, der persönliche Gott sei eine Schöpfung des Menschen. Der Mensch bringe die Vorstellungen hervor, deren er bedürfe. Solcher Ausdruck ist unzutreffend. Denn die Wirklichkeit kann keineswegs begriffen werden, wenn man die schöpferische Realität des Menschen als einzige und absolute Realität ansetzt. Wir formulieren daher: Die Wirklichkeit ist das Umgreifende, das im Sichhellwerden mit einem Schlage die Objektivität der Chiffer des persönlichen Gottes und die Subjektivität des persönlichen Selbstseins des Menschen zur Erscheinung bringt. Das Umgreifende selber, der transzendente Grund, bleibt verborgen.

Geschichtlich ist zu sehen: Die Chiffern von Göttern und Gott und die Weisen des Menschseins gehören zusammen. Angesichts der griechischen Götterwelt schrieb Schiller: als die Götter menschlicher noch waren, waren Menschen göttlicher. Der eine persönliche Gott der Bibel in seiner Einzigkeit und Ausschließlichkeit ließ Menschen mit der größten persönlichen Unabhängigkeit im Ringen mit diesem Gott entstehen. Je entschiedener die Persönlichkeit der Götter und des einen Gottes, desto entschiedener wurden die Charaktere menschlicher Persönlichkeiten. Wir meinen in Asien mit den fließenden Gestalten des Göttlichen auch den fließenden Charakter der Menschen zu sehen. Die Chiffern Gottes und der Götter sind nicht beliebige Vorstellungen, sondern im Umgreifenden Wahrheit für wahre Existenz. Noch der mächtige Zorn, im Nichtwissen, vor der Teufelei der Ereignisse, der Dummheit von Menschen, der Sinnlosigkeit der Zufälle, gewinnt seine Klarheit im Umgang mit dem Grund der Dinge durch die Chiffern, in denen die drückende Stummheit vieldeutige Sprache gewinnt.

(3) Was Menschen tun, geschieht überall durch Personen. Verschleiert sich dies, ob in den Anfängen vorhistorischer menschlicher Zustände, ob in allen Zeiten der Geschichte, ob im gegenwärtigen technischen Betrieb, bis zu einem scheinbaren Schlafzustand der selbstvergessenen Menschen, so werden jederzeit Einzelne wach, kommen zum Bewußtsein ihrer selbst, ihrer Freiheit und damit ihrer Verantwortung und dies durch die Chiffern der Transzendenz.

Der Weise des Personwerdens des Menschen kann die Chiffer der persönlichen Götter und des einen persönlichen Gottes entsprechen.

Dieser Vorstellung widerspricht eine andere: Was geschieht, das ist die Wirkung anonymer Kräfte und Mächte, der Gesellschaftszustände und Staatsordnungen, der Zufälle oder der Gesetze des Geschehens. Dadurch werden Menschen in ihrer Daseinsform, Lebensverfassung, Denkweise hervorgebracht. Sie sind Exponenten jener unpersönlichen Ereignisse, oder Werkzeuge des Weltgeistes, der Vorsehung, der Geschichte, des dialektischen Weltprozesses. Schließlich verwandeln sich Menschen in Funktionen von Maschinen, die sie selber – vom technischen Betrieb bis zur Herrschafts-

Die Grundchiffren der Gottheit

organisation – hervorbringen, oder vielmehr hervorgebracht haben mit dem Erfolg, darin gefangen, aber zugleich zu den Menschen zu werden, auf deren Dasein in Massen mit beliebig vertretbaren Einzelnen es jener anonyme Prozeß abgesehen hat.

Darin würde der Schlafzustand, die Selbstvergessenheit des Menschen vollendet. Daß dies dennoch nicht möglich ist, hat seinen Grund in dem Umgreifenden, aus dem, uns unvorhersehbar, in der Welt nicht erweisbar, aber bezeugbar, immer wieder durchbricht, was jederzeit in der Gewalt des Äußerlichen, heute im Technischen und Totalitären verloren schien. Kann der Mensch wirklich aufhören, Mensch zu sein?

Wenn der Mensch das Leben mit der verborgenen, schweigenden Transzendenz als Bewegung seines denkenden Lebens gewinnt, dann wird er in diesem Umgang geprägt. Wenn die Chiffer Gott diesem Umgang eine Form gibt, dann werden die Erschütterungen (die sonst nur bald vergessene Schrecken bleiben) in des Menschen eigene Tiefe getragen, werden zu Frage und Trotz, zum Sichbeugen und zur Hingabe (»dein Wille geschehe«). Sie werden zur nicht mehr aufhörenden Bewegung in der Verzweiflung, in der Erfüllung, in der Beruhigung, in neuer Verzweiflung.

(4) Ein direkter Umgang mit der verborgenen Transzendenz ist nicht möglich. Sofern der Mensch sich nicht darauf beschränkt, sich in seinem Sichgeschenktwerden hinzunehmen und in der Verantwortung seiner Freiheit zu existieren, dem Schweigen aber mit Schweigen zu begegnen, vollzieht er seinen Umgang in der Chiffernwelt, hier mit dem persönlichen Gott. Dieser Gott aber ist als Chiffer nicht da durch Auffassung eines Allgemeinen im Begriff der Person Gottes und nicht durch Erfindung persönlicher Gottesgestalten, sondern geschichtlich durch die überlieferten Chiffern, die angesprochen haben und ansprechen. Erst in ihnen erfährt er den Ernst und die Innigkeit und die Macht und das Sichhinwenden noch in der Verzweiflung, wenn er sich nicht,

sprachlos, findet in einem gegenstandslosen und unbegreiflichen Vertrauen in die Transzendenz.

Der persönliche Gott ist kein Begriffsgott, sondern geschichtlich in mannigfachen Gestalten. Die persönlichen Götter Indiens und Chinas können von uns wohl als Chiffern in diesen Gestalten verstanden und vorgestellt werden. Sie ergreifen uns wenig, wenn sie auch in ihrer Geschichtlichkeit wahr sind und anerkannt werden. Wir Abendländer haben, auch wenn wir es leugnen, einen wesentlichen Grund unserer Chiffernsprache in der Chiffer des persönlichen einen Gottes der Bibel.

Die vielen Bilder, Zeichen, Erscheinungen, Handlungen dieses Gottes sind Sprache dieses einen persönlichen Gottes und er selbst wieder eine Chiffer der Transzendenz, die, selber schweigend, das Unbegreifliche durch Chiffern des persönlichen Gottes Sprache werden läßt. Dieser Gott gibt sein Wesen kund in Sätzen wie »ich bin, der ich bin« und in seinen Entschlüssen als Gesetzgeber, als Partner im Bunde, als Vater, als Lenker der Geschichte.

PGO, 219–222

Gott ist Mensch geworden

Die mächtige Chiffer des Einen scheint unerläßlich für Existenz, wenn sie die Verkehrungen des Einen durchschaut. Die Chiffer des persönlichen Gottes ist geschichtlich im höchsten Maße wirksam, aber keine Notwendigkeit. Der menschgewordene Gott Christus ist philosophisch unmöglich, während Jesus als einzigartige Chiffer sprechen kann.

Wenn Gott Mensch wird, wenn er sich in einem Menschen inkarniert, wie es bei Indern, Griechen, Christen geglaubt wurde, dann ist die Realität einer menschlichen Persönlichkeit, dieser Mensch Gott. Die Inkarnation Gottes in Jesus scheint ein Fall dieses Typus zu sein; aber sie ist von allen anderen Fällen wesentlich verschieden. Diese Inkarnation ist nicht irgendeine, sondern die des einen Gottes. Sie ist die einzige, alle anderen sogenannten Inkarnationen sind falsch. Spezifisch christlich ist weiter, daß der eine Gott auch nur dieses eine Mal in einen Menschen inkarniert geglaubt und daß diese Inkarnation zur Mitte der Auffassung von Gott, Welt und Mensch wird. Vor allem aber ist christlich: Gott ist nun wirklich leibhaftig in persönlicher Gestalt gegenwärtig, ist ganz Mensch, aber zugleich ganz Gott. Die Vorstellung der Persönlichkeit der Gottheit ist zur leibhaftigen Realität einer menschlichen Persönlichkeit geworden, die Gott ist.

Der Drang des Menschen nach Leibhaftigkeit wird hier wie nirgend sonst befriedigt. Gottes Wirklichkeit ist dem Glaubenden durch die Leibhaftigkeit eines Menschen garantiert.

Daß Gott selbst Mensch wurde, gekreuzigt wurde, leiblich auferstanden ist und sich als Auferstandener lebend den lebenden Jüngern gezeigt und mit ihnen gesprochen hat, ist der Glaube der Apostel im Neuen Testament. Der Glaube an die Wahrheit ihres Zeugnisses ist die Grundlage des christlichen Glaubens.

Was hier geschehen ist, das ist nicht zuerst die Mitteilung von Lehre, Gesetz, Weisung, Führung, sondern zuerst und wesentlich die Offenbarung von Gottes Wesen selber durch seine Handlung, mit der er Mensch wird und in die Welt tritt, sich zu zeigen in niedrigster Gestalt, im äußersten Leiden. Er erfährt als Mensch die vollkommene Verlassenheit, vor dem Tod auch von den Jüngern allein gelassen, und am Kreuz die Verlassenheit sogar von Gott. Das Ende aber ist die leibliche Auferstehung, das Wunder, in dem alles Leiden, das grenzenlose und entsetzliche, aufgehoben ist.

Diese Handlung Gottes gilt dem Glauben als geschichtliche Realität. Die Urgemeinde sah den auferstandenen Christus und von da her zurückinterpretierend im lebendigen Menschen Jesus Gott selbst: Jesus Christus.

Gott als ein wirklicher Mensch, der Mensch und doch nicht Mensch ist, hat Gläubige gewaltig und innig angesprochen. Den anderen war und ist er bis heute »Ärgernis und Torheit«. Ärgernis den einzig von Gott ergriffenen gläubigen Juden wegen der Antastung Gottes in einer ihnen gotteslästerlichen These. Torheit den philosophierenden Griechen, die solcher Glaube nicht weiter berührte, sondern denen er nur als kurios und indiskutabel galt.

Kann auch Christus noch als Chiffer aufgefaßt werden oder nicht? Durch Christus ist die Transzendenz nicht mehr verborgen in der Vielfachheit von Chiffern Gottes, sondern als realer Gott selber offenbar. Eine Ungeheuerlichkeit! Jesus kann als Mensch wie andere Menschen auf jeden als Chiffer wirken. Aber Christus ist als leibhaftig realer Gott nicht als Chiffer geglaubt. Hier ist das Maximum an Leibhaftigkeit Gottes erreicht. Das darf kein ehrliches Denken verschleiern. Jesus als Chiffer oder Jesus Christus als leibhaftiger Gott, das ist zu entscheiden.

PGO, 225ff.

Gegen Menschenvergötterung

Alle Menschenvergötterung – ob sie nun von Tyrannen gewaltsam gefordert oder herausragenden Menschen frei zugesprochen werde – ist für Jaspers »in der Wurzel ... ein Irrtum«. Sie erniedrigt die Menschen und die Gottheit, indem sie einen Menschen überhöht. Der philosophische Glaube entschleiert sie bis in ihre sublimen Formen. Er vergißt weder die Unvollendbarkeit des Menschen noch die Unerreichbarkeit der Transzendenz. – Der Abschnitt ist den Basler Vorlesungen »Der philosophische Glaube« (1947) entnommen.

Es ist ein universales Phänomen, daß Menschen einen einzelnen Menschen schwärmerisch verehren, ihn zum Übermenschlichen steigern, in ihm das Ideal des Menschseins verwirklicht sehen. Sie sind geneigt, sich ihm blindlings zu unterwerfen, von ihm Wunder zu erwarten. Es ist psychologisch etwas Analoges. Filmstare müssen inkognito reisen, wenn sie nicht von den Menschen erdrückt werden wollen. Gandhi muß sich planmäßig vor den »Darshan-Suchern« schützen (Darshan heißt Anblick eines Heiligen). Könige vollzogen in früheren Jahrhunderten, wo sie sich dem Volke zeigten, Krankenheilungen.

Die Vergötterung wirkt auf den Vergötterten zurück: die Menschen quälen den von ihnen als heilig Angeschauten, daß er sich verhalten muß, wie es dem Ideal entspricht. Sie erwarten von ihm, daß er sich fügt, sie zeigen ihn gleichsam vor, und er muß da sein. Es ist eine Gier der Massen nach Menschenkult. Es ist, als ob es eine Beruhigung wäre, wenn der einzig Vergötterte irgendwo sitzt, wie der Bienenschwarm durch die Königin in Ordnung bleibt.

Die sichtbarste Gestalt menschlicher Gewalt sind Herrscher und Heerführer. Der Eigenwille und die durchschnittliche Zügellosigkeit der Menschen führt zur Erscheinung des Tyrannen, der sie alle vergewaltigt. Wer nicht aus Freiheit dem Gesetz gehorcht, verfällt dem Zwang zum Gehorsam gegen äußere Gewalt. Nun geschieht das Erstaunliche. Der Tyrann, gleichsam dieses Werkzeug des Bösen zur Züchtigung des Bösen, wird Gegenstand der Vergötterung. Alexander, Cäsar, Napoleon und andere gehen als Idole durch die Geschichte. Es sind in der Tat außerordentliche Menschen durch tigerhafte Energie, Geistesgegenwärtigkeit, Instinkt für reale Kräfte, Gedächtnis, Arbeitskraft, Treffsicherheit für die Zwecke von Herrschaft und Macht. Schon zu Lebzeiten werden sie gesteigert, sei es, daß sie selber sich für Gott oder Gottes Sohn erklären, sei es, daß sie es sich gefallen lassen und als Herrschaftsmittel benutzen, was die Menge begehrt. Die Tyrannen werden Götter. Alexander wurde Gottes Sohn, die römischen Gottkaiser verwirklichten den staatlich gebotenen Kultus ihres numen. Wird aber dieser Aberglaube verworfen, so bleiben doch noch zumeist unvernünftige Huldigungen, bleiben Menschenidole als Gegenstand weltlicher Verehrung. Es ist immer wieder erstaunlich, mit welcher Selbstverständlichkeit die Tatbestände der Realität der vergötterten Menschen umgangen, verschleiert, umgedeutet werden.

Menschenvergötterung geht nicht nur auf Tyrannen. Mancher antike Philosoph wurde dämonisiert oder heroisiert. In der Welt matt werdender geistiger Bildung bleibt ein Rest dieser Haltung in der blinden Verehrung für große Menschen und für Scharlatane. Beide gelten dann als schlechthin unangreifbar. Die Neigung zu ihrer Mythisierung ist untilgbar.

Ein Mensch zwar erklärt sich nicht leicht selbst für einen Gott, wenn er nicht wahnsinnig ist und nicht damit Politik machen will. Eher gibt er sich die Einzigkeit, von Gott zu künden. Er ist der ausschließend Berufene und als solcher Gegenstand der Huldigung.

Menschenvergötterung ist auch ein Faktor in der Ausgestaltung großer Religionen. Die Interpretationsweise der Menschenvergötterung ist derart, daß jeweils die besondere geglaubte Gestalt nicht auf Menschenvergötterung beruhen soll. Man unterscheidet sie gerade von Menschenvergötterungen, die man als solche verwirft.

Warum die Menschenvergötterung?

Im Menschen ist die Neigung, einen vollendeten Menschen zu sehen, der gleichsam für ihn ist, was er selbst sein möchte, aber nicht sein kann.

Menschenvergötterung kann in der Welt die Instanz nicht entbehren, vor der absoluter Gehorsam (nicht relativer Gehorsam gegen Gesetze, Ämter, Institutionen) als Gehorsam gegen Gott möglich ist, oder der Drang zur leibhaftigen Nähe des verborgenen, fernen Gottes.

Manchmal wirkt die Menschenvergötterung wie ein Ersatz für Glauben, der sich als absurder Glaube gerade für den eigentlichen Glauben halten möchte. Dieser faktische Unglaube ist vielleicht daran kenntlich, daß er von anderen und von allen Glauben für seinen Gegenstand fordert, daß er fanatisch, lieblos, zornig ist, daß es ihm unerträglich ist, wenn andere nicht denselben Glauben haben. Alle sollen anbeten, was er anbetet.

Gegen Menschenvergötterung

Menschenvergötterung ist im Grunde eine der Weisen dämonologischer Anschauung. Wie in der Gottlosigkeit nach Dämonen als vermeintlicher Transzendenz gegriffen wird, so nach leibhaftigen Menschen, um sie zu vergöttern.

In welchen Motivzusammenhängen die Menschenvergötterung auch immer auftritt, zu welchen sublimen Formen und tiefsinnigen Deutungen sie sich steigern mag, in der Wurzel ist sie ein Irrtum. Der philosophische Glaube entschleiert die Menschenvergötterung in jeder Gestalt. Er vergißt keinen Augenblick die Endlichkeit und Unvollendbarkeit des Menschen. Er ist gewiß der Forderung Gottes, ihn nicht zu verwechseln, ihn nicht durch Falschheit aus seiner Verborgenheit zu reißen, in die er dann nur um so entschiedener zurücktritt. Er fordert vom Menschen, daß der Mensch es wage, vor ihm unmittelbar zu stehen und zu warten, was er ihm sage. Der Mensch soll sich ihm nicht entziehen, indem er einen Menschen sich als Absolutes vor Augen stellt und auf den Menschen statt auf Gott oder wie auf Gott hört. Es ist die harte Forderung, in der Leere der Welt zu ertragen, daß Gott nicht da ist wie irgend etwas in der Welt. Nur in dieser herben Situation bleibt der Mensch frei dafür, Gott zu hören, wenn Gott spricht, bleibt er bereit, auch wenn Gott nie sprechen sollte, bleibt er offen für die Wirklichkeit, die ihm geschichtlich zur Erscheinung wird.

In der Welt ist kein Mensch, der uns Gott sein könnte, wohl aber gibt es Menschen, deren Freiheit im Hören auf Gott uns zeigt, was Menschen möglich ist, und was uns ermutigt. Wir können nicht leibhaftig die Hand Gottes ergreifen, wohl aber die des Schicksalsgefährten.

Menschenvergötterung entwürdigt den Menschen, indem sie es ihm leicht macht. Sie gibt ihm das Handgreifliche, während in der Welt seine Lage ist, dieses Handgreifliche entbehren zu müssen und statt dessen nur Chiffren und Bilder finden zu können auf dem Wege, auf dem er durch Gott selbst zu sich selbst kommen kann und daher soll.

PG, 97–100

Die Frage, was Christentum sei

Die Frage, was Christentum sei, hat bei Jaspers eine individuelle und eine allgemeine Dimension. In der individuellen Dimension soll der »als Christ gelten, der sich dafür hält«. In der allgemeinen Dimension ist alles Christentum, was sich an den biblischen Texten, Traditionen und Kulturen nachhaltig orientiert. Jaspers verbindet so Judentum und Christentum in der »biblischen Religion«, die auch noch »in einem gewissen Sinne« den Islam umfaßt. Christentum und Christsein werden damit vollständig entkonfessionalisiert. In der Konsequenz wird jeder Anspruch zurückgewiesen, der verbindlich festlegen möchte, was Christen zu sein und zu glauben haben. – Der Passus ist der Abhandlung »Der philosophische Glaube angesichts der christlichen Offenbarung« (1960) entnommen, die in der Festschrift für Heinrich Barth erschienen ist.

1. Es ist zu unterscheiden: erstens der Offenbarungsglaube, der den Menschen eignet, die selbst eine Offenbarung empfangen zu haben meinen (was auch heute der Fall sein kann), zweitens der durch kirchliche Autorität bestätigte und garantierte Offenbarungsglaube (alle Offenbarung liegt in der Vergangenheit), drittens der biblische Glaube, der gegründet auf biblische Überlieferung, die Offenbarung nicht als Realität spezifischer Handlungen Gottes, sondern nur als Chiffern glaubt.

Die erste Form des Glaubens ist nicht nur christlich, sondern ein universales, psychologisches und historisches Phänomen als ein unscharf heraustretendes Moment aller kultischen und priesterlichen Religionen. Die zweite Form des Glaubens hat den Offenbarungsgedanken herausgearbeitet und in einer Ausschließlichkeit so klar bestimmt, daß es nur christliche Offenbarung gibt. Die dritte Form des Glaubens bedarf der Offenbarung nicht und kann sich doch geschichtlich auf die Bibel gründen.

2. Christentum umfaßt alles, was, gegründet auf die Bibel, in Ostkirchen und Westkirchen, in vielen Konfessionen, in liebestätigen, undogmatischen Quäkern und in fanatischen Calvinisten, in Franz von Assisi und in dem im Namen Gottes als Inquisitor mordenden Konrad von Marburg wirklich ist. Der geschichtliche christliche Raum umfaßt das ganze Abendland und noch mehr.

Wir Abendländer alle sind Christen, weil in diesem Raum geprägt, durch die Herkunft in unserer Seele bewegt, in unseren Entschlüssen und Zielsetzungen bestimmt, und mit Bildern und Vorstellungen erfüllt, die auf die Bibel zurückgehen. Man spricht besser von biblischer Religion, die die Juden nicht weniger als die Christen aller Art und noch in einem gewissen Sinne, wenn auch weiter ab liegend, den Islam umfaßt. Dessen wird man sich bewußt, wenn man sich eine Weile in indische und chinesische Geisteswelt vertieft, Abstand gewinnt und nun von fern her das Gemeinsame dieser ganzen biblisch bestimmten Welt sieht.

3. In diesem Raum aber, der das Gemeinsame hat, auf die Bibel gegründet zu sein, ist die Frage nach dem Wesen des Christentums nicht zu beantworten ohne die Gewaltsamkeit einer es für sich beanspruchenden Sondergruppe. Die meisten dieser Sondergruppen glauben, verkünden und vertreten nach ihrer Meinung die eigentliche unverfälschte Offenbarung.

Die Menschheit ist Zeuge eines Jahrhunderte währenden, immer unentschiedenen Kampfes um das wahre Christentum, eines oft, ja zumeist sehr »unchristlichen« Kampfes. Juden und Christen stoßen sich ab und Christen untereinander. Vergeblich nennen sich Kirchen katholisch (griechisch-katholisch, römisch-katholisch). Sie bleiben doch nur besondere Erscheinungen. Vergeblich trennen sich die Protestanten, um allein auf das Bibelwort gegründet gemeinschaftlich die wahren Christen zu sein. Sie spalten sich schnell in eine Menge von abweichenden Denominationen.

Es gibt kein gemeinsames Merkmal wahren Christentums, nicht einmal den Glauben an Jesus als menschgewordenen Gott.

Das alles hat einen Grund darin, daß die Bibel der literarische Niederschlag der einzigartigen religiösen Erfahrungen eines Jahrtausends ist, der seinen Abschluß fand im ersten oder zweiten Jahrhundert nach Christus mit der endgültigen Fixierung des Kanons. Die Bibel ist wie das Leben selber, unendlich vieldeutig, für jede Situation und jede Position mit Texten bereit. Stets haben Gegner sich mit Bibeltexten rechtfertigen können, gleichen Rechtes. Die Bibel selber verlangt Aneignung, Wahl, Abstoßung, Deutung, Vergegenwärtigung, Verwandlung. Sie ist für den Gedanken kein fester Ausgangspunkt, sondern für die Existenz des Menschen die Kraft, ihn im Innersten zu bewegen, zum Ernst zu bringen, an das Äußerste, an die totale Infragestellung zu gelangen, die Not des Menschen nicht zu verschleiern. Vielmehr führt sie das redliche Bewußtsein erst recht an den Abgrund, erweckt dann aber im Menschen die Möglichkeit eines unbegreiflichen Vertrauens.

Daher dürfen wir Abendländer aus der biblischen Religion zu leben glauben, für dieses Leben viele Möglichkeiten zulassen, den Besitzanspruch aber jeder Gruppe, welche auch immer sie sei, verwehren.

Ein Theologe mag verachtend sagen: wer die Bibel liest, ist noch kein Christ. Ich antworte: niemand und keine Instanz weiß, wer ein Christ ist; wir sind alle Christen, und jedem ist es zuzubilligen, der Christ zu sein behauptet. Wir brauchen uns nicht hinauswerfen zu lassen aus dem Hause, das seit einem Jahrtausend das unserer Väter ist. Es kommt darauf an, wie einer die Bibel liest und was dadurch aus ihm wird.

Es kann sein, daß ein Mann wie Kierkegaard allen Zeitgenossen bestreitet, Christen zu sein, am meisten den Pfarrern und Theologen, und daß er selbst für sich das Christsein nicht einmal in Anspruch nimmt. Es kann sein, daß Kirchen und Theologen uns das Christentum absprechen, aber für sich in Anspruch nehmen. Man muß den einen wie den andern stehen lassen, aber bei Bereitschaft des Zuhörens ihm widersprechen. Die Scheu verlangt, historisch die biblischen Religionen in ihrer ganzen Vieldeutigkeit und Unbestimmtheit zu sehen, dann (trotz allen Gegenteils) anzuerkennen, was in ihnen an grenzenloser Wahrhaftigkeit, Liebeskraft und Freiheit wirklich war. Es ist vielleicht das, was gemeinsam sein könnte und dann selber das Blut der Philosophie wäre. Nur das Eine dürfen wir verwehren: daß eine Instanz die Entscheidung darüber in Anspruch nehme, was Christentum sei und wer ein Christ sei. In der Welt soll als Christ gelten, wer sich dafür hält.

4. Da die Überlieferung an Organisation gebunden ist, die Überlieferung der biblischen Religion an Kirchen, Gemeinden, Sekten, so wird, wer sich als Abendländer dem Grunde verbunden weiß, einer solchen Organisation zugehören, damit die Überlieferung stattfinde und der Ort bleibe, von dem möglicherweise das Pneuma, wenn es wieder wirksam würde, in die Völker gelangte.
Die Konfession wird gleichgültig, ist nur geschichtlich für die eigene Herkunft von Belang. Das Verbindende ist die von Vernunft durchglühte biblische Religion, die niemand für sich allein hat. Quer durch alle Konfessionen hindurch geht die der Möglichkeit nach tiefere Verbindung, durch die die unausweichliche Enge jeder Konfession gesprengt wird.
PGcO, 13ff.

Offenbarung und Offenbarungsglaube

Offenbarung ist die »zeitlich und räumlich lokalisierte Kundgabe Gottes durch Wort, Forderung, Handlung, Ereignis«. Ob es sie wirklich gebe, läßt sich in keiner Weise feststellen. Aber unbestreitbar ist, daß der Glaube an Offenbarung eine mächtige Realität in der Welt war und ist, insbesondere in den Kulturen der biblischen Religion. Jaspers bekennt freimütig, daß er nie an Offenbarung geglaubt hat, ja daß er sie für ein Unheil halten müßte, wenn sie Realität wäre. Da aber Offenbarung nicht nur geglaubt, sondern als Glaube auch gedacht worden ist, und zwar stellenweise auf hohem Niveau, begegnet Jaspers dem Offenbarungsglauben mit Respekt und muß ihn dennoch aus seiner Philosophie der Transzendenz radikal ablehnen. Denn er ist Glaube an Leibhaftigkeit, Anspruch, die Wahrheit zu besitzen, ja in der christlichen Ausprägung Anspruch, die eine und einzige Wahrheit allein zu kennen. – Alle nachfolgenden Texte sind dem Spätwerk »Der philosophische Glaube angesichts der Offenbarung« (1962) entnommen.*

Offenbarung und Wirklichkeit

Für die Vergewisserung der Situation, in der wir uns finden, berufen wir uns auf keine Offenbarung. Offenbarung kommt aus anderer Quelle. Ob es sie gibt und was sie ist, das ist durch kein Wissen und keine menschliche Vergewisserung zu beantworten.

Nicht die Offenbarung, wohl aber der Offenbarungsglaube ist als empirische Erscheinung zu erforschen. Dabei aber ist nicht von der Wirklichkeit und Wahrheit der Offenbarung, sondern nur von der Realität des Offenbarungsglaubens die Rede. Aber auch durch den Glauben selber kann die Offenbarung nicht als allgemeingültig für alle, sondern nur als unbedingt gültig für den Glaubenden und die Gemeinschaft der Gläubigen entschieden werden. Der Offenbarungsglaube hat sich historisch in allen seinen Gestalten als gültig immer nur für begrenzte Kreise innerhalb der Menschheit erwiesen. Sein Anspruch auf Allgemeingültigkeit seiner einen Wahrheit war vergeblich.

PGO, 34

Der Offenbarungsglaube, den wir ernst nehmen, ... ist nicht der Verzweiflung am Denken entsprungen und selber nicht gedankenlos. Er war ein denkender Glaube. Was er in seinen großen Gestalten – Augustin, Anselm, Thomas, Cusanus – gedacht hat, ist an Rang, das heißt an Gehalt, Gründlichkeit, Scharfsinn, Methode jedem anderen Denken gewachsen, als ein ganz anderes zwar, aber als Denken.

PGO, 36

Zwei Bekenntnisse

Ich glaube nicht an Offenbarung und habe es nie, soweit mir bewußt ist, auch nur der Möglichkeit nach getan. Warum aber ist der Offenbarungsglaube ernst zu nehmen auch für den, dem dieser Glaube nicht gegeben ist? Schon wegen der Tatsache seiner mächtigen Wirkung in der Geschichte und wegen des hohen sittlichen und geistigen Ranges mancher offenbarungsgläubiger Menschen. Doch das ist in bezug auf den Sinn des Offenbarungsanspruchs selber doch äußerlich gedacht. Wesentlich ist: Wenn von Menschen ihnen zuteil gewordene Offenbarungen kundgegeben wurden, oder wenn an Menschen als an Offenbarungen geglaubt wurde, so bleiben wir nicht gleichgültig, wenn der Inhalt solcher Offenbarungen von so hohem Gewicht ist, daß er bis heute existentiell unumgängliche Bedeutung hat. Auf dem Boden des Offenbarungsglaubens sind Gehalte, Antriebe, Werke, Handlungen erwachsen, die dann auch ohne ihn in ihrer Wahrheit menschlich zugänglich sind.

PGO, 35

Daß mein Philosophieren zum Offenbarungsglauben führen solle, ist ganz und gar nicht meine Absicht. Ich selber kann nicht anders als mit Kant denken: Wäre Offenbarung Realität, so wäre sie das Unheil für die geschaffene Freiheit des Menschen.

Trotzdem will ich kein Denken, das am Ende eine Offenbarung ausschließt – wenn es mir auch unmöglich scheint, daß ich sie je glauben könnte. Der philosophische Glaube ist eigener Ursprung. Aber er läßt Offenbarung als Möglichkeit für andere gelten, obgleich er sie nicht verstehen kann. Er will nicht Feindschaft, sondern Redlichkeit, will nicht Abbruch, sondern Kommunikation, will nicht Gewalt, sondern Liberalität.

PGO, 37 f.

Ursprünge der Offenbarung

Offenbarung hat, von außen gesehen, mehrere Gestalten:
1. Die *Propheten* verkündeten, was Gott ihnen sagt und durch sie fordert.
2. *Apostel* bezeugten, daß Gott in Christus auf Erden erschienen, gekreuzigt und auferstanden sei. Sie bezeugen das Heilsgeschehen.
3. *Kirchen* und *Priester* erklärten Texte für inspiriert und für das Wort Gottes. Durch ihren Ursprung sind sie von allem anderen Schrifttum grundsätzlich zu unterscheiden.

PGO, 45

Der Gattungsbegriff der Offenbarung

Der Gattungsbegriff der Offenbarung ist zu bestimmen als die unmittelbare, zeitlich und räumlich lokalisierte Kundgabe Gottes durch Wort, Forderung, Handlung, Ereignis. Gott gibt seine Gebote, er stiftet Gemeinschaft, er erscheint unter Menschen, er gründet den Kultus. Es geschieht durch objektiven Einbruch von außen.

Der Inhalt der Offenbarung hat keinen überall gleichen, der allgemeinen religiösen Natur des Menschen entspringenden Charakter. Er gilt jeweils in der bestimmten Gestalt mit besonderen Vorstellungen, Forderungen, Riten, Heiligkeiten, die als unveränderlich gelten.

Der Gattungsbegriff bedeutet, daß die in der Geschichte aufgetretenen Offenbarungsreligionen von außen gesehen nebeneinander stehen, während sie von innen gesehen jede sich nicht als Fall, sondern als die einzige und ganze Wahrheit begreifen.

Würde Offenbarung ein Allgemeinbegriff sein, dann gäbe es in der Tat mehrere Offenbarungen, unter denen die biblische ein Fall wäre. Für den Glaubenden aber handelt es sich nicht um die Abstraktion eines Offenbarungsbegriffs im allgemeinen, sondern um die Wirklichkeit eines absolut Geschichtlichen.

PGO, 48 f.

Der Begriff des Glaubens überhaupt

Der *Begriff des Glaubens überhaupt* läßt sich so bestimmen:

Glaube ist nicht ein Wissen von etwas, das ich habe, sondern die Gewißheit, die mich führt.

Durch Glauben lebe ich aus dem Ursprung, der in gedachten Glaubensinhalten zu mir spricht. Untrennbar ist der Glaube, durch den ich glaube, und der Glaubensinhalt, den ich mir vorstelle. Subjekt und Objekt des Glaubens sind eins. Glaubend zu leben und glaubend an etwas zu leben sind nur miteinander möglich.

Glaube ich, so will ich den Glaubensinhalt denken. Will ich aber den Glaubensinhalt nicht nur denken, sondern als Wissensbesitz in Dogmen und Bekenntnissen haben, der mir zur Verfügung steht, gleichgültig, was ich selber bin, dann soll er mir die Gewißheit als Sicherheit geben, ohne daß aus mir selbst der Ursprung des Glaubens entgegenkommt. Daher kann ich, vor der Transzendenz und mir selbst versagend, glaubenslos im Willen zum Glauben, in der Angst des

Auf-mich-selbst-Angewiesenseins mit den anderen gemeinschaftlich, durch Gemeinschaft getragen und gesichert, »glauben«, was wir als Glaubensinhalt bekennen.

Glaube kann nicht durch einen Gedanken erzwungen, auch nicht als bloßer Inhalt angegeben und mitgeteilt werden. Glaube ist die Kraft, in der ich mir gewiß bin aus einem Grunde, den ich wohl bewahren, aber nicht herstellen kann.

Glaube kann das Umgreifende heißen, das Ganze, das unerschütterlich ist, erschüttert erst, wenn die eine Seite, bloß die des glaubenden Subjekts oder bloß die des geglaubten Objekts, für sich genommen wird.

Glaube ist der Grund vor aller Erkenntnis. Er wird im Erkennen heller, aber nie bewiesen.

PGO, 49 f.

Der christliche Offenbarungsglaube

Gegen den Gattungsbegriff sowohl von Offenbarung wie von Glauben überhaupt wendet sich der *christliche Offenbarungsglaube*, sofern er in diese Begriffe eingeschlossen werden sollte. Es gibt nur einen Glauben und nur eine Offenbarung, die einzige Offenbarung, die durch das Wort der Bibel und die Tradition bezeugt ist. Für diesen Glauben ist die historische Betrachtung verschiedener Offenbarungsansprüche nicht maßgebend. Er erhebt den Wahrheitsanspruch eines keinen religionsgeschichtlichen, religionsphilosophischen, religionspsychologischen Kategorien Zugehörenden.

Wenn aber doch von der christlichen Offenbarung gesprochen wird, muß es unumgänglich sogleich in allgemeinen Kategorien getan werden. Wird die Einzigkeit und Ausschließlichkeit der christlichen Offenbarung im Reden von ihr beansprucht, so muß sie durch Gedanken eines Allgemeinen begründet werden. Das geschieht in der Propaganda des Glaubens für Menschen, die die Einzigkeit noch nicht hören. Die Glaubenden verkündigen nicht nur, sondern wollen überreden, Wege führen, auf denen man dieses Einzigen ansichtig werden soll. Dann ist die Rede von den spezifischen Charakteren, die das Christentum von allen anderen Religionen unterscheiden.

PGO, 50

Die Wahrheitsfrage an die Offenbarung

Der Sinn der Offenbarung läßt sich nicht durch Vernunft begründen. Die Vernunft erklärt sich zwar als Philosophie für selbständig. Sie hat ihren eigenen in sich selbst gegründeten Ursprung. Aber dem »Sinn« und der »Wirklichkeit« der Offenbarung gegenüber ist sie nicht die oberste Instanz darüber, ob es Offenbarung gibt oder nicht. Denn Offenbarung geht wie der Ursprung der Philosophie aller Begründung vorher. Diese Ursprünglichkeit ist die Voraussetzung allen Begründens.

Keine Vernunftinstanz kann a priori ableiten, daß Offenbarung sein kann und daß diese gleichsam einen vorgegebenen Ort unseres Denkens erfüllt. Sie ist nicht möglich und nicht unmöglich. Sie kommt als etwas ganz Anderes gegenüber allem Denken und Erfahren von außen. Wäre sie nicht geschehen, könnte niemand auf die Möglichkeit ihres Eintretens kommen. Gottes Handeln ist durch nichts Allgemeines als möglich vorauszusagen oder nachträglich zu begreifen. Die Rechtfertigung der Offenbarung liegt allein darin, sie zu hören, darin, das von Gott Bewirkte anzunehmen.

Aber von Anfang an haben die Gläubigen auch begründet und haben damit nicht aufgehört bis heute. Zwar liegt der Grund der Wahrheit der Offenbarung allein in ihr selber. Aber es wird begründend darauf hingewiesen, wie sie der Grund von Erscheinungen ist, durch die sie in der Welt wirkt. So geschieht es in folgenden Beispielen:

(1) Der Grund liegt im Zeugnis des Heiligen Geistes, das ich in mir selber finde, wenn das Zeugnis der Offenbarung

von außen an mich herantritt. Durch dies Zeugnis des Geistes, nicht durch Vernunft, wird ihre Wahrheit gesehen und erkannt. Die Vernunft ist verderbt und kann die reine Sprache des Heiligen Geistes verwirren.

(2) Der Grund liegt im Zeugnis der Gemeinde. Diese kann daher von Augustin angeredet werden: vestra sanctitas. Dies Zeugnis der Gemeinde ist nicht ein psychologisch oder soziologisch angemessen zu begreifendes Erlebnis, sondern ist der Heilige Geist, der in der Gemeinde durch sie wirkt. Aus unvordenklichem Grunde, durch Überlieferung, Heilige Schrift und heilige Gebräuche getragen ist die Gemeinde von der Offenbarung ergriffen, die ihr anvertraut ist seit dem Bund mit Gott. Diese Wirklichkeit liegt vor jedem Denken, wenn sie auch sogleich im Denken gegenwärtig ist. Sie ist kein Vorurteil im Sinne einer zu behebenden Täuschung, als einer unhaltbaren Voraussetzung, sondern ein Vorurteil in unvordenklicher Wirklichkeit.

(3) Der Grund liegt in Gottes Bund mit den Gläubigen als einem geschichtlichen Ereignis. Dieser Bund leitet seinen Anspruch her aus einem Akt ihrer Ahnen, der einem Akte Gottes entgegenkam. »Sie sagten zu Moses: sprich du mit uns und wir wollen hören; nicht spreche mit uns Gott, damit wir nicht sterben.« In diesem Satz ist ausdrücklich als Quelle der Offenbarung nicht die unmittelbare Beziehung des einzelnen Menschen oder Volkes zu Gott, sondern die mittelbare Beziehung zu Gott ausgesprochen. Dieser Offenbarungsglaube begründet sich nicht in einem Schauen, nicht in einer mystischen unio, sondern im Glauben an die Wahrheit der Vermittlung. Der Offenbarungsgläubige glaubt durch die Vermittlung, die von Moses über die Propheten zu den Aposteln in verschiedener Weise stattfindet. Er gründet sich nicht unmittelbar auf Gott, sondern auf das Zeugnis. Diese Form des Glaubens ist ein Glaube in Distanz. Die Wahrheit liegt in dem, was durch den Glaubensentschluß als Vermittlung (Zeugnis, Tradition) anerkannt wird. Diese Wahrheitsbegründung versteht die Wahrheit durch Zitat aus der Heiligen Schrift.

Alle historischen Beispiele zeigen, daß Offenbarung nur durch Offenbarung, nicht durch ein Anderes begründet wird. Es muß so sein. Auch der philosophische Glaube kann sich nicht auf ein Anderes beziehen, durch das er begründet wäre. Wo es dem Menschen wirklich ernst wird, da ist es sein Wagnis und Schicksal, woraufhin und wodurch er leben will.
PGO, 63 f.

Gegen den Ausschließlichkeitsanspruch

Der Ausschließlichkeitsanspruch ist für Jaspers das böse Erbe der Offenbarungsreligionen. Er beruht auf der Verwechslung der geschichtlichen Glaubenswahrheit (Überzeugung), die für den Einzelnen absolut gelten kann, aber niemals universal ist, mit der Wissenswahrheit (Richtigkeit), die universal gilt, aber niemals absolut ist. Die irrtümliche Verbindung des Absoluten mit dem Universalen hatte in der Geschichte der Religionen katastrophale Folgen: Kommunikationsunfähigkeit, Grausamkeit, Wille zur Macht, Missionierung, Zerstörung ganzer Kulturen, Zwangstaufe (coge intrare), Ketzerverfolgung u.a.m. Gegen diese Formen der Intoleranz ist keine Toleranz mehr möglich, weil sie der Duldung der Glaubensverbrechen gleichkäme. Auf dem Hintergrund der biblischen Tradition gilt es deshalb eine Form des Glaubens zu entfalten, die von Kommunikationsbereitschaft getragen wird und niemanden zwingt. – Der Text ist den Basler Vorlesungen »Der philosophische Glaube« (1947) entnommen.

Der Glaubensinhalt wird nicht nur für unbedingte, sondern für ausschließende Wahrheit gehalten. Der Christ sagt dann nicht: das ist mein Weg, sondern: das ist der Weg, und läßt Christus Gottes Sohn und Gott sprechen: Ich bin der Weg, die Wahrheit und das Leben. Dem Christusgläubigen wird erlaubt, von sich zu denken: Ihr seid das Salz der Erde; ihr seid das Licht der Welt.

Einwände sind möglich wie folgende: Wenn Gott Menschen als Kinder haben kann, so liegt es näher, daß alle Menschen und nicht einige oder ein Einzelner allein seine Kinder sind. – Der Anspruch, nur wer an Christus glaubt, werde das ewige Leben haben, ist nicht überzeugend. Denn Menschen hohen Adels und reiner Seele sind auch außerhalb des Christentums sichtbar; es wäre absurd, wenn sie verloren sein sollten, zumal im Vergleich zu menschlich fragwürdigen, kaum liebenswerten Gestalten unter den größten historisch wirksamen Christen. – Die innere Umkehr des Menschen aus seinem Eigenwillen zu der grenzenlos opfernden Hingabe ist nicht nur im Christentum geschehen. – Doch alle diese Einwände treffen nicht das Zentrum.

Wo immer in der Welt Menschen eine Glaubenswahrheit ergreifen, ist ihnen diese Wahrheit unbedingt gültig. Durchweg jedoch – außerhalb der biblischen Welt – schließen sie damit keineswegs andere Wahrheit für andere aus. Philosophisch ist dieses allgemeine Verhalten der Menschen zugleich das sachlich zutreffende. Das bedarf einer Überlegung über einen grundsätzlichen Unterschied im Sinn von Wahrheit ...

Wo ich unbedingt handle, weil ich unbedingt glaube, da gibt es keinen zureichenden Grund und keinen Zweck, von dem her das Handeln zweckentsprechend, d.h. verständig begreifbar ist. Das Unbedingte ist nicht allgemein, sondern ist geschichtlich in der undurchdringlichen, sich hell werdenden Lebendigkeit gegenwärtigen Tuns. Es ist in seiner Tiefe ungewußt, so viel aus ihm heraus auch gewußt und gesagt werden kann. Es ist unvertretbar, daher je einmalig, und ist doch vielleicht für andere nicht nur Orientierung, sondern Vorbild zum Wiedererkennen des Eigenen, das zwar in geschichtlicher Erscheinung verschieden ist, aber in der Ewigkeit zusammentrifft. Was geschichtlich, was existentiell wahr ist, ist zwar unbedingt, aber in seinem Ausgesagtsein und seiner Erscheinung darum nicht Wahrheit für alle.

Umgekehrt: was allgemeingültig für alle ist (wie die wissenschaftlichen und alle Verstandesrichtigkeiten), ist gerade darum nicht unbedingt, sondern auf einem Standpunkt mit bestimmter Methode unter diesen Bedingungen für alle und allgemein richtig in der Welt. Diese Richtigkeit ist zwingend für jeden, dessen Verstand sie begreift. Aber sie ist relativ auf Gesichtspunkt und Denkungsweise, für die sie sich zeigt. Sie ist existentiell gleichgültig, weil endlich, partikular, objektiv zwingend, – für sie kann und darf kein Mensch sterben.

Kurz: Zur Unbedingtheit geschichtlicher Wahrheit gehört die Relativität jeder ihrer Aussagbarkeiten und historisch endlichen Erscheinungsformen. Zur Allgemeingültigkeit erkenntnismäßiger Richtigkeit in Aussagen gehört die Relativität der sie begründenden Gesichtspunkte und Methoden. Aussagbare Glaubensinhalte dürfen nicht behandelt werden wie allgemeine Richtigkeiten; Unbedingtheit des Inneseins des Wahren im Glauben ist etwas ursprünglich anderes als das Ergreifen der Allgemeingültigkeit der immer partikularen Richtigkeiten im Wissen. Geschichtliche Unbedingtheit ist nicht Allgemeingültigkeit ihrer Erscheinung in Wort, Dogma, Kultus, Ritus, Institution. Erst die Verwechslung ermöglicht den Anspruch der Ausschließlichkeit einer Glaubenswahrheit.

Es ist schon eine Verkehrung, das Allgemeingültige des wissenschaftlichen Wissens zu behandeln als ein Absolutes, aus dem ich leben könnte, von der Wissenschaft zu erwarten, was sie niemals leisten kann. Zwar verlangt meine Wahrhaftigkeit, das für die Erkenntnis Zwingende nicht zu umgehen, es vielmehr uneingeschränkt zur Geltung kommen zu lassen. Aber für dessen Inhalt zu fordern, was nur metaphysische Gehalte zu geben vermögen, das Bewußtsein des Genügens am Sein, der Ruhe im Sein, das ist wie ein Betrug, der statt Seinserfüllung ein letzthin Leeres bietet.

Ein Verhängnis aber ist dann die entgegengesetzte Verkehrung: die Verwandlung der Unbedingtheit existentiellen Entschlusses zu einem in Forderung aussprechbaren Wissen vom Richtigen, oder die Verkehrung der geschichtlich gebundenen Unbedingtheit des Glaubens in allgemeingültige Wahrheit für alle.

Die Folge solcher Verkehrung ist die Selbsttäuschung über das, was ich eigentlich bin und will, ist Intoleranz (nichts gelten lassen außer den eigenen zu Dogmen gewordenen Aussagen) und Kommunikationsunfähigkeit (nicht hören können auf den anderen, nicht redlich sich in Frage stellen lassen können). Daseinstriebe wie Machtwillen, Grausamkeit, Zerstörungstrieb werden schließlich Bewegungskräfte in den Masken solchen verkehrten Wahrheitswillens. Diese Triebe finden dann durch vermeintlichen Einsatz für Wahrheit bei grauenvoll unwahrer Selbstrechtfertigung ihre mehr oder weniger offene Befriedigung.

Nur im Umkreis der biblischen Religion nun scheint diese Ausschließlichkeit der ergriffenen Glaubenswahrheit zum Glauben selbst zu gehören, bewußt ausgesprochen und bis in alle Konsequenzen getrieben zu sein. Das kann für den Gläubigen ein neues Stigma gerade für die Glaubwürdigkeit seines Glaubens sein. Dagegen sieht philosophische Einsicht nicht nur die Unwahrheit infolge der grundsätzlichen Verwechslung in solchem Glauben, sondern die furchtbaren Folgen.

Innerhalb der biblischen Religion ist ein Beispiel das Christentum mit seinem Anspruch absoluter Wahrheit für alle. Unser Wissen um das Außerordentliche, was das Christentum bewirkt hat, um die hohen Menschengestalten, die in seinem Glauben und durch diesen Glauben lebten, kann nicht verwehren zu sehen, wie jene Grundverkehrung in der Geschichte böse Folgen hatte, die sich in die Hülle heiliger absoluter Wahrheit kleideten.

Werfen wir einen Blick auf einige Folgen dieses Ausschließlichkeitsanspruchs. Schon das Neue Testament läßt Jesus, der keinen Widerstand leistet und die Bergpredigt lehrt, doch die Worte sprechen: ich bin nicht gekommen, Frieden zu bringen, sondern das Schwert. Es wird die Alternative aufgestellt, ihm zu folgen oder nicht zu folgen: wer nicht für mich ist, der ist wider mich.

Dem entsprach das Verhalten vieler Christusgläubigen in der Geschichte. Nach der von ihnen gedachten Heilsordnung sind alle Menschen verloren, die vor Christus oder ohne Christus lebten. Die vielen Religionen sind eine Summe von Unwahrheiten oder bestenfalls Teilwahrheiten; ihnen Angehörige sind insgesamt Heiden. Diese sollen ihre Religion aufgeben und dem Christusglauben folgen. Die universale Mission verkündete nicht nur diesen Glauben allen Völkern mit allen Mitteln der Propaganda, sondern hat immer wieder im Hintergrund den Willen gehabt, den Glauben aufzuzwingen, wo er nicht willig angenommen wird (coge intrare). In der Welt werden Vernichtungsmaßnahmen, Kreuzzüge entfesselt. Unter sich haben die christlichen Konfessionen Religionskriege geführt. Die Politik wird das Mittel der Kirchen.

So wird der Machtwille zu einem Grundfaktum dieser religiösen Wirklichkeit, deren Ursprung mit Macht nichts zu tun hatte. Anspruch auf Weltherrschaft ist die Folge des Ausschließlichkeitsanspruches der Wahrheit. In dem großen Prozeß der Säkularisierung – das heißt einer weltlichen Bewahrung biblischer Gehalte unter Abstreifung ihrer Glaubensgestalt – steht noch der Fanatismus des Unglaubens unter dem Einfluß des biblischen Ursprungs. Die säkularisierten weltanschaulichen Positionen innerhalb der abendländischen Kulturen haben so häufig diesen Zug der Absolutheit, der Verfolgung anderer Gesinnungen, des aggressiven Bekennens, der inquisitorischen Prüfung des anderen, immer infolge des Ausschließlichkeitsanspruches der von jedem vermeintlich vertretenen absoluten Wahrheit.

Angesichts dieser gesamten Realität bleibt dem philosophischen Glauben nur die schwer zu übernehmende Einsicht, daß gegen Kommunikationsabbruch und gegen das Verbot der nur noch unter Bedingungen zugelassenen Vernunft der beste Wille zu offener Kommunikation versagt.

Ich verstehe nicht, wie man zum Ausschließlichkeitsanspruch sich neutral verhalten kann. Das wäre möglich, wo man die Intoleranz als faktisch ungefährlich wie eine wunderliche Anomalie behandeln dürfte. So ist es aber mit dem biblisch fundierten Ausschließlichkeitsanspruch ganz und gar nicht. Er erstrebt aus der Natur seines Wesens den Anspruch durch immer wieder mächtige Institutionen und steht ständig auf dem Sprunge, von neuem die Scheiterhaufen für Ketzer zu entflammen. Das liegt in der Natur der Sache des Ausschließlichkeitsanspruchs in allen Gestalten der biblischen Religion, mögen auch noch so viele Gläubige für ihre Person nicht die geringste Neigung zur Gewalt, oder gar zur Vernichtung der in ihrem Sinn Ungläubigen haben.

Weil Intoleranz gegen Intoleranz (aber auch nur gegen sie) unumgänglich ist, ist Intoleranz gegen den Ausschließlichkeitsanspruch dann notwendig, wenn er einen Glauben nicht nur verkündigt zur Prüfung durch andere, sondern ihn aufzwingen will durch Gesetz, durch Schulzwang usw.

PG, 67–71

Der philosophische Glaube

Jenen anderen Glauben, der nicht Bekenntnis werden kann, keine Dogmen kennt und keine Leibhaftigkeit, der also seinen Halt nirgendwo im Endlichen findet, nennt Jaspers den philosophischen Glauben. Er ist der immer auch gedachte, gelebte und auf seine Folgen hin erhellte Glaube. Positiv ist er das Leben aus dem Umgreifenden, negativ der Glaube ohne Verendlichung der Transzendenz. Er steht mit dem Offenbarungsglauben im Kampf, und es wird zur entscheidenden Frage, ob sich die beiden Glaubensweisen versöhnen können. Das ist für Jaspers in einer Person nicht möglich. Aber in verschiedenen Personen können sie einander begegnen und im Respekt für die andere Person miteinander ins Gespräch kommen. Daraus erwächst nicht die Synthese der

Glaubensweisen, sondern die Kommunikation der unterschiedlich Glaubenden. – Die Texte sind der Basler Vorlesung von 1947 (»Der philosophische Glaube«) und dem religionsphilosophischen Hauptwerk von 1962 (»Der philosophische Glaube angesichts der Offenbarung«) entnommen.

Der philosophische Glaube – negativ charakterisiert

Der philosophische Glaube ist negativ zu charakterisieren: er kann nicht Bekenntnis werden. Sein Gedanke wird nicht Dogma. Der philosophische Glaube kennt nicht den festen Halt an einem objektiven Endlichen in der Welt, weil er seine Sätze, Begriffe und Methoden nur benutzt, ohne sich ihnen zu unterwerfen. Seine Substanz ist schlechthin geschichtlich und nicht in dem Allgemeinen – in dem er allein sich aussprechen kann – zu fixieren.

Der philosophische Glaube muß daher in der geschichtlichen Situation immer wieder aus dem Ursprung schöpfen. Er gewinnt keine Ruhe in einem Bestand. Er bleibt das Wagnis radikaler Offenheit. Er kann sich nicht auf sich als Glauben berufen als auf Inappellables. Sondern er muß sich zur Erscheinung bringen in der Weise des Denkens und Begründens. Schon im Pathos des unumgänglichen Behauptens, das wie Verkündigung klingt, sind wir philosophisch in Gefahr des Verlierens.

PG, 15

Zur Dialektik des philosophischen Glaubens

Der philosophische Glaube, mit empfindlichem Gewissen gegen den Aberglauben, diesen Glauben an ein Objekt, ist daher unfähig zum Bekennen in Sätzen. Das Objektive muß in Bewegung bleiben und gleichsam verdampfen, so daß in verschwindender Gegenständlichkeit gerade durch das Verschwinden ein erfülltes Seinsbewußtsein klar wird. Daher steht der philosophische Glaube jederzeit in der einschmelzenden und aufhebenden Dialektik.

Dialektik hat einen sehr verschiedenen Sinn. Ihr ist nur das eine gemeinsam, daß Gegensätze in ihr von wesentlicher Bedeutung sind. Dialektik heißt der logische Gang durch Antithesen zur Lösung in Synthesen. Dialektik heißt das reale Geschehen in Gegensätzen, die ineinander umschlagen, sich vereinigen, neues hervortreiben. Dialektik heißt aber auch das Aufreißen der Gegensätze zu Antinomien ohne Lösung, der Sturz in die Unlösbarkeit, in das Widersprechende, – heißt auch das Hinführen an die Grenzen, wo das Sein absolut zerrissen erscheint, mein eigentliches Sein der Glaube, und der Glaube ein Erfassen im scheinbar Absurden wird.

Der philosophische Glaube hat in sich Strukturen solcher Dialektiken.

Wie Sein und Nichts untrennbar, beide ineinander sind und dann wieder auf das äußerste sich abstoßen, so sind Glaube und Unglaube untrennbar und stoßen sich dann wieder leidenschaftlich ab.

Die Gegensätze des Daseins, des Geistes, der Welt kommen zur Versöhnung in einer harmonischen Totalvision und diese wird durchbrochen durch die Empörung der Existenz gegen diese Unwahrheit.

Der Glaube zieht sich zurück auf ein Minimum an der Grenze des Unglaubens, und von da schlägt er um aus der Punktualität ins Weite: so kann ich mich verkrampfen im leer werdenden ich selbst – im cogito ergo sum –, in dem Stolze des inneren Aufrechtbleibens: si fractus illabatur orbis, impavidum ferient ruinae –, in der starren Optik des Zusehens: so ist es, – in der vernichtenden Verurteilung der Welt (»ich gebe mein Eintrittsbillett zurück«). Jedesmal täusche ich mich, als ob ich noch wäre, wenn ich nichts sein will, als ob ich noch sein könnte außerhalb der Bedingungen der Endlichkeit in der Welt. Aus der Erfahrung des Nichts, angesichts der Grenzerfahrung erst eigentlich beschwingt, vertraue ich mich, von neuem glaubend, der Weite an im

Aufhellen aller Weisen des Umgreifenden, das ich bin und in dem ich mich finde.

Der philosophische Glaube geht zwar durch das Nichts, aber er erwächst nicht der Bodenlosigkeit. Er fängt nicht von vorn an, wenn er ursprünglich ist. Warum glaubst du? – mein Vater hat es mir gesagt. Diese Antwort Kierkegaards gilt in Verwandlung auch für das Philosophieren.

Der philosophische Glaube ist in *Überlieferung*. Zwar ist dieser Glaube nur im Selbstdenken des jeweils Einzelnen, entbehrt er der objektiven Geborgenheit einer Institution, ist er das, was bleibt, wenn alles bricht, und was doch nichts ist, wenn man es fassen will wie eine Hilfe in der Welt. Aber seine jeweilige Gegenwärtigkeit ist gewonnen durch Zusichselberkommen aus Anlaß der Überlieferung. Daher ist die Philosophie durch ihre Geschichte bestimmt und wird die Philosophiegeschichte jeweils ein Ganzes aus dem Philosophieren, wie es gegenwärtig geschieht.

Nirgends ist in der Zeit schon gewonnen die philosophia perennis, und doch ist diese stets da in der Idee des Philosophierens und im Gesamtbild der Wahrheit der Philosophie als ihrer Geschichte von drei Jahrtausenden, die zu einer einzigen Gegenwart werden.

PG, 20ff.

Die beiden Arten des Glaubens sprechen unterschiedlich von Gott

Philosophischer Glaube und Offenbarungsglaube, beide sprechen von Gott. Der philosophische Glaube weiß nicht von Gott, sondern hört nur die Sprache der Chiffern. Gott selber ist ihm eine Chiffer. Der Offenbarungsglaube meint die Handlungen Gottes im Sichoffenbaren zum Heil der Menschen zu kennen; Gott wirkt hinein in die Welt als ein besonderes Geschehen, sich bindend an Ort und Zeit. Der philosophische Glaube macht mit der biblischen Forderung

Ernst: du sollst dir kein Bildnis und Gleichnis machen, und weiß, was er tut, wenn er im Hören und Entfalten der Chiffern die Forderung nicht erfüllt.

PGO, 196

Ist die Unvereinbarkeit zwischen Offenbarungsglauben und philosophischem Glauben endgültig?

Schopenhauer schrieb: »Keiner, der religiös ist, gelangt zur Philosophie; er braucht sie nicht. Keiner, der wirklich philosophiert, ist religiös: er geht ohne Gängelband, gefährlich, aber frei.« Übrigens: »Religion ist Metaphysik für das Volk.« Umgekehrt kann man von theologisch protestantischer Seite hören: die Philosophie sei nicht ernst zu nehmen, sie sei überflüssig und eigentlich ein Unfug. Aus den derart eingenommenen Positionen hört man den Ton der Verachtung des Gegners. Die Abstoßung ist die heftigste.

Zweideutig läßt sich sagen: »Wenn ich glaubte, würde ich nicht philosophieren.« Soll das heißen: es wäre besser, ich könnte glauben? – oder soll es heißen: gut, daß ich philosophiere, sonst versänke ich in dem an sich unphilosophischen Glauben? – oder soll nur von einem Standpunkt außerhalb gesagt werden: Glaube und Philosophie sind nicht miteinander verträglich? Jenen Satz könnte ich mir in keinem Sinne zu eigen machen.

Oft sind Auswege gefunden, die die Offenbarung und die Vernunft abschwächten. Man kann alle kirchlichen Ordnungen befolgen, an Sakramenten teilnehmen, und doch seine philosophische Freiheit in einer unausgesprochenen, alle miteinander verbindenden Skepsis sich vorbehalten. So aber konnte man allzuleicht sich auch täuschen, der Offenbarungsgläubige über seine bewahrte Freiheit, der vermeintlich philosophisch Freie über die ihn lenkenden Gängelbänder.

Diese gesamte Ebene des Sichabstoßens in der Koexistenz, des Sichvereinigens ohne Entschiedenheit ist dem Ernst der Sa-

Der philosophische Glaube

che nicht angemessen. Weder die schroffe Alternative, gedacht unter dem Unstern eines philosophischen oder eines theologischen Fanatismus, noch die konzilianten skeptischen oder freundlich-feindlichen Ausgleichungen sind überzeugend.

Noch einmal stellen wir die Fragen:

Kann der Offenbarungsgläubige, wenn die Offenbarung für ihn wahr, weil wirklich für ihn da ist, überhaupt eine andere Wahrheit gleichen Ranges, auf gleicher Ebene ihr begegnend, anerkennen? Es ist doch unmöglich, weil Gott selbst für ihn spricht.

Muß der philosophisch Glaubende nicht zur Einsicht kommen, daß Offenbarung Gottes unmöglich sei, und daher grundsätzlich die Offenbarung als Illusion verwerfen?

Welche sind die gemeinsamen Voraussetzungen gegenseitiger Anerkennung? Der Offenbarungsgläubige müßte aus der Tatsache, daß die Mehrheit der Menschen ihm nicht folgt, die Möglichkeit erschließen, daß das, was für ihn absolut, weil Offenbarung Gottes selber ist, nicht für alle Menschen verbindlich sei. Er darf verkündigen, aber nicht erwarten, daß die Andern seinem Glauben folgen.

Der philosophisch Glaubende aber müßte den ihm fremden Glauben als aus anderem Ursprung kommende mögliche Wahrheit anerkennen, auch wenn er ihn nicht zu verstehen vermag. Er müßte der Verführung widerstehen, die ihn durch sein Denkenkönnen, wenn es das Bewußtsein seiner Grenzen verliert, zu der vermeintlichen Einsicht treiben will, Offenbarung sei absolut unmöglich, weil sie für ihn nicht möglich ist.

PGO, 532 f.

Die für unser kommunikatives Miteinander entscheidende Frage bleibt daher: Ist das gegenseitige Sichanerkennen möglich? Ist es möglich, daß der Offenbarungsgläubige dem in seinem Sinne Ungläubigen zwar mit dem Schmerze an dem Ausbleiben der Gnade für den Andern, doch mit uneingeschränkter Achtung vor ihm und seinem Wege begegnet? Ist es möglich, daß der philosophisch Glaubende, zwar mit dem Schmerze, im Offenbarungsgläubigen nicht eigentlich den Schicksalsgefährten in der für ihn undurchdringlichen Situation des Menschen zu gewinnen, doch mit gleicher Achtung ihm begegnet in der Bereitschaft zum immer wieder erneuerten Hören seiner Erfahrung und zum Bunde für alle menschlichen Aufgaben in dieser Welt?

Können beide im Dasein zusammenwirken, ohne unwahrhaftig zu werden, ohne Hintergedanken?

Ursprünglich verschiedene Weisen der Lebenspraxis und des zu ihnen gehörenden Glaubens schließen sich in der Tat aus: sie können nicht im selben Menschen verwirklicht werden. Sie schließen sich aber nicht aus, wenn sie durch verschiedene Menschen in der Welt sich begegnen. Jede Geschichtlichkeit kann die andere in ihrem existentiellen Ernst lieben und sich ihr in einem Übergreifenden verbunden wissen.

PGO, 536

Gegen den Nihilismus

Der Nihilismus ist die offene Glaubenslosigkeit. Er verendlicht nicht bloß die Transzendenz, sondern bestreitet radikal ihr Sein. Für ihn gibt es weder Gott noch eine Gründung der Existenz in der Transzendenz noch eine absolute Forderung. Alles ist relativ und alles hat bloß seinen Preis. Dieser Schein der Aufklärung ist für Jaspers durch seine Öde und Leere noch unerträglicher als der Offenbarungsglaube, mit dem er im Prinzip der Verendlichung allerdings verwandt ist. Ein anderes Niveau gewinnt der Nihilismus dort, wo er einer Revolte gegen die Transzendenz entspringt, sei es aus einer Enttäuschung oder aus dem Willen zur Unabhängigkeit. Dann setzt er voraus, was er bestreitet, aber bleibt dennoch eine Philosophie und eine Praxis, die alles Absolute negieren. Der folgende Text ist der Basler Vorlesung von 1947 (»Der philosophische Glaube«) entnommen.

Während Dämonologie und Menschenvergötterung einen Glaubensersatz bringen, heißt die offene Glaubenslosigkeit der Nihilismus. Er wagt es, aufzutreten ohne Verkleidung. Alle Glaubensinhalte sind ihm hinfällig geworden, alle Auslegungen der Welt und des Seins hat er als Täuschung entlarvt; alles ist ihm bedingt und relativ; es gibt keinen Boden, kein Unbedingtes, kein Sein an sich. Alles ist fraglich. Nichts ist wahr, alles ist erlaubt.

Der Nihilismus kann nur da sein, wenn sein Träger lebt aus Antrieben der Vitalität, der Lebenslust, des Willens zur Macht. Indem er diese bejaht, hebt der Nihilismus sich auf zugunsten eines vitalen Glaubens.

Oder er ist wirklich ernst in der Erfahrung des Nichts. Ich kann nichts fühlen, nichts lieben, nichts schätzen. Meine Seele ist leer. Der nihilistische Gedanke begründet mir, daß ich darin Recht habe.

Oder eine grenzenlose Enttäuschung läßt mich den Zusammenbruch von allem, woran ich glaubte, erfahren – in der Treulosigkeit des Geliebten, im Betrug der Staatsführung, in der Lüge der autoritativ verkündeten Sätze. Der Weltlauf offenbart, wie alles, was galt, als Illusion versinkt. Der nihilistische Gedanke will mir begründen, daß meine Erfahrung nicht eine besondere sei, sondern das All des Seins in seinem Wesen offenbare.

Der nihilistische Gedanke kann aber negieren nur, wenn er ausgeht von einem Anerkannten, an dem gemessen das Nichts, die Enttäuschung, der Betrug, die Lüge, die Illusion, sich zeigen. Der Nihilismus bedarf, um sich auszusprechen, eines Bodens, der, wenn er wirklich ergriffen würde, den Nihilismus aufheben müßte zugunsten des Positiven, das auf diesem Boden gilt. Der radikale Nihilismus verfährt daher im Denken so, daß er zunächst an selbstverständlich anerkannten Maßstäben verwirft, um dann alles in einem einzigen Wirbel sich gegenseitigen Verneinens verschwinden zu lassen.

Versuchen wir einige Beispiele nihilistischer Negierungen:
1. *Es ist kein Gott.* – Denn das Dasein Gottes, des Weltschöpfers, ist nicht bewiesen, ist nicht einmal durch einen Ansatz eines Beweises auch nur als möglich oder wahrscheinlich erkannt.

Voraussetzung dieser Negation ist die Geltung dessen, was hier als Beweismöglichkeit anerkannt wird, nämlich dingliche Aussagen über ein in der Welt Vorkommendes und rationale Beweise von endlichen Dingen mit endlichen Mitteln. Daher behandelt dieser negative Gedanke Fragen der Transzendenz wie Fragen nach endlichen Dingen in der Welt; und berührt gar nicht das, was in Sätzen von Gott getroffen werden soll, indem er den Inhalt als eine dingliche Aussage über ein in der Welt Vorkommendes nimmt.

2. *Es gibt keinen Zusammenhang zwischen Gott und Mensch.* – Denn solcher Zusammenhang kann nicht erfahren werden und wird nicht erfahren, weil es Gott nicht gibt. Was als solche Erfahrung ausgegeben wird, das beruht auf psychologischen Täuschungen und falscher Deutung von Erlebnissen.

Vorausgesetzt bei dieser Negation wird die Tatsächlichkeit von Erfahrung in der Welt und von Erlebnissen. Sie werden zum Sein an sich verabsolutiert, zumal in der Gestalt empirischer Erkenntnis des Geschehens in Raum und Zeit als Wiederholbarkeit. Geleugnet aber wird die existentielle Erfahrung der Freiheit.

3. *Es gibt keine Verpflichtung gegen Gott.* Denn diese Verpflichtung ist in der Tat immer nur Bindung an vorhandene Gesetze und Befehle in der Welt. Hier ist Gehorsam möglich, der bedingt ist durch Macht und Geltung jener Instanzen.

Die Voraussetzung bei dieser Negation ist die der Absolutheit solcher Geltungen in der Welt. Von ihnen her wird die tiefe, unbedingte, lebentragende Verpflichtung geleugnet, die nirgends solchen bequemen Halt an Befehl und Gesetz hat. –

Diese Beispiele zeigen einen Nihilismus, der positivistisch ist. Er scheint eine durchgehende, platte Erfahrbarkeit des Daseins als das Sein anzuerkennen. Ist nicht nichts, so ist doch dieses Dasein, sofern es absolut gesetzt wird, nichtig. Aus solchem Positivismus beschäftigt sich der Nihilismus mit der Ordnung menschlichen Lebens unter der Voraussetzung, daß solche Ordnung aus dem Wissen von empirischen Realitäten zu entwerfen sei. ...

In diesen Fällen tritt der Nihilismus, der zunächst noch verborgen ist, erst zu Tage, wenn die jeweilige unbefragte Voraussetzung (an richtiger empirischer Erkenntnis, gültigen Wertungen, technischen Machbarkeiten) bewußt und damit hinfällig wird. Die Negationen bleiben dann erhalten, aber dazu wird auch noch das bei den Negationen jeweils vorausgesetzte Wahrheitsminimum negiert. Dann ist der Wirbel da, in dem kein Halt ist, außer der je gegenwärtigen sinnfremden Vitalität in ihrer gedankenlosen Unmittelbarkeit; der Mensch ist ausgeliefert dem Naturgeschehen, zu dem die Haltung des Nihilismus sich simplifiziert.

Ganz anders als dieser Nihilismus, den man den der Philister nennen könnte, ist der Nihilismus, wenn in seinem Ursprung das Entsetzen spricht vor der Realität von Welt und Menschenleben. Der Gottesgedanke selber – die Idee Gottes als Güte, Liebe, Wahrheit und Allmacht – wird zum Maßstab, um Gott und Welt zu verwerfen.

Wollte Gott Wahrheit, Güte, Liebe, so hätte er den Menschen und die Welt anders geschaffen. Also ist Gott entweder nicht allmächtig oder nicht gütig.

Durch die Geschichte hören wir die verzweifelten Anklagen des Menschen gegen Gott. Nicht Gott ist es, sondern ein böser Dämon, dem diese Welt ihr Dasein verdankt. Und diese Anklagen brechen zusammen in dem Nihilismus: es fehlt ja der Gegenstand der Anklage, es gibt weder Gott noch böse Dämonen, es ist so, wie es ist, – es ist nichts als diese Nichtigkeit und Teufelei des Menschseins.

... Dämonologie, Menschenvergötterung und Nihilismus gehören zusammen. Wie das Wahre in Richtung auf das Eine lebt, wenn auch die eine Wahrheit nicht faßlich vor Augen kommt, so scheint die Zerstreutheit der Unphilosophie insofern in ein Analogon des Einen zu geraten, als in ihr sich die Positionen gegenseitig hervortreiben.

Der Nihilismus ist unerträglich. Er sucht Auswege in Dämonologie und Menschenvergötterung. Hier greift er einen Halt. Die nihilistische Stimmung aber bleibt. Daher ist es im Raum der Dämonologie wie ein Drang zum Nichts, ein Ergreifen der Mächte aus dem Nichts.

In der Härte vor dem Nichts wird bei Ausbleiben der Verzweiflung das Leben zu einem Leben ohne Hoffnung, sei es aus Armut der Seele in Unempfindlichkeit, sei es mit dem Anspruch des Heroismus, der aber, da er sich weiß und absichtlich darstellt, nur heroistisch ist, Gebärde vollzieht, nicht Existenz.

Menschenvergötterung ist wie eine Errettung aus dem Nihilismus, aber selber schon verborgen nihilistisch. Sie muß enttäuschen, wenn der vergötterte Mensch lebendig da und Zeitgenosse ist. Dann läßt die Erfahrung, daß der Mensch doch nur Mensch ist, um so entschiedener in den Nihilismus zurücksinken. Von vornherein dient die Vergötterung des einen Menschen als Mittel zur Verachtung der anderen. Diese haben keinen Anspruch, werden als Material verwendet und verbraucht.

PG, 100–103

V
Was vermag die Philosophie in der Welt?

Die Welt als Kosmos und als Leben

Die Welt ist für Jaspers ein Umgreifendes, das, sobald man es erkennend zum Gegenstand machen möchte, in eine Vielfalt von Welten zerfällt, die durch Sprünge voneinander getrennt sind: in die Welt als Kosmos, als Leben, als Geschichte, als Geist usw. in grenzenloser Aufspaltung. Als Ganzes wird sie uns nicht zum Gegenstand, als Erscheinung von Einzelnem aber ist sie endlos erforschbar. Dabei schließen sich die immer partialen Erkenntnisse nicht zu einem Weltbild, weil es eine wissenschaftlich fruchtbare Einheitsidee des Weltganzen nicht gibt. Ebenso ist die Welt insgesamt nicht aus sich selber zu begreifen: weder aus der Materie noch aus dem Leben noch aus dem Geist. Im Verhältnis zum Umgreifenden oder auch zur Idee des Ganzen bleibt alle Erkenntnis mithin fragmentarisch. »Die Welt ist zerrissen.« Diesen Satz hielt er für die Quintessenz aller wissenschaftlichen Welterkenntnis. – Dennoch gibt es die Erfahrungen der Ehrfurcht vor der All-Natur oder des Gefühls einer in sich ruhenden Einheit der Natur. Sie werden nicht aus Erkenntnissen gewonnen, sondern eher an deren Grenzen im Scheitern des Wissens. Sie sind Ausdruck der Weltfrömmigkeit. – Der Text ist der »Kleinen Schule des philosophischen Denkens« von 1964 entnommen.

1. Wir sind Zeugen eines Zeitalters, in dem die Erkenntnis des Kosmos und der Materie Fortschritte gemacht hat wie noch nie, und von Ereignissen, die es der Menschheit eindrucksvoll zum Bewußtsein bringen. Ich erinnere an zwei:

1919, unmittelbar nach dem Ersten Weltkriege, im Elend der Feindseligkeit, geschah etwas, das hinaushob in etwas, das den Menschen als Menschen angeht. Bei einer Sonnenfinsternis in der südlichen Hemisphäre stellten von Engländern veranlaßte Expeditionen technisch schwierige Beobachtungen an. Ihre Messungen bewiesen die Richtigkeit der bis dahin phantastisch anmutenden Voraussage Einsteins ...: Der Kosmos ist kein dreidimensionaler, sondern ein gekrümmter Raum, grenzenlos, aber endlich. Fachleute wußten von der Relativitätstheorie, die Gebildeten hatten gelegentlich von ihr gehört wie von einem Gedankenspiel. Jetzt aber, mit einem Schlage, war das nicht mehr Spekulation. Der Beweis durch Beobachtung lag vor. Der Weltöffentlichkeit bemächtigte sich ein ungewohntes Staunen. Denn was der Kosmos sei, das ist eine Frage, die in der herrlichen Freiheit des Wissenwollens interessiert. Man spürte: uralte Selbstverständlichkeiten sind hinfällig geworden. Der Stolz auf die Wissenschaft war eine uneigennützige, gemeinsame Freude.

1945 fielen die Atombomben auf Hiroshima und Nagasaki. Längst hatte man vom Gedanken Einsteins gehört: Die Materie der Atome berge eine Energie in sich, die im Vergleich zu allen uns bekannten Energien, über die wir technisch verfügen, überwältigend groß ist. Einstein stellte seine berühmte Gleichung von Masse und Energie auf. Aber man konnte diese Energie aus den Atomen nicht befreien. Daher schienen es Spekulationen ohne praktische Bedeutung. Die Meinung war: Wir sitzen auf einem Vulkan; aber er kann nie ausbrechen. Noch im Zweiten Weltkrieg errechnete ein bekannter deutscher Physiker, daß es nicht möglich sei, Atombomben herzustellen, während die europäischen Emigranten in Amerika schon dabei waren, es zu tun. Plötzlich waren die Atombomben auf Hiroshima Realität. Sogar die deutschen Physiker glaubten die erste Nachricht nicht. Dann aber ergriff sie wie alle, die begreifen konnten, das Entsetzen. Der Stolz auf das Können der Wissenschaft wich der Angst vor dem, was jetzt begonnen hatte.

2. Seit diesen beiden Ereignissen wurden die neuen Vorstellungen von Kosmos und Materie uns unaufhaltsam eingeprägt.

Der Kosmos, wie er anschaulich von den immer leistungsfähiger werdenden Sternwarten vor Augen zu bringen ist, sieht so aus: Die Milchstraße ist erfüllt von Milliarden von Sonnen. Es gibt Milliarden anderer Milchstraßen, die Sternnebel. Den uns nächsten, der mit bloßem Auge sichtbar ist, den Andromedanebel, hat man als nur einen jener Milliarden dem bloßen Auge unsichtbaren Nebel erkannt.

Dieses Bild liegt noch auf der Ebene der bisherigen Vorstellungen, nur durch die Größenordnungen ins Ungeheure gesteigert. Das Neue aber, allen bisherigen Vorstellungen Unvergleichbare liegt darin, daß dieser anschauliche Kosmos der Vordergrund des realen Kosmos ist, der selber nur gedacht, nicht vorstellbar ist. Er ist allein in mathematischen Formeln zugänglich, aber dies seinerseits nicht endgültig. Zuerst war für Einstein die Welt gedacht als gekrümmter Raum, endlich, aber unbegrenzt, in ihrer Größe berechenbar. Später wurde sie zu der sich ständig expandierenden, das heißt größer werdenden Welt, deren zeitlicher Anfang errechnet wurde. Diese mathematischen Entwürfe sind sinnvoll, soweit sie durch messende Beobachtungen zu bestätigen sind, sind aber gleichgültig, sofern sie nicht durch neue Beobachtungen erprobt werden können. Jeder stößt, nachdem er einen Bereich der Forschung gefördert hat, auf unüberwindbare Schwierigkeiten. Keiner dieser unanschaulichen mathematischen Entwürfe vom Kosmos im ganzen ist wissenschaftlich endgültig erweisbar. Der Kosmos ist gleichsam aufgebrochen für einen ins Unendliche gehenden Forschungsweg.

Wie der Kosmos ist auch die Materie durch zwingende wissenschaftliche Erkenntnis für uns verwandelt. Die Entdeckung der Radioaktivität in den neunziger Jahren des vorigen Jahrhunderts, des Atomzerfalls, war für die Kundigen schon damals ein geistig revolutionierendes Ereignis. Die Atome, in ihrer Existenz heute gewisser als je erwiesen, sind da, aber sind nicht letzte Elementarteilchen, sondern zusammengesetzt aus kleineren, aus Protonen, Neutronen, Elektronen usw. Die Materie mußte grundsätzlich ganz anders vorgestellt werden als bisher.

Erstens gibt es überhaupt keine anschaulich bestimmbaren letzten Elementarteilchen mehr. In Modellvorstellungen, wie Welle und Korpuskel, die sich anschaulich widersprechen, erscheinen die nur mathematisch faßbaren, komplementären, nicht widerspruchsvollen Vorgänge. Zweitens wurden immer neue Elementarteilchen (Mesonen u.a.) entdeckt. Aber die letzten kleinsten Teile der Materie hat man nicht erreicht. Über Untersuchungen an der Stanford-Universität wurde vor einigen Jahren berichtet: Protonen seien nicht Elementarteilchen, vielmehr Gebilde mit einem Kern hoher Dichte und einer ihn umhüllenden Mesonenwolke. Und nun folgt der Satz: Einige Physiker vermuten, daß sie vielleicht niemals an eine letzte Materiestruktur herankommen, sondern daß sie immer neue Unterstrukturen in den Elementarpartikeln entdecken. Das heißt: es fällt die Vorstellung von der Materie als des Dunkels, das der Boden allen Daseins sei, das undurchdringlich in seiner Starre besteht. Vielmehr ist die Materie offen für die Erforschung ins Unendliche hin, nicht das Vorhandensein eines Urstoffes. Alle Stoffe sind Erscheinungen, nicht Grundwirklichkeiten. Das Wesen der Materie bleibt unbestimmbar.

3. Kosmos und Materie führen unser Weltwissen in Unendlichkeiten, als Kosmos in das immer zurückweichende Größte, als Materie in das sich immer wieder entziehende Kleinste. Mit ihnen aber haben wir noch nicht die Welt überhaupt. Der Kosmos schließt in sich unsere Erde, dieses im Weltall verschwindende Stäubchen der Materie, auf dem unser Dasein stattfindet. Hier ist unsere Welt, das Leben der Pflanzen und Tiere, die Landschaften, das Wetter, der überwölbende Sternenhimmel; hier sind wir Menschen mit Menschen. Der Kosmos, zwar so groß, daß dies alles ihm gegenüber wie nichts ist, ist für unser Wissen doch nur die leblose Wüste der gewaltigen Materiebewegungen.

Unsere Welt aber, diese herrliche und grausame Welt, zwar an Materie gebunden, ist unendlich mehr als Materie, und nicht zu begreifen als aus Materie hervorgegangen.

Auch von dieser Welt hat die moderne Wissenschaft grundsätzlich neue Erkenntnis erworben. Ein Beispiel: Seit dem Altertum galt die Stufenfolge einer großen Einheit, in der jede folgende Stufe in der vorhergehenden ihren Grund hat: leblose Materie, pflanzliches und tierisches Leben, Innerlichkeit der Seele, Bewußtsein, Denken. Diese schöne Einheit des Ganzen ergab in der Neuzeit, als zeitliche Entwicklung aufgefaßt, das faszinierende Bild einer kosmisch-terrestrischen Naturgeschichte, die im Menschen gipfelte. Diese Einheit ist als Erkenntnis heute aufgelöst. Das Spätere läßt sich aus dem Früheren nicht ableiten, sondern ist durch einen Sprung getrennt. Die Stufen lassen sich nicht auseinander und keine aus sich selber begreifen. Das eine alles Zusammenhaltende fehlt.

Aber die Forschung, die die vagen Vorstellungen einer Einheit zerstörte, gewann sie in einem anderen Sinn zurück: durch Erkenntnis von Beziehungen zwischen den Stufen, die heute überraschend als bestimmte Erkenntnisse in ständigem Fortschreiten gewonnen werden. Ich beschränke mich auf die Beziehung von lebloser Materie zum Leben.

Im 19. Jahrhundert wurde bewiesen, daß alles Lebendige in der Natur nur aus Leben hervorgeht – omne vivum ex ovo. Urzeugung aus der Materie, Übergänge zwischen Leblosem und Lebendigem, bis dahin als selbstverständlich angenommen, erwiesen sich als Täuschung. Aber gleichzeitig begann die neue Überbrückung. Die organischen Stoffe, bis dahin allein vom Leben hervorgebracht, wurden von Chemikern im Laboratorium aus anorganischen synthetisch hergestellt, zuerst 1828 der Harnstoff. Seitdem erwuchs die moderne organische Chemie. Eine unermeßliche organische Stoffwelt bis zu hochkomplizierten Eiweißmolekülen wurde gefunden, aber alle diese Stoffe sind leblos.

Trotzdem wollen viele die Vorstellung nicht aufgeben, eines Tages werde man lebendige Substanz, das Leben selber aus der Materie herstellen können. Das aber ist unmöglich. Das Leben ist nicht nur ein höchst komplizierter Stoff, sondern ein lebendiger Leib. Dieser ist ins Unendliche morphologisch strukturiert, nicht eine wenn auch noch so komplizierte chemisch-physikalische Maschine, die immer endlich sein müßte, wenn sie herstellbar wäre. Und das Leben ist nicht nur lebendiger Leib, sondern das Dasein mit Inwelt und Umwelt, in dem es sich tätig verhält. Apparate des Leibes, der zweckhaft funktionierende Chemismus, die Sinnesorgane sind vom Leben hervorgebracht, aber noch nicht das Leben selber. Die Forscher werden ungeahnte biologische Gebilde entdecken und herstellen, aber sie werden nie ein Leben hervorbringen können.

Große Forscher macht ihre Erkenntnis bescheiden. Einstein verlor nicht den Blick für das Geheimnis des Lebens, als er seine kosmischen und atomaren Erkenntnisschritte getan hatte. 1947 anläßlich einer Erkrankung an seinen Körper denkend, schrieb er: »Ich wundere mich, daß diese unglaublich komplizierte Maschinerie überhaupt je funktionsfähig ist.« Er fühlte, »wie lumpig primitiv unsere ganze Wissenschaft« sei. Und 1952: »Wenn ich rechne und sehe so ein winziges Insekt, das auf mein Papier geflogen ist, dann fühle ich etwas wie: Allah ist groß, und wir sind armselige Tröpfe mit unserer ganzen wissenschaftlichen Herrlichkeit.«

Aber diese Stimmung bleibt undurchschaut. Auch Einstein ist philosophisch befangen in der Voraussetzung, daß alles, was ist, mathematisch geordnet ist und grundsätzlich bis ins Letzte mathematisch begriffen werden kann. Auch Einstein behauptet, daß das Leben im Atom vorbedingt, »das Mysterium des Ganzen schon in der untersten Stufe eingeschlossen« sei. Warum aber erreichen wir es nicht? Weil die Mathematik versagt, wenn wir gedanklich in größere Tiefe vordringen. Denn der Stand der gegenwärtig erreichten

Mathematik erlaubt nicht, »herauszurechnen, was in den Grundgleichungen impliziert ist«. Das Mysterium liegt also für Einstein nicht in der Wirklichkeit selber, sondern entsteht nur darum, weil die Mathematik noch nicht ausreicht zum Herausrechnen.

Wir aber sagen mit Kant: Die Einheit des Lebens, die auch das Hervorgehen des Lebens aus dem Leblosen begreifen ließe, liegt, wenn sie ist, unerreichbar im Unendlichen. Die neuen Erkenntnisse vertiefen mit ihren erstaunlichen Ergebnissen im Besonderen nur das Geheimnis im Ganzen.

4. Wissenschaftliche Forschungen, selber nicht Philosophie, bringen eine Situation für die Philosophie. Philosophie, aus anderem Ursprung geboren, gewinnt ihre Erscheinung in der jeweilgen wissenschaftlichen Situation, die sie begreift und vorantreibt.

In unserer gegenwärtigen Situation ist das Neue: Die Reinheit der wissenschaftlichen Forschung ist ebenso wie die Klarheit des eigenen Ursprungs der Philosophie möglich und gefordert. Ich begnüge mich mit einem Blick auf die Folgen der Unklarheit in der Auffassung der Natur:

Erstens: Bisher war die Gesamtheit des Seienden wie selbstverständlich als Weltbild da. Heute sind wir befreit von dem allgemeingültigen Weltbild. Die Welt ist zerrissen.

Sagt man: Die Welt ist an sich Materie, aus der alles hervorgeht, was in der Materie schon beschlossen liegt: Leben, Innerlichkeit, Bewußtsein, Denken – so ist das, mit Vorstellungen von Übergang und Entwicklung, zur leeren Redewendung geworden, die die Sprünge verschleiert. Nicht anders ist es, wenn man die Welt aus dem Leben, aus dem Geist, aus dem Denken begreifen wollte. Universale Aspekte erfassen nicht das Totale der Welt. Sie treffen je Einzelnes, nicht das Ganze. Vor der Frage nach der Welt im Ganzen scheitert die Wissenschaft. Für die wissenschaftliche Erkenntnis liegt die Welt in Zerrissenheiten vor uns, um so tiefer, je reiner die wissenschaftliche Erkenntnis wird.

Aber die Befreiung von den alten Weltbildern verführt die mißverstandene Wissenschaft zu einem neuen vermeintlich wissenschaftlichen Weltbild, das uns in unserer Freiheit mehr als jedes frühere Weltbild erdrückt.

Zweitens: Die Welt ist entzaubert. Wissenschaft und Technik haben uns befreit von Magie und die gewaltige Erleichterung unserer materiellen Daseinsbehauptung in der Natur geschaffen. Magisches Operieren ist heute nicht nur praktisch ein Unfug, sondern ein unredlicher Akt des seinen Verstand verratenden Menschen.

Entzauberung der Welt wird aber verkehrt in einer aus der technischen Praxis erwachsenden Gesinnung. Das geschieht so: Wenn man das elektrische Licht anknipst, das Radio einstellt, im Auto fährt, weiß man nicht, was da vor sich geht. Man lernt die technische Handhabung und weiß nur, daß es mit rechten Dingen zugeht, d.h. derart, daß es auf Grund wissenschaftlicher Erkenntnis gemacht werden kann. Aber nun: Man erwartet, daß es mit allem in der Welt so ist, und denkt: Es ist vieles, nicht alles begriffen, doch grundsätzlich ist alles restlos begreiflich. Die Wissenschaft kann etwa zwar noch nicht Lebewesen, nicht Menschen machen, aber man glaubt, daß sie es können wird.

Was ist geschehen? An die Stelle der alten Magie ist, wenn die wissenschaftliche Denkungsart nicht erreicht wurde, ein gedankenloses, nun gleichsam magisches Denken getreten. Die großartige Entzauberung im Bereich zwingender Wissenschaft und technischen Könnens zerstört die alltägliche erfüllte Wirklichkeit vermöge ihrer Verabsolutierung auf alles, was ist. In den Stimmungen der Landschaft, der Orte, an die unser Schicksal geknüpft war, in dem unendlichen Reichtum der Erscheinungen, bis zu dem Bewußtsein der grenzenlosen Allnatur erfahren wir etwas, das keineswegs unwirklich, nicht nur subjektives Gefühl ist.

Wir leben in der Wirklichkeit als einer Welt von Chiffern und ihren Kämpfen. Unser wissenschaftliches Erkennen, indem es die Erscheinungen entzaubert, läßt im Kontrast diese

Chiffern nur heller und reicher und ursprünglicher wirksam werden. Sie sind von der Wissenschaft weder zu erzeugen noch zu vernichten.

Ein Beispiel für den Kampf in der Welt der Chiffern. Sprechen wir mit der Chiffer »Gott«: Er hat die Welt erschaffen. Eine Chiffer lautet: Gott ist ein Mathematiker. Er hat die Welt nach Maß und Zahl geschaffen. Daher können wir sie ihm im Denken nachschaffen (so könnte vielleicht Einstein sagen). Dagegen steht die tiefere Chiffer: Gott hat die Welt im Ganzen auf eine uns unbegreifliche Weise geschaffen; in ihr schuf er das Mathematische und den Mathematiker im Menschen. Das Mathematische erschöpft nicht die Welt, vielmehr ist das Mathematische nur ein Zug im Sein der Natur und in den Erkennntnisweisen des Menschen (so dachte Cusanus).

Ein anderes Beispiel: Das Reich der Weltbilder, in denen Menschen gelebt haben, ist für die Wissenschaft ohne Geltung, aber diese Weltbilder behalten als ein Reich von Chiffern für immer ihre Bedeutung. Oben und unten, hinauf und hinab, Himmel und Erde, strahlender Äther und Dunkel der Tiefe, olympische und chthonische Götter – dies alles sehen wir immer anders, auch heute. Die falsche Entzauberung aber hat eine Seelenblindheit über die Menschen gebracht.

Drittens: Die Erscheinungen in der Welt sind erkennbar. Wohin die Forschung dringt, zeigen sich aus Staunen hervorgegangene und neues Staunen erzeugende Erkennbarkeiten. Das echte Wissen läßt sich genügen, fortschreitend in das Unendliche doch innerhalb der ihm gesteckten Grenzen das Mögliche zu erfahren.

KSD, 11–20

Die Welt als Geschichte

Ende der vierziger Jahre veröffentlichte Jaspers seine Geschichtsphilosophie »Vom Ursprung und Ziel der Geschichte« (1949). Ihre zentrale These war, daß sich ein empirischer Tat-

bestand aufweisen lasse, der für die Menschheit insgesamt zur Achse der Weltgeschichte geworden sei. Diese »Achsenzeit« sei, weit gefaßt, der Zeitraum von 800 bis 200 v. Chr., eng gefaßt die Zeit um 500. Damals sei nahezu alles entstanden, was seither die Humanität des Menschen ausmache: die verschiedensten Formen der Philosophie, die Festigung des Monotheismus, die ersten exakten und historischen Wissenschaften, die großen Dichtungen in Epik, Dramatik und Lyrik und die Anfänge der Demokratie. All dies aber seien nicht allein Errungenschaften des Abendlandes, insbesondere Griechenlands und Roms, sondern gleichzeitig und gleichwertig auch Chinas und Indiens, ohne daß diese Völker voneinander gewußt hätten. Von der Achsenzeit aus versuchte nun Jaspers ein Schema der Weltgeschichte zu entwerfen, das von den frühen Anfängen stufenweise in die gemeinsame Weltgeschichte überführt, die für ihn erst im 20. Jahrhundert historische Wirklichkeit wird. – Der Sinn der These aber übersteigt die Philosophie der Geschichte bei weitem: In der Achsenzeit liegt die Aufforderung, sich aus dem Eurozentrismus der Philosophie und des kulturellen Bewußtseins endlich zu befreien und die Chance einer künftigen universalen Kommunikation zu ergreifen.

Achsenzeit

Eine Achse der Weltgeschichte, falls es sie gibt, wäre *empirisch* als ein Tatbestand zu finden, der als solcher für alle Menschen ... gültig sein kann. Diese Achse wäre dort, wo geboren wurde, was seitdem der Mensch sein kann, wo die überwältigendste Fruchtbarkeit in der Gestaltung des Menschseins geschehen ist in einer Weise, die für das Abendland und Asien und alle Menschen, ohne den Maßstab eines bestimmten Glaubensinhalts, wenn nicht empirisch zwingend und einsehbar, doch aber auf Grund empirischer Einsicht überzeugend sein könnte, derart, daß für alle Völker ein gemeinsamer Rahmen geschichtlichen Selbstverständnisses erwachsen würde. Diese Achse der Weltgeschichte scheint nun rund um 500 vor Christus zu liegen, in dem zwischen 800 und 200 stattfindenden geistigen Prozeß. Dort liegt der tiefste Einschnitt der Geschichte. Es entstand der Mensch, mit dem wir bis heute leben. Diese Zeit sei in Kürze die »Achsenzeit« genannt.

UZG, 19

Charakteristik der Achsenzeit

In dieser Zeit drängt sich Außerordentliches zusammen. In China lebten Konfuzius und Laotse, entstanden alle Richtungen der chinesischen Philosophie, dachten Mo-Ti, Tschuang-Tse, Lie-Tse und ungezählte andere, – in Indien entstanden die Upanischaden, lebte Buddha, wurden alle philosophischen Möglichkeiten bis zur Skepsis und bis zum Materialismus, bis zur Sophistik und zum Nihilismus, wie in China, entwickelt, – in Iran lehrte Zarathustra das fordernde Weltbild des Kampfes zwischen Gut und Böse, – in Palästina traten die Propheten auf von Elias über Jesaias und Jeremias bis zu Deuterojesaias, – Griechenland sah Homer, die Philosophen – Parmenides, Heraklit, Plato – und die Tragiker, Thukydides und Archimedes. Alles, was durch solche Namen nur angedeutet ist, erwuchs in diesen wenigen Jahrhunderten annähernd gleichzeitig in China, Indien und dem Abendland, ohne daß sie gegenseitig voneinander wußten.

Das Neue dieses Zeitalters ist in allen drei Welten, daß der Mensch sich des Seins im Ganzen, seiner selbst und seiner Grenzen bewußt wird. Er erfährt die Furchtbarkeit der Welt und die eigene Ohnmacht. Er stellt radikale Fragen. Er drängt vor dem Abgrund auf Befreiung und Erlösung. Indem er mit Bewußtsein seine Grenzen erfaßt, steckt er sich die höchsten Ziele. Er erfährt die Unbedingtheit in der Tiefe des Selbstseins und in der Klarheit der Transzendenz.

Das geschah in Reflexion. Bewußtheit machte noch einmal das Bewußtsein bewußt, das Denken richtete sich auf das Denken. Es erwuchsen geistige Kämpfe mit den Versuchen, den Andern zu überzeugen durch Mitteilung von Gedanken, Gründen, Erfahrungen. Es wurden die widersprechendsten Möglichkeiten versucht. Diskussion, Parteibildung, Zerspaltung des Geistigen, das sich doch im Gegensätzlichen aufeinander bezog, ließen Unruhe und Bewegung entstehen bis an den Rand des geistigen Chaos.

In diesem Zeitalter wurden die Grundkategorien hervorgebracht, in denen wir bis heute denken, und es wurden die Ansätze der Weltreligionen geschaffen, aus denen die Menschen bis heute leben. In jedem Sinne wurde der Schritt ins Universale getan.

Durch diesen Prozeß wurden die bis dahin unbewußt geltenden Anschauungen, Sitten und Zustände der Prüfung unterworfen, in Frage gestellt, aufgelöst. Alles geriet in einen Strudel. Soweit die überlieferte Substanz noch lebendig und wirklich war, wurde sie in ihren Erscheinungen erhellt und damit verwandelt.

UZG, 20 f.

Ist der Tatbestand gegeben?

Die ältesten mir bekannten Erörterungen des Tatbestandes finden sich bei Lasaulx und bei Viktor von Strauß.

Lasaulx (Neuer Versuch einer Philosophie der Geschichte, München 1856, S. 115) schreibt: »Es kann unmöglich ein Zufall sein, daß ungefähr gleichzeitig, sechshundert Jahre vor Christus, in Persien Zarathustra, in Indien Gautama-Buddha, in China Konfutse, unter den Juden die Propheten, in Rom der König Numa und in Hellas die ersten Philosophen, Jonier, Dorier, Eleaten, als die Reformatoren der Volksreligion auftreten.«

Bei *Viktor von Strauß* in seinem wundervollen Laotse-Kommentar, S. LXIV (1870) heißt es: »In den Jahrhunderten, da in China Laotse und Kungtse lebten, ging eine wundersame Geistesbewegung durch alle Kulturvölker. In Israel weissagten Jeremias, Habakuk, Daniel, Ezechiel, und in einem erneuerten Geschlechte wurde (521–516) der zweite Tempel in Jerusalem erbaut. Bei den Griechen lebte Thales noch: Anaximander, Pythagoras, Heraklit, Xenophanes traten auf, Parmenides wurde geboren. Unter den Persern scheint eine bedeutende Reformation der alten Lehre Zarathustras durchgeführt zu sein. Und in Indien trat Schakia-Muni hervor, der Stifter des Buddhismus.«

Seitdem ist der Tatbestand hin und wieder bemerkt, aber beiläufig. Im Ganzen, mit der Absicht, die universale, das gesamte geistige Sein der damaligen Menschheit treffende Parallele herzustellen, ist die Sache, soviel ich sehe, nicht erfaßt worden. Suchen wir uns Einwände zu machen:

1. Ein Einwand ist, *das Gemeinsame sei scheinbar*. Die Unterschiede seien so groß, die Unterschiede der Sprachen, der Rassen, der Art der Großreiche, der Weise geschichtlicher Erinnerung, – daß das Gemeinsame dagegen wie eine Reihe von Zufällen wirke. Jede bestimmte Formulierung des Gemeinsamen im Ganzen werde durch Tatbestände widerlegt. Oder es gelte eben der triviale Satz, daß bei Menschen im Grunde alles überall vorkomme, als Ansatz oder als Möglichkeit. In der Verwirklichung des gemeinsamen Menschlichen seien überall die Unterschiede das Wesentliche, das Eigentümliche und das Geschichtliche, das Ganze sei nirgends als ein Eines zu fassen außer in den ungeschichtlichen allgemeinen Eigenschaften des menschlichen Daseins.

Dagegen ist zu sagen: In der Achsenzeit handelt es sich gerade um das Gemeinsame in einem Geschichtlichen, um den Durchbruch zu den bis heute gültigen Grundsätzen des Menschseins in den Grenzsituationen. Wesentlich ist hier das Gemeinsame, das gerade nicht überall auf der Erde dem Menschsein als solchem, sondern geschichtlich nur diesen drei Ursprüngen auf schmalem Raum entstammt. Die Frage ist, ob bei wachsender Kenntnis die Tiefe dieses Gemeinsamen trotz aller bleibenden Unterschiede nur immer eindringlicher sich zeigt. Dann wird die zeitliche Koinzidenz ein Tatbestand, über den wir um so mehr uns verwundern, je klarer wir ihn uns vergegenwärtigen. Das kann überzeugend nur in breiter Darstellung geschehen.

2. Ein weiterer Einwand ist: die Achsenzeit sei überhaupt kein Tatbestand, sondern *Ergebnis eines Werturteils*. Aus einem Vorurteil werden Werke jener Zeit so übermäßig hochgeschätzt.

Dagegen ist zu sagen: Wo es sich um den Geist handelt, ist der Tatbestand nur im Verstehen von Sinn vor Augen. Verstehen aber ist seinem Wesen nach immer zugleich Werten. Ein geschichtliches Bild beruht zwar empirisch auf einer Fülle einzelner, gehäufter Daten, aber entsteht nicht daraus allein. Erst im Verstehen gewinnen wir die Anschauung wie von allem geschichtlichen Geist so auch von der Achsenzeit. Und diese Anschauung ist Verstehen und Werten in eins, ist darin das Ergriffensein, weil wir als wir selbst betroffen sind, weil es uns angeht, als unsere Geschichte, und zwar nicht als nur Vergangenes, von dem wir erkennen, wie es gewirkt hat, sondern als das Vergangene, dessen weitere, ursprüngliche, immer erst wieder neu beginnende Wirkung unabsehbar ist.

Darum ist das Organ geschichtlicher Forschung der ganze Mensch. »Ein jeder sieht, was er im Herzen trägt.« Der Ursprung des Verstehens ist unsere Gegenwärtigkeit, das hier und jetzt, unsere einzige Wirklichkeit. Darum: je höher unser eigener Aufschwung gelingt, desto heller sehen wir die Achsenzeit...

3. Ein weiterer Einwand ist: *Diese Parallele habe keinen geschichtlichen Charakter*. Denn was sich im geistigen Verkehr gar nicht berührt, das gehört keiner gemeinsamen Geschichte an.

Schon gegen Hegel, der China, Indien und Abendland als dialektische Stufenfolge der Entwicklung des Geistes zusammenbrachte, wurde dieser Einwand gemacht, daß von einer Stufe zur anderen hier keine reale Berührung führe, wie sie in den sich folgenden Stufen innerhalb der Geschichte des Abendlandes stattfinde.

Bei unserer These aber handelt es sich um etwas grundsätzlich anderes. Wir leugnen gerade die Stufenfolge China bis Griechenland – sie besteht weder zeitlich noch sinnhaft –, vielmehr geschieht hier ein Nebeneinander in der gleichen Zeit ohne Berührung. Mehrere von einander im Ursprung getrennte Straßen scheinen zunächst zum gleichen Ziel zu führen. Es ist eine Mannigfaltigkeit des Gleichen in drei Gestalten. Es sind drei selbständige Wurzeln einer später – nach unterbrochenen Einzelberührungen endgiltig erst seit einigen Jahrhunderten, eigentlich erst seit heute – zu einer einzigen Einheit werdenden Geschichte.

UZG, 28ff.

Die Frage nach dem Sinn der Achsenzeit

Eine ganz andere Frage als die nach der Ursache ist die nach dem Sinn der Achsenzeit.

Der Tatbestand der dreifach erscheinenden Achsenzeit ist wie ein Wunder, sofern eine wirklich zureichende Erklärung, soviel wir bis jetzt sehen, außerhalb des Horizontes unserer Erklärungsmöglichkeiten liegt. Der verborgene Sinn dieses Tatbestandes ist jedoch überhaupt nicht empirisch als ein irgendwo von jemandem gemeinter Sinn zu finden. Nach ihm zu fragen, bedeutet vielmehr nur, was wir aus dem Tatbestand machen, was uns daraus zuwächst. Wenn dabei Ausdrücke unterlaufen, als ob wir an einen Plan der Vorsehung dächten, so sind das nur Gleichnisse.

a) Den Tatbestand der Achsenzeit wirklich zu sehen, ihn zum Boden unseres universalen Geschichtsbildes zu gewinnen, das heißt: etwas gewinnen, was *der ganzen Menschheit*, über alle Unterschiede des Glaubens hinweg, *gemeinsam* ist. Es ist etwas anderes, die Einheit der Geschichte allein aus dem eigenen Grunde glaubend zu erblicken, oder die Einheit der Geschichte in Kommunikation mit jedem anderen menschlichen Grund zu denken, das eigene Bewußtsein dem fremden sich verbindend. In diesem Sinne läßt sich von den Jahrhunderten zwischen 800 und 200 vor Christus sagen: sie sind die empirisch einsehbare Achse der Weltgeschichte für alle Menschen.

Die transzendente Geschichte christlichen Offenbarungsglaubens kennt Schöpfung, Abfall, Offenbarungsschritte, Weissagungen, Erscheinung des Gottessohns, Erlösung und Endgericht. Sie bleibt als Glaubensinhalt einer geschichtlichen Gruppe von Menschen unangetastet. Das aber, worauf alle Menschen sich verbinden können, ist nicht Offenbarung, sondern muß die Erfahrung sein. Offenbarung ist die Gestalt geschichtlich partikularen Glaubens, Erfahrung ist dem Menschen als Menschen zugänglich. Wir – alle Menschen – können gemeinsam wissen von der Wirklichkeit dieser universalen Verwandlung der Menschheit in der Achsenzeit. Sie beschränkt sich zwar auf China, Indien und das Abendland, hat aber, obgleich zunächst noch ohne gegenseitige Berührung dieser drei Welten, die Universalgeschichte begründet, alle Menschen geistig in sich hineingezogen.

b) Weil die dreifache geschichtliche Modifikation des Schrittes der Achsenzeit besteht, ist es wie eine *Aufforderung zur grenzenlosen Kommunikation*. Die anderen zu sehen und zu verstehen, hilft zur Klarheit über sich selbst, zur Überwindung der möglichen Enge jeder in sich abgeschlossenen Geschichtlichkeit, zum Absprung in die Weite. Dies Wagen grenzenloser Kommunikation ist noch einmal das Geheimnis der Menschwerdung, nicht in der uns unzugänglichen, vorgeschichtlichen Vergangenheit, sondern in uns selbst.

Der Anspruch dieser Kommunikation – durch die geschichtliche Tatsache der Dreifachheit des Ursprungs – ist das beste Mittel gegen die Irrung der Ausschließlichkeit einer Glaubenswahrheit. Denn Glauben kann immer nur unbedingt in geschichtlicher Existenz, nicht allgemeingültig für alle in Aussagbarkeiten sein, wie wissenschaftliche Wahrheit. Der Ausschließlichkeitsanspruch, dieses Mittel des Fanatismus, des menschlichen Hochmuts, der Selbsttäuschung durch den Machtwillen, dieses Unheil des Abendlandes erst recht in allen Säkularisierungen wie den dogmatischen Philosophien und sogenannten wissenschaftlichen Weltanschauungen, wird gerade dadurch überwindbar, daß Gott sich geschichtlich auf mehrfache Weise gezeigt und viele Wege zu sich geöffnet hat. Es ist, als ob die Gottheit durch die Sprache der Universalgeschichte warne gegen den Anspruch der Ausschließlichkeit.

c) Wenn die Achsenzeit in dem Maße unserer Vertiefung in sie an Bedeutung wächst, so wird die Frage: *ist diese Zeit, sind ihre Schöpfungen Maßstab* für alles spätere? Gilt etwa, wenn wir nicht auf die Quantität der Wirkung, nicht auf den Umfang der Räume politischen Geschehens, nicht auf den Vorrang, den geistige Erscheinungen durch Jahrhunderte genossen haben, blicken, gilt dann etwa, daß die herbe Größe, die schöpferische Klarheit, die Tiefe des Sinns, die Weite des Sprungs zu neuen geistigen Welten in den Erscheinungen der Achsenzeit den geistigen Gipfel der bisherigen Geschichte bedeuten? Wird bei aller Höhe und neuen Unersetzlichkeit doch das Spätere blasser vor dem Früheren, Vergil vor Homer, Augustus vor Solon, Jesus vor Jeremias?

Es ist gewiß, daß eine mechanische Bejahung dieser Frage falsch wäre. Das Spätere hat unter allen Umständen seinen eigenen Wert, der in dem Früheren noch nicht da war, eine eigene Reife, sublime Kostbarkeit, eine seelische Vertiefung, zumal in der »Ausnahme«. Keineswegs kann die Geschichte in eine Rangordnung gebracht werden einfach durch eine Universalvorstellung, die eine automatische Konsequenz hätte. Aber aus dem Erfassen der Achsenzeit folgt die Fragestellung und vielleicht ein Vorurteil zu ungunsten des Späteren – und dadurch dann gerade das Aufleuchten des eigentlich Neuen und auf andere Weise Großen, das nicht der Achsenzeit angehört. Zum Beispiel: wer philosophiert, macht wohl die Erfahrung, daß, wenn er monatelang bei den Griechen war, ihm dann Augustin wie eine Befreiung ist aus Kühle und Unpersönlichkeit hinein in Gewissensfragen, die seitdem uns unverlierbar und den Griechen fremd sind. Aber ebenso wird nach einer Weile des Augustinstudiums der Drang zu den Griechen wieder groß, um von der Unreinheit, die im Mitvollziehen dieses Denkens zu wachsen scheint, sich wieder gesund zu baden. Nirgends ist auf Erden das letzte Wahre, das eigentliche Heil.

Auch die Achsenzeit ist gescheitert. Es ging weiter.

Nur das halte ich für gewiß: Von der Auffassung der Achsenzeit wird unser gegenwärtiges Situations- und Geschichtsbewußtsein bis in Konsequenzen bestimmt, die ich nur zum Teil habe andeuten können, sowohl wenn man die These annimmt, als auch wenn man sie verwirft. Es handelt sich darum, wie uns die Einheit der Menschheit konkret wird.

UZG, 40ff.

Schema der Weltgeschichte

Die Geschichte im engeren Sinne läßt sich im *Schema* etwa auf folgende Weise vor Augen stellen:

Aus der dunklen Welt der Jahrhunderttausende langen Vorgeschichte und des Jahrzehntausende währenden Lebens uns ähnlicher Menschen erwachen seit Jahrtausenden v. Chr. die alten Hochkulturen in Mesopotamien, Ägypten, im Indusgebiet und am Hoang-ho.

Auf den Erdball im Ganzen gesehen sind das Lichtinseln in der breiten Masse aller übrigen Menschen, in dem noch immer, bis nahe an unsere Gegenwart, allumfassenden Raum der Naturvölker.

Aus den alten Hochkulturen, in ihnen selber oder in ihrem Umkreis, erwächst in der Achsenzeit von 800–200 v. Chr. die geistige Grundlegung der Menschheit, und zwar an drei von einander unabhängigen Stellen, dem in Orient-Okzident polarisierten Abendland, in Indien und China.

Das Abendland bringt seit dem Ende des Mittelalters in Europa die moderne Wissenschaft und mit ihr seit dem Ende des 18. Jahrhunderts das technische Zeitalter hervor – das erste seit der Achsenzeit geistig und materiell wirklich völlig neue Ereignis.

Von Europa her wurde Amerika bevölkert und geistig begründet, wurde Rußland, das seine Wurzel im östlichen Christentum hat, im Rationalen und Technischen entscheidend gestaltet, während es seinerseits ganz Nordasien bis an den Stillen Ozean besiedelte.

Die heutige Welt mit ihren großen Blöcken Amerika und Rußland, mit Europa, Indien und China, mit Vorderasien, Südamerika und den übrigen Gebieten der Erde, ist im langsamen Prozeß seit dem 16. Jahrhundert zu der durch die Technik ermöglichten faktischen Verkehrseinheit geworden, die in Kampf und Spaltung doch zunehmend auf die politische Vereinigung drängt, sei es gewaltsam in einem despotischen Weltimperium, sei es durch Verständigung in einer Weltordnung des Rechts.

Man kann sagen: Es gab bisher noch keine Weltgeschichte, sondern nur ein Aggregat von Lokalgeschichten.

Was wir Geschichte nennen, und was im bisherigen Sinne nun zu Ende ist, das war der Zwischenaugenblick von fünftausend Jahren zwischen der durch vorgeschichtliche Jahrhunderttausende sich erstreckenden Besiedlung des Erdballs und dem heutigen Beginn der eigentlichen Weltgeschichte. Vor der Geschichte fand in der Vereinzelung der menschlichen Gruppen ohne Bewußtsein ihres Zusammenhangs ein durchweg nur wiederholendes Weiterleben statt, noch nahe verwandt dem Naturgeschehen. Dann aber war unsere kurze bisherige Geschichte gleichsam das Sichtreffen, das Sichversammeln der Menschen zur Aktion der Weltgeschichte, war der geistige und technische Erwerb der Ausrüstung zum Bestehen der Reise. Wir fangen gerade an.

UZG, 44 f.

Zur gegenwärtigen Situation der Welt

Jaspers hat die jeweilige Lage der Welt mehrmals und aus unterschiedlichen Perspektiven beschrieben, weil der rasche wissenschaftliche, technische und politische Wandel zu immer neuen Orientierungen zwang. All diese Vergegenwärtigungen hatten über die bloße Betrachtung hinaus eine kritische und praktische Funktion als Anstoß zum Entscheiden und Handeln. Wir wählen einige Momente einer solchen situativen Klärung aus der Zeit nach dem Zweiten Weltkrieg, am Anfang, aber noch keineswegs auf dem Höhepunkt, des Kalten Krieges. 1949 schien ihm die Situation der Welt durch übermäßige Erwartungen in Wissenschaft und Technik bestimmt zu sein, die zu Wissenschaftsaberglauben und Machbarkeitswahn und in der Folge davon zur Enttäuschung über ihre begrenzte Leistungsfähigkeit und schließlich zur irrationalen Verwerfung beider führen mußten. Die zunehmende Vermassung der Gesellschaften stärkte gleichzeitig den Hang zum ideologisierenden Denken und zur Versimpelung auf einem nihilistischen Hintergrund. Das völlig Neue in der Lage aber war durch die Verkehrs- und Nachrichten-Technik und durch die Wirklichkeiten des Zweiten Weltkrieges gegeben: Die Welteinheit war nicht mehr bloß ein utopischer Traum, sondern ein Faktum, welches das Bewußtsein der Welt verändern mußte. – Die nachfolgenden Abschnitte sind dem Werk »Vom Ursprung und Ziel der Geschichte« (1949) entnommen.

Wissenschaftsaberglaube

Wissenschaft hat in unserem Zeitalter ein ungeheures Ansehen genossen. Man erwartete alles von ihr: die durchdringende Erkenntnis allen Seins und Hilfe in aller Not. Die falsche Erwartung ist der Wissenschaftsaberglaube, die folgende Enttäuschung führt zur Wissenschaftsverachtung. Das dunkle Sichverlassen auf etwas, über das man Bescheid wisse, ist Aberglaube, die Erfahrung des Versagens führt zur Verachtung des Wissens. Beides hat mit der Wissenschaft selbst nichts zu tun. So ist zwar Wissenschaft die Signatur des Zeitalters, aber in einer Gestalt, in der sie nicht mehr Wissenschaft ist.

Der Weg dieses Irrens ist folgender: Im Forschen machen wir die Voraussetzung von der Erkennbarkeit der Welt. Denn ohne diese Voraussetzung wäre jede Forschung sinnlos. Aber diese Voraussetzung kann zweierlei bedeuten: erstens die der Erkennbarkeit von Gegenständen in der Welt, zweitens die der Erkennbarkeit der Welt im Ganzen. Nur die erste Voraussetzung trifft zu, und man kann nicht wissen, wie weit man mit dem Erkennen in der Welt noch kommen wird. Die zweite Voraussetzung dagegen trifft nicht zu. Daß sie falsch ist, zeigt sich an radikalen Schwierigkeiten, welche zwar der inhaltlichen Forschung keine Schranken setzen, wohl aber die Grenze des Wissens zeigen, nämlich die Grenze, daß die Welt im Ganzen als eine einzige geschlossene sich dem Erkennen nicht nur entzieht, sondern daß es die Welt im Sinne widerspruchsloser Denkbarkeit und Erfahrbarkeit für uns überhaupt nicht gibt. Diese Grenzen werden deutlich, wenn man die falsche Voraussetzung von der Erkennbarkeit des Weltganzen am Tatbestand der Forschung scheitern sieht. Die Einsicht in den Irrtum ist gar nicht leicht. Der Irrtum ist in der modernen Wissenschaft als vermeintlicher Philosophie angelegt und seit Descartes vollzogen. Es ist daher heute noch die große und dringende Aufgabe, Sinn und Grenze der modernen Wissenschaft rein zu erfassen.

Eine verführende Folge der falschen Wissenschaftsauffassung, daß die Welt im Ganzen und im Prinzip erkennbar sei, ist gewesen, daß man sie grundsätzlich als für schon erkannt hielt. Die Meinung entstand, es sei nur Sache des guten Willens, nunmehr auf Grund der Erkenntnis für die Menschheit die richtige Welteinrichtung herzustellen, die einen Dauerzustand von Wohlfahrt und Glück ermöglichte. Damit ist in den letzten Jahrhunderten ein neues Phänomen in die Geschichte getreten. Der Wille, nicht bloß in der Welt, innerhalb der im Ganzen unübersehbaren menschlichen Zustände sich durch Erkenntnis sinnvoll zu helfen, sondern aus der Erkenntnis des Ganzen (deren Vorhandensein bei den vergötterten Wissenschaftlern vorausgesetzt wird) die Welt im Ganzen allein aus dem Verstand in Ordnung zu bringen.

Dieser typisch moderne Aberglaube erwartet, was die Wissenschaft nicht leisten kann. Er nimmt vermeintliche wissenschaftliche Totalanschauungen der Dinge für endgültige Erkenntnis. Er nimmt Resultate kritiklos an, ohne den Weg zu kennen, auf dem sie methodisch gewonnen werden, und ohne die Grenzen zu kennen, innerhalb derer jeweils die wissenschaftlichen Resultate Geltung haben. Er faßt alle Wahrheit und alle Wirklichkeit auf als ein für unseren Verstand Verfügbares. Er hat ein absolutes Vertrauen zur Wissenschaft und gehorcht fraglos ihrer Autorität, die durch offizielle Instanzen der Sachverständigen ausgeübt wird.

Wenn nun aber dieser Wissenschaftsaberglaube enttäuscht wurde, so ist im Rückschlag eine Verwerfung der Wissenschaft erfolgt und eine Berufung auf Gefühl, Instinkt, Triebe. Alles Unheil wird dann der Entwicklung der modernen Wissenschaft zugeschrieben. Solche Enttäuschung ist unvermeidlich, wenn der Aberglaube Unmögliches erwartet hatte. Die richtigen Einrichtungen gelingen nicht, die schönsten Pläne scheitern, Katastrophen der menschlichen Zustände treten ein, deren Ausmaß um so unerträglicher empfunden wird, als die Erwartung endgültigen Fortschritts bestand. Symbolisch aber für das durch Wissenschaft überhaupt Mögliche bleibt, daß der Arzt trotz seines heute unerhört gesteigerten Könnens weder alle Krankheiten zu heilen noch den Tod zu verhindern vermag. Der Mensch stößt immer wieder an seine Grenzen.

UZG, 124ff.

Verkennung der Grenzen der Technik

Die Wertschätzung der Technik hängt ab von dem, was man von ihr erwartet. Eine klare Wertschätzung setzt Klarheit über die Grenzen der Technik voraus.

Der Technik sind manchmal falsche Grenzen gesetzt worden aus einem dogmatischen Naturwissen heraus, das z.B. noch vor etwa einem halben Jahrhundert gelegentlich das Fliegen, ja das Luftschiff für unmöglich erklärte. Was der Mensch durch Erkenntnis an Naturbeherrschung erreichen kann, ist in der Tat unabsehbar. Die Phantasie kann sich Außerordentliches erdenken, ohne durch ein absolutes Unmöglich eingeschränkt zu werden – bis zur technischen Nutzung der Atomenergie, die einst nach Verbrauch der Kohle- und Öllager Ersatz schaffen könnte, bis zur absichtlichen Sprengung des Erdballs und bis zum Raumschiff. Wenn mit Recht das Perpetuum mobile als unmöglich erkannt wurde, so bleibt doch die Auffindung einer praktisch unerschöpflichen Energiequelle möglich. Aber der weite Raum der technischen Möglichkeiten darf nicht täuschen über die Grenzen der Technik. Die Grenzen der Technik liegen in den unbeherrschbar bleibenden Voraussetzungen aller technischen Verwirklichungen.

Technik ist Mittel und bedarf der Führung: Im Paradiese würde es keine Technik geben. Technik dient der Entlastung von Not, die den Menschen zwingt, durch Arbeit sein physisches Dasein zu erhalten und dann ihn befähigt, ohne den Zwang der Not sein Dasein ins Unabsehbare einer durch ihn gestalteten Umwelt zu erweitern.

Die technische Schöpfung des Erfindens steht im Dienste eines Bedürfnisses, wird von ihm geführt und daher bewertet nach ihrem Nutzen. Im Erfinden zwar geht noch ein Anderes vor sich: Die Lust am Schaffen nie dagewesener Gebilde, die irgend etwas leisten. Der Erfinder vermag dann zu bauen unter Absehen von aller Nutzbarkeit. So entstanden die Automaten und Spielzeuge der Barockzeit. Aber die Auswahl und damit die zuletzt entscheidende Führung des Erfindens geht doch von der Brauchbarkeit aus. Der technische Erfinder schafft keine grundsätzlich neuen Bedürfnisse, wenn er sie auch mit ihrer Befriedigung erweitert und vermannigfaltigt. Das Ziel muß gegeben sein, es ist zumeist selbstverständlich: Arbeitserleichterung, Herstellung von Gebrauchsgütern, Massenproduktion. Wozu die Technik da sei, ist durch solche Nutzbarkeiten zu beantworten.

Grenze der Technik ist, daß sie nicht aus sich selbst für sich da sein kann, sondern Mittel bleibt. Dadurch ist sie zweideutig. Weil sie selbst keine Ziele steckt, steht sie jenseits oder vor allem Gut und Böse. Sie kann dem Heil und dem Unheil dienen. Sie ist beidem gegenüber an sich neutral. Eben darum bedarf sie der Führung.

Ob diese Führung aus der Daseinsangemessenheit der natürlichen Umwelt im Ganzen erwachsen kann? aus dem Entdecken selber und den erweiterten Bedürfnissen? Solche Fragen zielen auf das Nichtgewußte und doch vielleicht Sinnvolle im Gang der Dinge, als ob ein Plan sich verwirkliche, – oder auch als ob ein Teufel sich dessen bemächtige. Wenig Vertrauen ist in solchen unbewußten Gang der Dinge zu setzen. Die Führung der Technik kann nicht aus der Technik selbst gefunden, sondern muß aus bewußtem Ethos gesucht werden. Der Mensch selbst muß zur Führung zurückfinden. Seine Bedürfnisse muß er zur Klarheit bringen, prüfen und ihre Rangordnung bestimmen.

UZG, 152ff.

Die Massen werden zu einem entscheidenden Faktor des Geschehens

Alle frühere Geschichte spielte sich vergleichsweise zu heute in relativ stabilen Zuständen ab. Das Bauerntum stellte die Masse der Bevölkerung dar und blieb in der Lebensform auch bei katastrophalen politischen Ereignissen sich ziemlich gleich. Es war eine ungeschichtliche Substanz der Bevölkerung. Die in historischen Zeiten immer wiederkehrenden Agrarkrisen brachten wohl Erschütterungen, aber änderten grundsätzlich nichts. Die Wandlungen sozialer Zustände gingen langsam, betrafen einzelne Schichten und Gruppen innerhalb eines als gleichbleibend empfundenen Gesamtzustands. Die Menschen blieben, auch wenn sie verhungern mußten, für ihr Bewußtsein vergleichsweise geborgen in unveränderlichen Ordnungen. Man ertrug und fügte sich und lebte in dem alles durchstrahlenden religiösen Glauben.

Heute ist das ganz anders. Die sozialen Zustände sind in einer unaufhaltsamen Bewegung. Diese ist bewußt geworden. Die gesamte Bevölkerung auf der ganzen Erde wird aus ihren uralten überlieferten Ordnungen und Bewußtseinsformen herausgerissen. Das Bewußtsein der Geborgenheit wird immer geringer. Die Menschenmassen werden einheitlicher. Alle lernen lesen und schreiben. Ohne das könnten sie nicht zum Wissen kommen, nicht Sprache gewinnen für ihren Willen und sich nicht zur Geltung bringen.

Die Massen werden ein entscheidender Faktor. Der Einzelne zwar ist ohnmächtiger als je, aber der Einzelne als Glied der Masse, das »wir«, scheint einen Willen zu gewinnen.

Dieser Wille aber kann nicht ursprünglich in einer anonymen Masse erwachsen. Er wird durch Propaganda erweckt und gelenkt. Die Massen brauchen Vorstellungen und Schlagworte. Ihnen muß gesagt werden, was sie wollen. Aber für das ihnen Gesagte muß der Boden in ihnen bereit sein. Der Staatsmann, der Denker, der Künstler, der Dichter muß sich an Kräfte in den Massen wenden, wenn er wirken will. Welche diese sind, ist keineswegs vorherzusagen. Es charakterisiert die führenden Menschen, an welche Triebe, Wertschätzungen, Leidenschaften sie sich wenden. Auf diese Führenden wirkt zurück, was sie in den Massen erregen. Von daher wird ihnen bestimmt, wie sie selbst sein müssen und reagierend werden müssen. Sie sind Exponenten eines

Massenwillens, wenn sie nicht Diktatoren über dirigierte Sklavenmassen werden.

Masse aber ist ein vieldeutiger Begriff. Masse heißt entweder einfach die Menge der Bevölkerung (und ist als solche jederzeit da), oder die augenblickliche Äußerung und das Verhalten von Menschen unter Suggestionen in akuten Situationen (und ist als solche ebenso plötzlich da wie wieder verschwunden), oder die Minderwertigkeit der Vielen, des Durchschnitts, deren Dasein durch seinen Massendruck alles bestimmt (und ist als solcher die Erscheinung einer geschichtlichen Lage unter bestimmten Bedingungen, keineswegs endgiltig minderwertig).

Masse ist zu unterscheiden vom Volk:

Das Volk ist in Ordnungen gegliedert, ist seiner bewußt in Lebensart und Denkungsweise und Überlieferung. Volk ist etwas Substantielles und Qualitatives, es hat Atmosphäre in der Gemeinschaft, der Einzelne aus dem Volk hat einen persönlichen Charakter auch durch die Kraft des Volkes, von der er getragen ist.

Die Masse dagegen ist ungegliedert, ihrer selbst unbewußt, einförmig und quantitativ, ohne Art und ohne Überlieferung, bodenlos und leer. Sie ist Gegenstand der Propaganda und Suggestion, ohne Verantwortung, lebt auf tiefstem Bewußtseinsniveau. ...

Der Einzelne nun ist Volk und Masse zugleich. Er fühlt sich aber ganz anders, wo er Volk, und wo er Masse ist. Die Situation zwingt in das Massesein, der Mensch hält fest am Volksein. In Gleichnissen veranschaulicht: als Masse dränge ich in das Universelle, in die Mode, in das Kino, in das bloße Heute, als Volk will ich Leibhaftigkeit, Unvertretbarkeit, das lebendige Theater, das geschichtlich Gegenwärtige, – als Masse applaudiere ich im Rausch dem Star am Dirigentenpult, als Volk erfahre ich im Intimen die das Leben übersteigende Musik, – als Masse denke ich in Zahlen, akkumuliere, nivelliere, als Volk denke ich in Werthierarchien und Gliederungen.

Masse ist zu unterscheiden vom Publikum:
Publikum ist der erste Schritt auf dem Wege der Verwandlung von Volk in Masse. Es ist das Echo auf Dichtung, Kunst, Literatur. Wenn das Volk nicht mehr umgreifend aus seiner Gemeinschaft lebt, erwächst eine Vielheit je eines Publikums, unfaßlich wie die Masse, aber eine Öffentlichkeit für geistige Dinge in freier Konkurrenz. Für wen schreibt der Schriftsteller, solange er frei ist? Heute nicht mehr für das Volk und noch nicht bloß für die Masse. Er wirbt und gewinnt sein Publikum, wenn es ihm glückt. Das Volk besitzt dauernde Bücher, die sein Leben begleiten, das Publikum wechselt, ist ohne Charakter. Aber wo es Publikum gibt, ist noch öffentliche Lebendigkeit.
Die Verwandlung von Volk in Publikum und Masse ist heute unaufhaltsam. Die Situation erzwingt den Gang der Dinge durch die Massen. Aber Masse ist nichts Endgültiges. Sie ist die Weise des Daseins in der Auflösung des Menschseins. Jeder Einzelne in ihr bleibt ein Mensch. Die Frage ist, wie weit vom Einzelnen und vom Intimen – diesem heute als »privat« oft übermütig Verachteten – her die neuen Ansätze erfolgen, die schließlich zur Wiedergewinnung des Menschseins aus dem Massesein herausführen können.

UZG, 163–166

Das Denken in Ideologien

Ideologie heißt ein Gedanken- oder Vorstellungskomplex, der sich dem Denkenden zur Deutung der Welt und seiner Situation in ihr als absolute Wahrheit darstellt, jedoch so, daß er damit eine Selbsttäuschung vollzieht zur Rechtfertigung, zur Verschleierung, zum Ausweichen, in irgendeinem Sinne zu seinem gegenwärtigen Vorteil. Die Auffassung eines Denkens als Ideologie bedeutet daher Entschleierung des Irrtums und Entlarvung des Bösen. Die Benennung eines

Denkens als Ideologie ist der Vorwurf der Unwahrheit und Unwahrhaftigkeit und ist damit der heftigste Angriff.

Unser Zeitalter hat Ideologien hervorgebracht und zugleich durchschaut. Was aber von Hegel bis Marx und Nietzsche an tiefer Einsicht in diesem Sinne gewonnen wurde, das ist zu einer brutalen Waffe im kommunikationsabbrechenden Redekampf geworden. Die Methode dieses Angriffs richtet sich gegen den Gegner als solchen, gegen alle Anschauungen, die nicht die eigenen sind. Aber gerade die, die alles, was geglaubt, gedacht, vorgestellt wird, als Ideologie verwerfen, sind oft selber besessen von der eigensinnigsten Ideologie dieser Deutungsweise.

Das hohe Wagnis der Selbstreflexion, diese Bedingung aller Wahrhaftigkeit, ist auf dem Wege der Ideologienlehre entartet. Gewiß finden psychologisch unendliche Verkehrungen, Verdrängungen, Verschleierungen statt, und sie gewinnen als Typus ganzer Schichten soziologische Bedeutung, z. B. die Unwahrhaftigkeit in bezug auf das Sexuelle im bürgerlichen Zeitalter, die Selbstrechtfertigung wirtschaftlichen Erfolgs, die Legitimierung des Bestehenden seitens der Bevorzugten. Aber durchweg bedarf alsbald die Weise des Entschleierns selbst der Entschleierung. Wenn unser Zeitalter von der Höhe Kierkegaards und Nietzsches her das entschleiernde Denken im entlarvenden Denken zum Äußersten getrieben hat, so ist es nicht mehr Entschleierung, sondern wird bösartiger Angriff, ist nicht kritische Untersuchung, sondern Suggestion, nicht empirische Vergegenwärtigung, sondern irgendwie plausible bloße Behauptung. So ist die Methode eindringender Wahrheitserkenntnis in die Niederungen der Psychoanalyse und des Vulgärmarxismus geraten. Im entlarvenden Denken, das selber dogmatisch geworden ist, wird die Wahrheit vollends verloren. Alles ist Ideologie und diese These selber ist eine Ideologie. Nichts bleibt übrig.

Aber vielleicht ist heute wirklich der Umfang der Ideologienbildung besonders groß. Denn in der Hoffnungslosigkeit entsteht das Bedürfnis nach Illusion, in der Öde des persönlichen Daseins das Bedürfnis nach Sensation, in der Ohnmacht das Bedürfnis nach Vergewaltigung noch Ohnmächtigerer.

UZG, 169 f.

Die Simplifikation

Einfachheit ist die Gestalt des Wahren. Simplifikation ist die Gewaltsamkeit, die an die Stelle verlorener Einfachheit tritt. Einfachheit ist von unendlicher Deutbarkeit, eine Welt im Kleinen, erfüllt und bewegt. Simplifikation ist von endlicher Art, der Draht, von dem man wie eine Marionette gelenkt wird, unentwickelbar, leer und starr.

Unser Zeitalter ist das der Simplifikationen. Die Schlagworte, die alles erklärenden Universaltheorien, die groben Antithesen haben Erfolg. Während Einfachheit sich in mythischen Symbolen kristallisierte, hält sich die Simplifikation an pseudowissenschaftliche Absolutheiten.

UZG, 171

Das Leben aus der Negation

Wo Glaube nicht mehr Grund des Lebensgehaltes ist, da bleibt nur die Leerheit der Negation. Wo man mit sich unzufrieden ist, da soll ein Anderer schuld haben. Ist man nichts, so ist man wenigstens Anti –. Man häuft alle Übel auf ein Phantom, das seinen Namen entlehnt entweder aus geschichtlichen Bildungen, wie sie einmal der theoretischen Erkenntnis sich zeigten: an allem ist schuld: der Kapitalismus, der Liberalismus, der Marxismus, das Christentum usw. – oder in individuellen Gestalten werden Ohnmächtige getroffen und dienen als Sündenböcke: an allem sind schuld die Juden, die Deutschen usw.

Was in unauflösbaren Zusammenhängen der Schuld, im Sinne von Kausalität oder im Sinne von Verantwortung eine Rolle spielt, das wird unkritisch in die Schuld eines einzigen bestimmten Anderen, das man nicht selber ist, nivelliert. Es kommt nur noch darauf an, das Ausdrucksmittel für sein Nein und seinen Angriff überhaupt zu haben. Geistige Begriffe werden dabei zu Fahnen und Zeichen. Die Worte werden falschmünzerisch gebraucht zur Verwendung in einem verkehrten Sinn unter Bewahrung früher an ihr haftender Gefühle (Freiheit, Vaterland, Staat, Volk, Reich usw.). In der durch die Weisen der Propaganda sophistisch ruinierten Sprache weiß man dann schließlich nicht mehr, was die Worte eigentlich bedeuten. Man redet in einer Verwirrung von Unbestimmtheiten, nur um das jeweils eine Nein zum Ausdruck zu bringen, sein Anti-, das aus keinem wirklichen Pro folgt.

UZG, 171 f.

Die Erdeinheit ist da

Die Vergangenheit ist für unsere Erinnerung lückenhaft, die Zukunft dunkel. Die Gegenwart allein könnte hell erscheinen. Denn wir sind doch ganz dabei. Aber gerade sie ist als solche uns undurchsichtig, denn sie würde nur klar aus dem vollen Wissen um die Vergangenheit, von der sie getragen ist, und um die Zukunft, die sie in sich birgt. Wir möchten zum Bewußtsein der Situation unserer Zeit kommen. Aber diese Situation hat verborgene Möglichkeiten, die erst dann sichtbar werden, wenn sie sich verwirklichen.

Unsere geschichtlich neue, erstmals entscheidende Situation ist die reale Einheit der Menschheit auf der Erde. Der Planet ist für den Menschen zu einem verkehrstechnisch beherrschten Ganzen geworden, ist »kleiner«, als einst das römische Imperium war.

Zu diesem Augenblick führte die Entwicklung seit dem Zeitalter der Entdeckungen vor vierhundert Jahren. Aber noch bis zum Ende des 19. Jahrhunderts blieb für uns die Geschichte wesentlich Europäische Geschichte. Die übrige Welt war für das damalige europäische Bewußtsein Kolonialland, von zweitrangiger Bedeutung, bestimmt zur Beute für Europa. Nur unabsichtlich wurden schon damals die Grundlagen zur heute sich entfaltenden Weltgeschichte gelegt durch die Mächte, die die großen Erdräume für sich zu gewinnen suchten. Im ersten Weltkrieg erfolgte wohl schon der Einsatz aus diesen Räumen. Aber er war doch noch Europäischer Krieg. Amerika zog sich wieder zurück. Erst der zweite Weltkrieg hat dem Einsatz aller, dem Globus im Ganzen, sein volles Gewicht gegeben. Der Krieg in Ostasien war so ernst wie der in Europa. Es war in der Tat der erste wirkliche Weltkrieg. Die Weltgeschichte als eine einzige Geschichte des Ganzen hat begonnen. Von hier aus erscheint die Zwischenzeit der bisherigen Geschichte als ein zerstreutes Gebiet von voneinander unabhängigen Versuchen, als vielfacher Ursprung von Möglichkeiten des Menschen. Jetzt ist das Ganze zur Frage und Aufgabe geworden. Damit tritt eine völlige Verwandlung der Geschichte ein.

Entscheidend ist: Es gibt kein Draußen mehr. Die Welt schließt sich. Die Erdeinheit ist da. Neue Gefahren und Chancen zeigen sich. Alle wesentlichen Probleme sind Weltprobleme geworden, die Situation eine Situation der Menschheit.

UZG, 162 f.

Die Welt der Politik

Zwar hat Max Weber früh in Jaspers ein Interesse an der Politik geweckt. Aber die eigenständige Entfaltung des politischen Denkens beginnt erst nach dem Zweiten Weltkrieg. Nun wurden ihm die Politik und ihre philosophische Erhellung und Kritik ein ständiges Anliegen, das seinem Denken bis in die metaphysischen Fragen hinein neue Dimensionen erschloß: einen urbanen Sinn für bürgerliche Öffentlichkeit, äußere Freiheit und universale Kommunikation. Über die Schuldfrage, die Probleme der Atombombe, des Totalitarismus, des Weltfriedens, der Menschenrechte, der Wiedervereinigung und, wie er glaubte, des drohenden Zerfalls der jungen deutschen Demokratie in eine Parteienoligarchie äußerte er sich im Verlauf der Jahre, ohne auf Personen oder Institutionen irgendeine Rücksicht zu nehmen. Er wurde ein öffentliches Ärgernis, das man zugleich fürchtete und belächelte. Nichts aber lag ihm so am Herzen wie die Freiheit der Völker nach innen und die Selbstbehauptung der freieren Völker nach außen. Der Freiheit unterstellte er alle anderen politischen Werte, auch die Gerechtigkeit, den Frieden und die Einheit. Für die politische Philosophie ist er deshalb vor allem dies: der Denker der Freiheit angesichts der Doppelbedrohung durch die Bombe und den Totalitarismus. – Der erste der nachfolgenden Texte ist der »Kleinen Schule des philosophischen Denkens« (1964) entnommen. Er kann zugleich als Einstieg in sein politisches Denken und als Apotheose der Freiheit gelesen werden.

Das Werden des Menschen in der Politik

1. Politik orientiert sich an zwei Polen: der möglichen Gewalt und dem freien Miteinander.

Gegen Gewalt ist Abwehr durch Gewalt nötig, es sei denn, man sei bereit, durch Gewaltlosigkeit Sklave anderer zu werden oder zugrunde zu gehen. Das freie Miteinander bringt eine Gemeinschaft hervor durch Institutionen und Gesetze. Gewaltpolitik und Beratungspolitik stehen in ihrem Sinn gegeneinander; wie sie sich verbinden, das macht die Praxis der Politik, wenigstens bis heute und für nicht absehbare Zeit.

Man unterscheidet Außen- und Innenpolitik. Welche den Vorrang hat, ist durch die Situation eines Gemeinwesens gegenüber anderen Gemeinwesen bestimmt. Aber die Formen beider können ineinander übergehen. Die Außenpolitik entspringt der Politik der Gewalt, der alles Reden zur List wird. Doch durch Verträge, internationales Recht drängt sie dahin, wo sie sich selbst verwandeln würde bis zur Ausschließung von Gewalt. Die Innenpolitik umgekehrt nimmt Züge der Außenpolitik an, wenn die Politiker im Kampf zur List schreiten, zur Lüge, zur verderblichen Geheimhaltung, zum Erzwingen von Unrecht, bis es zum Bürgerkrieg kommt oder bis die einen als Untertanen sich den anderen unterwerfen.

Eine Täuschung ist es, zu meinen, politische Macht sei nichts anderes als Macht durch Gewalt. Große geschichtliche Ereignisse lehren uns das Handeln und die Macht ohne Gewalt. Die entgegengesetzte Täuschung ist es, zu meinen, Politik sei nur der Aufbau der Gemeinschaft in Freiheit; Gewalt sei eine politikwidrige Anomalie. Dagegen spricht die Tatsache, daß Gewalt immer Grenze und Hintergrund geblieben ist. Wenn das im allgemeinen Bewußtsein fast vergessen wurde, wie im Zeitalter der europäischen Sekurität vor 1914, dann bricht sie alsbald nur um so maßloser durch und zeigt ihre finstere Majestät.

2. Die Erscheinungen der politischen Geschichte erwecken ein Grauen. Menschen muten an wie Teufel. Unverändert von Urzeiten her ist der Trieb, zu herrschen, Gewalt anzuwenden, zu töten, zu quälen, zu foltern. Er mag wohl eine Weile verschleiert sein und gezähmt scheinen. Es täuscht.

Aber Menschen, wie sie auch seien, müssen miteinander leben. Das ist Voraussetzung für ihr Dasein. Von Anfang an haben sie daher in Gemeinschaften gelebt, in denen sie einander helfen und durch die sie sich nach außen verteidigen oder – einige, nicht alle – auf Eroberung und Beute gehen.

Sieht man die Gewalttätigkeit des Menschen und seinen unbiegsamen, dumpfen Eigenwillen, so erstaunt man: Es ist wie ein Wunder, daß Menschen nicht nur Räuberbanden gebildet haben. Sie haben geordnete politische Zustände,

Rechtsstaaten hervorbringen können, haben Gemeinschaften von Bürgern gestiftet. Mächtige Kräfte anderer Herkunft müssen in ihnen liegen, die das vermögen.

Die Ordnungen der Menschen werden jene gewalttätigen Mächte nie los. Daher sind Ordnungen immer auch ungerecht und bedürfen der Besserung. Ferner müssen sie bei der ständigen Änderung der geschichtlichen Daseinsbedingungen ihrerseits ständig sich wandeln. Wir können die Welt nicht richtig einrichten, daher nicht in eine nun unveränderliche Dauer bringen. Menschen erreichen keine Vollendung. Wie Kant es milde ausdrückt: Aus so krummem Holze kann nichts ganz Grades geschnitzt werden.

Die Erscheinungen des chaotischen Daseins einerseits und die gründenden, stiftenden, ordnenden Ursprünge andrerseits machen in ihrem Kampfe miteinander die Geschichte.

3. Darum ist Politik die größte Sache für das Dasein miteinander in der Welt. Die Staatsmänner haben ein hohes Ansehen wegen ihrer faktischen Macht und weil sie das gemeinschaftliche Daseinsschicksal bewirken. Menschen und Völker danken ihnen oder verfluchen sie. Sie wachsen ins Unheimliche. Auch da, wo sie Unheil und Zerstörung bewirken, werden sie nicht vergessen. Es kennzeichnet die Menschen und ihr politisches Denken, welchen Staatsmännern der Geschichte ihr Herz sich zuwendet, in welchen sie Größe sehen.

Größe des Staatsmannes sehen wir dort, wo er sich der Verantwortung für die Freiheit bewußt ist.

Sie liegt nicht schon in der machtvollen, grausigen Herrlichkeit eines geisterfüllten Tigers, wie etwa Cäsar, und gar nicht in der Tötungsgewalt eines schlauen, Machtsituationen exakt spürenden Insekts, wie etwa Hitler. Cäsar zu gehorchen, erhob noch einmal ein großes Volk, in dem zugleich die Gegner erwuchsen, die der Freiheit wegen ihn ermordeten. Hitler erniedrigte uns, unser Volk und jeden Einzelnen, am meisten die, die ihm folgten, und niemand vermochte aus dem reinen Willen zur politischen Freiheit ihn zu vernichten.

Jene Verantwortung aber des großen Staatsmannes, wie etwa des Solon, des Perikles, vollzieht jene doppelte Orientierung: an der Gewalt und an der Freiheit mit ihrer gewaltlosen Vernunft. Selbstbehauptung durch Gewalt verlangt List und Lüge, Vernunft dagegen Offenheit, Wahrhaftigkeit und zuverlässigen Vertrag. Selbstbehauptung verlangt Verantwortung für die faktischen Folgen eines politischen Tuns für die Macht des eigenen Staats. Vernunft verlangt die moralische Gesinnung, die dem Erfolg, der Gewalt und der Macht nur zustimmt, wenn sie im Dienste der überpolitischen Aufgabe des Menschen bleiben.

Ein großer Staatsmann kann im Sinne der bloßen politischen Selbstbehauptung verantwortungslos werden, wenn er auf Erfolg und Macht verzichtet, sobald diese als Preis die Gesinnungslosigkeit verlangen. Es gibt keine grundsätzliche Lösung. Wie die Gesinnung in die Verantwortung für die Folgen aufgenommen, die Verantwortung selber Gesinnung wird, das ist die geschichtliche je einmalige Entscheidung, nicht ein Ausgleich.

Niedrig ist der Politiker ohne jene Spannung: er tut, was gerade den geringsten Widerstand bietet und für den Augenblick erfolgreich scheint. Groß ist der Staatsmann, der in dieser Spannung das Handeln der Selbstbehauptung findet, das sein Volk und ihn zum Adel des Menschseins steigert, der tut, was er für immer auf sich zu nehmen gewillt ist. Er kann nicht der sogenannten Realpolitik und dem Opportunismus sich unterwerfen. Er will die staatliche Gemeinschaft, der er dient, nicht durch verwerfliche Handlungen, die für den Augenblick erfolgreich scheinen, moralisch vernichten. Mit dem, was er tut, erzieht er zugleich die Staatsbürger. Er bleibt nicht um jeden Preis an der Macht, wenn sein Gewissen, politisch und moralisch zugleich, es ihm verbietet, zu verantworten, was gegen Interesse und Würde des eigenen Volkes geschieht.

4. Das Ziel der Politik kann in diesem einen Satz ausgesprochen werden: Mit der politischen Freiheit wird der

Mensch, der er selbst ist, zugleich mit der Freiheit im Innern seines Staatswesens und mit der Selbstbehauptung nach außen.

Die der Politik vorhergehende überpolitische Frage ist: Wie soll die Politik vor sich gehen, wenn wir uns selbst in ihr aus dem Grund der Dinge her bejahen können? Darauf die Antwort ist jener Satz, den ich wiederhole: Nur die politische Freiheit kann uns zum ganzen Menschen werden lassen.

Gewalt soll durch die Politik bewältigt werden zugunsten der Macht des Rechts und der persönlichen Freiheit. Für diese gibt es nur eine Grenze: soweit sie mit der Freiheit der anderen zusammen bestehen kann.

Die Politik will Bändigung der Gewalt durch Miteinanderreden, durch Vertrag, durch gemeinschaftliche Willensbildung auf legalem Wege. Dieser Zustand braucht die zu ihm gehörenden Staatsmänner. Sie wollen nicht Diktatoren sein, weil sie keine Lust haben, über Sklavenseelen zu herrschen. Sie begehren die Macht nur für die Zeit ihres Auftrages, solange sie das Vertrauen ihrer Völker, das Vertrauen von Bürgern, nicht von Untertanen haben, und verzichten, sobald sie dieses Vertrauen verlieren. Sie hassen die Gewalt, aber sind die wahren Demagogen, das heißt Erzieher der Völker zur Politik. Sie sagen ihnen, was diese eigentlich wollen, in den konkreten Situationen durch Tatsachen und Gründe, so daß die Bürger, selber prüfend, in ihnen ihre eigene Urteilskraft wiedererkennen und in ihren Entschlüssen beflügelt werden. Ihre Worte und Taten werden noch nach Jahrtausenden erinnert. ...

10. Wir sollen es uns nicht leicht machen, als ob die Freiheit selbstverständlich wäre.

Können wir überhaupt den Satz, die politische Freiheit sei im Wesen des Menschen gegründet, aufrechterhalten?

Hier kann es eine zwingende Erkenntnis des Richtigen nicht geben. Es handelt sich um eine Wesensentscheidung in der Denkungsart des ganzen Menschen, jedes Einzelnen mit seinen politischen Schicksalsgefährten.

Vor der Alternative stehend, müssen wir wissen, wofür wir leben, auf was hin wir, soweit es an uns liegt, die Zukunft gründen wollen. Einsicht und Entschluß entscheiden. Sie sind im Philosophieren zu uns selbst geworden.

In der Freiheit ist zwar das Verderben groß, das völlige Verderben möglich. Ohne Freiheit aber ist das Verderben gewiß.

Die politische Freiheit, dem eingeborenen Adel des Menschen gemäß, erlaubt Hoffnung. Der andere Weg ist von vornherein hoffnungslos. Wir verachten uns selbst, wenn wir den Mut der Vernunft aufgeben, in dem die Hoffnung gründet.

Und wenn der Mensch verschlungen werden sollte von der Gewalt, so war seine Wahrheit doch dieser sein Weg zur Freiheit. Sie wird nicht widerlegt durch Scheitern, ebensowenig wie die Herrlichkeit der Erde, wenn sie einst wieder im Meer des Kosmos aufgelöst wird, als ob sie nicht gewesen wäre, durch ihren Untergang.

KSD, 73–78, 83 f.

Die Schuldfrage

1945, gleich nach dem Krieg, entwarf Jaspers seine Erörterungen zur Schuldfrage. Im Hintergrund standen die kollektiven Anklagen, welche die Alliierten an das deutsche Volk richteten. Die Schrift ist bis heute die klarste Differenzierung der unterschiedlichen Dimensionen von Schuld. Kriminelle, moralische und metaphysische Schuld, so lautete der Befund, sind nicht kollektive Schuld. In ihnen vergehen sich jedes Mal Einzelne an unterschiedlichen Normen und stehen in der Folge vor unterschiedlichen Instanzen: vor dem Richter (kriminelle Schuld), dem eigenen Gewissen (moralische Schuld), der Transzendenz (metaphysische Schuld). Aber anders verhält es sich mit der politischen Schuld. Für sie haftet jeder Staatsangehörige vor dem Sieger als Instanz für die Untaten seiner Macht mit, die er nicht verhindert hat. Die »politische Haftung« ist also die einzige Form einer kollektiven Schuld, welche die Besiegten anerkennen müssen. Deshalb wird die Umkehr oder die Reinigung auch für das ganze Volk eine Aufgabe, die angesichts des Geschehenen und der Situation zugleich dringend und in angemessener Form fast unerfüllbar ist. Diese These, die den Ausreden kein Schlupfloch läßt, aber dennoch jede kollektive Kriminalisierung und jegliche Moralisierung verwehrt, war Jaspers sehr wichtig. Sie ist, so schien ihm, in Deutschland nicht gehört und nicht angenommen worden – und darin sah er einen Grund für die verpaßte Umkehr nach dem Krieg. – Die nachfolgenden Texte sind der Schrift »Die Schuldfrage« (1946) entnommen.

Die Anklage gegen Deutschland

Fast die gesamte Welt erhebt Anklage gegen Deutschland und gegen die Deutschen. Unsere Schuld wird erörtert mit Empörung, mit Grauen, mit Haß, mit Verachtung. Man will Strafe und Vergeltung. Nicht nur die Sieger, auch einige unter den deutschen Emigranten, sogar Angehörige neutraler Staaten beteiligen sich daran. In Deutschland gibt es Menschen, welche Schuld, sich selber einschließend, bekennen, gibt es viele, die sich für schuldfrei halten, aber andere für schuldig erklären.

Es liegt nahe, der Frage sich zu entziehen. Wir leben in Not, ein großer Teil unserer Bevölkerung in so großer, so unmittelbarer Not, daß er unempfindlich geworden zu sein scheint für solche Erörterungen. Ihn interessiert, was der Not steuert, was Arbeit und Brot, Wohnung und Wärme bringt. Der Horizont ist eng geworden. Man mag nicht hören von Schuld, von Vergangenheit, man ist nicht betroffen von der Weltgeschichte. Man will einfach aufhören zu leiden, will heraus aus dem Elend, will leben, aber nicht nachdenken. Es ist eher eine Stimmung, als ob man nach so furchtbarem Leid gleichsam

Die Schuldfrage 337

belohnt, jedenfalls getröstet werden müßte, aber nicht noch mit Schuld beladen werden dürfte.

Trotzdem: auch wer sich dem Äußersten preisgegeben weiß, fühlt doch in Augenblicken den Drang nach ruhiger Wahrheit. Es ist nicht gleichgültig und nicht nur ein Gegenstand des Unwillens, daß zur Not auch noch die Anklage kommt. Wir wollen klar werden, ob diese Anklage Recht oder Unrecht ist und in welchem Sinne. Denn gerade in der Not kann das Unerläßlichste um so fühlbarer sein: in der eigenen Seele rein zu werden und das Rechte zu denken und zu tun, um aus dem Ursprung vor dem Nichts das Leben ergreifen zu können. ...

Die Erörterungen der Schuldfrage leiden an der Vermischung von Begriffen und Gesichtspunkten. Um wahr zu werden, bedarf es der Unterscheidungen. Ich entwerfe diese Unterscheidungen zunächst im Schema, um dann mit ihnen unsere gegenwärtige deutsche Lage zu klären. Zwar gelten die Unterscheidungen nicht absolut. Am Ende liegt der Ursprung dessen, was wir Schuld nennen, in einem einzigen Umfassenden. Aber dies kann klar nur werden durch das, was auf dem Wege über die Unterscheidungen gewonnen ist.

S, 29 f.

Vier Schuldbegriffe

Es ist zu unterscheiden:

1) *Kriminelle Schuld:* Verbrechen bestehen in objektiv nachweisbaren Handlungen, die gegen eindeutige Gesetze verstoßen. *Instanz* ist das *Gericht*, das in formellem Verfahren die Tatbestände zuverlässig festlegt und auf diese die Gesetze anwendet.

2) *Politische Schuld:* Sie besteht in den Handlungen der Staatsmänner und in der Staatsbürgerschaft eines Staates, infolge derer ich die Folgen der Handlungen dieses Staates tragen muß, dessen Gewalt ich unterstellt bin und durch dessen

Ordnung ich mein Dasein habe (politische Haftung). Es ist jedes Menschen Mitverantwortung, wie er regiert wird. *Instanz* ist die Gewalt und der *Wille des Siegers*, in der inneren wie in der äußeren Politik. Der Erfolg entscheidet. Eine Ermäßigung von Willkür und Gewalt geschieht durch politische Klugheit, die an weitere Folgen denkt, und durch Anerkennung von Normen, die unter dem Namen von Naturrecht und Völkerrecht gelten.

3) *Moralische Schuld:* Für Handlungen, die ich doch immer als dieser einzelne begehe, habe ich die moralische Verantwortung, und zwar für alle meine Handlungen, auch für politische und militärische Handlungen, die ich vollziehe. Niemals gilt schlechthin »Befehl ist Befehl«. Wie vielmehr Verbrechen Verbrechen bleiben, auch wenn sie befohlen sind (obgleich je nach dem Maße von Gefahr, Erpressung und Terror mildernde Umstände gelten), so bleibt jede Handlung auch der moralischen Beurteilung unterstellt. Die *Instanz* ist das *eigene Gewissen* und die Kommunikation mit dem Freunde und dem Nächsten, dem liebenden, an meiner Seele interessierten Mitmenschen.

4) *Metaphysische Schuld:* Es gibt eine *Solidarität* zwischen Menschen als Menschen, welche einen jeden mitverantwortlich macht für alles Unrecht und alle Ungerechtigkeit in der Welt, insbesondere für Verbrechen, die in seiner Gegenwart oder mit seinem Wissen geschehen. Wenn ich nicht tue, was ich kann, um sie zu verhindern, so bin ich mitschuldig. Wenn ich mein Leben nicht eingesetzt habe zur Verhinderung der Ermordung anderer, sondern dabeigestanden bin, fühle ich mich auf eine Weise schuldig, die juristisch, politisch und moralisch nicht angemessen begreiflich ist. Daß ich noch lebe, wenn solches geschehen ist, legt sich als untilgbare Schuld auf mich. Wir kommen als Menschen, wenn nicht ein Glück uns diese Situation erspart, an die Grenze, wo wir wählen müssen: entweder ohne Zweck, weil ohne Erfolgsaussicht, bedingungslos das Leben einzusetzen, oder wegen Erfolgsunmöglichkeit vorzuziehen, am Leben zu bleiben.

Daß irgendwo zwischen Menschen das Unbedingte gilt, nur gemeinsam oder gar nicht leben zu können, falls dem einen oder anderen Verbrechen angetan werden oder falls es sich um die Teilung physischer Lebensbedingungen handelt, das macht die Substanz ihres Wesens aus. Aber daß dies nicht in der Solidarität aller Menschen, nicht der Staatsbürger, nicht einmal kleinerer Gruppen liegt, sondern auf engste menschliche Verbindung beschränkt bleibt, das macht diese Schuld von uns allen. *Instanz* ist Gott allein. –

Diese Unterscheidung von vier Schuldbegriffen klärt den Sinn von Vorwürfen. So bedeutet z.B. politische Schuld zwar Haftung aller Staatsbürger für die Folgen staatlicher Handlungen, nicht aber kriminelle und moralische Schuld jedes einzelnen Staatsbürgers in bezug auf Verbrechen, die im Namen des Staates begangen wurden. Über Verbrechen kann der Richter, über politische Haftung der Sieger entscheiden; über moralische Schuld kann wahrhaft nur in liebendem Kampfe unter sich solidarischer Menschen gesprochen werden. Über metaphysische Schuld ist vielleicht Offenbarung in konkreter Situation, im Werk der Dichtung und der Philosophie möglich, aber kaum persönliche Mitteilung. Sie ist am tiefsten den Menschen bewußt, die einmal zu der Unbedingtheit kamen, aber gerade dadurch das Versagen erfuhren, daß sie diese Unbedingtheit nicht allen Menschen gegenüber aufbringen. Es bleibt die Scham eines ständig Gegenwärtigen, konkret nicht Aufzudeckenden, allenfalls nur allgemein zu Erörternden.

Die Unterscheidungen zwischen den Schuldbegriffen sollen uns bewahren vor der Flachheit des Schuldgeredes, in dem alles stufenlos auf eine einzige Ebene gezogen wird, um es im groben Zufassen in der Weise eines schlechten Richters zu beurteilen. Aber die Unterscheidungen sollen am Ende uns zurückführen zu dem einen Ursprung, von dem als unserer Schuld geradezu zu sprechen unmöglich ist.

Alle solche Unterscheidungen werden daher zum Irrtum, wenn nicht bewußt bleibt, wie sehr das Unterschiedene auch zusammenhängt. Jeder Schuldbegriff zeigt Wirklichkeiten, welche Folgen für die Sphären der anderen Schuldbegriffe haben.

Würden wir Menschen von jener metaphysischen Schuld uns befreien können, wir wären Engel, und alle drei anderen Schuldbegriffe würden gegenstandslos.

Moralische Verfehlungen sind Grund der Zustände, in denen die politische Schuld und das Verbrechen erst erwachsen. Das Begehen der zahllosen kleinen Handlungen der Lässigkeit, der bequemen Anpassung, des billigen Rechtfertigens des Unrechten, der unmerklichen Förderung des Unrechten, die Beteiligung an der Entstehung der öffentlichen Atmosphäre, welche Unklarheit verbreitet, und die als solche das Böse erst möglich macht, alles das hat Folgen, die die politische Schuld für die Zustände und das Geschehen mit bedingen.

Zum Moralischen gehört auch die Unklarheit über die Bedeutung der Macht im menschlichen Zusammenleben. Die Verschleierung dieses Grundtatbestandes ist ebenso sehr eine Schuld wie die falsche Verabsolutierung der Macht zum allein bestimmenden Faktor der Ereignisse. Es ist das Verhängnis jedes Menschen, verstrickt zu sein in Machtverhältnisse, durch die er lebt. Dieses ist die unausweichliche Schuld aller, die Schuld des Menschseins. Ihr wird entgegengewirkt durch Einsatz für die Macht, welche das Recht, die Menschenrechte, verwirklicht. Das Unterlassen der Mitarbeit an der Strukturierung der Machtverhältnisse, am Kampfe um die Macht im Sinne des Dienstes für das Recht, ist eine politische Grundschuld, die zugleich eine moralische Schuld ist. Politische Schuld wird zur moralischen Schuld, wo durch die Macht der Sinn der Macht – die Verwirklichung des Rechtes, das Ethos und die Reinheit des eigenen Volkes – zerstört wird. Denn wo die Macht sich nicht selbst begrenzt, ist Gewalt und Terror und das Ende die Vernichtung von Dasein und Seele.

Aus der moralischen Lebensart der meisten Einzelnen, breiter Volkskreise, im Alltagsverhalten erwächst das jeweils bestimmte politische Verhalten und damit der politische Zustand. Aber der Einzelne lebt wiederum unter der Voraussetzung des geschichtlich schon erwachsenen politischen Zustandes, der durch Ethos und Politik der Vorfahren wirklich und durch die Weltlage möglich wurde. Hier gibt es die beiden im Schema entgegengesetzten Möglichkeiten:

Das Ethos des Politischen ist Prinzip eines staatlichen Daseins, an dem alle beteiligt sind durch ihr Bewußtsein, ihr Wissen, ihr Meinen und Wollen. Es ist das Leben politischer Freiheit als ständige Bewegung des Verfalls und des Bessermachens. Dies Leben ist ermöglicht durch die Aufgabe und Chance der Mitverantwortung aller.

Oder es herrscht ein Zustand der Fremdheit der meisten zum Politischen. Die Staatsmacht wird nicht als die eigene Sache gefühlt. Man weiß sich nicht mitverantwortlich, sondern sieht politisch untätig zu, arbeitet und handelt in blindem Gehorsam. Man hat ein gutes Gewissen sowohl im Gehorsam wie in der Unbeteiligung an dem, was die Gewalthaber entscheiden und tun. Man duldet die politische Realität als etwas Fremdes, man sucht durch List mit ihr fertig zu werden zugunsten seiner persönlichen Vorteile oder lebt mit in blinder Begeisterung des Sichopferns.

Es ist der Unterschied der politischen Freiheit und der politischen Diktatur. ... Aber es ist zumeist nicht mehr Sache der einzelnen zu entscheiden, welcher Zustand herrschen soll. Der einzelne wird hineingeboren, durch Glück oder Verhängnis; er muß übernehmen, was überkommen und wirklich ist. Kein einzelner und keine Gruppe kann mit einem Schlage diese Voraussetzung ändern, durch die wir in der Tat alle leben.

S, 31–34

Folgen der Schuld

Die Schuld hat Folgen nach außen für das Dasein, ob nun der Betroffene es begreift oder nicht, und hat Folgen nach innen für das Selbstbewußtsein, wenn ich in der Schuld mich durchschaue.

a) Das Verbrechen findet *Strafe*. Voraussetzung ist die Anerkenntnis des Schuldigen seitens des Richters in seiner freien Willensbestimmung, nicht die Anerkenntnis des Bestraften, daß er mit Recht bestraft werde.

b) Für die politische Schuld gibt es *Haftung* und als ihre Folge Wiedergutmachung und weiter Verlust oder Einschränkung politischer Macht und politischer Rechte. Steht die politische Schuld im Zusammenhang von Ereignissen, die durch Krieg ihre Entscheidung finden, so kann für die Besiegten die Folge sein: Vernichtung, Deportation, Ausrottung. Oder es kann der Sieger die Folgen in eine Form des Rechtes und damit des Maßes überführen, wenn er will.

c) Der moralischen Schuld erwächst Einsicht, damit *Buße und Erneuerung*. Es ist ein innerer Prozeß, der dann auch reale Folgen in der Welt hat.

d) Die metaphysische Schuld hat zur Folge eine *Verwandlung des menschlichen Selbstbewußtseins vor Gott*. Der Stolz wird gebrochen. Diese Selbstverwandlung durch inneres Handeln kann zu einem neuen Ursprung aktiven Lebens führen, aber verbunden mit einem untilgbaren Schuldbewußtsein in der Demut, die sich vor Gott bescheidet und alles Tun in eine Atmosphäre taucht, in der Übermut unmöglich wird.

S, 34 f.

Wer urteilt und wer oder was wird beurteilt?

In dem Hagel der Anklagen fragt man: Wer wen? Eine Anklage ist sinnvoll nur, wenn sie bestimmt ist durch ihren Gesichtspunkt und ihren Gegenstand und wenn sie sich dadurch begrenzt, und klar nur, wenn man weiß, wer der Ankläger und wer der Beklagte ist.

a) Gliedern wir den Sinn zunächst am Leitfaden der vier Weisen von Schuld. Der Beschuldigte hört die *Vorwürfe von außen* aus der Welt oder *von innen* aus der eigenen Seele.

Von außen sind sie sinnvoll nur in bezug auf Verbrechen und auf politische Schuld. Sie werden ausgesprochen mit dem Willen, Strafe zu bewirken und haftbar zu machen. Sie gelten juristisch und politisch, nicht moralisch und nicht metaphysisch.

Von innen hört der Schuldige die Vorwürfe in bezug auf sein moralisches Versagen und seine metaphysische Brüchigkeit, und sofern hier der Ursprung politischen und verbrecherischen Handelns oder Nichthandelns liegt, auch in bezug auf diese.

Moralisch kann man Schuld nur sich selber geben, nicht dem andern, oder doch nur dem andern in der Solidarität liebenden Kampfes. Niemand kann den andern moralisch richten, es sei denn, er richtet ihn in der inneren Verbundenheit, als ob er es selbst wäre. Nur wo der andere wie ich selbst für mich ist, da ist die Nähe, die in freier Kommunikation gemeinsame Sache werden lassen kann, was zuletzt ein jeder in der Einsamkeit vollzieht.

Schuld des andern behaupten, das kann nicht die Gesinnung treffen, sondern nur bestimmte Handlungen und Verhaltensweisen. Bei der individuellen Beurteilung sucht man zwar die Gesinnung und die Motive zu berücksichtigen, kann dies aber wahrheitsgemäß nur erreichen, soweit auch diese an objektiven Kennzeichen, d.h. Handlungen und Verhaltensweisen, feststellbar sind.

b) Es ist die Frage, in welchem Sinne ein *Kollektiv*, in welchem nur *der Einzelne* beurteilt werden kann. Ohne Zweifel ist es sinnvoll, alle Staatsangehörigen eines Staates für die Folgen haftbar zu machen, die aus dem Handeln dieses Staates entstehen. Hier wird ein Kollektiv getroffen. Diese Haftung aber ist bestimmt und begrenzt, ohne moralische und metaphysische Beschuldigung der einzelnen. Sie trifft auch diejenigen Staatsangehörigen, welche sich gegen das Regime und gegen die in Betracht kommenden Handlungen gewehrt haben. Analog gibt es Haftungen für die Angehörigkeit zu Organisationen, Parteien, Gruppen.

Für Verbrechen kann je nur der einzelne bestraft werden, sei es, daß er es allein ist oder daß er eine Reihe von Komplizen hat, die jeder für sich nach dem Maße der Teilnahme und im Minimum schon durch ihre bloße Zugehörigkeit zu dieser Gesellschaft zur Rechenschaft gezogen werden. Es gibt Zusammenrottungen von Räuberbanden, Verschwörungen, die als Ganzes als verbrecherisch gekennzeichnet werden können. Dann macht die bloße Zugehörigkeit straffällig.

Es ist aber sinnwidrig, ein Volk als Ganzes eines Verbrechens zu beschuldigen. Verbrecher ist immer nur der Einzelne.

Es ist auch sinnwidrig, ein Volk als Ganzes moralisch anzuklagen. Es gibt keinen Charakter eines Volkes derart, daß jeder einzelne der Volkszugehörigkeit diesen Charakter hätte. Wohl gibt es Gemeinsamkeiten der Sprache, der Sitten und Gewohnheiten, der Herkunft. Aber darin sind zugleich derartig starke Differenzen möglich, daß Menschen, die dieselbe Sprache reden, doch darin sich so fremd bleiben können, als ob sie gar nicht zum gleichen Volke gehörten.

Moralisch kann immer nur der Einzelne, nie ein Kollektiv beurteilt werden. Die Denkform, die Menschen in Kollektiven anzuschauen, zu charakterisieren und zu beurteilen, ist ungemein verbreitet. Solche Charakteristiken – etwa der Deutschen, der Russen, der Engländer – treffen nie Gattungsbegriffe, unter denen die einzelnen Menschen subsumiert werden können, sondern Typenbegriffe, denen sie mehr oder weniger entsprechen. Die Verwechslung der gattungsmäßigen mit der typologischen Auffassung ist das Zeichen des Denkens in Kollektiven: *die* Deutschen, *die* Engländer, *die* Norweger, *die* Juden – und beliebig weiter: die Friesen, die Bayern – oder: die Männer, die Frauen, die Jugend, das Alter. Daß durch die typologische Auffassung etwas getroffen wird, darf nicht zu der Meinung verführen, jedes Individuum erfaßt zu haben, wenn man es als durch jene allgemeine Charakteristik getroffen betrachtet. Das ist eine Denkform, die sich durch die Jahrhunderte zieht als ein

Die Schuldfrage

Mittel des Hasses der Völker und Menschengruppen untereinander. Diese den meisten leider natürliche und selbstverständliche Denkform haben die Nationalsozialisten in der bösesten Weise angewendet und durch ihre Propaganda den Köpfen eingehämmert. Es war, als gäbe es keine Menschen mehr, sondern nur noch jene Kollektive.

Ein Volk als Ganzes gibt es nicht. Alle Abgrenzungen, die wir vornehmen, um es zu bestimmen, werden durch Tatbestände überschritten. Die Sprache, die Staatsbürgerschaft, die Kultur, die gemeinsamen Schicksale – alles dieses koinzidiert nicht, sondern überschneidet sich. Volk und Staat fallen nicht zusammen, auch nicht Sprache und gemeinsame Schicksale und Kultur.

Ein Volk kann nicht zu einem Individuum gemacht werden. Ein Volk kann nicht heroisch untergehen, nicht Verbrecher sein, nicht sittlich oder unsittlich handeln, sondern immer nur die Einzelnen aus ihm. Ein Volk als Ganzes kann nicht schuldig und nicht unschuldig sein, weder im kriminellen, noch im politischen (hier haften nur die Bürger eines Staates), noch im moralischen Sinn.

Die kategoriale Beurteilung als Volk ist immer eine Ungerechtigkeit; sie setzt voraus eine falsche Substantialisierung – sie hat eine Entwürdigung des Menschen als einzelnen zur Folge.

Die Weltmeinung aber, die einem Volke die Kollektivschuld gibt, ist eine Tatsache von derselben Art, wie die, daß in Jahrtausenden gedacht und gesagt wurde: die Juden sind schuld, daß Jesus gekreuzigt wurde. Wer sind die Juden? eine bestimmte Gruppe politisch und religiös eifernder Menschen, die unter den Juden damals eine gewisse Macht hatten, welche in Kooperation mit der römischen Besatzung zur Hinrichtung Jesu führte.

Das Übermächtige einer solchen zur Selbstverständlichkeit werdenden Meinung, auch bei denkenden Menschen, ist so erstaunlich, weil der Irrtum so einfach und offenbar ist. Man steht wie vor einer Wand, als ob kein Grund, keine Tatsache mehr gehört werde, oder, wenn gehört, so doch sofort wieder vergessen würde, ohne zur Geltung zu kommen.

Kollektivschuld eines Volkes oder einer Gruppe innerhalb der Völker also *kann es* – außer der politischen Haftung – *nicht geben*, weder als verbrecherische, noch als moralische, noch metaphysische Schuld. ...

c) Zu Anklage und Vorwurf muß ein Recht sein. *Wer hat das Recht zu richten?* Jeder Urteilende darf der Frage ausgesetzt werden, welche Vollmacht er habe, zu welchem Zweck und aus welchem Motiv er urteile, in welcher Lage er und der Beurteilte einander gegenüberstehen.

Niemand braucht in moralischer und metaphysischer Schuld einen Richterstuhl in der Welt anzuerkennen. Was vor liebenden Menschen in nächster Verbundenheit möglich ist, ist nicht in Distanz kalter Analyse erlaubt. Was vor Gott gilt, gilt darum nicht auch vor Menschen. Denn Gott hat keine ihn vertretende Instanz auf Erden, weder in Ämtern der Kirchen noch in auswärtigen Ämtern der Staaten, noch in einer durch die Presse kundgegebenen öffentlichen Meinung der Welt.

Wenn in der Lage der Kriegsentscheidung geurteilt wird, so hat der Sieger in bezug auf das Urteil über die politische Haftung das absolute Vorrecht: Er hat sein Leben eingesetzt, und die Entscheidung ist für ihn gefallen. Aber man fragt: »Darf ein Neutraler überhaupt vor der Öffentlichkeit urteilen, nachdem er im Kampfe fehlte, sein Dasein und sein Gewissen nicht in der Hauptsache einsetzte?« (aus einem Briefe).

Wenn unter Schicksalsgefährten, heute unter Deutschen, von moralischer und metaphysischer Schuld in bezug auf den einzelnen Menschen gesprochen wird, so ist das Recht zum Urteil spürbar in der Haltung und Stimmung des Urteilenden: ob er von Schuld spricht, die er selber mitträgt oder nicht, ob er also von innen oder von außen, als Selbsterheller oder als Ankläger, damit als Nahverbundener zur Orientierung für mögliche Selbsterhellung der anderen oder als Fremder im bloßen Angriff, ob er als Freund oder als Feind spricht. Immer nur im ersten Falle hat er ein zweifelloses, im

Die Schuldfrage 347

zweiten Falle ein fragwürdiges, jedenfalls durch das Maß seiner Liebe beschränktes Recht.

Wird aber von politischer Haftung und krimineller Schuld gesprochen, so hat unter den Mitbürgern jeder das Recht, Tatsachen zu erörtern und ihre Beurteilung am Maßstab klarer begrifflicher Bestimmungen zu diskutieren. Die politische Haftung stuft sich ab nach dem Grade der Anteilnahme am nunmehr grundsätzlich verneinten Regime und wird bestimmt durch Entscheidungen des Siegers, denen jeder, der in der Katastrophe am Leben bleiben wollte, darum weil er lebt, sinngemäß sich unterwerfen muß.

S, 37–41

Der Weg der Reinigung

Reinigung bedeutet im Handeln zunächst Wiedergutmachung.

Politisch heißt das, aus innerem Jasagen die Leistungen zu erfüllen, die in Rechtsform gebracht unter eigenen Entbehrungen den von Hitlerdeutschland angegriffenen Völkern einen Teil des Zerstörten wiederherstellen.

Voraussetzung solchen Leistens ist außer der Rechtsform, die eine gerechte Verteilung der Last bringt, Leben, Arbeitsfähigkeit und Arbeitsmöglichkeit. Es ist unausweichlich, daß der politische Wiedergutmachungswille erlahmt, wenn politische Handlungen der Sieger diese Voraussetzungen zerstören. Denn dann wäre nicht Frieden mit dem Sinn der Wiedergutmachung, sondern fortgesetzter Krieg im Sinne einer weiteren Vernichtung.

Wiedergutmachung ist jedoch noch mehr. Wer von der Schuld, an der er teilhat, innerlich ergriffen ist, will helfen jedem, dem Unrecht geschah durch die Willkür des rechtlosen Regimes.

Es sind zwei nicht zu verwechselnde Motivationen: die Forderung zu helfen, wo Not ist, gleichgültig wodurch, einfach darum, weil sie nahe ist und Hilfe verlangt – und zweitens die Forderung, den durch das Hitlerregime Deportierten, Beraubten, Geplünderten, Gequälten, den Emigrierten ein besonderes Recht zuzugestehen.

Beides ist voll berechtigt, aber in der Motivation liegt eine Verschiedenheit. Wo Schuld nicht gefühlt wird, geschieht sogleich eine Nivellierung aller Not auf gleiche Ebene. Eine Differenzierung der von Not Betroffenen ist notwendig, wo ich gutmachen will, was ich mitverschuldet habe.

Reinigung durch Wiedergutmachen ist unausweichlich. Aber Reinigung ist viel mehr. Auch die Wiedergutmachung wird ernstlich nur gewollt, und sie erfüllt ihren ethischen Sinn nur als Folge unserer reinigenden Umschmelzung.

Klärung der Schuld ist zugleich Klärung unseres neuen Lebens und seiner Möglichkeiten. Aus ihr entspringt der Ernst und der Entschluß.

Wo das geschieht, da ist das Leben nicht mehr einfach da zu unbefangenem heiteren Genuß. Das Glück des Daseins, wo es gewährt wird, in Zwischenaugenblicken, in Atempausen, mögen wir ergreifen, aber es erfüllt nicht das Dasein, sondern wird auf dem Hintergrunde der Schwermut hingenommen als liebenswürdiger Zauber. Das Leben ist wesentlich nur noch erlaubt im Verzehrtwerden durch eine Aufgabe.

Folge ist die Bescheidung. Im inneren Handeln vor der Transzendenz wird unsere menschliche Endlichkeit und Unvollendbarkeit bewußt.

Dann können wir ohne Machtwillen im liebenden Kampfe die Erörterung des Wahren vollziehen und uns in ihm miteinander verbinden.

Dann können wir unaggressiv schweigen – aus der Schlichtheit des Schweigens wird die Klarheit des Mitteilbaren hervorgehen.

Dann kommt es nur noch auf Wahrheit an und Tätigkeit. Ohne List sind wir bereit zu ertragen, was uns beschieden

Die Schuldfrage

ist. Was auch geschieht, es bleibt, solange wir leben, die menschliche Aufgabe bestehen, die in der Welt unvollendbar ist.

Reinigung ist der Weg des Menschen als Menschen. Die Reinigung über die Entfaltung des Schuldgedankens ist darin nur ein Moment. Reinigung geschieht nicht zuerst durch äußere Handlungen, nicht durch Magie. Reinigung ist vielmehr ein innerlicher Vorgang, der nie erledigt, sondern anhaltendes Selbstwerden ist. Reinigung ist Sache unserer Freiheit. Immer wieder steht ein jeder vor der Wegscheide in das Reinwerden oder in das Trübe.

Reinigung ist nicht dieselbe für alle. Jeder geht persönlich seinen Weg. Der ist von niemand anderem vorwegzunehmen und nicht zu zeigen. Die allgemeinen Gedanken können nur aufmerksam machen, vielleicht erwecken.

Fragen wir nun am Ende, worin die Reinigung besteht, so ist über das Gesagte hinaus keine weitere konkrete Angabe zu machen. Wo etwas nicht als Zweck des verständigen Willens realisiert werden kann, sondern durch inneres Handeln als Verwandlung geschieht, da kann man nur die unbestimmten umgreifenden Wendungen wiederholen: Erhellung und Durchsichtigwerden im Aufschwung – Liebe zum Menschen.

Was die Schuld angeht, so ist ein Weg das Durchdenken der vorgetragenen Gedanken. Sie müssen nicht nur mit dem Verstande abstrakt gedacht, sondern anschaulich vollzogen werden; sie müssen vergegenwärtigt, angeeignet oder verworfen werden mit dem eigenen Wesen. Dieser Vollzug und was daraus folgt, ist Reinigung. Diese ist nicht am Ende noch ein Neues, Hinzukommendes. –

Reinigung ist die Bedingung auch unserer politischen Freiheit. Denn erst aus dem Schuldbewußtsein entsteht das Bewußtsein der Solidarität und Mitverantwortung, ohne die die Freiheit nicht möglich ist.

Politische Freiheit beginnt damit, daß in der Mehrheit des Volkes der Einzelne sich für die Politik seines Gemeinwesens mit haftbar fühlt – daß er nicht nur begehrt und schilt – daß er vielmehr von sich verlangt, Realität zu sehen und nicht zu handeln aus dem in der Politik falsch angebrachten Glauben an ein irdisches Paradies, das nur aus bösem Willen und Dummheit der anderen nicht verwirklicht werde – daß er vielmehr weiß: Politik sucht in der konkreten Welt den je gangbaren Weg, geführt von dem Ideal des Menschseins als Freiheit.

Kurz: Ohne Reinigung der Seele keine politische Freiheit. –

Wie weit wir mit der inneren Reinigung auf dem Grunde des Schuldbewußtseins gekommen sind, erfahren wir an unserem Verhalten zu moralischen Angriffen gegen uns.

Ohne Schuldbewußtsein bleibt unsere Reaktion auf jeden Angriff der Gegenangriff. Wenn aber die innere Erschütterung uns ergriffen hat, dann streift der äußere Angriff nur noch oberflächlich über uns hin. Er mag noch schmerzen und kränken, aber er dringt nicht ins Innere der Seele.

Wo das Schuldbewußtsein angeeignet ist, da ertragen wir falsche und ungerechte Beschuldigungen mit Ruhe. Denn unser Stolz und Trotz sind eingeschmolzen.

Wer wahrhaft Schuld fühlt, so daß sein Seinsbewußtsein in Verwandlung ist, auf den wirken Vorwürfe seitens anderer Menschen wie ein Kinderspiel, das in seiner Harmlosigkeit nicht mehr trifft. Wo das wirkliche Schuldbewußtsein untilgbarer Stachel ist, da wird das Selbstbewußtsein in eine neue Gestalt gezwungen. Hört man solche Vorwürfe, so fühlt man vielmehr mit Sorge, wie unbetroffen und ahnungslos der Vorwerfende ist. ...

Ohne Durchhellung und Verwandlung unserer Seele würde sich die Empfindlichkeit in wehrloser Ohnmacht nur steigern. Das Gift psychologischer Umsetzungen würde uns innerlich verderben. Wir müssen bereit sein, uns Vorwürfe gefallen zu lassen, sie prüfen, nachdem wir sie gehört haben. Wir müssen die Angriffe auf uns eher suchen als meiden, weil sie für uns eine Kontrolle des eigenen Denkens sind. Unsere innere Haltung wird sich bewähren.

Die Reinigung macht uns frei. Der Gang der Dinge liegt in keines Menschen Hand beschlossen, wenn der Mensch auch unberechenbar weit kommen kann in der Führung seines Daseins. Weil die Ungewißheit bleibt und die Möglichkeit neuen und größeren Unheils, weil aus der Verwandlung im Schuldbewußtsein keineswegs eine Belohnung mit neuem Glück des Daseins die natürliche Folge ist, darum können wir nur durch die Reinigung frei werden zur Bereitschaft für das, was kommt.

Die reine Seele kann wahrhaftig in der Spannung leben, angesichts des völligen Untergangs unermüdlich in der Welt tätig zu sein für das Mögliche.

Wenn wir auf die Weltereignisse blicken, tun wir gut, an Jeremias zu denken. Als er nach der Zerstörung Jerusalems, nach dem Verlust von Staat und Land, nach seiner zwangsweisen Mitführung durch die letzten nach Ägypten auswandernden Juden dann noch erleben mußte, wie diese der Isis opferten in der Hoffnung, diese würde ihnen mehr helfen als Jahwe, da verzweifelte sein Jünger Baruch. Und Jeremias antwortete: »So spricht Jahwe: Fürwahr, was ich aufgebaut habe, reiße ich nieder, und was ich eingepflanzt habe, reiße ich aus, und da verlangst du für dich Großes? Verlange nicht!« Was heißt das? Daß Gott ist, ist genug. Wenn alles verschwindet, Gott ist, das ist der einzige feste Punkt.

Aber was vor dem Tode, im Äußersten wahr ist, das wird zur schlimmen Verführung, wenn der Mensch in Müdigkeit, Ungeduld, Verzweiflung sich vorzeitig hineinstürzt. Denn wahr ist jene Haltung an der Grenze nur, wenn sie getragen ist von der unbeirrbaren Besonnenheit, jederzeit das noch Mögliche zu ergreifen, solange das Leben währt. Demut und Maßhalten ist unser Teil.

S, 102–106

Die Aufgabe des Denkens vor dem doppelten Tatbestand der Bombe und der totalitären Herrschaft

In der Mitte der fünfziger Jahre begann bei Jaspers das Nachdenken über die neue politische Weltlage. Zum ersten Mal in der Geschichte der Menschheit schien es möglich geworden zu sein, daß der Mensch selber das Leben auf dem Planeten insgesamt vernichten konnte. Und ebenso schien es möglich zu werden, daß die totalitäre Herrschaft die politische Freiheit insgesamt erstickte. Am doppelten Tatbestand der Bombe und der totalen Herrschaft mußte sich das Denken neu orientieren, wenn es nicht in der Sorge um den einen dem anderen in die Falle laufen wollte. Der Gegenentwurf zur atomaren Katastrophe war die Idee des Weltfriedens und der Gegenentwurf zur totalitären Herrschaft die Idee der Demokratie. Zur Frage also wurde: Ist ein Weg zum Weltfrieden denkbar, der mit der Selbstbehauptung der demokratischen Länder vereinbar ist? Und: Ist die Selbstbehauptung der Freiheit möglich, ohne einen dritten Weltkrieg zu provozieren? Worin muß das politische Handeln gegründet sein, wenn der schwierige Weg zwischen der radikalen Zerstörung und dem Verlust der Freiheit gelingen soll? Auf diese Fragen antwortete Jaspers nicht mit Rezepten und Anweisungen, sondern mit dem Erdenken von Möglichkeiten, in denen allerdings das appellative Ethos unüberhörbar ist. Die ganze Breite der Reflexion ist in seinem politischen Hauptwerk »Die Atombombe und die Zukunft des Menschen. Politisches Bewußtsein in unserer Zeit« (1958) niedergelegt, dem folgender Text entnommen ist.

1. Die Atombombe ist heute für die Zukunft der Menschheit drohender als alles sonst. Bisher gab es wohl irreale Vorstellungen des Weltendes. Die Naherwartung dieses Endes noch für die damals lebende Generation war der sittlich-religiös wirksame Irrtum Johannes' des Täufers, Jesus' und der ersten Christen. Jetzt aber stehen wir vor der realen Möglich-

Die Aufgabe des Denkens

keit eines solchen Endes. Nicht mehr ein fiktiver Weltuntergang, überhaupt kein Untergang der Welt, sondern die Tötung allen Lebens auf der gesamten Erdoberfläche ist die mögliche Realität, mit der von nun an zu rechnen ist, und zwar – bei dem wachsenden Tempo aller Entwicklungen – schon in naher Zukunft. Die beschwörenden Äußerungen der Forscher müssen erschüttern. Wie kann man ruhig bleiben, wenn man das Unbezweifelbare hört!

In dieser *Situation* ist es wenig, aber Voraussetzung für alles Weitere, nachzudenken: sich zu orientieren – zu sehen, was geschieht – das Mögliche, die Folgen der Ereignisse und Handlungen zu vergegenwärtigen – die Situation in den sichtbar werdenden Richtungen zu erhellen – schließlich zu erfahren, daß die neue brutale Tatsache unser Denken bis in den Grund des Menschseins treibt, dorthin, wo zur Frage wird, was der Mensch ist und sein kann.

Die Grundsituation des Menschen ist, daß wir uns in der Welt finden und nicht wissen: woher und wohin. Diese Situation wird durch die Möglichkeit der totalen Selbstvernichtung anders als früher bewußt. Denn sie zeigt eine Seite, an die vorher niemand gedacht hat. Wir müssen uns unserer selbst in der neuen Situation vergewissern. Mit unserer Vernunft vermögen wir zwar die letzten Gründe nicht zu erreichen, wohl aber das Sein für uns und, was wir wollen, zu klären.

2. Der Atombombe, als dem Problem des Daseins der Menschheit schlechthin, ist nur ein einziges anderes Problem gleichwertig: die Gefahr der *totalitären Herrschaft* (nicht schon das Problem von Diktatur, Marxismus, Rassentheorie) mit ihrer alle Freiheit und Menschenwürde vertilgenden terroristischen Struktur. Dort ist das Dasein, hier das *lebenswerte* Dasein verloren. An beiden äußersten Möglichkeiten kommen wir heute zum Bewußtsein dessen, was wir wollen, wie wir leben möchten, wozu wir bereit sein müssen.

Beide Probleme scheinen schicksalsgemäß zusammenzugehören. Sie sind wenigstens praktisch untrennbar miteinander verbunden. Das eine ist nicht ohne das andere zu lösen.

Die Lösung beider aber *fordert Kräfte des Menschen, die aus solcher Tiefe hervortreten müssen, daß er selbst in seiner sittlich-vernünftig-politischen Erscheinung sich wandelt* in einem Maße, daß es der Wendepunkt der gesamten Geschichte würde.

3. Es ist zum Erstaunen, daß die offenbare Tatsache von den Menschen überall auf der Erde, von den Menschen vor allem Rußlands und Amerikas, bisher nicht eigentlich zur Kenntnis genommen wird. Daher ist die Revolution der Denkungsart noch nicht eingetreten, die bei Besinnung auf das Faktum unausweichlich scheint.

Ablenkend wirkt, daß die Aufmerksamkeit auf Nebentatsachen gelenkt wird, die zwar von bedenklicher Natur, aber nicht von absoluter Bedeutung sind. – *Beschränkend* wirkt, daß die Tatsache isoliert betrachtet wird, während sie nur im Zusammenhang mit dem Ganzen des menschlichen Daseins und mit den Fragen des Menschen nach sich selbst ihr Gewicht erhält. – *Vergessenheit* bewirkt das Befangensein im augenblicklichen Wohlergehen wirtschaftlicher Prosperität.

Die ablenkenden, abschirmenden, vergessenmachenden Methoden geschehen unwillkürlich. Sie könnten nur überwunden werden durch eine *totale* Besinnung, die zunächst im einzelnen Menschen die Umkehr erzeugt. Die Menschheit könnte durch sie ergriffen werden wie von einer Welle nicht bloß der Sorge, nicht bloß der Empörung gegen alles, was zum Untergang treibt, sondern auch des vernünftigen Willens. Dieser würde das Ganze unseres Menschseins, unseres Lebens, unserer Antriebe überprüfen. Aus dem ewigen Ursprung könnte neu beginnen, was wir sein sollen, um des Lebens wert zu sein. Erst wenn das Bewußtsein des neuen Faktums auf das Leben Einfluß gewänne, könnten auch die gewohnte Politik, ihre Interessen und Ziele, sich in eine neue Politik verwandeln, die der vernichtenden Drohung gewachsen ist.

Daß solches geschehe, kann niemals eine Schrift bewirken. Aber die Mitteilung bloßen Denkens kann, wenn viele auf ähnlichen Wegen gehen, aufmerksam machen und vorbereiten.

4. Wir beschreiben den gegenwärtigen Zustand, der in dem Sprechen, als ob man wüßte, doch anmutet wie ein *Nichtwissenwollen*. Was, wenn wir es lesen, uns notwendig betroffen macht, versinkt alsbald unter anderen sensationellen Tatsachen. Was man vielleicht im Augenblick nicht bezweifelt, läßt man doch als so Ungeheuerliches nicht in sein Herz dringen. Wir ertappen uns, wie wir das, was gewiß ist, doch nicht eigentlich als gewiß nehmen. Dann aber wissen wir von der Tatsache noch nicht. Denn Wissen heißt hier, sich zu überzeugen, daß es sich um das für uns äußerste Faktum handelt, von dem her alles, was wir sind und sein können, gleichsam in einen anderen Grundzustand versetzt werden müßte.

Man möchte fragen: Wenn die ersten Christen an das Weltende glaubten und dessen gewiß waren, ohne es zu wissen, sondern sogar irrend – muß man dann heute das, was man weiß, auch noch glauben, damit es, als Wirklichkeit angeeignet, ein Moment der Lebenspraxis wird?

Man läßt es stehen, als ob es einen nichts angehe, da es ja in diesem Augenblick, hier und jetzt, noch nicht akut ist. Wie der Kranke sein Karzinom vergißt, der Gesunde, daß er sterben wird, der Bankrotteur, daß kein Ausweg mehr ist, verhalten wir uns so auch gegenüber der Atombombe und machen, den Horizont unseres Daseins verdeckend, gedankenlos noch eine Weile fort?

Man möchte von der Atomgefahr am liebsten nichts wissen. Man wehrt ab: Unter der Drohung der totalen Katastrophe lasse sich keine Politik und keine Planung machen. Wir wollen leben, nicht sterben. Trete aber jenes Unheil ein, so sei alles aus. Es habe keinen Sinn, daran zu denken. Es ist, als ob diese Sache zu denen gehört, über die man anstandshalber schweigt. Denn es ist Gefahr, daß sie das Leben unerträglich macht. Aber diese Unerträglichkeit ist das, was allein zu dem Ereignis führen kann, das den so drohenden Tatbestand selber verändert.

Welch gewollt blinde Lebensverfassung! Das Wegschieben des Möglichen geht gegen die Vernunft. Wer er selbst ist, will wissen, was wißbar ist. Und welch schlechte Politik! Heute sehen wir uns unausweichlich im Schatten der großen Katastrophe. Eine noch keineswegs durchdachte reale Möglichkeit zu behandeln, als ob sie verschwinde, wenn man sie ausschlösse, ist wie das Verhalten des Vogels Strauß.

Daß jene Katastrophe ständig als Möglichkeit, ja, Wahrscheinlichkeit vor Augen steht, ist heute eine gewaltige Chance für die Selbstbesinnung überhaupt und zugleich die einzige Chance für die politische Erneuerung und damit für die Abwehr der Katastrophe. Um was es sich hier handelt, sollte in den Alltag aller Menschen dringen als Aufforderung zur Besinnung. Hier liegt der Horizont des realen Geschehens, in den wir uns stellen müssen. Wir dürfen nicht bloß erleiden, was kommt. Das Nichtwissenwollen ist selber schon das Unheil.

Unsere Hoffnung ist, daß alle Menschen es wissen werden, und daß dieses Wissen angeeignet wird und dann Folgen hat. Denn das aneignende Wissen kann allein das Unheil verhüten. Es ermöglicht nicht nur vereinzelte zweckmäßige Handlung, vielmehr daß der Mensch sich selbst und sein Leben wandelt, daß seine Grundverfassung neu geprägt wird.

AZM, 21–24

Die Idee der Demokratie

Jaspers definiert die Demokratie als »Herrschaft der Vernunft durch die Herrschaft des Volkes«. Demokratie in seinem Verständnis setzt also zweierlei voraus: daß das Volk, d.h. jeder Einzelne, die Chance bekommt, durch Publizität, Versammlungsfreiheit, Wahlen und Abstimmungen am politischen Prozeß teilzunehmen, und daß in der Vielzahl der Argumente und Entscheide die Vernunft eine Chance hat, sich durchzusetzen. Der ersten Voraussetzung kann durch die Staatsform annähernd Genüge geschehen, der zweiten aber nur durch die lebendigen politischen Prozesse. Die Staatsform allein garantiert diese Lebendigkeit und ihre Qualitäten noch nicht. De-

mokratie kann aufgrund ihrer Freiheitsfähigkeit und ihrer Liberalität gleichsam einen Knoten bilden: sie vermag sich gegen sich selber zu wenden, so daß Freiheit Freiheit minimiert oder gar aufhebt. Sie bedarf insofern einer vorausgehenden und immer wachen Grundgesinnung, durch welche sie alle Rechte und Gesetze an der bleibenden Idee der Menschenrechte bemißt und alle Freiheitsakte an der Möglichkeit auch künftiger Freiheit. Wenn sie dennoch dem Verfall preisgegeben wird, ist – daran läßt Jaspers kaum einen Zweifel – ihre Rettung durch Gewalt (das Zerschneiden des Knotens) besser als das Treibenlassen in die Zerstörung der Freiheit. Das einzig Gute allerdings bleibt die permanente Annäherung der politischen Realität an die unerreichbare Idee. – Die vier nachfolgenden Texte sind dem Werk »Die Atombombe und die Zukunft des Menschen« (1958) entnommen.

Vernunft und Demokratie

Alle Grundgedanken über die Gefahren der Demokratie sind da seit Tocqueville und Max Weber. Dort aber, an der Quelle, ist mit dem schmerzvollen, ja entsetzten Blick auf die Möglichkeiten der Demokratie ein untilgbarer Glaube an den Menschen und seine Freiheit verbunden. Der rücksichtslos kritische Blick dieser großen politischen Denker will nicht gegen die Demokratie, sondern zur Selbsterziehung der Demokratie wirken. Denn die Demokratie ist nach ihrer Einsicht unumgänglich infolge des faktischen Ganges der Sozialgeschichte und der Notwendigkeit der Vernunft selber. Die menschliche Aufgabe ist, die Gefahren der Demokratie durch die in der Praxis wirksame Selbstkritik, in einem unabsehbaren Gang der Geschichte mit ebenso großer Anspannung wie Geduld zu überwinden.

Churchill soll gesagt haben, Demokratie sei die schlechteste Staatsform mit Ausnahme aller übrigen. Sein Humor spricht es aus: Die menschlichen Dinge sind von Grund aus nicht in

Ordnung. Aber die Demokratie ist die am wenigsten schlechte Staatsform, weil sie der einzige für uns sichtbare und erdenkbare Weg ist, der Chancen für unabsehbare Verbesserungen durch das Wachsen der Vernunft in den Völkern selber bringt.

Nur unter günstigen Umständen kann im Kleinstaat die Liebe zu Heimat und Volk mit dem demokratischen Denken eins werden. In den Großstaaten ist die menschliche Erbarmungslosigkeit der Politik und sind die Schrecken und Gefahren der Demokratie stärker fühlbar als die Schönheit der Aufgabe. 1914, kurz vor dem Krieg, war ich Zeuge einer Unterhaltung zwischen dem großen Schweizer Juristen Fritz Fleiner und dem großen deutschen politischen Denker Max Weber, beide überzeugte Demokraten. Fleiner sagte: »Man muß den Staat lieben!« Max Weber: »Wie, lieben soll man das Ungeheuer auch noch!«

Aber was ist Demokratie? Begriffe von ihr sind vielfach und widersprüchlich. Ihre Idee aber ist eine. *AZM, 420 f.*

Die Idee der Demokratie

1) Vernunft kann zu verläßlicher Herrschaft nur kommen, wenn nicht wenige Einzelne, abseits in ihrer Einsamkeit, sondern wenn die Völker mit ihren Führern durch sie bestimmt werden. Das ist nur möglich, wenn jeder Einzelne die Chance hat, mitzudenken und mitzuwirken.

Folge ist: Demokratie verlangt die Erziehung des gesamten Volkes dazu, daß jeder die seiner Naturanlage nach mögliche Fähigkeit zum Mitdenken und Urteilen erreicht.

Demokratie verlangt die Publizität des Denkens, insbesondere der Nachrichten, Diskussionen, Vorschläge, Entwürfe.

2) Vernunft ist nicht Besitz, sondern ist auf dem Wege. Sie kann nur über die Erziehung aller zur Demokratie als gemeinschaftlichem Denken und Tun führen. Daher ist Demokratie nie etwas Endgültiges, sondern sich in der Gestaltung Wandelndes.

Folge ist: Demokratie verlangt Selbstkritik. Sie hält sich nur, indem sie ihre Erscheinung verbessert.

3) Die Vernunft eignet grundsätzlich jedem Menschen. Daher hat jeder Einzelne seinen absoluten Wert und darf nie nur Mittel sein. Jeder ist unersetzlich. Das Volk sind alle und jeder. Das Ziel ist, daß jeder Mensch das eingeborene Wesen des Menschen, die Freiheit, gemäß seinen Gaben verwirklichen könne.

Die Folge ist: Demokratie will Gleichheit: sie will allen gleiche Rechte als gleiche Chancen geben. Dies Ziel ist, soweit es überhaupt möglich ist, allein durch den Rechtsstaat erreichbar. Die Handlungen aller, auch der Staatsführer, sind gebunden an Gesetze, die auf gesetzlich geordnetem Wege zustande kommen und geändert werden können. Ein Wandel der Verhältnisse verlangt einen Wandel der Gesetze. Die immer bleibende Ungerechtigkeit verlangt ohne Aufhören bessere Gesetze.

4) Vernunft wirkt durch Überzeugung, nicht durch Gewalt. Da aber durch Handlungen von Menschen die Gewalt wirklich da ist, muß Vernunft zur Selbstbehauptung gegen Gewalt auch Gewalt anwenden.

Folge ist: Demokratie wendet Gewalt an durch Polizei gegen Gesetzwidrigkeit, aber nur auf dem Wege gesetzlicher Regelung und richterlichen Urteils. Dadurch ist jeder gegen willkürliche und ungesetzliche Gewalt des Staates geschützt, hat Sicherheit für Leib und Leben.

5) Die Vernunft geht als Gesinnung allen bestimmten Gesetzen und Institutionen vorher. Vor allen Gesetzen und aller Gesetzgebung werden *Menschenrechte* anerkannt, die alle gemeinsam binden und befreien und selber nicht einer ihrer Natur nach wandelbaren Gesetzgebung unterstehen. – Vor aller Beurteilung, Wertschätzung und Ordnung dessen, was Menschen in ihrer Mannigfaltigkeit tun und sind, steht die *Liberalität* in der Anerkennung aller menschlichen Möglichkeiten. – Dem Erdenken, Beschließen und Befolgen der Gesetze geht voraus die *Empfindlichkeit gegen Ungerechtigkeit* und Unrecht überhaupt.

Die Folge ist: Demokratie formuliert Menschenrechte und sucht sie der Gefährdung durch künftige Beschlüsse zu entziehen. Sie schützt alle Einzelnen, schützt die Minoritäten gegen illiberale Vergewaltigung seitens der Mehrheit. Sie lebt durch die Aktivität der Sorge, die jedes Unrecht, das irgendeinem geschieht, zur Sache aller macht.

6) Die Vernunft vergißt in der politischen Verwirklichung nicht: Es sind immer Menschen, die regieren. Sie sind Wesen von derselben Art wie die Regierten. Menschen haben Mängel und sind Irrtümern ausgesetzt.

Die Folge ist: Auch die Regierung durch die besten Menschen bedarf noch zu irgendeinem Zeitpunkt der Kontrolle. Diese aber kommt wieder von Menschen. Daher ist sie notwendig gegenseitig: im geistigen Kampf der Diskussionen; in der Verteilung der Ämter; in den Rechenschaften.

AZM, 421 f.

Der Knoten in der Demokratie

Demokratie will die Herrschaft der Vernunft durch die Herrschaft des Volkes. Wie aber kann das Volk herrschen, wenn es noch nicht vernünftig ist?

Es ist die Frage, durch welche Mittel der Wille des Volkes sich selbst klar, öffentlich werden und sich verwirklichen soll. Die Mittel sind die Presse; die *Versammlung aller* (in sehr kleinen Demokratien als faktische Versammlung aller Bürger, in großen die Volksabstimmung über vorgelegte, vorher in der Öffentlichkeit allseitig und lange Zeit diskutierte Fragen); die *Repräsentation* des Volkes in gewählten Parlamenten.

Wie nun aber, wenn diese Mittel der demokratischen Idee sich gegen die Idee der Demokratie selber wenden? Wenn etwa ein Majoritätsbeschluß ihres Parlaments ihre eigenen Grundsätze verletzt (wie im selbstmörderischen Ermächtigungsgesetz des Deutschen Reichstags 1933), und wenn eine Volksabstimmung mit Mehrheit beschließt, daß der

Die Idee der Demokratie

Rechtsstaat abzuschaffen ist (1933 in Deutschland durch die darin übereinstimmende Mehrheit von Nationalsozialisten, Deutschnationalen und Kommunisten)? Was, wenn die Freiheit beschließt, daß keine Freiheit sein soll? Ist die Majorität berechtigt, zu beschließen, daß sie in Zukunft nicht mehr gelten soll? Ist sie berechtigt, die Demokratie abzuschaffen, die Menschenrechte zu tilgen, die Minoritäten zu vergewaltigen? Ist Recht und Gesetz, was alle Rechtlichkeit und Gesetzlichkeit durch Majoritätsbeschluß vernichtet?

Hier liegt der *Knoten*, der in allen demokratischen Gestaltungen irgendwann in einer kritischen Situation unauflöslich werden kann. Keine Staats*form* der Demokratie garantiert die *Idee* der Demokratie.

Wo ist die Instanz, den unauflösbaren Knoten zu durchhauen?

Die Demokratie setzt die Vernunft im Volke voraus, die sie erst hervorbringen soll. Die widervernünftige Gewalt verschwindet nicht, solange nicht alle vernünftig sind. Wenn aber die Vernunft das Volk im Stiche läßt, was dann? Man kann unterscheiden den Willen der augenblicklichen Mehrheit und den vernünftigen Grundwillen in dem dauernden Wesen des Volkes. Jener augenblickliche Wille kann irren. Die Minorität, vielleicht sehr wenige können aus jenem Grundwillen die Wahrheit vertreten. Aber in der Realität gibt es kein Organ, das Instanz jenes Grundwillens wäre. Jede Einrichtung, das Staatsoberhaupt, das kleinste Gremium, Parlament und Volksabstimmung – jede kann versagen und dem Widervernünftigen verfallen. Wir sind gebunden an reale Instanzen. In der Demokratie sind wir an Majoritäten gebunden mit der Voraussetzung, daß deren Beschlüsse in der Folge als irrig korrigiert werden können. Wenn aber der Beschluß jede Korrektur ausschließt, da er schlechthin vernichtend wirkt?

Den Mißbrauch der Einrichtungen der Demokratie gegen die Idee der Demokratie mit Sicherheit zu verhindern, ist keine Einrichtung fähig, sondern nur die dauernde vernünftige Gesinnung der Menschen, die jener Einrichtungen sich bedienen. Die Grenze ist dort, wo die Vernunft selber, in der Minorität, gegen die Gewalt der Vernichtung aller Vernunft durch die Majorität, duldet und sich vergewaltigen läßt. Damit aber öffnet sie die Schleusen für den Strom der Gewalt überhaupt (bis dieser, wie im Zweiten Weltkrieg, alle früheren Maße überschritt und durch einen Glücksfall am Ende wenigstens zur halben Wiederherstellung der Chancen der Freiheit führte; – das nächste Mal würde der Atomkrieg das Ende aller herbeiführen). Oder die Vernunft greift ihrerseits, nun nur in Gestalt großer Staatsmänner mit vielleicht winzigen Minoritäten, zum Maximum an geschickten Operationen mit Gesetzlichkeiten und im entscheidenden Augenblick gegen die Vergewaltigung durch Majorität und Terror zur Gewalt. Dieser Akt ist ungesetzlich – gegen die gesetzeszerstörenden Handlungen der formell legalen Majorität. Er ist durch keine Institution zu rechtfertigen.

Noch einmal dieselbe Erwägung: Demokratie kann sich als Wirklichkeit nur halten, wenn sie der nur rationalen Konsequenzen ihrer Freiheitsgesetze in den Institutionen Herr wird oder anders: wenn sie aus der Kraft der Idee selbstmörderische Abstimmungen meistert. Das aber ist nur möglich durch Handlungen derer, die in kritischen Augenblicken am Steuer stehen oder nach dem Steuer greifen. Dieselbe Form der gesetzlichen Institutionen kann zur Rettung wie zur Vernichtung der Demokratie benutzt werden (Brünings Rettungsversuch 1932 mit Notverordnungen gesetzlichen, daher notwendig partikularen Charakters; dann Papens und Hitlers Zerstörungsakte mit Handlungen der gesetzwidrigen Gewalt, aber zunächst noch formal gesetzlichen, doch dem Sinne nach auch schon gesetzwidrigen totalen Charakters). Kein Gesetz und keine Ordnung kann vorwegnehmen, was in solchen Augenblicken geschieht. Die einlinige rationale Konsequenz, die Jurisprudenz, die Ressorts, der Beamte – sie alle versagen. Der große Staatsmann, der sich in solchen Augenblicken zeigt oder ausbleibt, bewährt sich dadurch, daß er für seine Vernunft auch die Bundesgenossen an entscheidender Stelle mitzureißen vermag, und durch den Sinn seines mit Erfolg Dauer erwirkenden Handelns.

Demokratie ist tolerant gegen alle Möglichkeiten, muß aber gegen Intoleranz selber intolerant werden können. Sie ist gegen Gewalt, aber muß gegen Gewalt sich durch Gewalt behaupten. Sie läßt alle geistigen, sozialen, politischen Bewegungen zu, aber wo diese organisatorisch und durch Handlungen gegen den Gang der demokratischen Vernunft selber sich wenden, da muß die Staatsgewalt ihrerseits gegen sie handeln können. Demokratische Politiker und Beamte, unwürdig der Demokratie, werden eingesponnen durch ein Netz legaler Verstrickungen von der Intelligenz derer, die alle Legalität aufheben wollen. Sie können sich nicht befreien und verschleiern ihr Verpassen des Augenblicks dadurch, daß sie reden, nach allen Seiten verhandeln und nichts tun. Die Idee der Demokratie ist verloren in den Händen bloßer Politiker, die sie im pseudodemokratischen, emotionell erregten Leben sterben lassen. – Doch alle solche Überlegungen zeigen nur, daß die Demokratie auf vulkanischen Boden gebaut ist und nicht durch rechtliche Sicherheiten allein zu bewahren ist.

Die Demokratie ist gefährlich wie das gesamte Dasein des Menschen. Für die Weltgeschichte sind die großen kritischen Augenblicke in den jeweiligen Großstaaten entscheidend. Demokratie kann sich nicht halten allein in der Geduld des Ausgleichs, in der Verständigung der Kompromisse, im Aushandeln der Interessen auf mittlerer Linie. Das vermag sie in ruhigen Zeiten zu tun. Aber nur wenn in solchen Zeiten schon der Atem des Bösen gespürt und nicht vergessen wird, und wenn die Bereitschaft in ständiger Spannung bleibt, können die demokratischen Männer im drohenden Augenblick, statt im Schrecken gelähmt zu werden, im weiten Horizont die wagemutigen Entschlüsse finden und sie dann, andere ergreifend und überzeugend, festhalten.

AZM, 422–425

Idee und Ideal

Die Demokratie ist eine Idee. Das bedeutet, daß sie nirgends vollendet sein kann und daß sie sogar als Ideal sich einer anschaulichen Vorstellung entzieht. Der Mensch sieht mit seiner Vernunft das Ausbleiben einer richtigen, zum Abschluß zu bringenden Welteinrichtung. Der demokratischen Idee entspricht das Bewußtsein der Unvollendbarkeit des Menschen.

Als Idee aber ist sie nicht skeptische Schwäche, sondern das verständig Besonnene der Vernunft, das mächtig Bewegende, das enthusiastisch Ergreifende. Die Idee schwebt vor Augen – nie ergriffen, immer schon da –, stets auch entgleitend, ständig führend.

Dem bloßen Realisten scheint die Idee phantastisch. Er hat recht, wenn man in dem, was nur das Schema der Idee ist, schon das Programm für eine Verwirklichung und wenn man im Bewußtwerden der Impulse schon eine reale Leistung sehen wollte. Er hat nicht recht, wenn er verkennt, daß alle reale Leistung, die nicht nur augenblickliche, sogleich wieder zerrinnende Erfolge, sondern auf den Weg dauerhafter Gründungen bringt, gebunden ist an die Idee. Diese wird kräftig in der Weite der Horizonte, in der Breite des Wissens, in der Tüchtigkeit der Praxis. *AZM, 425*

Prinzipien eines Weltfriedenszustandes

Als Jaspers sein politisches Hauptwerk schrieb, war die Angst vor einem atomaren Krieg in Europa groß. Chruschtschow propagierte die friedliche Koexistenz der Systeme und versuchte damit die Sowjetunion aus ihrer Isolierung herauszuführen. Zugleich schlug er die Ungarische Revolution brutal nieder und ließ keinen Zweifel daran, daß er einen Machtverlust des Imperiums nicht hinnehmen werde. Beide Blöcke rüsteten in nie gekanntem Ausmaß und bedrohten sich gegenseitig mit immer neuen Kernwaffenversuchen. Die USA und die Sowjetunion waren im Besitz der Wasserstoffbombe und Großbritannien der Spaltungsbombe. Frankreich und China waren noch Schwellenmächte. Durch spektakuläre Erfolge der Sowjetunion in der Weltraumfahrt schien eine technische Überlegenheit des Ostblocks erstmals möglich zu werden. – In dieser Lage versuchte Jaspers, sich über die Prinzipien eines Weltfriedenszustandes klar zu werden, und zwar jenseits der realpolitischen Implikationen, im bloßen Raum der Möglichkeiten. Wie kann man angesichts der drohenden Gewalt die Bindungen des Rechts verstärken?, so fragte er. Wie wird uneingeschränkte Kommunikation möglich? Wie läßt sich der Gedanke der Revidierbarkeit aller Verhältnisse zur Geltung bringen? Ist all das möglich, wenn die einzelnen Staaten absolute Souveränität beanspruchen? Und ist es vereinbar mit dem Gedanken, daß alle Staaten gleichberechtigt sein sollen, ob sie nun demokratisch oder willkürlich oder totalitär vorgehen? Im Hintergrund hört man die an Kant orientierte Frage, ob Friede mit Staaten ohne demokratische Regierungsart möglich sei – und auch die Antwort: Nein. Die Alternative zum Frieden ist allerdings nicht allein der Krieg, sondern auch der Waffenstillstand, also jener Aufschub, in dem sich trotz allem etwas Wesentliches verändern kann. – Die nachfolgenden Texte sind dem Werk »Die Atombombe und die Zukunft des Menschen« (1958) entnommen.

Der Weltfriede wird nur durch eine neue Politik möglich sein. Wir entwerfen die Prinzipien des Weltfriedens in einer Konstruktion aus der Natur der Sache, ohne schon nach der Möglichkeit seiner Verwirklichung zu fragen. Zwar denken wir keine Phantasie von einem utopischen Reich makelloser Geister, wohl aber die Konstruktion aus Realitäten der Natur des Menschen und seiner Freiheit. Damit gewinnen wir einen Maßstab für das, was wir wollen, und für die Wirklichkeiten, die schon da sind.

Der Weltfriedenszustand beruht auf zwei Voraussetzungen. *Erstens* auf dem *freien Willen*: es soll Recht und Gerechtigkeit statt Gewalt herrschen. *Zweitens* auf der *Realität*: die

Menschenwelt ist nicht richtig und gerecht eingerichtet und wird nie vollkommene Gerechtigkeit erreichen; aber der Mensch kann sich bemühen, auf dem Wege zur Gerechtigkeit weiterzukommen.

Daher gilt im Dasein nichts als endgültig außer der Selbstbehauptung dieses in Freiheit auf Gerechtigkeit gerichteten Lebens.

Alles kann revidiert werden. Neue Realitäten treten auf. Neue Fragen werden aufgeworfen. Die Nachprüfung vollzieht sich vorbereitend im öffentlichen geistigen Kampf. Sie schreitet zur Verwirklichung in legalen Formen, die als Formen selber wieder legal revidierbar sind, aber, solange sie bestehen, als durch Gewalt unverletzbar anerkannt werden. Todfeind dieser Freiheit ist allein die Berufung auf Gewalt.

Da der Zustand nie der der vollendeten Gerechtigkeit sein kann, so ist er nur der Zustand des Rechts, der immer noch Unrecht einschließt, und der Zustand der Gewaltlosigkeit, der immer noch ein Minimum von Gewalt zur Aufrechterhaltung seiner selbst einschließt. Todfeind dieses Zustandes ist aber die Gleichgültigkeit gegen Unrecht und gegen Gewalt. Er ist in seiner Selbstbehauptung angewiesen auf die ständige Empfindlichkeit gegen das Unrecht und die Ungerechtigkeit und auf die Energie, sie zu korrigieren. *AZM, 40 f.*

Formulierung der Prinzipien

Die Prinzipien dieses Zustandes in und zwischen den Staaten lassen sich auf Grund der beiden ersten Voraussetzungen in folgenden Sätzen aussprechen:

I. Es müssen Bindungen gelten, damit die Gewalt nicht durchbricht.

a) Die Bindung fordert *Anerkennung der Gesetzlichkeit.* Verträge werden als rechtsgültig anerkannt, solange sie nicht durch neue Verhandlungen geändert werden.

b) Die Bindung fordert *Verzicht auf Willkür*. Die Überordnung des Rechtsgedankens hat daher zur Folge den *Verzicht auf absolute Souveränität*, und weiter den *Verzicht auf das Vetorecht* gegenüber den Beschlüssen irgendeines legal eingesetzten Gremiums. Der Verzicht auf absolute Souveränität und auf das Vetorecht bedeutet die Bereitschaft, mit den anderen »Souveränen« so vernünftig und so glaubwürdig durch ständig sich bewährende Handlungen umzugehen, daß eine Verantwortung in Gegenseitigkeit fühlbar wird und dadurch ein Vertrauen entsteht und wächst.

Dieses Vertrauen ist aber niemals von der Art, daß es sich nicht sichern müßte durch rechtliche Institutionen einer übergeordneten Instanz. Oder anders: das Vertrauen selber verlangt in Gegenseitigkeit, daß das, was sich in Rechtsformen vertraglich fixieren läßt und durch Rechtsentscheidungen erledigt werden kann, auch diese Formen annehme. Es geschieht, wie zwischen Freunden, zur Erleichterung der Ungewißheit in Daseinsfragen, um dadurch freieren Raum für die eigentlich menschlichen Zwecke zu gewinnen.

c) Es bleibt immer ein *Rest von Gewalt*. Es ist eine Täuschung, daß das Recht als solches sich zuverlässig durchsetze. Wie auch die Wahrheit, und nicht nur die Unwahrheit, ihren Advokaten braucht, so braucht das Recht Macht, die nicht schon die Macht des Rechts selber ist.

Der *Krieg* kann nur ausgeschaltet werden, wenn es eine oberste Rechtsinstanz gibt, die *an die Stelle von Gewalt* das Recht setzt und die auch die tiefstgehenden Meinungsverschiedenheiten und Interessengegensätze zu entscheiden vermag. Diese Instanz aber muß über eine wirksame Gewalt verfügen, um ihre Entscheidung durchzusetzen und zu erhalten. Wie ein Staat nicht die Polizei abschaffen kann, so die vertraglich sich verbindenden Staaten nicht die Gewalt, um die unter ihrer Garantie geschlossenen Verträge zu sichern. Das Zustandekommen der überstaatlichen, von den Staaten einzusetzenden, mit bisher unerhörter Vollmacht ausgestatteten Behörden, die Wirklichkeit der Form, in der die immer noch bleibende Gewalt als gemeinsame der Verfügung der Rechtsinstanz unterstellt wird, ist das große Problem.

d) Die Bindung fordert die *Anerkennung von Abstimmungen* der Majoritätsbeschlüsse, zuletzt der Entscheidung des Volkswillens auf diesem Wege. Freie und geheime Wahlen sind das Mittel der Erkundung des jeweiligen Volkswillens.

Wer politisch handeln will, soll das Volk in Kenntnis setzen, es überzeugen durch Denken, es durch Gründe, durch Anschauungen und durch Vorbild erziehen. Wahrheit muß auf die Dauer durch das Volk sich bestätigen lassen. Nur auf diesem Wege gibt es das Heranwachsen der Menschen zum Mitwissen der Dinge, zum Begreifen und zum Entschluß zu der allen Menschen aufgegebenen Umkehr.

Wer in Empörung über die Dummheit der Menge sich gegen die freien Wahlen wendet, der vergißt, daß die Herrschenden im Gang der Geschichte durchweg (nur in zufälligen Ausnahmen war es anders) nicht klüger, nicht wahrhaftiger, nicht besser, nicht verantwortlicher waren als die Mehrheit der Beherrschten, und diese nicht besser als jene, und, daß, je größer die Aufgabe wird, es um so mehr auf die Erziehung und Mitwirkung aller Menschen ankommt.

Kein anderes Mittel zur Befragung steht uns zur Verfügung als Wahlen und Abstimmungen. Daß in diesen das Beste erreicht wird, ist die Verantwortung eines jeden und vor allem derer, die sich um die Macht bewerben. In dem ständigen Kampfe der Geister in der Öffentlichkeit wird offenbar, was ist. Nur durch ihn kann der Boden im Mitwissen und Mitwollen des dann sich selbst erziehenden Volks, das heißt eines Jeden gewonnen werden. Freie und geheime Wahlen sind das allein faßliche Mittel der politischen Freiheit und des Friedens zugleich. Denn nur in dem Maße, als sie der Idee der Demokratie folgen und deren Bindungen anerkennen, sind die Staaten zum Frieden fähig.

II. Zur Konstituierung, Bewahrung und Entwicklung der Bindung bedarf es der uneingeschränkten Kommunikation.

a) Freiheit ohne Gewalt ist nur möglich bei Übermittlung der *Nachrichten*, bei *Verkehr* der *Völker* und bei *öffentlicher Diskussion*, und nur wenn dies alles ohne Einschränkung geschieht. Der Akt des beginnenden Friedensschlusses ist daher die Zulassung der Nachrichtenmitteilung und des geistigen Kampfes in der Öffentlichkeit über die ganze Welt, aber so, daß beide keiner Zensur unterworfen sind und ohne Gefahr für den Einzelnen stattfinden können. Wirkliche, weltweite, unbegrenzte *Publizität* ist Bedingung von Freiheit und Frieden.

b) Das *Prinzip der Wahrhaftigkeit* fordert: Tatsachen anerkennen; sich auf den Standpunkt des anderen stellen; differierende Daseinsinteressen sehen; seine eigenen wirklichen Motive aussprechen.

c) Friedensgemeinschaft ist nur vermöge der Kraft eines *öffentlich verbindenden Geistes*: eines empfindlichen *Rechtsbewußtseins*, das in der Mehrzahl der Fälle jeden sich mitverantwortlich fühlen läßt an geschehendem Unrecht. Nur dann kann das Unrecht nicht das Maß annehmen, daß unwiderstehlich die gewaltsame Empörung eintritt und den Friedenszustand aufhebt.

Seit den Sieben Weisen aus der Zeit der frühen griechischen Polis gilt in einem freien Staat für jeden Bürger der Satz: Das Unrecht, das einem anderen Bürger angetan wird, wird mir angetan. Ein freier Rechtsstaat oder eine republikanische Regierungsart (im Sinne Kants) ist nur dort, wo dieser Satz sich verwirklicht.

Was unter den Bürgern eines Staats gilt, das gilt in einem friedlichen Weltzustand unter allen Bürgern aller Staaten. Dieser Weltzustand fordert, durch die Gemeinschaft der Staaten einzugreifen zum Schutze der Menschen, die irgendwo ihrer Menschenrechte beraubt werden. Wie im Staat eine staatliche Instanz, so würde in den friedlich konföderierten

Staaten jeder Bürger eine überstaatliche Instanz mit Erfolg gegen Unrecht, das ihm durch seinen Staat geschieht, anrufen können und dürfen.

Die innere Aufgabe jedes Staates ist untrennbar von dem Interesse am Inneren aller anderen Staaten, aber nicht auf dem Wege des Eingriffs eines Staats in einen anderen, sondern auf dem Wege des Eingriffs seitens der übergreifenden von Staaten eingesetzten Gremien.

III. Damit die im Wandel der Dinge auftretenden Ungerechtigkeiten der Zustände nicht zur Gewaltsamkeit führen, muß eine friedliche Revision aller Verhältnisse offengehalten werden.

Der Anspruch der Gleichberechtigung der Menschen und Völker ist ein anerkanntes Prinzip. Aber mit der Forderung der Gleichberechtigung steht im Widerstreit die faktische Ungleichheit der Menschen und der Völker durch Naturanlage (die sich nie endgültig feststellen läßt) an Kraft und Begabung, durch ihre sichtbaren Leistungen, durch ihre Taten und deren Folgen, durch ihre Menge. Daher kann es nur eine Gleichheit der Chancen durch die von außen bedingten Möglichkeiten geben, nicht die Gleichheit der Wirklichkeit aller Menschen. Würde man äußerlich eine Gleichheit herstellen, so würde sie sich morgen durch die natürliche und ethische Verschiedenheit der Menschen wieder in Ungleichheit auch im Äußeren verwandeln. Eine über die Gleichheit der Chancen hinausgehende Gleichmachung der Menschen ist die höchste Ungerechtigkeit. Daher ist das Prinzip der Gleichberechtigung (als einer ethisch-politischen Wahrheit) nicht identisch mit dem der Gleichheit (als einer die natürlichen und ethischen Realitäten verleugnenden Unwahrheit). Soll Friede sein, so muß das untilgbare Ungleiche grundsätzlich respektiert werden, damit es ohne Gewaltsamkeit Rangordnungen entstehen lassen darf.

Aber die Ungleichheiten und damit die faktischen Rangordnungen sind stets in Wandlung. Die in ihrem Besitz befestigte Ungleichheit ist ungerecht.

Wohl gibt es eine geschichtliche Kontinuität durch das, was die Eltern und Ahnen getan und hervorgebracht haben. Sie haben einen Grund gelegt, der fortwirkt. Ihm entspringen Berechtigungen durch Herkunft und Gründung, aber nur soweit sie sich gegenwärtig glaubwürdig darstellen und bewähren. Es gibt nicht endgültig bestehende, für immer gültige Wirklichkeiten der Rangordnung durch Geburt, Herkunft, Tradition, Besitz.

Prinzip des Friedenszustandes ist daher sowohl die Anerkennung der Unterschiede wie die Bereitschaft, die realen Rangverhältnisse auf Grund der faktischen Wandlungen der Ungleichheiten zu revidieren, aber nur auf gesetzlichem Wege, nach geistiger Vorbereitung.

So müssen auch faktisch ungerecht gewordene politische Grenzen und Verträge auf gesetzlichem Wege revidierbar sein. Unterworfene oder sich zu einer faktischen Besonderheit entwickelnde Völker sind auf ihren Willen hin durch eine überstaatliche Instanz freizugeben. –

Leicht ist die Konstruktion solcher Prinzipien eines politischen Friedenszustandes. Gedachte und für recht anerkannte Prinzipien sind aber dadurch nicht auch schon wirklich.

Noch leichter ist es, über sie zu lächeln unter Hinweis auf die Realitäten. Man nennt sie Utopien, wenn man sich selbst für einen klugen Realisten hält. Kant antwortet: »Eine Verfassung von der größten menschlichen Freiheit nach Gesetzen, welche machen, daß jedes Freiheit mit der anderen ihrer zusammen bestehen kann, ist doch wenigstens eine notwendige Idee ... Nichts kann Schädlicheres und eines Philosophen Unwürdigeres gefunden werden, als die pöbelhafte Berufung auf vorgeblich widerstreitende Erfahrung, die doch gar nicht existieren würde, wenn jene Anstalten zu rechter Zeit nach den Ideen getroffen würden.«

Darum sind jene Konstruktionen keine Utopien, solange sie im Sinne der Idee verstanden werden. Sie sind in ihrer Entfaltung ein Schema der Idee, deren Erfüllung unendliche

Aufgabe bleibt, und sie sind als solche die Maßstäbe zur Prüfung und Beurteilung der Wirklichkeit und die Leitfäden für die Wirksamkeit der Idee in uns. *AZM, 41–45*

Die faktische Verwerfung der Prinzipien eines Weltfriedenszustandes heute

Gegenwärtig läuft die Politik noch in denselben Bahnen wie von jeher, benutzt dieselben Mittel und dieselbe Sophistik der Argumentationen wie immer. Es ist daher leicht zu zeigen, wie heute noch das Gegenteil jener Prinzipien wirksam ist. Sie gelten innerhalb von Staaten nur bis zu einem gewissen Grade und damit unzuverlässig, zwischen den Staaten aber entweder gar nicht oder, wenn ein wenig, so nur bei einem Teil der abendländischen und vom Abendland beeinflußten Staaten.

Die Prinzipien des Friedens aber werden nicht nur faktisch mißachtet. Da die meisten Menschen Frieden wollen, werden von den Staatsmännern Friedensprinzipien *ausgesprochen*. Diese aber sind heute die einer wirklich friedlichen Weltordnung gerade entgegengesetzten:

Als unantastbar soll gelten: Die *absolute Souveränität* jedes Staates; daher die Forderung der gegenseitigen *Nichteinmischung* und des *Vetorechtes* in gemeinsam errichteten Gremien. – Die *Gleichberechtigung* aller in ihrer Willkür. – Die friedliche Koexistenz der vermöge total verschiedener Rechtsgrundgedanken sich ausschließenden Staats- und Gesellschaftsformen bei *Verwehrung gegenseitigen freien Verkehrs* durch eiserne Vorhänge. – Sehen wir diese Prinzipien im einzelnen an:

Absolute Souveränität und *Nichteinmischung* müssen heute in der Not nur darum gelten, weil so der unfehlbare Mißbrauch der Einmischung verhindert und der Krieg verschoben wird. Für einen wirklich friedlichen Weltzustand wären sie unerträglich. Denn unter rechtlichem Maßstab sind die Ansprüche absoluter Souveränität und der Nichteinmischung identisch mit dem Anspruch auf die eigene Willkür, in konkreter Situation allein zu entscheiden, was rechtens sei, das heißt faktisch auch selber Unrecht tun zu dürfen. Sie bedeuten die Bereitschaft zum Vertragsbruch und zum Kriege, soweit die eigene Macht es erlaubt, und die Umstände es geraten erscheinen lassen, sie zum eigenen Vorteil anzuwenden. Der Vorbehalt des *Veto* innerhalb der beschlußfassenden Institutionen macht jede Überordnung eines Rechtsprinzips über die Staaten unmöglich.

Die Nichteinmischung verwehrt dem rechtlichen Geist, sich als gemeinsamer im Verkehr der Staaten miteinander zu entwickeln. Wie jeder Bürger eines Staates das Unrecht, das einem anderen geschieht, als ihm selber angetan empfinden muß, so müßte jeder Staat vor dem Unrecht, das den Bürgern eines anderen Staates geschieht, als von einem ihm selbst widerfahrenen Unrecht betroffen sein. Weder ein Staat noch eine Staatengemeinschaft kann Bestand haben, wenn die Bürger gegen das Unrecht, das Bürger in anderen Staaten trifft, gleichgültig bleiben.

Staaten, die eine terroristische Gewalt gegenüber ihren Untertanen üben, verwirklichen in sich den Unfrieden durch ihre Gewaltanwendung und bedrohen den Frieden der Welt, weil sie stets bereit sind, solche Gewalt von ihrem Staat über die Menschheit zu verbreiten.

Gleichberechtigung macht den Frieden unmöglich, wenn sie eine Gleichberechtigung der Willkür bedeutet und nicht nur das gleiche Recht, auf legalem Wege für seine Interessen einzutreten.

Wer keinen *freien Nachrichtenverkehr* und keine *freie öffentliche Diskussion* aller Fragen in seinem Staate zuläßt, wer nicht das Ringen von Parteien um Entscheidungen in freien Wahlen erträgt, der bezeugt, daß er sich unbedingt behaupten will als das, was er als dieser Machtapparat ist, was er aber ohne Gefahr für sich öffentlich nicht zeigen darf. Denn die Notwendigkeit des Verschweigens beweist, daß Unrecht getan wird. Wer etwas der Öffentlichkeit entziehen will, will Unrechtes, wenn es um öffentlich relevante, für die Gemeinschaft nicht gleichgültige Handlungen geht. Verschweigen, List und Lüge sind schon potentielle Gewalt. Wer die Macht oder den günstigen Zeitpunkt zur Anwendung von Gewalt nicht hat, arbeitet vorläufig mit Betrug im Gewande *friedlicher Koexistenz*. Er bereitet durch jede nur mögliche »friedliche« Schwächung des Gegners den endgültigen Gewaltakt vor. Um ihn zu verwehren, bedarf es der Publizität. Nicht nur die Herrschenden müssen miteinander reden, sondern die Völker. Eiserne Vorhänge bedeuten Gewalt und Freiheitsberaubung. *AZM, 45 f.*

Im Versagen der Politik die überpolitische Macht der sittlichen Idee

Da die politische Situation der Welt absolut neu war, die Praktiken der Politiker aber die alten geblieben waren, mußte Jaspers annehmen, daß sie scheitern würden. Er suchte deshalb nach einer Verankerung des politischen Handelns, die verläßlicher war als der Kalkül der Wahrscheinlichkeit. Er glaubte sie im Ethos des Einzelnen zu finden, aus dem die Umkehr des Handelns und der Denkungsart erfolgen sollte. »Wer weiter lebt wie bisher, hat nicht begriffen, was droht.« Und: »Ohne Umkehr ist das Leben der Menschen verloren.« Diese Umkehr ist nicht wie die Politik zu planen. Sie ist nicht Zwecken unterstellt, auch nicht dem Zweck, das Dasein der Menschheit zu erhalten. Sie ist vielmehr selber der Zweck, der hoffen läßt, daß letztlich nicht alles scheitert. Auch dachte er sie nicht als eine Art der Bekehrung zu einer neuen, zeitgemäßen Moral. Denn diese wäre für Jaspers schon ein mechanisches Normenwerk ohne Lebendigkeit gewesen. Das Ethos mußte eher als Ursprung verstanden werden, der der Fokus des existentiellen Handelns ist. Die These der Umkehr aus dem Ethos besagt also etwa: Erst wenn das politische Denken und Handeln in jenem Punkt verankert ist, der unsere Existenz in ihrem Zentrum trifft, wird sich in der Politik etwas zum Besseren verändern. Dies war die wohl umstrittenste These von Jaspers' politischer Philosophie überhaupt. Kein Leser, der ihr nicht widersprochen hätte. Denn, so wurde etwa gesagt, das Handeln aus dem Ethos ist zu privat und zu intim. Es hat nicht den Wirkungskreis, der etwas an den politischen Verhältnissen zu verändern vermöchte. Dennoch ist zu fragen, ob Jaspers in seiner These nicht einfach konsequent dachte. Wenn nämlich Politik im politischen Handeln des Einzelnen verankert sein soll, das politische Handeln aber zugleich im Ethos, war der Appell an dieses in politischen Belangen durchaus stringent. – Der Text stammt aus der Schrift »Die Atombombe und die Zukunft des Menschen (1958).

1. Weil Torheit und Bosheit, die bisher begrenzte Folgen hatten, heute die ganze Menschheit ins Verderben reißen, weil wir nunmehr, wenn wir nicht insgesamt miteinander und füreinander leben, insgesamt zugrunde gehen werden, verlangt die neue Situation eine ihr entsprechende Antwort.

Die über alles Politische hinaus liegende Antwort auf die immer schon unheilvolle menschliche Situation ist längst gegeben und oft wiederholt, seitdem die *Propheten* des Alten Testaments sie wagten und für immer lehrten. Weil sie aber in der Folge der Zeiten, ob im Ernst oder im Unernst, immer wieder vergeblich gegeben wurde, sind viele ihrer überdrüssig geworden. Erinnern wir trotzdem an die alte und immer neue und jederzeit gültige Forderung, welche die Situation heute mit nicht mehr überbietbarer Dringlichkeit stellt: Es genügt nicht, neue Institutionen zu finden; uns selbst, unsere Gesinnung, *unseren sittlich-politischen Willen* müssen wir verwandeln.

Was längst im einzelnen Menschen da war, wirksam in kleinen Umkreisen, aber ohnmächtig im Ganzen blieb, ist nun zur Bedingung für den Fortbestand der Menschheit geworden. Ich glaube nicht übertreibend zu reden. Wer weiter lebt wie bisher, hat nicht begriffen, was droht. Es nur intellektuell zu denken, bedeutet noch nicht, es in die Wirklichkeit seines Lebens aufzunehmen. Ohne Umkehr ist das Leben der Menschen verloren. Will der Mensch weiterleben, so muß er sich wandeln. Denkt er nur an das Heute, so kommt der Tag, mit dem der Atomkrieg beginnt, durch den wahrscheinlich alles ein Ende hat.

2. Wie aber steht es *heute faktisch?* Während die politischen Wirkungskräfte nicht weit genug reichen, sehen wir noch nichts von einem Wandel der sittlichen Motive. Der Mensch ist geblieben, wie er immer war: dieselbe Gewaltsamkeit, Rücksichtslosigkeit, Kriegstollkühnheit, – und demgegenüber dieselbe Bequemlichkeit, das Nichtsehenwollen, das Ruhebedürfnis und der Mangel vorausehender Sorge bei denen, welchen es im Augenblick wohlergeht (sie ließen sich in solchem Zustand stets von kühnen Draufgängern überspielen), – dieselbe Unverschämtheit von Erpressungen und Nachgiebigkeit gegenüber solchen Erpressungen, – dasselbe Verstecken aller hinter rechtlichen Argumentationen unter einer nur fiktiven Instanz, die von den einen heimlich verachtet, von den andern als Sicherung ihrer Bequemlichkeit angesehen wird, und von jedem im entscheidenden Augenblick preisgegeben werden kann.

Der Wandel kann nur geschehen durch jeden Menschen in der Weise, wie er lebt. Zuerst kommt es allein auf ihn selber an. Jede kleine Handlung, jedes Wort, jedes Verhalten in den Millionen und Milliarden ist wesentlich. Was im großen vor sich geht, ist nur Symptom dessen, was in der Verborgenheit der vielen getan wird. Wer nicht Frieden mit seinem Nachbarn halten kann, wer durch bösartiges Verhalten dem andern das Leben schwermacht, wer im verborgenen ihm Unheil wünscht, wer verleumdet, wer lügt, wer die Ehe bricht, seine Eltern nicht ehrt, die Verantwortung für seine Kinder in der Erziehung nicht übernimmt, wer die Gesetze bricht, – der verhindert durch sein Tun, das selbst in der abgeschlossenen Kammer nie nur privat ist, den Frieden der Welt. Er tut im kleinen, was im großen die Selbstvernichtung der Menschheit zur Folge hat. Es gibt im Sein und Tun des Menschen nichts, das nicht auch politische Bedeutung hat.

So bedarf auch das Tun der Staatsmänner der Erhellung aus dem Ethos, das die Voraussetzung für das Am-Leben-Bleiben der Menschheit ist. Wenn einer am Konferenztisch die beschwörendsten sittlich-politischen Reden gehalten hat und zu Hause sich treulos verhält, so ist er mitschuldig am Fortgang des Unheils. Wenn er mit dem toleranten Sinn für Menschliches – Allzumenschliches in seinem Amtsbereich Menschen mit verwahrloster Lebensführung duldet, so untergräbt er den verläßlichen Geist des Ganzen. Wenn einer das Wunder der Verwandlung des sittlichen Menschen will und doch in der Welt mit aller Intelligenz am gedankenlosen Weitermachen mitwirkt, dann mißbraucht er ein unverbindlich gewordenes Formulieren zur Verschleierung und macht das Sittliche selber verdächtig. So geht es weiter: redend, verhandelnd, unternehmend, organisierend, bis der Tag kommt, an dem alles wie mit einem Wischer beseitigt wird.

Man fragt wohl, wie denn das »private« Verhalten auf das politische Handeln wirken könne. Offenbar habe doch das eine mit dem anderen nichts zu tun: Diese Frage weist mit Recht darauf hin, daß eine unmittelbare Kausalwirkung nicht vorliegt. Aber sie verkennt, daß das Private Symptom des Menschen ist, der einer und derselbe bleibt, in welchem Bereich er sich auch bewege. Nur Opportunität läßt ihn in einem Bereich an Regeln festhalten, die er sonst vielleicht nicht befolgt. Der Börsenmakler hält sein Wort, weil er, wenn er es ein einziges Mal nicht täte, in seinem Beruf ausgespielt hätte. Der Politiker befolgt Regeln, welche die einer Gemeinschaft von Staaten sind, weil ihre Verletzung unter normalen Umständen zu unangenehme Folgen hätte. Aber in der Politik ist, im Unterschied von besonderen Berufen, das Normale selber die Ausnahme, die den Schein des Dauernden hat. Es ruht jederzeit entweder auf dem Grunde der Kraft letzter erinnernd wirksamer Entscheidungen oder steht auf dem Sande der Vergessenheit, der bald ins Gleiten kommt. Was zu tun dem Politiker kein Ethos gebot, sondern die Opportunität eines Bereichs und die Konventionen einer gesellschaftlichen Gruppe, das kann er nicht fortsetzen, wenn es um Sein und Nichtsein geht. Dann sprechen Motive, die nicht für diesen Fall, wie etwa für einen auch bestimmbaren Bereich, als besondere auftreten und bis dahin aufgeschoben werden können. Die Motive, die hier zur Geltung kommen müssen, wirken nur, wenn sie ein Leben lang unter politisch harmlosen Umständen und im ganzen Leben des Einzelnen schon gewirkt haben, und wenn dazu in der Politik selber jederzeit das Bewußtsein von Sein und Nichtsein, das Äußerste, aus dem dunklen Hintergrund schon seinen Anspruch stellte und nicht in der Gemütlichkeit eigentlich kampfloser Freundlichkeit und Schläue vergessen wurde. Das Ethos ist nur eines und nicht teilbar.

3. Wenn das Politische abhängig ist vom Überpolitischen, so muß *das Überpolitische* selber *unabhängig* bleiben von der Politik. Wenn Politik nur gut ist im Dienste des Überpolitischen, so tötet sie das Überpolitische durch Politisierung. Die Verabsolutierung der Politik führt zum Versagen selbst den politischen Aufgaben gegenüber. Bleibt Politik nicht abhängig vom Überpolitischen, so kann sie blind in den Ruin rasen.

In der Verfassung freier Staaten ist dieses Verhältnis sichtbar vertreten in der Überordnung des Verfassungsgerichtshofs über die Politik, wenn es sich um die Verfassungsgemäßheit einer politischen Aktion handelt. Die »Politisierung der Justiz« wird dann mit der Zerstörung des Überpolitischen zum Verderben der Politik selber. Dagegen ist die Redewendung von der nicht zuzulassenden »Justifizierung der Politik« ein ahnungsloses Bonmot im Ausweichen vor der großen Entscheidung für den Ernst des Überpolitischen, das als das sichtbar zur Geltung kommende Rechtsbewußtsein der Politik Grenzen setzen soll. Durch seine Verläßlichkeit konstituiert dieser Ernst das sittlich-politische Bewußtsein eines Volkes.

4. Im Gegensatz zu allem Politischen ist *das Ethos nicht zu planen*. Es wäre ein falscher Sinn, wenn der sittliche Ernst nicht seiner selbst wegen, sondern als Mittel zur Erhaltung des menschlichen Lebens gemeint wäre. Er ist umgekehrt. Die Unbedingtheit im überpolitischen Ethos kann die Rettung des menschlichen Lebens zur Folge, aber nicht zum Ziel haben. Das Ethos als Mittel einzusetzen, um das bloße Leben zu retten, ist vergeblich, weil in solcher Zweckhaltung das Ethos selber preisgegeben wird.

Während alles Planbare in den politischen Raum rückt, müßte – so kann man denken – etwas Unplanbares geschehen. Hier findet die Frage: Was sollen wir tun? keine Antwort mehr, die angibt, wie es zu machen sei, sondern hört den Ruf der alten Propheten an schlummernde Möglichkeiten. Heute vor der äußersten Drohung, ist mehr nötig als nur bessere Einsicht: eine Umkehr des Menschen. Diese Umkehr ist aber nicht zu erzwingen.

Man kann die Realitäten zeigen und die fordernde Stimme aus Jahrtausenden zum Sprechen bringen. Beides müßte bis in den Unterricht der Schulen dringen: was Menschen von Möglichkeiten der Zukunft wissen können, und was jene Stimme fordert. Ob dadurch im einzelnen Menschen etwas geschieht, das ist schon im jungen Menschen der Freiheit jedes Einzelnen überantwortet. Wenn die Grundtatsachen unseres politischen Daseins heute offengelegt sind, die Konsequenzen der Verhaltensweisen entwickelt werden, dann liegt die Antwort bei dem Einzelnen, nicht durch eine Meinung, sondern durch sein Leben.

5. *Kann der Mensch anders werden?* Ist die Umkehr möglich? War der Mensch nicht immer der gleiche in drei, in fünf Jahrtausenden, die wir geschichtlich kennen, und in den früheren, die wir erschließen? Man sagt: Der Mensch kann nicht anders werden. Die Geschichte lehrt: Was immer Menschen Großes hervorgebracht haben, Menschen haben es als-

bald wieder zugrunde gerichtet. Die Geschichte ist ein Trümmerfeld. Auf Grund der Erfahrung kann man keine Änderung erwarten.

Was an dieser These richtig ist, trifft die natürliche Gegebenheit des Menschen als eines Lebewesens unter anderen. Aber es trifft nicht zu für das, was den Menschen zum eigentlichen Menschen macht, der nicht nur eine zoologische Spezies ist: Bei gleichbleibender psychophysischer Konstitution wandelt der Mensch in immer wieder vollzogener Umkehr seine geschichtliche Erscheinung. Alles Große, Leuchtende und als Vorbild Wirksame ist, gegen alle mögliche Erwartung, trotz des gleichbleibend Niederziehenden erwachsen aus anderem Ursprung. Trotz dessen, was Biologie und Psychologie erfassen, ist geschichtlich ein Wandel des Menschen möglich. Er ist geschehen mit den alten Propheten in Israel, mit den Denkern und Dichtern in Griechenland, mit den spätantiken und christlichen Erneuerungen in den ersten Jahrhunderten, mit dem biblisch gegründeten Ethos der protestantischen Welt. Jede dieser Wandlungen ist zwar bald verkümmert, aber als fordernde Erinnerung geblieben.

6. Das *Ethos* wird *Moral*, wenn es sich erschöpft in Geboten und Verboten. Diese Moral hat noch ihre Wahrheit, aber nur als Moment eines Übergreifenden. Sie gilt zwar unbedingt, ist nicht zu überspringen, sofern sie das ist, was in Kants Kategorischem Imperativ als Form ausgesprochen ist. Aber wie sie konkret vom Material der zeitlichen Situation erfüllt wird, ist nicht zu errechnen. Die Form des Unbedingten hat den Inhalt nicht zur ableitbaren Folge.

Das Moralische hat einen Ehrenplatz in den Reden der Politiker. Sie brauchen es gern zum Abschluß einer Rede, gleichsam als Dekoration, damit der Hörer in guter Stimmung und mit erhobener Brust von dannen gehe. So las ich einen Redeschluß in dem drei Sätze standen: »Auch das Moralische kann ein Stück Macht sein« ... »Im Atomzeitalter wird uns keine Politik zu etwas führen können, wenn sie nicht tief im moralischen Bewußtsein der Völker fundiert ist«. ... »Wenn es ums Moralische geht, muß man immer bei sich selbst anfangen.« Die Wahrheit dieser drei Sätze würde sich zeigen, wenn sie im Gedanken sich entfaltete und wenn sie durch das Tun des so sprechenden Politikers in seiner Person bewährt und sichtbar und überzeugend und dadurch als Vorbild wirksam würde.

Das Ethos verdünnt sich zur bloßen Moral, wenn es sich löst von dem unsere Wirklichkeit gründenden Opfermut und von der großen Vernunft, die mehr ist als der bloße Verstand. Vernunft hat die Führung für Ethos und Opfermut, obgleich beide mit ihr aus dem Unbedingten kommen. Was im Ethischen verborgen ist, ist mehr als nur ethisch.

AZM, 49–53

Die späten Kämpfe um die Bundesrepublik

In den späten Jahren, vor allem ab 1965, galten Jaspers' politische Sorgen überwiegend der Entwicklung in der Bundesrepublik. Er meinte in ihr eine Tendenz zur Parteienoligarchie und zur Diktatur zu erkennen. In Projektionen von ungewöhnlicher Schärfe zeigte er, was werden könnte, wenn ... Nichts von all dem war als Prognose gedacht, sondern als kassandrische Warnung, mit der er Gefahren zum Bewußtsein bringen wollte, um ihre Verwirklichung zu verhindern. Heute noch erwähnenswert sind sein Kampf für eine internationale Gerichtsbarkeit zur Aburteilung der Verbrechen gegen die Menschheit, dann der Kampf gegen die Verjährung eben dieser Verbrechen sowie der Kampf gegen die Notstandsgesetzgebung, welche ihn an das Ermächtigungsgesetz von 1933 erinnerte. Mit einer Selbsteinschätzung seiner Wirkung als politischer Schriftsteller beschließen wir die Texte zur Politik. Sie sind den Werken »Wohin treibt die Bundesrepublik?« von 1966 sowie »Hoffnung und Sorge« von 1965 entnommen.

Eine grundsätzlich neue Art des Verbrechens

1961 kurz vor dem Beginn des Eichmann-Prozesses in Jerusalem sagte ich in einem Interview: »Niemand leugnet, daß im Fall Eichmann ein Verbrechen vorliegt. Aber dieses Verbrechen hat die Besonderheit, daß es in keinem Strafgesetzbuch vorkommt. Diese Verbrechen werden vom ›politischen‹ Willen eines Staates bestimmt.« Aber Täter waren immer einzelne, und diese sind als Menschen die Schuldigen, in denen nicht eine Gesinnung, sondern die aus einem menschheitswidrigen Prinzip folgende Tat bestraft wird. Die Besonderheit dieses Prinzips, das zum erstenmal in die Welt getreten ist, muß deutlich werden.

In jenem Interview: »Von Hannah Arendt hörte ich einmal im Gespräch die Unterscheidung zwischen ›Verbrechen gegen die Menschlichkeit‹ und den ›Verbrechen gegen die Menschheit‹.« In diesen erhebt eine Gruppe von Menschen den Anspruch, zu entscheiden, daß eine durch unveränderliche Merkmale gekennzeichnete andere Gruppe von Menschen nicht leben dürfe, daher auszurotten sei. Die Tat der Ausrottung durch Massenmord kann mit Erfolg nur mittels eines Staates durchgeführt werden, der die Gewalt dazu hat. Verbrechen gegen die Menschheit sind solche, die die Menschheit selber im Sinne des Menschseins bedrohen und das Dasein der Menschheit als solches in Gefahr bringen.

Es sind keine Gesinnungsverbrechen, denn das Prinzip kann nicht als eine unter Menschen mögliche Gesinnung anerkannt werden. Als Gedanke wird das Prinzip durch den Gedanken bekämpft. Wenn die Tat folgt, muß die Menschheit in uns durch die Tat antworten.

Hier handelt es sich auch nicht um Kriegsverbrechen, die als Unmenschlichkeiten im Kampf mit waffentragenden Gegnern oder gegen den Besiegten stattfinden. Denn die zu Vernichtenden waren als waffenlose Juden ohne Armee nicht Kriegsgegner. Wer das behaupten wollte, wäre schwachsinnig oder bösen Willens.

Weder ein Prinzip noch ein Staat sind Gegenstand richterlicher Bestrafung. Aber jedes Individuum, das nach dem neuen, nun in die Welt getretenen Prinzip handelt, ist schon kriminell, ist zu bestrafen. Der Verbrecherstaat aber muß vorher vernichtet sein, damit Urteil und Strafe erfolgen können.

Instanz für die Aburteilung solcher Verbrechen wäre die Menschheit selber, wenn sie als Ganze eine gerichtliche Institution mit Vollstreckungsgewalt besäße. Wie in einem einzelnen Staat der Mord an einem Menschen das allgemeine Interesse betrifft, weil, wenn solche Morde stattfinden, alle bedroht sind und der Staat nicht bestehen kann, so betrifft in diesem Falle der Mord an einer Menschengruppe – an den Juden – die ganze Menschheit. In gegenwärtigen Situationen sind es die Rechtsstaaten der freien Welt, die durch ihre Gerichte, als Vertreter für das Gericht der Menschheit, urteilen.

Bei den Auschwitz-Prozessen stand das öffentliche Bewußtsein im Vordergrund, unter welchen unvorstellbaren Qualen durch sadistische und mordlustige Kreaturen den ihnen preisgegebenen Menschen, Männern und Frauen, Greisen und Kindern, das Leben zuerst zur Hölle gemacht wurde, bis ihre Tötung vollzogen war. Diese Taten sind nach dem StGB. zu erfassen. Was nicht im Vordergrund war, das aber ist das Wesentliche. Denn was ungetrübt durch sadistische Züge, als reiner Vernichtungswille gegenüber Menschengruppen in Erscheinung getreten ist, das erst ist das Neue, ungeheuer Drohende unter den Merkzeichen am Gewitterhimmel der Zukunft. Die Rassenvernichtungen etwa seitens Chinas oder der Farbigen hätten ihr erstes, der Menge von ein paar Millionen nach noch geringes Vorbild.

Wer Handlungen begeht, um einen Beschluß der Ausrottung durchzuführen, ist ein Feind des Menschengeschlechts und darf selber als solcher nicht leben. Wenn, was auf Grund prinzipieller Erwägungen und auf Grund von Erfahrungen sinnvoll ist, die Todesstrafe abgeschafft wird, so hat doch die Todesstrafe für Massenmörder aus dem Vernichtungswillen gegenüber bestimmten Menschengruppen ihren bleibenden Sinn.

Folgt daraus: Weil kein vorliegendes Strafgesetzbuch ausreicht, können diese Verbrechen nicht bestraft werden? Keineswegs, vielmehr folgt: Weil es sich um eine neue Art von Verbrechen handelt, bedarf es einer Erweiterung des Strafgesetzbuches auf einen Bereich, den es im normalen Rechtsstaat nicht gibt. Dieser Teil des Strafgesetzbuches bezieht sich auf einen künftigen oder vergangenen Verbrecherstaat, dessen Täter durch dieses Gesetz für die Zukunft bedroht, für die Vergangenheit belangt werden. Zur Geltung kommen diese Gesetze nur im Rechtsstaat, der sich gegen den Verbrecherstaat wendet.

Ohne solche besonderen Gesetze bürdet der Staat den Richtern auf, was er selber versäumt. Die Richter können dann nur rechtsprechen, wenn sie selber rechtschöpfend nicht allein auf das Strafgesetzbuch sich stützen, sondern auf das Völkerrecht gemäß Artikel 25 unseres Grundgesetzes: »Die allgemeinen Regeln des Völkerrechtes sind Bestandteil des Bundesrechtes. Sie gehen den Gesetzen vor und erzeugen Rechte und Pflichten unmittelbar für die Bewohner des Bundesgebietes.« *B, 58ff.*

Wider die Verjährung der Verbrechen gegen die Menschheit: »Mein Telegramm«

Am Vorabend der großen Sitzung (der Abstimmung über die Verjährung, Hrsg.) schickte ich in gesteigerter Unruhe, vielleicht weil ich krank lag, aus törichtem emotionalem Impuls ein Telegramm an den Bundestagspräsidenten Dr. Eugen Gerstenmaier. Es war eine unter fünfhundert anderen Zuschriften, die an ihn gingen, und die er schon aus physischen Gründen gar nicht zur Kenntnis nehmen konnte. Jetzt bin ich zwar nicht mit der Absendung, wohl aber mit dem Inhalt des Telegramms zufrieden. Es lautete:

»Wäre ich Politiker, würde ich auf drei Entscheidungen drängen:

1. Sofortige Aufhebung der Verjährung für Verbrechen gegen die Menschheit, damit das Gewissen der Abendländer nicht verletzt wird;
2. Beauftragung der Regierung zur beschleunigten Ausarbeitung eines Gesetzes über die Verfolgung der Verbrechen gegen die Menschheit, damit die Richter aus dem gegenwärtigen Zustand der Widersprüchlichkeit und Ratlosigkeit befreit werden;
3. Erinnerung an die Tatsache, daß nach dem Grundgesetz für die Bundesrepublik Völkerrecht vor Landesrecht geht, und Appell an die rechtsschöpferische Kraft, die dieser Grundlage erwächst.«

Die drei Punkte dieses Telegramms kamen in den Bundestagsdebatten nicht vor.

Der erste Punkt – Aufhebung aller Verjährung für Verbrechen gegen die Menschheit – konnte nicht zur Sprache kommen, weil der Begriff des »Verbrechens gegen die Menschheit« nicht existierte, sondern nur der Begriff des Mordes. Man könnte denken, daß Benda, als er seinen Antrag änderte im Sinne der Aufhebung jeder Verjährung, von diesem grundsätzlichen Motiv bestimmt gewesen sei. Doch dafür gibt es keine Andeutung.

Der zweite Punkt – Notwendigkeit einer neuen Strafgesetzgebung für die neuen Verbrechen, die nur in dem Ausnahmezustand des Verbrecherstaates stattfinden konnten – war erst zu begreifen, wenn der Verbrecherstaat mit allen Konsequenzen dieser Auffassung als solcher erkannt wurde. Da diese Verbrechen in keinem zivilisierten, in diesem Sinne normalen Staate vorkommen, gehören sie auch nicht in das Strafgesetzbuch eines Rechtsstaates. Aber der Rechtsstaat kann für diesen Ausnahmezustand eines andern, eines Verbrecherstaates, nun vorweg die bis dahin unbekannten Verbrechen durch Gesetz bestimmen und unter Strafe stellen, die allerdings erst vollzogen werden könnte, wenn der etwa wiederkehrende Verbrecherstaat wie der NS-Staat überwältigt wäre. Es ist kein neues Strafrecht, das im Rechtsstaat selber von Belang ist. Denn in ihm können diese Verbrechen, die ja in der Wurzel Verbrechen des Staates selber, wenn auch als Verbrechen immer Taten Einzelner sind, gar nicht vorkommen. Die Notwendigkeit dieser einzigartigen Ausnahmegesetze, die niemals mit dem normalen Strafgesetzbuch zu treffen sind, wurde in den Bundestagsdebatten nicht oder nur indirekt berührt durch die richtigen Darlegungen über die Situation der Richter in den Prozessen heute. Aber es trat nirgends ein Ansatz zu der Einsicht auf, daß eine neue Gesetzgebung nötig sei.

Der dritte Punkt – nach dem Grundgesetz (Artikel 25) geht Völkerrecht vor Landesrecht – wurde nie erwähnt, auch nicht von Arndt, als er (8849) von der Römischen Konvention zum Schutze der Menschenrechte und Grundfreiheiten (aus dem Jahr 1950) sprach.

Da alle drei Punkte in den Bundestagsdebatten nicht vorkamen, muß ich mich fragen: Denke ich irreal, phantastisch, utopisch? Oder weichen die Politiker überall dort zurück, wo sie auf die Frage nach dem Fundament unseres staatlichen Daseins stoßen?

Ich kann mich bisher noch nicht überzeugen, daß ich auf irrealem und auf logisch falschem Wege denke. Da ich die Wirklichkeit und etwas für das Heil der Menschheit und der Deutschen praktisch Gültiges zu sehen meine, warte ich auf den Gegner, der offen den eigenen anderen Willensentschluß darlegt, die Tatsachen anerkennt und gegen ihn sprechende Gründe anhört.

Jetzt aber frage ich: Warum weichen die Politiker zurück? Ich vermute etwa: Weil der Grundakt der Umkehr nicht vollzogen ist und nicht gefordert wird, – weil man fortmacht und nichts ändert, während man behauptet, nationalsozialistische Art überwunden zu haben oder nie dabei gewesen zu sein, – weil man in dem Wahn lebt, die parlamentarischen Institutionen als solche garantierten schon einen freien Staat, – weil man an Sicherheit denkt und an nichts als Sicherheit, aber die Grundunwahrheit in der inneren Verfassung fortbestehen läßt. Weichen die Politiker zurück, weil sie spüren, daß im Fundament nichts ist oder eine Lüge? Weil sie die ungeheure Aufgabe, die den Bundesrepublikanern gestellt und zu lösen möglich ist, nicht zu ergreifen wagen? Kommt daher die große wachsende Unsicherheit und Verwirrung, die man dem Blick entzieht, und der man vergebens durch die Gebärde von Selbstbewußtsein, Stolz, Anmaßung begegnet?

Das Ereignis, das die Bundesrepublik in einer nach den Erklärungen der Beteiligten besonders bedeutsamen und großartigen Weise sich zeigen ließ, gab beim Versuch, ihr den Spiegel vorzuhalten, kein schönes Bild. Die Frage nach dem Staat selber liegt nahe, nach seiner Regierungsweise und seinen faktischen, verborgenen Grundsätzen und Tendenzen. Man könnte, das gezeigte Bild vor Augen, zu einer Staatsverneinung kommen. Ich denke nicht an solchen Ausweg, der bequem und unfruchtbar und verantwortungslos wäre. Jedoch diesen Staat und das, was er tut, zu zeigen und zu bedenken, ist Sache aller, die, wenigstens durch den Gedanken, mithelfen möchten, ihn auf seinen Wegen zum Besseren zu fördern. *B, 121ff.*

Gegen die Notstandsgesetzgebung

Die Folge der Notstandsgesetzgebung ist nur im Raum der drohenden Realitäten der möglichen Zukunft sinnvoll zu erörtern.

Wenn diesen Drohungen begegnet werden kann, so nur durch Wahrhaftigkeit der Völker und der Politiker.

Ein Schutz der Bevölkerung gegen den Atomkrieg ist nicht möglich. Ihn zu behaupten, erzeugt eine falsche Beruhigung, die gefährlich ist, weil sie die mögliche Abwehr des Krieges überhaupt schwächt. Möglich ist die Rettung einer kleinen Minderheit durch unterirdische, höchst kostspielige, mit den Steuergeldern des Gesamtvolkes zu errichtende Bauten.

Der Glaube an den Frieden bedeutet eine falsche Beruhigung. Die bloße Angst vor dem Krieg lähmt. Für die Abwehr des Unheils sind fälschliche Beruhigung und Erzeugung von bloßer Angst gleich verhängnisvoll.

Die Fragen sind: Soll die Bevölkerung im Ernstfall in der Zange der Zwangsgesetze, die dann nur mit Terror durchgesetzt werden können, den Atomtod erleiden oder in Freiheit, ungetäuscht, wissend, was geschieht?

Soll die Freiheit in Friedenszeit beschränkt oder gefährdet werden, ohne eine wirkliche Hilfe für die Situation der Katastrophe?

Soll die militärische Organisation, die doch in der Tat nicht zu retten vermag, zuletzt alles in ihrer Hand haben und mit ihr im Bunde die Parteienoligarchie?

Soll gleichsam eine Arche Noah, deren Insassen kraft ihrer politischen oder militärischen Machtposition sich selber auswählen, durch unterirdische Bauten die Möglichkeit des Überlebens haben, um dann neu zu gründen?

Während der Krieg etwas völlig anderes geworden ist, bewegen sich die Sicherungsmaßnahmen durch Notstandsgesetze in vergangenen Vorstellungen militärischen Denkens. Diese Realitäten von früher sind heute nicht mehr.

Wir dürfen uns nicht täuschen über das Ausmaß der totalen Zerstörung, zuerst der Zivilbevölkerung, ohne jede Proportion zu allem, was früher war.

Es gibt zwei Grundgesinnungen in der Politik: Entweder die Politik aus Verachtung des Volkes und aus der Angst vor dem Volk, oder die Politik, die im Ernst, und nicht nur in dem Gerede der öffentlichen Repräsentation, das Volk miteinbezieht, selber aus dem Volke und für das Volk denkt.

Anders gesagt: Die Politik, die Freiheit gar nicht will, ihr mißtraut, dem Menschen als Menschen mißtraut und darum diesen Menschen unter andere Menschen – aber doch immer Menschen – stellt, die vermeintlich zum Herrschen berufen sind und zwar als von Gott Beauftragte oder als von der großen Notwendigkeit der Geschichte Wissende als Avantgarde der Zukunft, – oder die Politik, die die Freiheit aller will und jede Handlung, jede Maßnahme, jedes Gesetz unter die Bedingung stellt, die Freiheit zu fördern.

Für den Machtwillen werden die sehr komplizierten Institutionen, Befugnisse, Zuständigkeiten, die alle gegen die möglichen Mißbräuche vorbeugen sollen, zu einer Fessel. Daher spürt man neben dem maßlosen Sicherheitswillen in den Entwürfen manchmal eine Lust bei dem Drängen zu den Notstandsgesetzen. Die Kompliziertheit der Rechte, sogar die Menschenrechte (Grundrechte) mit einem Schlage über den Haufen werfen zu können, das würde für einen unbeschränkten Willen alle Mittel der Vergewaltigung zur Verfügung stellen, einen Willen, der Befehlenden und Gehorchenden gemeinsam gefällt.

Die anderen aber meinen, durch Notstandsgesetze würde mit dem Staat ihre Freiheit gesichert, die Ahnungslosen! Es ist eine für unser politisches Dasein gefährliche Dialektik, die aus der Sicherung der Freiheit zur Aufhebung der Freiheit führt. Die Bevölkerung merkt es zunächst nicht. Es geht ja alles »legal« zu, wie 1933. Es wird beschlossen durch die demokratische Institution.

Der Ausnahmezustand wird zum Mittel, den Ausnahmezustand (Ausnahme gemessen an der Normalität von Freiheit und Demokratie) zum Dauerzustand der Herrschaft zu machen, auch wenn die Entwürfe von faktischer, begrenzter Zeit reden.

Da alle Parteien und Regierungen durch Menschen wirken, und da die Macht als solche den Menschen verdirbt, ist die Einschränkung der Macht notwendig. Die Macht drängt nach mehr Macht, nach absoluter Macht. Sie trübt das Urteil. Sie wird böse, wenn sie nicht im Dienst der Idee steht, die ihr Gehalt gibt, von der sie ihren Sinn zu Lehen trägt.

Daher ist jede Sicherung, die die Macht absolut werden läßt, nicht mehr Sicherung, sondern Zerstörung gerade dessen, was gesichert werden soll.

Wir sehen den möglichen Weg: Von der Parteienoligarchie zum autoritären Staat; vom autoritären Staat zum Diktaturstaat; vom Diktaturstaat zum Krieg. Aber keineswegs meinen wir ihn vorauszusehen. Vielmehr soll der Entwurf seiner Möglichkeit die Denkenden veranlassen, alles zu tun, damit die Dinge nicht auf diesen Weg gelangen.

Wohin es geht, das kann in konkreter Anschauung niemand wissen. Die Möglichkeiten im Besonderen sind unendlich, die Wandlungen der Weltlage sind unabsehbar, die Motive anderer Staatsmächte, die unser Dasein betreffen, nicht vorauszusehen.

Daß mächtige Tendenzen heute in den Parteien auf einen Punkt tendieren, an dem unsere Freiheit verloren geht, das halte ich für ebenso gewiß, wie es gewiß ist, daß es nicht dahin kommen muß. Wenn wir die Tendenzen rechtzeitig erblicken und sie in Klarheit nicht wollen, dann können wir sie abwehren.

Es ist fast unbegreiflich, daß die Mehrzahl der Politiker und die Bevölkerung nicht merken, was da geschieht, und nicht einmal die meisten derjenigen, die selber daran mitwirken (wie vor 1933).

Daß die Alliierten, die wirklichen Demokratien, ihre Rechte zum Eingriff im Falle des Notstandes aufgeben wollen, ist nur zu begreifen, weil sie grundsätzlich zum deutschen Volk der Bundesrepublik und zu dessen Politikern das Vertrauen haben, daß diese sich selbst helfen können, wie sie zu so vielen Völkern dieses unbegründete Vertrauen haben. Sie haben 1933 vergessen, wenn auch nicht die späteren Verbrechen des NS-Staats. *B, 172ff.*

Über die Wirkung der eigenen politischen Schriften

Politische Schriften können einen zweifachen Sinn haben. Entweder wollen sie – als politische Handlungen gemeint – in der Lage des Augenblicks einwirken auf die gegenwärtigen Politiker, die Männer in Schlüsselstellungen der Macht.

Schreibt der Politiker selber, so will er eine konkrete Wirkung in diesem Augenblick.

Oder politische Schriften wollen mitwirken an der politischen Denkungsart, an den Vorstellungen, Einsichten, Maßstäben der Menschen, die durch Denken wandelbar sind. Nur mittelbar können diese Schriftsteller durch Förderung von Klarheit und Urteilskraft auf politische Handlungen wirken.

Ich möchte ein Schriftsteller vom zweiten Typus sein. Meine Schriften erblicken gegenwärtige Zustände, Aufgaben und Handlungen. Sie entwerfen und beurteilen. Aber aktuelle politische Entscheidungen des Tages werden nur als Beispiele, und in Möglichkeiten, erörtert. Ich agitiere nicht für eine Wahl, für eine jetzt zu fällende Entscheidung, die ich aber in ihrer Bedeutung erhelle. Ich stelle meine Gedanken nicht in den Dienst einer Partei oder einer Regierung.

Ich möchte der Gemeinschaft der unabhängigen Denker angehören. Sie kennen nur die eine Verantwortung, wahr zu sein. Niemand zwar kann den Anspruch erheben, unabhängig zu sein, wohl aber das Leben seines Denkens daran zu setzen, dieser Unabhängigkeit sich zu nähern.

Unabhängigkeit ist nicht die der Willkür, sondern die der einzigen allumfassenden Bindung in der Transzendenz, durch die ich bin.

Das Dasein der Unabhängigkeit ist Bedingung des Erscheinens der Wahrheit in jedem Bereich, auch in der Politik.

Aber die Unabhängigkeit kann sich nur erhalten, wenn sie zur Unabhängigkeit auch von der eigenen Wirkung wird. Denke, rede und schreibe ich, um zu wirken, bin ich schon auf dem Wege, an die Unwahrheit zu verfallen, die sagt: Wahrheit ist, was wirkt. Rede und schreibe ich, was selbstverständlich ist, um gehört zu werden, so ist das der Wille zur Kommunikation. Daß andere denkend mit mir sind und ich denkend mit ihnen bin, ist die Wirklichkeit des freien, unabhängigen Geistes selber.

Gemeinschaft der Unabhängigen ist selber Bedingung der Unabhängigkeit. Denn es gibt keine Unabhängigkeit des Menschen in seiner Vereinzelung. Wo er sich abschließt und in sich kehrt, verliert er Unabhängigkeit und Wahrheit zugleich.

Die Unabhängigen brauchen nicht zu fragen, ob sie wirken. Diese Wirkung wird vom Schicksal vergönnt oder versagt. Fragen sie nach ihrer Wirkung, so tun sie auch dies aus dem unabhängigen Wahrheitsinteresse. Sie wollen überall wissen und sich nicht täuschen.

Nichts ist verschlungener, unübersehbaren noch im späten Rückblick fragwürdiger als diese Wirkung des geistigen Tuns. Wer in diesen Raum tritt, hat die stärkste und einzige unerläßliche Vergewisserung in dem Widerhall zwischen zweien und wenigen leibhaftigen Menschen, die sie selbst sind. Zweideutig ist schon der Erfolg des Schriftstellers in einem Publikum, von dem seine Schriften gekauft werden; aber in ihm kann nicht alles nichtig sein. Verführend ist ein augenblicklicher sensationeller Effekt, der mit dem, was der Schriftsteller eigentlich will, oft kaum noch etwas zu tun hat.

Die unabhängigen haben ihre Genugtuung im Miteinander durch sich selbst, weil sie, den Blick auf das Wahre gerichtet, sprechen.

Sie verfallen nicht dem trüben Gedanken: Was wir tun, ist umsonst! Die Welt geht ihren gleichen Gang, ob wir unser Wort sagen oder nicht! Was wir getan haben, war vergeblich! So spricht, wer aus der Unabhängigkeit herausgefallen ist. Das Denken hat an sich nur Wert, wenn der Ernst es trägt und die Lebenspraxis in ihm zur Sprache wird. Daß es da ist, ist unsere Würde und unsere Befriedigung. Dazu gehört die Bescheidung gegenüber all dem, was nicht an uns liegt. Dieses Denken kann unermeßliche Wirkungen haben. Wir wissen es nicht. Wir verlieren unser Wesen, wenn wir, bevor wir denken und hervorbringen, wissen wollen, daß es wirkt.

Wir möchten gehört werden. Werden wir es nicht, so ist das kein Grund, unser Tun aufzugeben. Wir warten auf den

Partner in der Kommunikation. Wenn wir im Warten ehrlich sind, wird er kommen.

Wir haben ein unverwüstliches Vertrauen. Da der Mensch ein denkendes Wesen ist, muß die Wahrheit irgendwann an ihn gelangen. Wenn der Augenschein dagegen steht, trauen wir diesem Augenschein nicht. Mag er übermächtig im Augenblick sein, am Ende trügt er.

HS, 369ff.

ANHANG

Siglen und zitierte Ausgaben

AZM Die Atombombe und die Zukunft des Menschen. Politisches Bewußtsein in unserer Zeit. Piper, München 1958
B Wohin treibt die Bundesrepublik? Tatsachen, Gefahren, Chancen. Piper, München 1966
EP Einführung in die Philosophie. Zwölf Radiovorträge. Zürich 1950. – Zitierte Ausgabe: Piper, München 1953
FE Die Frage der Entmythologisierung. Piper, München 1954
G Gedenkfeier für Karl Jaspers am 4. März 1969 in der Martinskirche. Ansprachen gehalten von K. Rossmann, J. Hersch, L. Burckhardt, H. Salmony, H. Arendt, H. Saner unter Beifügung des von Karl Jaspers selbst verfaßten Nekrologs. = Basler Universitätsreden 60. Heft. Helbing & Lichtenhahn, Basel 1969
HS Hoffnung und Sorge. Schriften zur deutschen Politik 1945–1965. Piper, München 1965
KSD Kleine Schule des philosophischen Denkens. Piper, München 1965
P Philosophie. Drei Bände. Springer, Berlin 1932. – I: Weltorientierung. II: Existenzerhellung. III: Metaphysik
PG Der philosophische Glaube. München 1948. – Zitierte Ausgabe: Piper, München 1954
PGcO Der philosophische Glaube angesichts der christlichen Offenbarung. – In: Philosophie und christliche Existenz. Festschrift für Heinrich Barth zum 70. Geburtstag am 3. Februar 1960. Hg. von Gerhard Huber. Helbing & Lichtenhahn, Basel/Stuttgart 1960
PGO Der philosophische Glaube angesichts der Offenbarung. Piper, München 1962
RA Rechenschaft und Ausblick. Reden und Aufsätze. Piper, München 1951
S Die Schuldfrage. Lambert Schneider, Heidelberg 1946
SW Schicksal und Wille. Autobiographische Schriften. Hg. von Hans Saner. Piper, München 1967
UZG Vom Ursprung und Ziel der Geschichte. Piper, München 1949
VE Vernunft und Existenz. J. B. Wolters' Uitgevers-Maatschappij, Groningen/Batavia 1935 (= Aula-Voordrachten der Rijksuniversiteit te Groningen No. 1)
W Von der Wahrheit. München 1947 (= Philosophische Logik Bd. I). – Zitierte Ausgabe Piper, München 1958

Register

Abraham 239
Alexander der Große, 267
Amann 19
Anaximander 311
Anselm von Canterbury 275
Archimedes 309
Arendt, Hannah 61, 382
Aristoteles 102
Arndt, Adolf 386
Augustin 275, 280, 316
Augustus 315

Barth, Heinrich 65, 270
Bartholomae, Christian 24
Baruch 351
Benda, Ernst 385
Bileam 239
Bismarck, Otto von 46, 56f.
Brüning, Heinrich 362
Bultmann, Rudolf 235, 237
Busse, H. H. 69

Campenhausen, Hans von 55
Cäsar, Julius 267, 332
Chruschtschow, Nikita Sergejewitsch 364
Churchill, Winston 357
Curtius, Ernst Robert 52
Curtius, Ludwig 33, 40
Cusanus, Nicolaus 275, 307

Daniel 311
Dante Alighieri 176
Descartes, René 95, 103, 319
Deuterojesaias 309
Dibelius, Martin 51

Driesch, Hans 30
Dugend-Jaspers, Erna 70

Eichmann, Adolf 382
Einstein, Albert 300f., 304f., 307
Elias 309
Epiktet 104
Ernst, Fritz 50, 57ff.
Ezechiel 311

Fleiner, Fritz 358
Fraenkel, Albert 23f.
Franz von Assissi 271

Galilei, Galileo 38, 95
Gandhi, Mahatma 267
Gautama-Buddha 309f.
Gerstenmaier, Eugen 384
Goethe, Johann Wolfgang von 34, 71
Gogh, Vincent van 85
Gumbel, Emil Julius 26ff., 33

Habakuk 311
Haubach, Theodor 245
Hegel, Georg Wilhelm Friedrich 95, 245, 312, 326
Hellpach, Willy 60
Heraklit 309, 311
Hillebrand, Adolf 18
Hiob 116, 250
Hippokrates 82
Hitler, Adolf 42, 54, 61, 63, 332, 347f., 362
Hölderlin, Friedrich 25, 85
Homer 309, 315
Husserl, Edmund 72

Jaspers, Carl Wilhelm 15, 17, 18, 21f., 69f., 140, 153
Jaspers, Gertrud 23, 35ff., 42, 45ff., 52, 54, 59, 61, 65, 74
Jaspers, Henriette 15, 18, 140, 153
Jaspers, Karl 11f., 15, 45, 65ff., 81, 89, 101, 107f., 116, 119, 131, 133ff., 138, 142, 153, 160, 164, 173, 178, 188, 192, 198, 203f., 215f., 223, 235, 241, 243, 248f., 251, 255, 266, 270, 274, 281, 286, 292, 299, 307f., 318, 329, 335f., 352, 356f., 364f., 374f., 381
Jeremias 309, 311, 315, 351
Jesaias 239, 309
Jesus 250, 255, 264ff., 272, 276, 281f., 284f., 315, 345, 352
Johannes der Täufer 352

Kant, Immanuel 75, 95, 108, 244ff., 305, 332, 365, 369, 371, 380
Keller, Gottfried 71
Kierkegaard, Sören 39, 67, 75, 120, 174, 176, 272, 289, 326
Klages, Ludwig 69
Knackfuß, Hermann 69
Konfuzius (Kung-Tse) 309ff.
Konrad von Marburg 271
Kraepelin, Emil 70
Kunkel 58

Laotse, 309ff.
Lasaulx, Ernst von 310
Lie-Tse 309
Lipps, Theodor 69
Loye, Fritz zur 35

Maier, Heinrich 30
Marx, Karl 326
Mayer, Ernst 35, 36, 40
Mayer, Gertrud 66
Meinecke, Friedrich 26
Merkel 71
Mitscherlich, Alexander 52
Moses 239, 280
Mo-Ti 309

Napoleon I. 267
Neinhaus 49
Neumann, Karl 31
Nietzsche, Friedrich 17, 39, 120, 326
Nissl, Franz 40, 73
Numa 310

Papen, Franz von 362
Parmenides 309, 311
Perikles 333
Plato 82, 96, 102, 257, 309
Plotin 75, 186
Pythagoras 311

Radbruch, Gustav 49f.
Regenbogen, Otto 50
Remmele 28
Richter 19
Rickert, Heinrich 29ff., 36

Salin, Edgar 47, 63f.
Schaefer 59
Schakia-Muni 311
Schelling, Friedrich Wilhelm Joseph von 73, 75
Schiller, Friedrich 261
Schmalenbach, Herman 65
Schopenhauer, Arthur 224, 290
Schwarz, Johann Albrecht 31
Solon 315, 333
Spinoza, Baruch de 70
Strauß, Viktor von 310

Thales 16, 88, 311
Thoma 55
Thomas von Aquin 275
Thukydides 309
Tocqueville, Alexis de 357
Tschuang-Tse 309

Vergil 315
Vischer, Adolf 48

Weber, Alfred 40, 56f.
Weber, Max 25f., 30, 35ff., 48, 74f., 329, 357f.

Wilhelm II. 69
Willmanns, Karl 23
Windelband, Wilhelm 29f.

Xenophanes 311

Zarathustra 309ff.
Zimmer, Heinrich 40

Karl Jaspers
Das Wagnis der Freiheit
Gesammelte Aufsätze zur Philosophie. Herausgegeben von
Hans Saner. 365 Seiten. Leinen

Karl Jaspers ist noch immer ein Philosoph von großer Aktualität. Viele seiner wichtigsten Reden und Aufsätze zur Philosophie waren zuletzt nur schwer oder überhaupt nicht greifbar.

Jaspers erweist sich hier erneut als glänzender Stilist, der die seltene Begabung hatte, die existentielle Bedeutung der Philosophie noch in ihren abstraktesten Fragen spürbar zu machen. Da er ohne Jargon schrieb, sind seine Texte gegenwärtig und modern geblieben.

Sich nicht Probleme ausdenken, sondern die Probleme, die sich existentiell zeigen, bedenken – dies war die Losung seines Philosophierens. Und er wollte geistig etwas bewirken. Einige seiner Reden waren Marksteine in der Entwicklung des europäischen Geistes der Nachkriegszeit – so die berühmte Rede »Vom europäischen Geist«, die Jaspers 1946 in Genf vor einer illustren Schar von Intellektuellen (u. a. Georg Lucács, Georges Bernanos, Stephen Spender und Julien Benda) gehalten hat. Es war dies der Anfang einer neuen Zeit, und Jaspers war eine ihrer Leitfiguren.

PIPER

Robert C. Solomon und
Kathleen M. Higgins
*Eine kurze Geschichte
der Philosophie*

Aus dem Amerikanischen von Sonja Hauser. 243 Seiten. Geb.

Sie alle bestimmen unser Denken. Ob Sokrates, Konfuzius, Buddha, Descartes, Locke, Kant, Nietzsche, Freud, Heidegger oder de Beauvoir: Die beiden Autoren bieten einen knappen und informativen Reiseführer durch die gesamte Welt der Philosophie.
Als Pythagoras gefragt wurde, ob er ein weiser Mann sei, antwortete der griechische Philosoph und Mathematiker ganz bescheiden: »Nein, ich bin nur ein Liebhaber der Weisheit.« Robert Solomon und Kathleen Higgins begleiten ihre Leser in einem Schnellkurs durch die Entwicklung der Philosophie und des Philosophierens von den frühesten Anfängen bis zur Postmoderne. Mehr als 3000 Jahre Philosophie im Fernen und Nahen Osten, in Griechenland, in der Alten und Neuen Welt, die großen Philosophen und ihre zentralen Ideen – davon wird so erzählt, daß die Zusammenhänge, die Unterschiede und Ähnlichkeiten deutlich werden.